21世纪普通高等教育“十四五”规划教材

现代管理决策技术与应用

Modern Management Decision Technology and Application

胡大立 ◎ 主　编
王伟明 ◎ 副主编

上海财经大学出版社

图书在版编目(CIP)数据

现代管理决策技术与应用/胡大立主编．—上海：上海财经大学出版社，2023.8

(21世纪普通高等教育“十四五”规划教材)

ISBN 978-7-5642-4229-9/F·4229

Ⅰ.①现…　Ⅱ.①胡…　Ⅲ.①管理决策-高等学校-基础　Ⅳ.①C934

中国国家版本馆CIP数据核字(2023)第149108号

□ 责任编辑　袁　敏
□ 封面设计　贺加贝

现代管理决策技术与应用

胡大立　主　编

王伟明　副主编

上海财经大学出版社出版发行

(上海市中山北一路369号　邮编200083)

网　　址：http://www.sufep.com

电子邮箱：webmaster@sufep.com

全国新华书店经销

上海新文印刷厂有限公司印刷装订

2023年8月第1版　2023年8月第1次印刷

787mm×1092mm　1/16　18.5印张　450千字

定价：65.00元

前言 | *Foreword*

决策活动出现的历史是与人类文明的历史并驾齐驱的。自人类有意识的活动伊始，就无时不伴随着决策。例如，诸葛亮以隆中对而三分天下，孙膑为田忌献策而在赛马中胜齐威王，韩信“背水布阵”，这些经典故事经久不衰。

决策是管理的最基本的职能。党的二十大报告指出：“坚持科学决策、民主决策、依法决策，全面落实重大决策程序制度。”党的二十大报告这一重点论述，为企业管理决策提供了基本遵循。

决策是现代管理的核心问题。可以说，涉及整个社会和经济的各项管理工作都离不开决策。一个国家、一个地区经济发展规划制定和重大项目确定，一个企业产品生产、产品销售、新产品研发，作业任务安排等，所有这些经济问题、社会问题、经营问题，都需要一套科学的现代决策方法来进行科学合理的决策。决策科学正确，各项事业才能按预期目标蓬勃发展，决策一旦失误，本来可以成功的事业就会遭受重大的损失。尤其是当今全球性新技术革命日新月异，我们面临着一个充满竞争而又富于风险与挑战的环境，在这样一个复杂多变、充满风险与挑战的环境中，过去那种仅凭经验和直觉进行管理与决策的传统做法显然是行不通的。因此，推广一套既能适应现代科学技术发展，又合乎我国国情的管理决策科学方法，乃是当务之急。管理决策分析作为一门科学，向人们提供了一组规范的科学范畴、成熟的决策步骤和方法，以便人们在复杂局面中和难于取舍的诸行动方案中作出科学、理性的选择。因此，管理决策作为一门科学受到了广大管理者的欢迎而迅速被推广。

本书是应管理类专业本科生和研究生学习和科研之需而编写的一本教材，它系统地介绍了管理决策的理论、方法、技术，同时设计了大量实例来将这些理论、方法、技术应用于现实情景。全书共分九章：第一章决策概述，第二章确定型决策，第三章非确定型决策，第四章风险型决策，第五章贝叶斯决策分析，第六章多目标决策分析，第七章多属性决策分析，第八章序贯决策分析，第九章模糊决策和灰色决策分析。

本书的第一章至第四章由胡大立编写，第五章至第九章由王伟明编写，全书由胡大立负责总撰。本书在编写过程中参考了许多专家和学者的论著，吸收了他们的知识和养分，在此，谨对他们表示诚挚的谢忱！

由于编者学识有限，加上时间仓促，书中难免有疏漏及错误之处，敬请读者赐教和指正。

编　者

2023年6月

目录 | Contents

第一章

决策概述

决策是人类的基本活动之一。在现实中，有人将决策归结为仅是领导人的事，这是一种片面的认识。事实上，决策在人类生活中是普遍存在的。人类无论在生活和工作中还是在生产上都会遇到一个又一个的问题需要解决，因而也就必须进行一次又一次的决策。人类在实践活动中面对问题必须进行思维活动，进而设想抉择出解决问题的方案。不同的部门、不同的单位和不同的人都不同程度地存在决策问题，大至国家大政方针的研究出台是决策，小至个人外出旅游线路的最佳选择也是一种决策。因此，决策并不神秘，也不生疏，可以说人人都会遇到决策，都必须学会决策，决策普遍存在于现实之中。

1.1 决策的产生、发展与未来趋势

1.1.1 决策的产生与发展

决策活动出现的历史是与人类文明的历史并驾齐驱的。自人类有意识的活动伊始，就无时不伴随着决策。例如，诸葛亮以隆中对而三分天下，孙膑为田忌献策而在赛马中胜齐威王，韩信"背水布阵"，这些经典故事经久不衰。此外，决策机构自古有之。食客、谋士、军师、谏臣，见诸于史籍，流传于民间。战国四君子(即齐孟尝君、魏信陵君、赵平原君、楚春申君)，门下食客数千。在中华民族历史上曾涌现出许多著名的军事家、政治家、思想家和学者，他们都有着许多出色的决策活动实例，并且也留下了许多涉及决策理论的著作。如大禹治水、武王伐纣、完璧归赵、孙庞斗智、赤壁之战等决策事例，至今仍广为流传，而《孙子兵法》、《战国策》、《史记》等著作中记载了丰富的决策案例，总结了古代人军事和政治决策的原则、思想、程序及方法，今天还有着实际意义。

但是，古代的决策，只不过是那些"军师"和"谋士"凭借自己的知识、智慧、胆略，以及对客观事物的观察分析所作出的决断，而决策的对象以及形式和过程也是较为简单朴素的，更没有形成一个科学体系。然而，作为完整的决策理论的提出，这要追溯到第二次世界大战以后，其代表人物是美国的赫伯特·西蒙(H. A. Simon)和詹姆士·马奇(J. G. March)等人，他们吸收了高等数学、统计学、心理学和电子计算机技术等学科的内容，发展了"决策论"。西蒙由于在决策理论的研究上作出了贡献，曾获得 1978 年度的诺贝尔经济学奖。西蒙等人

认为，决策贯穿管理的全过程，经济管理的中心任务是决策，决策就是寻找解决问题的办法，管理就是决策。西蒙等人对决策的过程、决策的准则、程序化的决策和非程序化的决策、组织机构的建立同决策过程的联系以及计算机在决策中的应用进行了研究，创立了管理科学中的一个新学派——决策理论学派。

由于“三论”(控制论、系统论、信息论)及运筹学、电子计算机的出现和发展，出现了20世纪60年代和70年代初期决策方法数学化、模型化、计算机化的热潮，实现了决策方法的一次飞跃。到70年代中期，人们通过实践逐步认识到，单纯以“三化”为基础的定量分析方法并不可能准确地描述和反映决策对象的现状和发展变化规律，还必须借助于经济学、社会学、心理学、行为学等社会科学的理论，对决策对象进行定性分析，并把定性分析与定量分析结合起来，才能比较准确地描述和反映决策对象的全貌，从而作出正确的决策。这是决策方法发展的第二次飞跃。决策科学已发展成跨社会科学和自然科学的边缘科学。

1.1.2 现代决策的发展趋势

当代大生产、大科学、高技术的新形势，给决策的五要素带来了深刻的影响，使现代管理决策具有了新的特点，呈现出新的发展趋势。

1. 由个人决策向群体决策发展

现代生产规模宏大、产品精密度高，以及现代科技革命给生产和生活带来的高速度发展和社会生活的复杂性，要求人们快速地处理巨大数量的动态信息。这是个人手工式的决策方式无能为力的，而需要一个庞大的、密切合作的、由各种各样专家构成的各级集团发挥整体功能去完成，作出正确、科学的决策。

2. 由单目标决策向多目标综合决策发展

科学技术的进步、生产的日益扩大、社会物质财富和人的智能水平的提高，为从单目标决策向多目标综合决策发展提供了必要和可能。现代决策者不仅在决策开始时就联想到决策的实施后果，而且在追求经济效益之外还要考虑到利用自然资源、防止公害以及其他社会的、心理的、道德的、美学的目标。这是当今决策活动的又一趋势。

3. 战略决策向更远的未来和向国际型发展

战略决策系统的方向、目标选择，牵连着系统的全局，是系统成功与否的关键。

由于当代科学技术和生产发展速度很快，战略决策活动除了在空间上广泛展开，还在时域上向远延伸。决策者不单要把握过去和现在的信息，还要掌握未来的信息，对未来实践的方向、目标、原则、方法作出预测和决定。

当代生产的发展和科技进步，使世界的“距离缩短”、“空间缩小”，形成一个统一的整体。人口、粮食、能源、资源、生态平衡、环境保护等人类共同性问题突出起来，因而从全球角度出发进行决策，成为迫切的需要与可能。这也就是说，国际型决策已成为历史发展的趋势。

4. 由定性决策向定性与定量相结合的方向发展

现代科学技术的发展，将电子计算机、数学手段(运筹学等)引进决策与管理中，使决策由定性向定量发展，不仅能用定量的方法描述现实，使大量的分析数据为决策提供正确的依据，还可使决策结果更多地向形式化进展。但对于不能用定量方法加以描述的现实，仍需用直观定性的方法加以解决。因而，定性与定量相结合成为当代决策发展的方向。

1.2 决策的概念及要素

1.2.1 决策的概念

“决策”这个词首先是美国管理学者巴纳德(C. H. Barnard)和斯特恩(E. Stene)等人在其管理著作中使用的,用以说明组织管理中的分权问题。因为在权力的分配中,作出决定的权力是个重要问题。后来美国著名管理学家赫伯特・A. 西蒙进一步发展了组织理论,强调决策在组织管理中的重要地位,提出了“管理就是决策”的著名观点。决策这个词出现在中国的词典上是近三四十年的事,在中国的《辞海》、《辞源》中都没有解释。但我国古人很早就使用了决策的概念和决策的方法,如《史记・高祖本记》中的“夫运筹帷幄之中,决胜千里之外,吾不如子房”,这里的“运筹”就是决策。

“决策”这一词语,从字面上来讲,就是“作出决定”,俗话称为拍板。在现代管理学中,对决策的理解有广义和狭义两种。

广义的决策,是一个过程,它需要经过提出问题、搜集资料、确定目标、拟订方案、分析评价,最后选定方案等一系列活动环节。而在方案选定之后,还要检查和监督它的执行情况,以便发现偏差并加以纠正。

狭义的决策,仅仅是行动方案的最终选择。所谓决策,是指从一组可行方案中按某种衡量准则选出一个最优方案。这里,决策仅仅理解为方案选定的阶段,而把确定目标、拟订和设计方案等阶段均视为决策之外的单独阶段。

决策科学中所说的决策一般是指广义决策,是研究决策的全过程。上述的狭义解释是从数学方法上研究决策问题的一种习惯,是不全面的。无论采用什么样的定义,也很难用简要的几句话把决策的概念说得完美无缺。不妨用“决策是对目标和为实现目标的各种方案进行抉择的过程”来定义它。因为它反映了决策概念的核心和本质。

1.2.2 决策的基本要素

一个完整的决策问题应由以下要素构成:

1. 决策主体

决策者也称决策的主体,可以是个体,也可以是群体。决策者受社会、政治、经济、文化和科学等因素的影响,具有特定的知识结构、心理结构。决策者的知识、经验、判断力、价值观、个性甚至个人感情都会直接影响到决策的结果。参与整个决策过程的决策主体实际上可以分为两种:承担分析问题、评价方案的是分析者;提出问题并最后作出决断的是领导者。

2. 决策目标

在进行任何决策之前,都必须要有明确的目标。决策目标的合理性会直接影响决策的成败。决策的目标可以是一个,也可以是相互关联的几个组成的一组。实际中的决策与理论上的决策有很大不同,实际中的决策不可能总是达到最优,使用最少的资源而获取最大的效用一般难以实现。同时,任何一种决策方案都不可能使所有的目标都达到最优,因此,通常情况下可以用“满意解”来代替“最优解”。

3. 可行性方案

凡是决策问题，总存在着两个或两个以上的备选方案。这些方案中有的是很明确的，可供选择；有些是不明确的，只提出一些约束条件，方案本身还需进一步落实，且实施较困难。

4. 决策准则

决策准则的确定和方案的选择都与决策者的价值观或偏好有关。决策准则是选择方案时的依据，也是评价方案达到目标要求的价值标准。

5. 方案收益值

每一种可能方案最终都要采用某种方法得到它的收益值，然后决策者就可以根据收益值和某种决策准则来判断此方案的好坏。

6. 效用值

每一个结果如果能以一定的价值来评估就称为效用。效用如同湿度计度量空气中的水分一样，可以用来度量决策分析中可能出现的各种结果，使之能在数量上进行比较。决策分析应按照效用理论进行，根据决策者的效用曲线来计算各个方案的期望效用值，并以得出的最大的期望效用值作为方案选择的依据。关于效用分析，将在后续的章节中讲述。

7. 决策环境

决策环境是指相对于主体的构成主体存在条件的物质实体或社会文化要素。决策不是在一个孤立的封闭系统中进行的，而是依存于一定环境，同环境进行物质、能量和信息的交换。决策系统与环境构成一个密不可分的整体，它们之间相互影响、相互制约、息息相关。

1.3 决策的特征

为了更全面、更准确、更深入地理解什么是决策，我们有必要进一步讨论决策的特征。

1. 决策的主观性

从本质上说，决策是一个主观思维活动的过程。无论是对目标的选择，还是对实现目标手段的选择，都是由决策者作出的。决策者可以是个人或群体。决策者是决策的灵魂，任何决策都是人的智能活动。决策的这一特点，说明决策者的素质对决策起重要作用。

2. 决策的目的性

任何决策都有一定目的。没有目的等于无的放矢，也就是没有决策。因此，人们进行决策时首先要明确问题所在。对问题认识越清楚，决策也就越准确和有效。很多决策失败的根本原因是决策问题和目的的不明确。

3. 决策的选择性

决策的实质是选择。为解决问题或实现目标可能有两种以上的方案，各方案在资源需求、可能结果及风险程度上有所不同，因此需要作出选择。人们习惯把只有一种方案可供选择、没有其他选择余地的选择称为“霍布森选择”。科学的决策应该避免这种情况。

4. 决策的风险性

由于决策的未来环境是不确定的，因此决策人无论采用什么样的决策方案都具有风险性。决策人对待风险的态度也成为决策的主要因素之一。

5. 决策的科学性

如前所述，决策是一种人的主观活动，但决策也有一定的规律。任何决策都需要一定的条件和信息，人的思维判断也有一定的程序，现代的数理方法和计算机信息技术也为决策提供了选优的手段。因此，只要掌握足够可靠的信息，遵照一定的决策程序和借用一定的决策方法和技术，就可以使主观判断最大限度地符合客观实际。从这个角度来说，决策是一门科学。

由于决策的灵魂是人，决策者的意志和行动可以对决策起重要作用。由于问题的复杂性、信息的不完全性和人们认识的局限性，因而在决策中有很多环节需要人来判断和估价。最后方案的取舍抉择，要由人来确定，而人的经验、气质、知识结构、所处的背景和环境以及心理状态都会影响人们抉择的结果。从这个角度来讲，决策又有非科学的一面，即决策具有艺术性。

6. 决策的实践性

决策的实践性具有两层意义。第一，决策的目的就是实践，不用实践的决策，也不必去决策，这是很明显的。决策总是针对需要解决的问题或需要完成的任务而作出决定的，它对实际行动具有直接指导的意义。第二，决策的技能和本领也是实践的结果。尽管决策是一门科学，有其一定的规律，但仅从理论上掌握这些规律并不一定能作出正确的决策。只有在实践中积累经验、增长胆识，才能真正掌握决策的技术和本领。从这个角度来说，决策又是一门艺术。

7. 决策的经济性

决策过程是一个发挥决策者的主观能动性，对未来事物的发展规律进行调查、分析、判断的过程，是一个主观适应客观的过程。在这个过程中，信息是重要的因素，任何决策者所作出决策的正确程度与获得的第一手资料的信息有关。一般来说，信息量越大，就越有助于决策的正确。但搜集资料需要时间和资金，收集的信息越多，所需的时间就越长，资金也越多。当花在信息上的费用不足以抵偿决策所带来的效益时，那么更多的信息收集只是一种浪费，因此，从费用的角度来看，收集信息不应当是无止境的，而有一个最佳的决策点。

8. 决策的动态性

决策是一个不断循环的过程。根据环境的不断变化，不断地调整组织的活动以适应组织与环境的动态平衡。根据以往历史决策所获得的经验和教训来更好地指导当前和未来的决策，并不意味组织的决策已经形成。对每一项决策，有大量的活动和工作要做，包括识别问题、收集信息、开发方案、分析评价和选择等环节。因此，决策是具有过程性的。

9. 决策的满意性

在现实中，由于受多方面因素的影响，人们无法收集所有信息，无法利用已收集的有限信息，无法准确预测未来结果。决策者只能根据已知条件，再加上主观判断，作出相对满意的选择，因此，组织决策通常为有限理性决策。在实践中，要尽量避免所谓“布里丹毛驴效应”的出现。

1.4 决策的作用及能力要求

1.4.1 决策的作用

1. 科学决策是现代管理的核心，决策贯穿整个管理活动

决策是管理的核心，决策的质量决定组织活动的有效性。决策是从各备选方案中选择出一种满意的方案来作为未来的行动指南，决策是先行的，是整个管理的核心环节，决策能力是衡量管理者水平的重要标志。同时，在管理的整个活动中，从计划组织、领导控制等各环节中，只要需作出选择的时候，都可以断定为决策行为。因此，决策是贯穿于整个管理活动中的。

2. 科学决策是现代管理者的主要职责，是决定管理工作成败的关键

决策是任何有目的的活动发生之前必不可少的一步，正如学者所说的，一个错误的决策，一百个行动也无法挽回。而且，不同层次的决策有大小不同的影响。作为企业高层管理者，所作出的每一个决策都是影响整个企业经营状况的重要因素，因此管理者所从事的工作能否取得相应效果，是由其作出的各种决策决定的。

3. 决策能明确目标、统一行动，让组织成员明白工作的方向和要求

民主的决策有助于提高组织的凝聚力、创造良好的组织文化、提高管理水平。决策是在大家共同思考分析的基础上作出的，是大家达成的共识，这样执行起来，行为比较统一，管理效果较好。

4. 领导决策是衡量领导者领导水平高低的重要尺度

领导者的主要任务是决策，所以决策水平的高低是衡量领导者优劣的重要尺度。所谓决策水平，一是指能否作出正确的决策，二是指能否正确地、创造性地实施决策。正确地制定决策和实施决策，是一个领导者知识、能力的综合反映，是领导水平的全面体现。尽管对不同层次的领导者的决策水平要求是不一样的，但是任何领导者都必须努力提高自己的决策水平，做一个称职的现代领导者。

1.4.2　决策的能力要求

在残酷的市场竞争环境下，许多企业因为没有决策型的领导者而陷入危机，江河日下。问题在于，即使占据着领导者的位置，也不一定就能成为名副其实的领导者，因为领导者的伟大在于关键时刻能作出正确的决策。决策关系重大，决策是领导工作的关键环节，决策能力体现的是领导者的基本功，这就要求我们每一个领导者要在实践中不断提高自己的决策能力。

仅仅是了解制定决策的流程还不够，还要持续而坚定地应用自己获得的经验，才能真正有所获益。能够持续应用，未来自己所作的每项决策才会是成功的决策。但“谋事在人，成事在天”，决策之难有时难于上青天，因为很多东西总也无法完全掌握，无论思考多细致、布置多周全，总有想不透的一环，总有意外在等着你，但科学细致的思考会让你事半功倍、马到成功！领导干部要有决策的能力和艺术，就决策能力而言，需要具备和提高以下几方面的能力：

1. 敏锐的洞察能力

这是一种快速、准确地抓住问题要害的能力。是否具备敏锐的洞察能力，对决策的正确与否起根本性的作用。大量的关于创造问题的研究告诉我们，创造始于问题，历史上所有作出重大创造的人，都是在特定领域中首先意识到问题的人。他们能发现别人尚未意识到的问题，击中要害，能认识和剖析不同事物之间的相互关系，能透过现象看本质。这种能力使领导者在决策中始终处于主动地位，准确把握决策方向。我们也必须看到，发现和提出问题并不是一件容易的事情，它需要很高的资质禀赋，因为问题常常隐藏在纷繁复杂的现象背后，很难识别，但只要勤于实践和思索，领导者是可以锻炼出这种能力的。

2. 极强的推动能力

这是指领导者善于激励下属以实现创新意图的能力。按照历史唯物主义观点，历史是人民群众创造的，领导者无论如何高明，也不能靠单个人的力量来实现组织目标。因此，决策能力的一个重要方面就是在形成决策方案以后，领导者要有推动整个组织行动起来的能力，能够激发起成员追求组织目标的热情。总之，领导者应通过自己的感染力、吸引力、凝聚力、号召力来成为整个组织机器中的主动轮，带动成员去完成组织目标。

3. 灵活的应变能力

这是一种在事物发展的偶然性面前，善于随机处理问题的能力。由于领导者所处的环境是复杂多变的，偶然性时时存在，突发性事件也常常发生，特别是在瞬息万变的市场经济条件下更是如此，所以领导者审时度势、随机应变的能力十分重要。在决策条件已经改变的情况下，或者是突发事件出现时，领导者要临危不惧、处变不惊、沉着应对、因势利导，能够慎重地作出合乎实际的决策。如果决策匆忙，就很可能会出现"情况不明乱拍板"的问题。任何事物，只有深思熟虑后才能找到稳妥的解决方案，尤其是对于事关单位长远发展和牵扯群众切身利益的问题，更需要谨慎行事，在把握住本质和走势后再作决策，这样就能作出成熟和理性的决策。同时，事物是发展变化的，人们对事物的认识也是不断深化的，因此领导作决策也永远不可能找到一个最优方案，最好的办法就是以变化应对变化，就是说要为自己预留一个思考和决策的空间，以便随形势的发展随时调整方案。

4. 与时俱进的创新能力

决策作为一种前沿性、开拓性很强的领导活动，对创新能力的要求相当高。凡属重大的战略决策，都需要领导者具有创造性思维，才能敢于变革现状、开创未来，才能使决策正确。从当前全面建设小康社会，建设有中国特色社会主义的伟大历史使命来看，这是前无古人的事业，对这样事业进行领导，是没有现成规范可以遵循的，它要求我们领导干部必须做创造性工作。

5. 良好的协调能力

这是为完成决策任务，采用各种对策和措施，协调处理好各种关系，以取得最佳领导效能的能力。在领导决策中，各种不协调的现象经常会出现，为了消除社会组织内各种不协调因素，使决策顺利实施，领导者必须集思广益、群策群力，调查处理好各种因素之间的关系，使其达到高度协调统一。在当前社会主义市场经济条件下，领导者更要协调好人们的各种关系，处理好各种矛盾、冲突，调动各方面的积极性，以保证组织健康和谐地向前发展。

1.5 决策的基本原则

1. 信息完备原则

要求信息准确，要能真实地反映经济发展的过程，要求信息全面，从源头、多渠道搜索适用的信息，进行综合、整理、筛选，以期能够反映所要研究的经济问题。

2. 经济性原则

经济性原则就是研究经济决策所花的代价与取得的收益之间的关系，研究投入与产出的关系。决策者必须以经济效益为中心，并且要把经济效益同社会效益结合起来，以较小的劳动消耗和物资消耗取得最大的成果。如果一项决策所花的代价大于所得,那么这项决策就是不科学的。

3. 可行性原则

经济预测所选择的方案以及所决定的行动,不能超越主、客观所具备的条件,应从实际出发,在各种方案中进行定性、定量分析,对可行性在科学论证和评价的基础上进行筛选,这样就更能把握实现和成功的可能性。

4. 科学性原则

科学性原则是一系列决策原则的综合体现。现代化大生产和现代化科学技术,特别是信息论、系统论、控制论的兴起,为决策从经验到科学创造了条件,领导者的决策活动产生了质的飞跃。决策科学性的基本要求是:(1)决策思想科学化;(2)决策体制科学化;(3)决策程序科学化;(4)决策方法科学化。科学性原则的这几个方面是互相联系、不可分割、缺一不可的。只有树立科学的决策思想、遵循科学的决策程序、运用科学的决策方法、建立科学的决策体制,整个决策才可能是科学的,否则就不能称为科学决策。

5. 民主性原则

民主性原则是指决策者要充分发扬民主作风,调动决策参与者甚至包括决策执行者的积极性和创造性,共同参与决策活动,并善于集中和依靠集体的智慧与力量进行决策。

6. 整体性原则

整体性原则也称为系统性原则,它要求把决策对象视为一个整体或系统,以整体或系统目标的优化为准绳,协调整体或系统中各部分或分系统的相互关系,使整体或系统完整和平衡。因此,在决策时,应该将各个部分或小系统的特性放到整体或大系统中去权衡,以整体或系统的总目标来协调各个部分或小系统的目标。

7. 预测性原则

预测是决策的前提和依据。预测是运用各种知识和科学手段,根据过去和现在的已知来推知未来的未知。科学决策,必须用科学的预见来克服没有科学根据的主观臆测,防止盲目决策。决策的正确与否,取决于对未来后果判断的正确程度,不知道行动后果如何,常常会造成决策失误。因此,决策必须遵循预测性原则。

1.6 决策的分类

现代经营管理活动的复杂性和多样性决定了现代管理决策有着多种不同的类型,由于划分决策的标准不同,因而得到的决策类型也不同,常见的决策类型主要有以下几种:

1.6.1 按决策主体的构成不同划分

1. 个人决策

个人决策是指由决策者凭借个人的智慧、经验及掌握的信息作出决定的过程。个人决策的决策速度快、决策效率高,适用于常规事务及紧迫性问题决策。

2. 集体决策

根据集体的构成不同,集体决策可分为领导机构决策和上下相结合的决策两种。领导机构决策是通过股东大会、董事会等机构成员共同作出的决策;上下相结合的决策则是指领导机构与下属相关机构相结合、领导与下属员工相结合形成的决策。上下相结合的集体决策能充分发挥集体智慧，集思广益且可信度高，但决策过程复杂、费时多，因此适宜在制定长期规划时运用。

表 1—1　　个人决策与集体决策对比

项目＼类型	个人决策	集体决策
特点	指个人在参与组织活动中的各种决策，决策主体是组织中的个人。个人决策对其他人有影响，但不具有强制性	决策主体是组织。决策的依据是组织在一定时期的目标。群体决策对组织内个人具有强制性
例子	个人是否接受任务、是否努力工作等	企业生产什么、生产多少，广告策略选择，政府投资选择

1.6.2　按决策问题的重要性程度划分

1. 战略决策

战略决策是指对涉及经济活动系统全局性、长远性、方向性问题的重大决策，通常由高层领导集体作出。它体现企业长远的指导思想与经营发展规划的总体设想，具有影响时间长、涉及范围广、作用程度深的特点，是战术决策与执行决策的依据和中心目标。战略决策正确与否，直接决定企业的发展方向和总体效果。

2. 战术决策

战术决策是指根据战略目标的要求，对某一战略阶段的企业经营要素优化组合的重大问题作出的决策，它是战略决策的重要组成部分，是实施战略决策的重大步骤，是战略决策与执行决策的桥梁和纽带。它由高层管理者和中层管理者结合作出。它针对战略决策阶段经济活动内容进行总体部署，将战略决策目标具体化和细分化，为执行决策提供依据和指明方向。

3. 执行决策

执行决策是指围绕实施阶段性战略目标的具体业务问题的决策，如企业经营计划的编制、人员调配、生产作业计划、物资需求计划等。执行决策是战术决策的延伸和具体化，具有深、细、量化以及局部和短期性的特点，属于低层决策，一般由中层和基层管理人员来完成，其应用效果对战略目标的实现有重要影响。

表 1—2　　战略决策、战术决策、执行决策对比

项目＼类型	战略决策	战术决策	执行决策
含义	事关组织兴衰成败的全局性、长期性的决策	执行战略决策中在组织管理时合理选择和使用人、财、物	执行管理决策中日常作业方面的具体决策
特点	影响时间长、范围广。重点在组织与环境的关系。解决组织做什么	影响时间较短、范围较小。重点在组织内部资源的有效利用，解决如何做	属单纯执行性决策。重点是对日常作业进行有效的组织，解决具体怎样做
例子	企业方针、目标、技术引进等	销售、生产计划、职工招聘等	任务的日常分配、人力安排等

1.6.3 按决策的程序性划分

1. 程序性决策

程序性决策又称结构化决策，是指针对企业经营活动中反复出现且有某种规律的问题作出的决策。它所要解决的问题以前已经遇到过，且有解决此类问题的经验及处理的程序和方法，如日常的生产作业安排、学生学籍处理等，决策者只需根据相关的程序进行决策即可。

2. 非程序性决策

非程序性决策是指针对企业经营管理中偶然出现的特殊性问题或首次出现的情况或问题作出的决策。这类问题不经常出现，没有处理的经验，对这类问题应严格按照科学、民主的决策程序，制定出客观、科学的处理方法。例如，2007 年年底，中国南方出现了百年不遇的暴风雪，造成 21 个省(自治区、直辖市)不同程度受灾，因灾死亡 107 人、失踪 8 人，紧急转移安置 151.2 万人，累计救助铁路、公路滞留人员 192.7 万人；农作物受灾面积 1.77 亿亩，绝收 2 530 亩；森林受损面积近 2.6 亿亩；倒塌房屋 35.4 万间；因灾直接经济损失 111 亿元。应对这种抗雪救灾的决策就属于典型的非程序性决策。虽然中国以前没有处理这类问题的经验，但由于决策正确，在全国人民的共同努力下，最终取得了抗雪救灾的胜利。

表 1—3　程序化决策与非程序化决策对比

项目 \ 类型	程序化决策	非程序化决策
含义	常规或例行性决策，在日常管理中以(基本)相同形式重复出现的决策	非常规或例外决策，在管理中很少重复出现，无先例可循的决策
问题类型	常规、例行、重复、频繁，因果关系极其确定	非常规、例外、新的，因果关系不确定
步骤	依赖政策、规则和确定的步骤	需要创造性，具有模糊性
例子	企业：定期记录存货 政府：公务员晋升体系	企业：新产品开发、新市场开拓 政府：机构重组

1.6.4 按掌握信息程度的不同划分

1. 确定型决策

确定型决策是一种肯定状态下的决策，是指决策过程中各备选方案在确知的客观条件下，每个方案只有一种结果，比较其结果优劣而作出最优的决策。这种决策的着眼点在于选择肯定状态下的最佳方案。

2. 风险型决策

风险型决策是指决策过程事先能预知各备选方案在几种可能约束条件下产生的几种不同结果及出现概率的情况下作出的决策。处理问题的每个决策方案都有几种可能的结果，各种结果出现的可能性可用概率分布来描述。因此，这种决策又可称为统计型决策。

3. 非确定型决策

客观上存在着两种或两种以上的自然状态，它们出现的概率无法估计或确定，针对这种状况所作的决策称为非确定型决策。

表 1—4　　确定型决策、风险型决策、非确定型决策对比

项目 \ 类型	确定型决策	风险型决策	非确定型决策
含义	指掌握了各可行方案的全部条件，可准确预测各方案后果，并从中选择一种最有利方案的决策	指决策事件的某些条件是已知的，但还不能完全确定决策的后果，只能根据经验和相关资料估计各种结果出现的可能性	指决策事件未来可能出现的几种后果及概率都无法确定，只能依靠决策者的偏好或经验、直觉作出决策
特点	决策的最终结果是确定的	决策的结果具有风险，有一定的成败概率	各种方案在未来将出现哪一种结果的概率不能预测，决策结果不确定
例子	库存管理设备计划	保险险种开发、农作物种植	企业的并购战略投资

1.6.5 按决策目标的多寡划分

1. 单目标决策

单目标决策是指决策目标只有一个的决策。

2. 多目标决策

多目标决策是指决策目标有两个或两个以上的决策，它的解必须同时满足这些目标的要求。

现代决策的发展趋势是由单一目标决策向多目标决策发展。因此，决策技术也越来越复杂，决策难度也越来越大。

1.6.6 按决策过程划分

1. 单阶段决策

单阶段决策是指整个决策过程只作一次决策即可得到结果的决策。

2. 多阶段决策

多阶段决策是指整个决策过程由一系列决策组成。这类决策涉及一些比较复杂的决策问题，需要把决策过程分为几个阶段，每个阶段都要作出决策。多阶段决策以单阶段决策为基础，但并非单阶段决策的简单组合，因为前面的决策往往会影响到后面决策所面临的状态，所以有时也被称为动态决策。决策树是解决多阶段决策的常用方法之一。

1.7 决策的程序

实现决策的科学化，必须按照决策的程序进行决策。决策程序可以分为 6 个步骤，如图 1—1 所示。

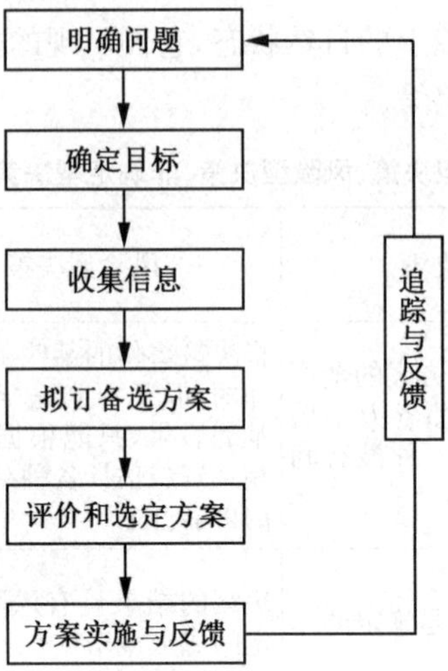

图1—1 决策流程图

1. 明确问题

一切决策都是从问题开始的，如果没有需要解决的问题，也就不需要进行决策。确定问题包含三个层次：一是明确问题发生的时间、地点及可能产生的价值和影响；二是明确问题产生的原因；三是明确问题的严重性和必要性。问题还应分清主次，是战略决策还是一般业务决策，由哪些决策者承担任务等。决策者需要在全面调查研究、系统收集环境信息的基础上找出关键问题出在哪里、何时解决以及解决这一问题的利弊如何。

2. 确定目标

合理的目标是有效决策的前提，是决策活动的出发点，也是评价决策效果的依据。确定决策目标时应注意以下两个方面的问题：

一是决策目标必须建立在必要和可能的基础上，即在确定决策目标时，要对实现决策目标的各方面的条件作全面、细致的分析，明确建立这样的目标是否必要、达到目标所必须具备的条件是否成熟等。这里所谓的条件，是指与决策目标有直接关系的各种环境条件。以企业生产经营决策为例，要分析市场状况、竞争对手状况、政府有关的方针政策和社会经济形势等，以及原材料、资金、技术力量和关键设备等资源条件。这里的条件，又可以分为可控条件和不可控条件。对于可控条件，必须基本具备；对于不可控条件，必须大致估计出其发展趋向和对决策目标的影响程度，这样才能确定合适的决策目标。

二是制定决策目标时必须明确、具体，尽可能量化，以便于用来衡量决策的实施效果。对于那些难以数量化的目标可以采用间接表示的方法使其数量化，如用百分比法、评分法等。一般来说，越是近期目标，就越是要求明确、具体，远期目标则允许有一定的模糊性。

3. 收集信息

信息是决策的基础，是有效决策的保证。确定了问题和目标后，必须着手调查研究，收集信息并加以整理和分析。根据既定的目标，对于组织内的相关信息，必须积极地收集和整理，并建立数据库。无论是收集历史资料信息还是调查现实资料信息，都应做到信息的系统性、完整性和全面性。所谓系统，是指历史及目前的全部信息；所谓完整，是指所收集的信息不应有残缺，一旦出现残缺，应通过间接的方法加以补充；所谓全面，是指所收集的信息应包含决策范围的各方面的信息。

4. 拟订备选方案

为了解决问题，根据所确定的目标及有关信息资料，需要设计出多个可行的、可供选择的方案。管理者应积极寻找和努力挖掘出各种可能的方案。一般来说，备选方案越多，决策的风险就越小，决策的质量就越高。原则上要求方案的整体详尽性和相互排斥性相结合。整体详尽性是指所拟订的各种方案应尽可能多地包括能找到的方案，要从不同的角度和通过多种途径拟订出各种可能方案，保证备选方案的多样性和全面性。在这一阶段，创新具有十分重要的意义。相互排斥性，是指在多个方案中只能选择一个方案，不能同时选用几个，即方案之间是互斥的。

5. 评价和选定方案

这是决策过程的关键阶段，行动方案的选择是在分析、评价备选方案执行后果的基础上进行的，为了从多个备选方案中选出满意方案，应采取科学的态度并依据科学标准来进行，要研究各个方案的限制因素，综合评价各种方案的技术合理性、措施可操作性、经济时效性、环境适应性以及它对社会和生态的影响，分析各个方案可能出现的问题、困难障碍和风险，并制定相应的防范、应变措施。决策者根据方案评价来进行方案选择。方案选择时应注意以下几个方面：

(1)在实际决策过程中，由于受主客观条件的限制，很难找到最优方案，一般地，只要找到决策者认为满意的方案就行了。

(2)要综合考虑各种指标，防止片面注重经济效益。

(3)选定方案不是在简单地挑选一个方案的同时丢弃其他方案，而是把诸多备选方案放在一起综合分析与评价，尽量发挥各方案的优势，将不同方案综合成更优且可行的新方案。这实际上是在原有方案基础上的再创造过程。

(4)决策者要想准确地权衡不同方案的利弊并作出正确选择，就必须处理好与专家的关系，既要尊重专家的意见，也不能被专家的意见所左右。另外，决策者要有战略的、系统的观点，敢于承担责任。

6. 方案实施与反馈

在方案选定后，应进一步把决策的内容具体化，落实到有关责任部门和人员，制定实施决策的规则和期限要求，解决有关问题。同时，决策者还要通过控制系统来对决策实施情况进行跟踪检查，根据反馈信息对决策不断地进行调整。由于客观环境的复杂性和决策者认识能力的局限性，决策者所作出的决策不符合或不完全符合实际的情况常有发生，这就需要对决策方案作必要的修改或补充，或者重新作出决策，制订新的方案，使决策与环境的变化保持动态平衡。

科学的决策理论认为，反馈也是决策过程的一个重要环节。决策的目的在于实施，而实施又反过来检查决策是否正确，这就是反馈。某项特定的决策，其实是“决策—执行—再决策—再执行”的动态过程中的特定环节。另外，高效的管理者总是能在反馈中学习和提高。他们会对以前的经验和教训作深入反思、总结，通过对决策结果的分析，从过去的失败和成功中获取经验，从而提高决策质量和决策水平。

习题

1. 简述决策的产生与发展。
2. 简述现代决策的发展趋势。
3. 简述决策的概念。
4. 简述决策的基本要素。
5. 简述决策的特征。
6. 简述决策的作用。
7. 简述决策的能力要求。
8. 简述决策的基本原则。
9. 简述决策的分类。
10. 简述决策的程序。

第二章

确定型决策

2.1 确定型决策的概念

我们把以下这种情况的决策问题称为确定型决策：通过对决策问题的现有情况和环境条件进行分析，决策者能够确定决策对象未来可能发生的情况，从而可以根据已掌握的科学知识和技术手段来选择最有利的决策方案。

确定型决策一般具备以下一些条件：

(1)存在决策者希望达到的一个明确目标；

(2)只存在一个决策者不可控制的自然状态；

(3)存在可供决策者选择的两个或两个以上的备选方案；

(4)不同决策方案在确定状态下的收益值或损失值能够计算出来，从而可进行方案间的比较。

2.2 现金流量分析

2.2.1 现金流量

在长期投资决策中，投资收入与投资支出都是以现金实际收支为基础的。现金流量是企业现金流动的金额数量，是企业在未来一定时期内的现金流入量与现金流出量的总称，反映了广义现金(货币资金)的运动。

按照现金流动的方向，现金流量可分为现金流入量、现金流出量和现金净流量(NCF)。现金流入量是指由该项目引起的企业现金收入的增加额，现金流出量是指由该项目引起的企业现金支出的增加额，现金净流量是指由项目引起的一定期间现金流入量和现金流出量的差额。流入量大于流出量，净流量为正值；反之，净流量为负值。

下面阐述现金流出量、现金流入量和现金净流量三个概念的具体内容。

1. 现金流出量

现金流出量通常包括四个方面：

(1)建设投资

这是指在建设期内发生的各种固定资产、无形资产和递延资产的投资。

(2)为制造和销售产品所发生的各种料、工、费付现成本

这里的付现成本是指从产品成本中扣除固定资产折旧后的差额,其理由在于折旧费作为生产产品所必不可少的一项费用已计入产品成本,但实际上这笔折旧费并不是当期的现金开支,而是以前期间的开支在本期的摊销额。所以在计算现金流出量时,必须予以剔除,以真实反映现金流出的情况。

(3)垫支的流动资金

固定资产投资扩大了生产能力,引起了对流动资产需求的增加,因此需要垫付一笔流动资金以满足日常的周转,只有当项目终止时,才能收回这笔流动资金用于其他目的。

(4)所得税支出

从企业的角度出发,只有税后现金流量才真正属于自己,因此将所得税支出看作一种现金流出量。

2. 现金流入量

现金流入量通常包括三个方面:

(1)项目投产后每年的营业收入(或付现成本节约额);

(2)项目终止时固定资产的变价收入;

(3)项目终止时回收的流动资金。

3. 现金净流量

现金净流量是指现金流入量扣除现金流出量后的余额。通常以年为单位,称为年现金净流量,记作 NCF。在评价项目时主要以 NCF 为基础。

2.2.2 现金净流量的计算

1. 项目建设期内的现金净流量的计算

由于项目建设期内通常没有现金流入,因此现金净流量表现为投资额的相反数,即:

$$NCF=0-\text{投资额}=-\text{投资额}$$

2. 项目经营期内的现金净流量的计算

$$NCF=\text{销售收入}-\text{付现成本} \tag{2.1}$$

$$NCF=\text{年利润}+\text{年折旧} \tag{2.2}$$

公式(2.1)是根据现金流入量减去现金流出量的原则得到的;公式(2.2)是将权责发生制的结果调整为收付实现制的结果,由于利润中已扣除了所有成本,而折旧是沉没成本,并没有发生现金流出,不该扣除,因此要加回去。

需要注意的是,如果存在无形资产与递延资产的摊销额,应将其折旧作相同的处理。

通常在经营期的最后一年,会发生固定资产变价收入以及流动资金的回收,应在上述公式的基础上加上。

【例 2.1】 大立公司拟新建一条流水线,投资 200 万元,预计可用 8 年(假定按直线法计提折旧,无残值),每年可生产产品 2 000 件,产品售价 700 元,单位变动成本 300 元,除折旧以外的固定成本 400 000 元。请计算各年的现金净流量。

【解】

$NCF_0=-2\ 000\ 000$(元)

按公式(2.1)计算：

$NCF_{1-8}=700\times2\ 000-(300\times2\ 000+400\ 000)=400\ 000$(元)

按公式(2.2)计算：

$NCF_{1-8}=2\ 000\times(700-300)-(4\ 000\ 000+2\ 000\ 000/8)+2\ 000\ 000/8$

$=400\ 000$(元)

【例 2.2】 大立公司拟更新已用了2年的旧设备。旧设备原值42 000元，账面价值26 000元，尚可使用3年，期满有残值2 000元，变现价值为10 000元。旧设备每年收入70 000元，付现成本55 000元。新设备购入价60 000元，可用3年，使用新设备后每年可增加收入10 000元，并降低付现成本15 000元，期满无残值。

要求：

(1)计算继续使用旧设备的现金净流量。

(2)计算使用新设备的现金净流量。

【解】

(1)继续使用旧设备的现金净流量：

$NCF_0=-10\ 000$(元)

第0年无付现成本，其变现价值为机会成本。

$NCF_{1-2}=70\ 000-55\ 000=15\ 000$(元)

$NCF_3=15\ 000+2\ 000=17\ 000$(元)

(2)采用新设备的现金净流量：

$NCF_0=-60\ 000$(元)

$NCF_{1-3}=(70\ 000+10\ 000)-(55\ 000-15\ 000)$

$=40\ 000$(元)

2.2.3　现金流量构成

一个投资项目的现金流量一般由初始现金流量、经营现金流量和终结现金流量三部分构成。

1.初始现金流量

初始现金流量是指投资项目开始投资时所发生的现金流量，一般包括以下部分：

(1)建设投资。指在项目建设期内所发生的固定资产(厂房的建造成本、机器设备的购买价格以及运输费用、安装费用)、无形资产、开办费等投资的总和。

(2)垫付的流动资金。指项目投产前后投放于流动资产项目的投资额，如需要增加的原材料、在产品、产成品、现金和应收账款等流动资产的垫支。

(3)其他投资费用。指与长期投资项目相关的谈判费、注册费等筹建费用以及员工的培训费。

(4)原有固定资产的出售收入等。指在固定资产更新决策时，变卖原有旧资产所得的现金收入，属于现金流入量。

上述全部现金流出量扣除现金流入量，就是初始现金净流出量。

2. 经营现金流量

经营现金流量是指投资项目建成投产后，在其经济寿命期内，由于开展生产经营活动所带来的现金流入量和现金流出量，一般按年度进行计算。经营现金流量一般包括以下部分：

(1)营业收入。指项目投产后，在其经济寿命期内每年实现的销售收入或业务收入。它是生产经营阶段主要的现金流入量。作为现金流入项目，本应当按当期现销收入额与收回前期应收账款的合计数确认，但为了简化计算，可假定正常经营年度内每年发生的赊销额与收回的应收账款大体相等。

(2)付现成本。付现成本又称付现的营运成本或经营成本，是指在项目寿命期内为满足正常生产经营需要而动用现金支付的成本费用。它是生产经营阶段最主要的现金流出量。某年的付现成本等于当年的总成本费用扣除该年的折旧费用、无形资产和开办费的摊销额等项目后的差额。这是因为总成本费用中包含了一部分非现金流出的内容，这些项目大多与固定资产、无形资产和开办费等长期资产的价值转移有关，不需要动用现金支出。

(3)各项税款。指项目投产后依法缴纳、单独列示的各项税款，包括营业税、消费税、所得税等，不包括价外核算的增值税。

根据上述内容，有关经营净现金流量的计算公式如下：

经营净现金流量＝该年税后利润＋该年折旧＋该年摊销额＋该年回收额

＝收入×(1－所得税税率)－付现成本×(1－所得税税率)

＋该年折旧×所得税税率

＝税后收入－税后付现成本＋折旧抵税

(4)其他现金流出。不包括在以上内容中的现金流量内容。

3. 终结现金流量

终结现金流量是指投资项目寿命期结束时所发生的各项现金回收，主要包括以下两部分：

(1)回收固定资产残值。这是指在投资项目寿命期结束时，对固定资产进行报废清理所回收的价值。它属于现金流入量。

(2)回收流动资金。这是指在投资项目寿命期结束时，因不再发生新的替代投资而回收的原垫支的全部流动资金额。它也属于现金流入量。

回收的固定资产残值和流动资金统称为回收额。下面举例说明现金流量的计算。

【例 2.3】 海洋公司准备投资建设一条新的生产线用于生产其开发的一种新产品。有关预计资料：固定资产投资 1 000 万元，垫付流动资金增加 200 万元，建设期为 1 年，固定资产投资全部于建设起点投入，而增加的营运资金全部于建设工程完工时(即第 1 年末)投入；预计项目经济寿命期为 5 年，固定资产按直线法计提折旧，期满有 40 万元净残值；该项目投产后，每年增加的销售收入为 800 万元，每年增加的付现成本为 328 万元；企业所得税税率为 25%。要求计算各年的净现金流量。

【解】

(1)初始投资的净现金流量

固定资产投资的现金流量 $NCF=-1\ 000$(万元)

垫付流动资金的现金流量 $NCF=-200$(万元)

(2)每年的经营净现金流量

固定资产每年折旧费＝(1 000－40)÷5＝192(万元)

每年的经营净现金流量 NCF_{2-6}＝(800－328－192)×(1－25%)＋192＝402(万元)

或者：NCF_{2-6}＝800×(1－25%)－328×(1－25%)＋192×25%＝402(万元)

(3)终结点净现金流量

项目寿命期结束时的回收额现金流量 NCF＝40＋200＝240(万元)

在投资决策实务中，所估计的各期净现金流量的计算通常是通过编制投资项目现金流量表来列示的。

2.2.4　投资决策中使用现金流量的原因

在长期投资决策分析中，通常是用现金流量而不是用会计利润来评价投资项目的价值。与会计利润相比，现金流量在评价长期投资项目中具有如下几方面的作用：

1. 现金流量有利于正确评价投资项目的经济效益

在评价投资项目的经济效益时，应该根据投资项目所能产生的现金流量而非会计利润来进行判断。投资项目所产生的现金流量通常不等于它的会计利润，而且两者之间往往存在很大的差异。由于现金流量表明了投资项目在未来期间货币资金的实际收支，它不受人为因素的影响，可以序时动态地反映投资资金的流向与回收之间的投入产出关系，所以决策者能够站在投资主体的立场上准确、完整、全面地评价投资项目的经济效益。

2. 现金流量使投资决策更符合客观实际

由于会计利润是采用权责发生制进行核算的，在进行会计计量时就会不可避免地带来一定的主观随意性，即不同的投资项目可能会采取不同的存货估价、费用摊配及折旧计提等方法，所以不同方案的利润指标在相关性和可比性方面较差。而用现金流量代替会计利润作为评价投资项目经济效益的依据，就可以避免因采用权责发生制而带来的主观随意性问题。因此，在长期投资决策分析中，利用现金流量能科学、客观地评价投资方案。

3. 现金流量有利于科学地应用货币时间价值

由于现金流量能够正确反映每笔预期收入和成本所收付款的具体发生时间，即什么时候收到现金、什么时候支出现金，或什么时候用于再投资，因而每笔收付款就与投资项目寿命期内的各个时点密切结合在一起，这就有助于在计算投资项目决策评价指标时应用货币时间价值原理来进行动态投资效果的综合评价。

值得注意的是，由于项目的全过程可能要经历十几年以至几十年的时间，只有对每个投资项目在其全过程内形成的现金流出量、流入量进行科学的预测，掌握每个项目现金流入和流出的数量和时间以及它们在数量和时间上的差别，然后按照货币时间价值统一换算为同一时点的数值——终值、现值或年值(将所有现金流量均匀化为各期相等的值，使之以“年金”的形式出现)，才能使有关项目投资效益的分析和评价建立在全面、客观、可比的基础上。

2.3　线性盈亏分析决策

盈亏分析又称量本利分析，它是通过企业总成本与总收益的变化作对比分析，其目的在于掌握企业市场营销盈亏界限，同时，还可利用盈亏两平点公式对有关因素进行控制，以利于市场决策。

2.3.1 盈亏平衡图和两平点公式

据经济学原理，将总收入和总成本看成是产销量的函数，并在同一坐标系下画出总收入曲线和总成本曲线，二者都是单调上升的。随着产销量的增加，边际收入（收入曲线的斜率）递减，而边际成本（成本曲线的斜率）是上升的，因此，在同一坐标系下两条曲线必定相交，其交点称为盈亏平衡点，而这样一种图则称为盈亏平衡图（见图 2—1）。

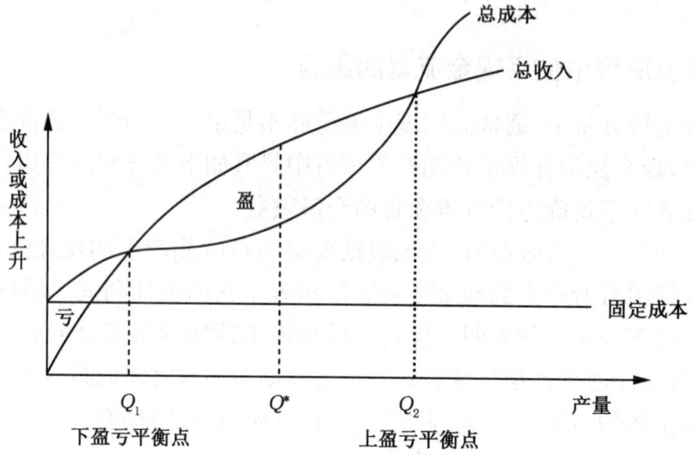

图 2—1 非线性盈亏平衡图

而当边际收入等于边际成本时，则企业获利最大。

盈亏平衡图能使人们在市场决策时将注意力集中到利润因素上，如销售额、固定成本与变动成本等。同时，控制住企业获利的产销量范围。一般而言，总收入及总成本曲线是非线性的，但人们在应用盈亏分析时往往将其线性化。

设产销量为 Q，单位产品价格为 P，固定成本费用为 F，单位产品变动成本为 V，企业获利为 M，则总收入 Y 与总成本 C 的线性函数为：

$$Y=QP$$

$$C=F+VQ$$

则其线性盈亏平衡图见图 2—2。

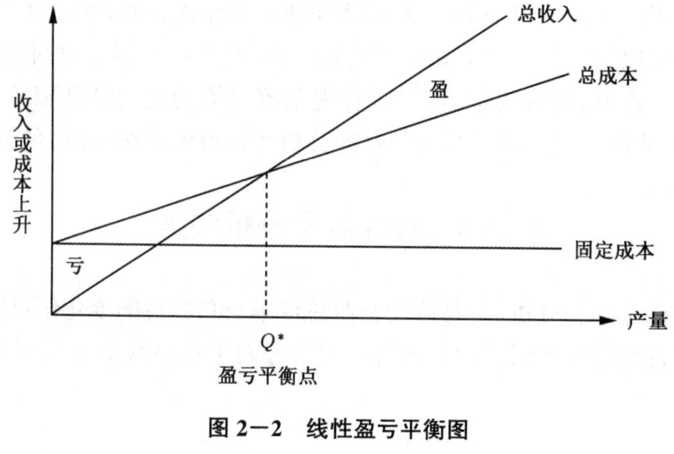

图 2—2 线性盈亏平衡图

在企业获利为 M 的情况下有：

$$QP=F+VQ+M$$

$$Q=(F+M)/(P-V)$$

而当 $M=0$ 时，企业不盈不亏，则：

$$Q=F/(P-V)$$

上式就是人们通常所说的两平点产销量公式。

2.3.2 应用举例

两平点公式可用于解决生产经营过程中的许多问题，如新产品决策、设备更新决策、零配件自制或外购决策等。

1. 新产品决策

【例 2.4】 大立公司设计了一种新产品，按测算，制造这种新产品需固定成本 4 万元，而每单件产品变动成本为 4.50 元。经调查得知，这种产品定价在 9.50 元时市场可以接受。现在的问题是该企业是否可上新产品？如果上，企业要想获利 6 万元，是否能实现？

【解】 根据两平点公式，该产品两平点产销量为：

$Q^*=F/(P-V)=40\ 000/(9.50-4.50)=8\ 000$(件)

如果企业希望获利 6 万元，则其产销量为：

$Q_1=(F+M)/(P-V)=(40\ 000+60\ 000)/(9.50-4.50)=20\ 000$(件)

因此，新产品决策是：设企业进行市场调查，该产品的潜在市场容量为 Q，若 $Q<Q^*$ 则不能上新产品，若 $Q>Q^*$ 则可上新产品；若 $Q>Q_1$，则能实现企业利润目标。

如果产品成本不变，而每件售价降低 1 元，则产销量应达到多少才能使 6 万元的利润实现？仍用两平点公式计算：

$Q=(F+M)/(P-V)=(40\ 000+60\ 000)/(8.50-4.50)=25\ 000$(件)

计算结果说明，销售超过 25 000 件就可保住 6 万元的利润。

根据公式 $QP=F+VQ+M$，两边除以 Q 有：

$P=V+Q+Q$

上式可用于产品定价，如果某产品生产的固定成本为 5 万元，单位产品变动成本为 10.50 元，企业预测该产品产销量为 20 万件，如果企业目标利润为 40 万元，则产品价格为：5 元。

盈亏分析的理论在企业的经营决策中有许多具体的应用。例如，在生产管理中常遇到的设备更新问题，所需的一些部(配)件是自己制造还是外购问题，新建厂生产规模的决策问题等等。现分述如下：

2. 设备更新决策

设企业的某种设备在更新前的生产费用(总成本)为：

$$TC_1=F_1+C_{V1}Q$$

更新后的生产费用为：

$$TC_2=F_2+C_{V2}Q$$

其中，F_1 和 F_2 为固定成本费，$F_2>F_1$，C_{V1} 和 C_{V2} 为可变成本费，$C_{V2}<C_{V1}$。若进行设备更新，则需增加固定成本（一次性投资）；但减少可变成本，导致利润增加，是否更新，各有利弊，如何决策？先进行线性盈亏分析，然后根据销售量的大小进行决策。

设产品的售价为 P，则设备更新前后的盈亏平衡产量如图 2－3 所示。

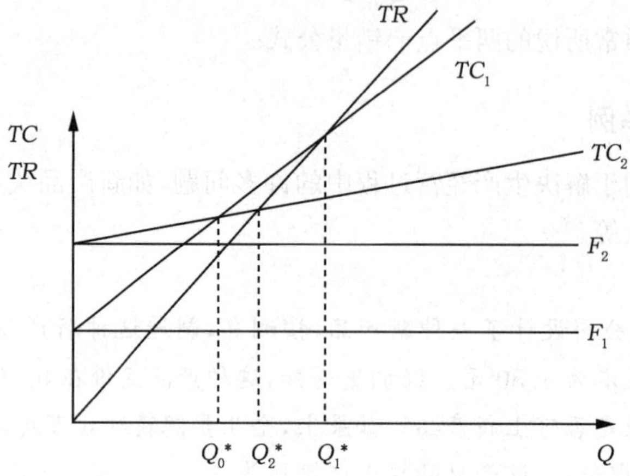

图 2－3

图 2－3 中：

Q_1^*——设备更新前的盈亏平衡产量；

Q_2^*——设备更新后的盈亏平衡产量；

Q_0^*——设备更新前或更新后总成本相等的产量。

从图 2－3 中可见，$Q_2^*<Q_1^*$。若销售量大于 Q_2^*，则更新后的利润将超过更新前的利润；若销售量小于 Q_2^*，则进行设备更新将得不偿失。最后的决策是：

(1)若销量 $Q>Q_2^*$，则更新设备；

(2)若销量 $Q<Q_2^*$，则保留原设备。

另一方面，从更新前后使总成本相等的产量上看：

$$F_1+C_{V1}Q=F_2+C_{V2}Q$$

有：

$$Q_0^*=(F_2-F_1)/(C_{V1}-C_{V2})$$

若销量 Q 不少于 Q_0^*，则设备更新后的总成本低于更新前的总成本。

3. 零配件自制或外购决策

大立公司生产上需要某种设备（或配件）。现有两种解决办法：向外定购；自制。向外定购每台价格 P 元，自己制造需固定成本费 F 元，每台可变成本费 C_V 元。决策方法是首先进行盈亏分析，盈亏分析如图 2－4 所示。

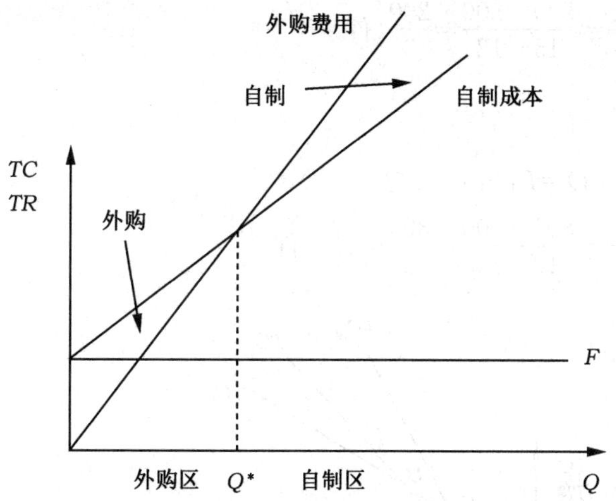

图 2—4

$$Q^* = \frac{F}{P - C_V}$$

盈亏平衡点将横轴分为两个区域，当 $Q < Q^*$ 时，自制成本大于外购费用。因此，当本企业所需的台数小于平衡点台数时，最优的决策是“外购”。当需要量大于平衡点台数时，即 $Q > Q^*$，自制成本小于外购费用，因此，最优的决策是“自制”。

【例 2.5】 大立公司生产某种产品，每年需要某种螺丝 18 000 个。由外厂协作，每个购置费 0.2 元。若自己生产，则需固定成本费 2 000 元，可变成本费 0.1 元/个。问应如何决策？

【解】 首先计算盈亏平衡点产量：

$$Q^* = \frac{F}{P - C_V} = \frac{2\ 000}{0.2 - 0.1} = 20\ 000(\text{个})$$

现该厂每年只要 18 000 个，小于 Q^*，故应由外厂协作生产。

【例 2.6】 大立公司为建设某类工厂有三种建设方案。甲：从国外引进，固定成本 800 万元，产品每件可变成本 10 元。乙：采用一般国产自动化装置，固定成本 500 万元，每件可变成本 12 元。丙：采用自动化程度较低的国产设备，固定成本 300 万元，每件可变成本 15 元。试确定不同生产规模的最优方案。

【解】 各方案的总成本线如下：

$$TC_{甲} = F_{甲} + C_{V甲}Q = 800 + 10Q$$

$$TC_{乙} = F_{乙} + C_{V乙}Q = 500 + 12Q$$

$$TC_{丙} = F_{丙} + C_{V丙}Q = 300 + 15Q$$

将上述三条总成本直线绘在图 2—5 上，称为总成本结构分析图。图中共有 A、B、C 三个交点，具体分析如下：

(1)A 点

$$TC_{乙} = TC_{丙}$$

$$TC_{乙} = F_{乙} + C_{V乙}Q = F_{丙} + C_{V丙}Q$$

$$Q_A=\frac{F_{乙}-F_{丙}}{C_{V丙}-C_{V乙}}=\frac{500-300}{15-12}=\frac{200}{3}(件)$$

(2)B点

$TC_{乙}=TC_{甲}$

$TC_{乙}=F_{乙}+C_{V乙}Q=F_{甲}+C_{V甲}Q$

$$Q_B=\frac{F_{甲}-F_{乙}}{C_{V乙}-C_{V甲}}=\frac{800-500}{12-10}=\frac{300}{2}=150(件)$$

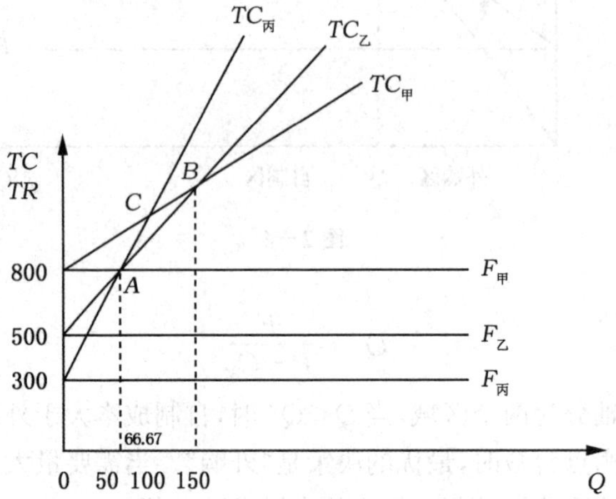

图 2－5

从图 2－5 中可以看出，A、B 将产量分为三段，第一段为产量小于 Q_A，第二段为产量在 (Q_A, Q_B) 之间，第三段为产量大于 Q_B。当产量 $Q<Q_A$ 时，方案丙总成本最低。当产量 Q 大于 Q_A 小于 Q_B 时，方案乙总成本最低。当产量 Q 大于 Q_B 时，方案甲总成本最低。现若决定生产规模为年产 80 万件，则最优的建厂方案是乙方案。

2.4 货币时间价值

货币时间价值是现代公司财务的基础概念之一，因其非常重要并且涉及所有理财活动，有人称之为理财的“第一原则”。公司在投资于某项目时，至少要取得社会平均的利润率，否则不如投资于另外的项目或另外的行业。因此，货币的时间价值成为财务估价最基本的原则。

2.4.1 货币时间价值的概念

货币时间价值是指在没有风险的前提下，货币经过一段时期的有效使用而增加的价值，也称资金的时间价值。西方经济学家对货币时间价值的理解往往是和消费心理因素联系在一起的。他们认为，投资者进行投资就必须推迟消费，对投资者推迟消费的耐心应该给予回报，这种回报的量与推迟的时间成正比，即推迟的时间越长，回报就越多，单位时间的这种回报与投资的百分比就是时间价值。

2.4.2 现金流量时间线

计算货币资金的时间价值,首先要清楚资金运动发生的时间和方向,即每笔资金在哪个时点上发生,资金流向是流入还是流出。现金流量时间线提供了一个重要的计算货币资金时间价值的工具,它可以直观、便捷地反映资金运动发生的时间和方向。典型的现金流量时间线如图 2—6 所示。

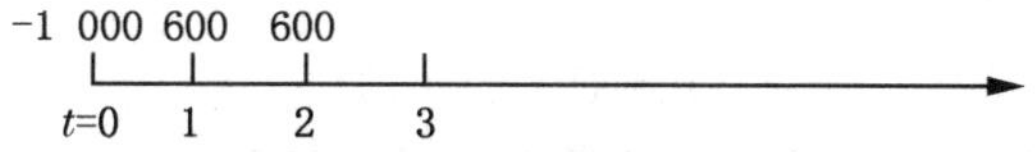

图 2—6 现金流量时间线

图中横轴为时间轴,箭头所指的方向表示时间的增加。横轴上的坐标代表各个时点,$t=0$ 表示现在,$t=1,2,\cdots$分别表示从现在开始的第 1 期期末,从现在开始的第 2 期期末,以此类推。如果每期的时间间隔为 1 年,则 $t=1$ 表示从现在起第 1 年年末,$t=2$ 表示从现在起第 2 年年末。换句话说,$t=1$ 也表示第 2 年年初。

图 2—6 的现金流量时间线表示在 $t=0$ 时刻有 1 000 元的现金流出,在 $t=1$ 及 $t=2$ 时刻各有 600 元的现金流入。

现金流量时间线对于更好地理解和计算货币时间价值很有帮助,本教材将在后面的章节中多次运用这一工具来解决许多复杂的问题。

2.4.3 终值和现值的计算

终值又称本利和,是将现在一定量的资金折算到未来某一时点所对应的金额。现值是指将未来某一时点上的一定量资金折算到现在所对应的金额。

终值和现值是一定量资金在前后两个不同时点上对应的价值,其差额即为货币的时间价值。

为了计算方便,本章假定有关字母含义如下:F 为终值,P 为现值,i 为利率(折现率),n 为计算利息的期数。这里所说的计息期,是指相邻两次计息的时间间隔,如年、月、日等。除非特别指明,本书计息期为 1 年。

1. 单利终值和现值

单利是指只就本金计算利息的计算方法。在单利方法下计算的本利和即为单利终值。在单利方法下计算的现值即为单利现值。

(1)单利终值

$$F=P\times(1+n\times i)$$

【例 2.7】 将 100 元存入银行,假设年利率为 10%,求 5 年后的终值。

【解】

$F=P\times(1+n\times i)=100\times(1+5\times10\%)=150$(元)

(2)单利现值

$$P=F\div(1+n\times i)$$

【例 2.8】 小王为了 5 年后能从银行取出 150 元,在利率为 10%的情况下,目前应存入银行多少钱？

【解】

$P=F\div(1+n\times i)=150\div(1+5\times10\%)=100$(元)

2. 复利终值和现值

复利是指不仅本金要计算利息，而且要考虑利息产生的利息的计算方法，俗称“利滚利”。

(1)复利终值

$$F=P\times(1+i)^n$$

【例 2.9】 若小王将 100 元的资金投资于一项年报酬率为 10%的事业，则经过 5 年时间的到期终值是多少？

【解】

$F=P\times(1+i)^n=100\times(1+10\%)^5$

$=100\times1.6105$

$=161.05$(元)

$F=P\times(1+i)^n$ 是计算复利终值的一般公式，其中的$(1+i)^n$ 被称为复利终值系数或 1 元的复利终值，用符号$(F/P,i,n)$表示。例如，$(F/P,10\%,5)$表示利率为 10%的 5 期复利终值的系数。$(1+i)^n$ 可通过查终值系数表得到。

该表的第一行是利率 i，第一列是计算期数 n，相应的$(1+i)^n$ 值在纵横相交处。通过该表可查出，$(F/P,10\%,5)$为 1.6105。

该表的作用不仅在于已知 i 和 n 时查找复利终值系数，而且可以在已知复利终值和 n 时查找 i，或在已知复利终值和 i 时查找 n。

【例 2.10】 小王现有资金 1 200 元，拟投入一项报酬率为 8%的投资机会，经过多少年可以使现有货币增加 1 倍？

【解】

$F=1\ 200\times2=2\ 400$(元)

$F=P\times(1+i)^n$

$2\ 400=1\ 200\times(1+8\%)^n$

$(1+8\%)^n=2$

$(F/P,8\%,n)=2$

查“复利终值系数表”，在 $i=8\%$的项下寻找 n，最接近的值为：

$(F/P,8\%,9)=1.9999$

所以 $n=9$，即 9 年后可使现有货币增加 1 倍。

【例 2.11】 小王想要在 19 年后使现有 1 200 元变成现在的 3 倍，选择投资机会时最低可接受的报酬率为多少？

【解】

$F=1\ 200\times3=3\ 600$(元)

$F=1\ 200\times(1+i)^n$

$3\ 600=1\ 200\times(1+i)^n$

$(1+i)^{19}=3$

$(F/P,i,19)=3$

查“复利终值系数表”，在 $n=19$ 的行中寻找 3，对应的 i 值为 6%，即：

$(F/P,6\%,19)=3$

所以 $i=6\%$，即投资机会的最低报酬率为 6%，才可使现有货币在 19 年后变成现在的 3 倍。

(2)复利现值

复利现值是复利终值的对应概念，指未来一定时间的特定资金按复利计算的现在价值，或者说是为取得将来一定本利和而现在所需要的本金。

复利现值计算，是指已知 $F=P\times(1+i)^n$ 求解 P 的过程。

所以：

$$P=F\times(1+i)^{-n}$$

上式中的 $(1+i)^{-n}$ 为复利现值的系数，或称 1 元的复利现值，用符合 $(P/F,i,n)$ 表示。例如，$(P/F,10\%,5)$ 表示利率为 10%时 5 年期的复利现值系数。为了便于计算，可以查“复利现值系数表”。该表的使用方法与“复利终值系数表”相同。

特别注意：①复利终值和复利现值互为逆运算；②复利终值系数 $(1+i)^n$ 和复利现值系数 $1/(1+i)^n$ 互为倒数。

【例 2.12】 小王拟在 5 年后获得本利和 1 000 元，假设投资报酬率为 10%，则现在应投入多少元？

【解】

$$\begin{aligned}P&=F\times(P/F,i,n)\\&=1\,000\times(P/F,10\%,5)\\&=1\,000\times0.621\\&=621(\text{元})\end{aligned}$$

2.4.4　年金终值和年金现值

年金是指间隔期相等的系列等额收付款。

年金包括普通年金(后付年金)、预付年金(先付年金)、递延年金、永续年金等形式。

普通年金是年金的最基本形式，它是指从第一期起，在一定时期内的每期期末等额收付的系列款项，又称为后付年金。

预付年金是指从第一期起，在一定时期内的每期期初等额收付的系列款项，又称先付年金或即付本金。

预付年金与普通年金的区别仅在于收付款时间的不同，普通年金发生在期末，而预付年金发生在期初。

递延年金是指隔若干期后才开始发生的系列等额收付款项。

永续年金是指无限期收付的等额现金流。

在年金中，系列等额收付的间隔期间只需要满足“相等”的条件即可，间隔期间可以不是 1 年。例如，每季末等额支付的债务利息也是年金。

1. 后付年金终值和现值

后付年金是指每期期末有等额收付款项的年金。在现实经济生活中这种年金最为常见，故也称为普通年金。

(1)后付年金终值。后付年金终值犹如零存整取的本利和,它是一定时期内每期期末等额收付款项的复利终值之和。

假设 A 表示年金数额,i 表示利息率,n 表示计息期数,F_A 表示年金终值,则后付年金终值的计算可用图 2—7 来说明。

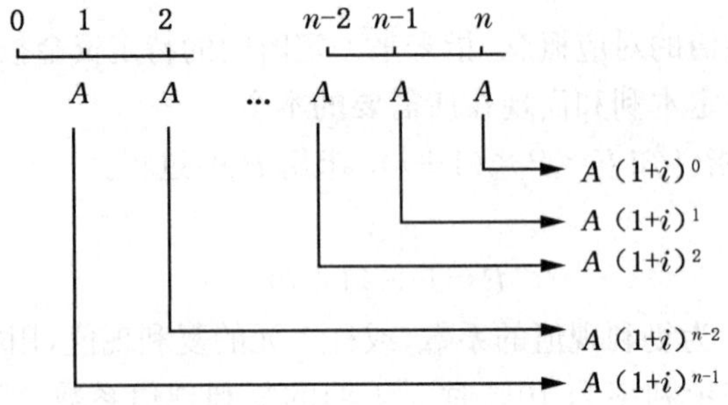

图 2—7 后付年金终值的计算示意图

$$F_A = A(1+i)^0 + A(1+i)^1 + A(1+i)^2 + \cdots + A(1+i)^{n-1}$$
$$= A[(1+i)^0 + (1+i)^1 + (1+i)^2 + \cdots + (1+1)^{n-1}]$$
$$= A\sum_{i=1}^{n}(1+i)^{n-1}$$

式中,$\sum_{i=1}^{n}(1+i)^{n-1}$ 称为年金终值系数或年金复利系数,通常写作$(F/A,i,n)$,其他符号含义同前。

因此,后付年金终值的计算公式也可表示为:

$$F_A = A\times(F/A,i,n)$$

【例 2.13】 小王在 5 年中每年年底存入银行 10 000 元,年存款利率为 8%,复利计息,则第 5 年年末年金终值为多少?

【解】

$F_A = A\times(F/A,i,n) = 10\,000\times5.867 = 58\,670$(元)

(2)后付年金现值。一定期间每期期末等额的系列收付款项的现值之和,称为后付年金现值。年金现值的符号为 P_A,后付年金现值的计算过程可用图 2—8 加以说明。

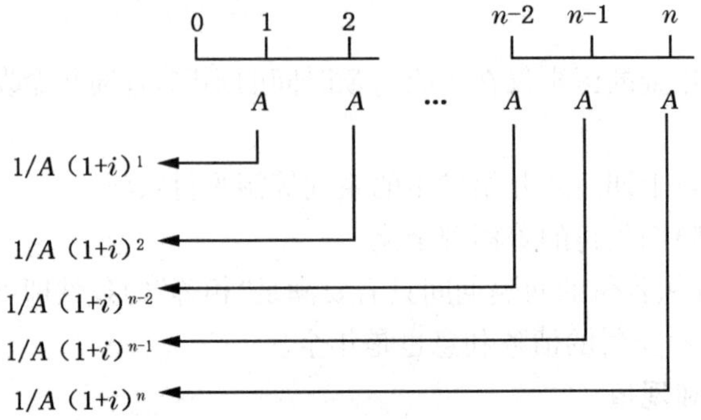

图 2—8 后付年金现值计算示意图

$$P_A = A\frac{1}{(1+i)^1} + A\frac{1}{(1+i)^2} + \cdots + A\frac{1}{(1+i)^{n-1}} + A\frac{1}{(1+i)^n}$$
$$= A\sum_{t=1}^{n}\frac{1}{(1+i)^t}$$

式中，$\sum_{t=1}^{n}\frac{1}{(1+i)^t}$ 称为年金现值系数，可简写为$(P/A,i,n)$，其他符号含义同前。

【例 2.14】 小王打算在今后 5 年中每年年末从银行取出 1 000 元，如果利息率为 10%，则现在应存入多少元？

【解】

$P_A = A\times(P/A,i,n) = 1\,000\times(P/A,10\%,5) = 1\,000\times3.791 = 3\,791$（元）

2. 先付年金终值和现值

先付年金是指在一定时期内，各期期初等额收付的系列款项。先付年金与后付年金的区别仅在于付款时间的不同。由于后付年金是最常用的，因此，年金终值和现值的系数表是按后付年金编制的，为了便于计算和查表，必须根据后付年金的计算公式推导出先付年金的计算公式。

(1)先付年金终值

n 期先付年金终值和 n 期后付年金终值的关系可用图 2—9 加以说明。

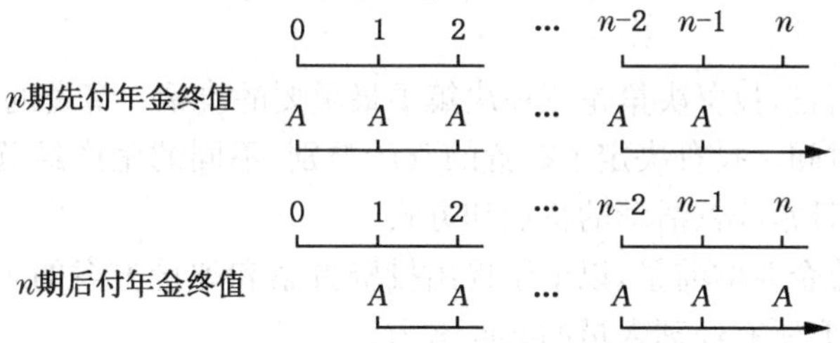

图 2—9　先付年金终值计算示意图

从图 2—9 中可以看出，n 期先付年金与 n 期后付年金的付款次数相同，但由于付款时间的不同，n 期先付年金终值比 n 期后付年金终值多计算一期利息。因此，可先求出 n 期后付年金的终值，然后再乘以$(1+i)$，便可求出 n 期先付年金的终值。其计算公式为：

$$F_A = A\times(F/A,i,n)\times(1+i)$$
$$= A\times(F/A,i,n+1) - A$$

【例 2.15】 小王每年年初存入银行 1 000 元，银行年存款利率为 8%，则第 10 年年末的本利和应为多少？

【解】

$F_A = A\times(F/A,i,n)\times(1+i)$

$= 1\,000\times(F/A,8\%,10)\times(1+8\%)$

$= 1\,000\times14.487\times1.08 = 15\,646$（元）

或

$F_A = A\times(F/A,i,n+1) - A$

$= 1\,000\times(F/A,8\%,11) - 1\,000$

$=1\ 000\times(16.645-1)=15\ 645$(元)

(2)先付年金现值

n 期先付年金现值与 n 期后付年金现值的关系，可以用图 2—10 加以说明。

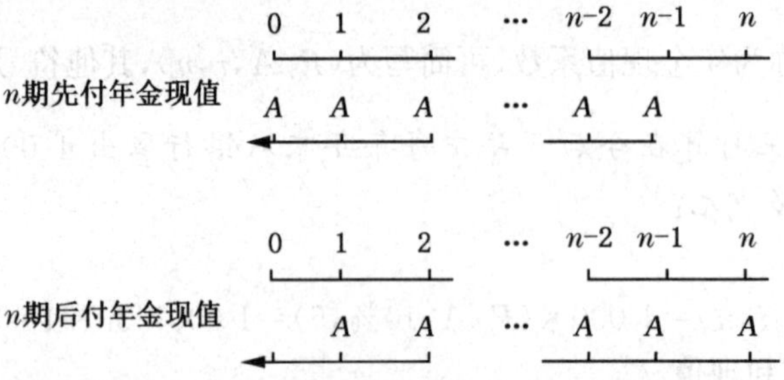

图 2—10 先付年金现值的计算示意图

从图 2—10 中可以看出，n 期先付年金现值和普通年金现值系数相比，期数要减 1，而系数要加 1，可记作$[P/A,i,(n-1)+1]$。可利用"年金现值系数表"查$(n-1)$的值，然后加 1，得出 1 元的预付年金现值。

2.5 项目投资决策

对于创造价值而言，投资决策是三项决策中最重要的决策。筹资的目的是投资，投资决定了筹资的规模和时间。投资决定了购置的资产类别，不同的生产经营活动需要不同的资产，因此投资决定了日常经营活动的特点和方式。

投资决策决定着企业的前景，以至于提出投资方案和评价方案的工作已经不是财务人员能单独完成的，需要所有经理人员的共同努力。

2.5.1 项目投资决策的相关概念

财务管理所讨论的投资主要是指企业进行的生产性资本投资，或者简称资本投资。项目投资决策的主要内容，是通过投资预算的分析与编制对投资项目进行评价，因此也称为"资本预算"或者"投资项目分析与评价"。

广义的投资，是指为了将来获得更多现金流入而现在付出现金的行为。这里讨论的只是投资的一种类型，即企业进行的生产性资本投资。

1. 项目投资的程序

项目投资的程序是指企业投资主体在市场调研的基础上，根据企业发展战略，提出项目投资方案，并对投资方案进行可行性研究、决策分析、财务控制和财务分析的过程与步骤。其程序一般包括以下步骤：

(1)提出各种投资方案，新产品方案通常来自营销部门、设备更新的建议通常来自生产部门等。

(2)估计方案的相关现金流量。

(3)计算投资方案的价值指标，如净现值、内部收益率等。

(4)价值指标与可接受标准比较。

(5)对已接受的方案进行再评价。这项工作很重要,但只有少数企业对投资项目进行跟踪审计。项目的事后评价可以告诉我们预测的偏差(我们的预测在什么地方脱离了实际),改善财务控制的线索(执行中有哪些地方出了问题),有助于指导未来决策(哪类项目值得实施或不值得实施)。

2. 项目投资评价的基本原理

资本投资项目评价的基本原理:投资项目的收益率超过资本成本时,企业的价值将增加;投资项目的收益率低于资本成本时,企业的价值将减少。

投资人要求的收益率,也叫"资本成本"。这里的"成本"是一种机会成本,是投资人的机会成本,是投资人将资金投资于其他同等风险资产可以赚取的收益。企业投资项目的收益率必须达到这一要求。

如果企业的资产获得的收益超过资本成本,债权人仍按10%的合同条款取得利息,超额收益应全部属于股东。企业的收益大于股东的要求,必然会吸引新的投资者购买该公司的股票,其结果是股价上升。如果相反,有些股东会对公司不满,出售该公司股票,使股价下跌。因此,资本成本也可以说是企业在现有资产上必须赚取的、能使股价维持不变的收益。股价代表了股东的财富,反映了资本市场对公司价值的估计。企业投资取得高于资本成本的收益,就为股东创造了价值;企业投资取得低于资本成本的收益,则摧毁了股东财富。

因此,投资者要求的收益率即资本成本,是评价项目能否为股东创造价值的标准。

2.5.2 项目投资现金流量的估计

1. 现金流量的概念

所谓现金流量,在投资决策中是指一个项目引起的企业现金支出和现金收入增加的数量。

这时的"现金"是广义的现金,它不仅包括各种货币资金,而且包括项目需要投入的企业现有的非货币资源的变现价值。例如,一个项目需要使用原有的厂房、设备和材料等,则相关的现金流量是指它们的变现价值,而不是其账面价值。

新建项目的现金流量包括现金流出量、现金流入量和现金净流量三个具体概念。

(1)现金流出量

一个方案的现金流出量是指该方案引起的企业现金支出的增加额。

例如,企业增加一条生产线,通常会引起以下现金流出:

①增加生产线的价款。购置生产线的价款可能是一次性支出,也可能分几次支出。

②垫支流动资金。该生产线出售(报废)时企业可以相应收回流动资金,收回的资金可以用于别处,因此应将其作为该方案的一项现金流出。

(2)现金流入量

一个方案的现金流入量,是指该方案所引起的企业现金收入的增加额。

例如,企业增加一条生产线,假设不考虑所得税,通常会引起下列现金流入:

①营业现金流入。增加的生产线扩大了企业的生产能力,使企业销售收入增加。扣除有关的付现成本增量后的余额,是该生产线引起的一项现金流入:

$$营业现金流入=销售收入-付现成本$$

付现成本在这里是指需要每年支付现金的成本。成本中不需要每年支付现金的部分称为非付现成本，其中主要是折旧费，有时还包括其他摊销费用。因此，付现成本可以用成本减折旧来估计：

付现成本＝成本－折旧

营业现金流入＝销售收入－付现成本

＝销售收入－(成本－折旧)

＝利润＋折旧

②该生产线出售(报废)时的残值收入。资产出售或报废时的残值收入，应当作为投资方案的一项现金流入。

③收回的营运资本。该生产线出售(报废)时，企业可以相应收回营运资本，收回的资金可以用于别处。因此，应将其作为该方案的一项现金流入。

(3)现金净流量

现金净流量是指一定期间现金流入量和现金流出量的差额。这里所说的"一定期间"，有时是指1年内，有时是指投资项目持续的整个年限内。流入量大于流出量时，净流量为正值；反之，净流量为负值。

2. 现金流量的估计

估计投资方案所需的资本支出以及该方案每年能产生的现金净流量会涉及很多变量，并且需要企业有关部门的参与。例如，销售部门负责预测售价和销量，涉及产品价格弹性、广告效果、竞争者动向等；产品开发和技术部门负责估计投资方案的资本支出，涉及研制费用、设备购置、厂房建筑等；生产和成本部门负责估计制造成本，涉及原材料采购价格、生产工艺安排、产品成本等。财务人员的主要任务是为销售、生产等部门的预测建立共同的基本假设条件，如物价水平、折现率、可供资源的限制条件等；协调参与预测工作的各部门人员，使之能相互衔接与配合；防止预测者因个人偏好或部门利益而高估或低估收入和成本。

在确定投资方案相关的现金流量时，应遵循的最基本的原则是，只有增量现金流量才是与项目相关的现金流量。所谓增量现金流量，是指接受或拒绝某个投资方案后，企业总现金流量因此发生的变动。只有那些由于采纳某个项目引起的现金支出增加额，才是该项目的现金流出；只有那些由于采纳某个项目引起的现金流入增加额，才是该项目的现金流入。

2.5.3 项目投资决策评价指标

为了客观、科学地分析评价各种投资方案是否可行，一般应使用不同的指标，从不同的侧面或角度反映投资方案的内涵。项目投资决策评价指标是衡量和比较投资项目可行性并据以进行方案决策的定量化标准与尺度，它由一系列综合反映投资效益、投入产出关系的量化指标构成。

对投资项目评价时使用的指标分为两类：一类是折现指标，即考虑了时间价值因素的指标，主要包括净现值、现值指数、内含报酬率等；另一类是非折现指标，即没有考虑时间价值因素的指标，主要包括回收期、会计收益率等。根据分析评价指标的类别划分，投资项目评价分析的方法也被分为折现的分析评价方法和非折现的分析评价方法两种。

1. 非折现评价方法

非折现评价方法又称为静态指标，即没有考虑资金时间价值因素的指标，把不同时间的货币收支看成是等效的。这些方法在选择方案时起辅助作用。

(1)投资回收期法

投资回收期是指投资引起的现金流入累积到与投资额相等所需要的时间。投资回收期是一个静态指标,回收期越短,方案就越有利。它的计算可分为两种情况:

①经营期年现金净流量相等

投资回收期=原始投资额/年现金净流量

【例 2.16】 某一个投资项目投资总额为 100 万元,建设期为 2 年,投产后第 1 年至第 8 年每年现金净流量为 25 万元,第 9 年、第 10 年每年现金净流量均为 20 万元。要求:计算项目的投资回收期。

【解】 因为 8×25≥投资额 100 万元,所以投资回收期=2+100/25=6 年。

②经营期年现金净流量不相等

这需要计算逐年累计的现金净流量,然后用插入法计算出投资回收期。如果现金流入量每年不等,或原始投资时分几年投入的,则可使下式成立的 n 为回收期:

$$\text{净现值}=\sum_{t=0}^{n}\frac{I_t}{(1+i)^t}-\sum_{t=0}^{n}\frac{O_t}{(1+i)^t}=0$$

回收期法计算简便,并且容易为决策人所正确理解。可以大体上衡量项目的流动性和风险。它的缺点在于不仅忽视时间价值,而且没有考虑回收期以后的收益。事实上,有战略意义的长期投资往往早期收益较低,而中后期收益较高。回收期法优先考虑急功近利的项目,可能导致放弃长期成功的方案。它是过去评价投资方案最常用的方法。目前作为辅助方法使用,主要用来测定方案的流动性而非赢利性。

(2)会计收益率法

这种方法计算简便,应用范围很广。它在计算时使用会计报表上的数据以及普通会计的收益和成本观念:

会计收益率=(年平均利润额/原始投资额)×100%

会计收益率法的优点:

它是一种衡量赢利性的简单方法,使用的概念易于理解;使用财务报告的数据容易取得;考虑了整个项目寿命期的全部利润;该方法揭示了采纳一个项目后财务报表将如何变化,使经理人员知道业绩的逾期,也便于项目的后期评价。

会计收益率法的缺点:

使用账面收益而非现金流量,忽视了折旧对现金流量的影响;忽视了净收益的时间分布对项目经济价值的影响。

虽然静态指标的计算简单明了且容易掌握,但是这类指标的计算均没有考虑资金的时间价值。

另外,会计收益率法也没有考虑折旧的回收,即没有完整反映现金净流量,无法直接利用现金净流量的信息;而静态回收期也没有考虑回收期之后的现金净流量对投资收益的贡献,也就是说,没有考虑投资方案的全部现金净流量,所以有较大局限性。因此,该类指标一般只适用于方案的初选,或者投资后各项目间经济效益的比较。

2. 折现评价方法

折现的分析评价方法也称为动态指标,是指考虑货币时间价值的分析评价方法,也被称为折现现金流量分析技术,主要包括净现值法、现值指数法、内含报酬率等。

(1)净现值法(NPV)

这种方法使用净现值作为评价方案优劣的指标。所谓净现值，是指特定方案未来现金流入的现值与未来现金流出的现值之间的差额。按照这种方法，所有未来现金流入和流出都要按预定折现率折算为它们的现值，然后再计算它们的差额。如净现值为正数，即折现后现金流入大于折现后现金流出，则该投资项目的报酬率大于预定的折现率；如净现值为零，即折现后现金流入等于折现后现金流出，则该投资项目的报酬率相当于预定的折现率；如净现值为负数，即折现后现金流入小于折现后现金流出，则该投资项目的报酬率小于预定的折现率。

计算净现值的公式为：

$$\text{净现值}=\sum_{t=0}^{n}\frac{I_t}{(1+i)^t}-\sum_{t=0}^{n}\frac{O_t}{(1+i)^t}$$

式中：n——投资涉及的年限；

I_t——t 年的现金流入量；

O_t——t 年的现金流出量；

i——资本成本。

【例 2.17】 东风家具制造公司拟新增一条办公家具生产线，目前有甲、乙两个方案可供选择，项目数据见表 2—1。请根据项目数据，帮助该公司在甲、乙方案中作出选择(折现率为 10%)。

表 2—1 **项目相关数据** 单位：万元

项目	0	1	2	3	4	5
甲方案	−10 000	3 200	3 200	3 200	3 200	3 200
乙方案	−15 000	3 800	3 560	3 320	3 080	7 840

【解】

甲方案 NPV=3 200×(P/A,10%,5)−10 000=2 130.56(万元)

乙方案 NPV=3 800×(P/F,10%,1)+3 560×(P/F,10%,2)+3 320×(P/F,10%,3)+3 080×(P/F,10%,4)+7 840×(P/F,10%,5)−15 000=862.38(万元)

根据上述计算结果，甲方案的净现值 2 130.56 万元>乙方案的净现值 862.38 万元，故应该选择甲方案。

净现值法所依据的原理：假设预计的现金流入在年末肯定可以实现，并把原始投资看成是按预定折现率借入的。当净现值为正数时，偿还本息后该项目仍有剩余的收益；当净现值为零时，偿还本息后一无所获；当净现值为负数时，该项目收益不足以偿还本息。

净现值法具有广泛的适用性，在理论上也比其他方法更完善。净现值反映一个项目现金流量计算的净收益现值，它是一个金额的绝对值，在比较投资额不同的项目时有一定的局限性。净现值法应用的主要问题是如何确定折现率，一种办法是根据资金成本来确定，另一种办法是根据企业要求的最低资金利润率来确定。前一种办法，由于计算资本成本比较困难，故限制了其应用范围；后一种办法根据资金的机会成本，即一般情况下可以获得的报酬来确定，比较容易解决。

(2)现值指数法(PI)

这种方法使用现值指数作为评价方案的指标。所谓现值指数,是未来现金流入现值与现金流出现值的比率,也称现值比率、获利指数。

计算现值指数的公式为:

$$现值指数(PI)=\sum_{t=0}^{n}\frac{I_t}{(1+i)^t}\div\sum_{t=0}^{n}\frac{O_t}{(1+i)^t}$$

在比率等于1时,表示该投资项目贴现后的收益等于贴现后的成本,亦即现金流入现值等于现金流出现值。如果比率大于1,则表示贴现后的收益大于贴现后的成本,这种投资方案是可以接受的和可行的。如果比率小于1,则表示贴现后的收益小于贴现后的成本,亦即低于预期的投资收益率,这种投资方案是不能采纳的。

续前例,我们来计算甲方案与乙方案的现值指数。

甲方案 $PI=3\ 200\times(P/A,10\%,5)\div10\ 000=1.21$

乙方案 $PI=[3\ 800\times(P/F,10\%,1)+3\ 560\times(P/F,10\%,2)+3\ 320\times(P/F,10\%,3)+3\ 080\times(P/F,10\%,4)+7\ 840\times(P/F,10\%,5)]\div15\ 000=1.06$

可见,甲方案的现值指数较乙方案更高,与净现值法得出的结论一致,所以应该选择甲方案。现值指数表示1元初始投资取得的现值毛收益。现值指数是相对数,反映投资的效率。现值指数消除了投资额的差异,但是没有消除项目期限的差异。

(3)内含报酬率(IRR)

内含报酬率又称内部收益率,是指投资项目在项目计算期内各年现金净流量现值合计数等于0时的折现率,也可将其定义为能使投资项目的净现值等于0时的折现率。当净现值为0时的折现率,就是项目的内含报酬率。

当净现值$(NPV)=\sum_{t=0}^{n}\frac{I_t}{(1+i)^t}-\sum_{t=0}^{n}\frac{O_t}{(1+i)^t}=0$时,$i$就是内含报酬率。

净现值法和现值指数法虽然考虑了时间价值,可以说明投资项目的报酬率高于或低于资本成本,但没有揭示项目本身可以达到的报酬率是多少。内含报酬率是根据项目的现金流量计算的,是项目本身的投资报酬率。

续前例,我们通过计算内含报酬率来对甲、乙两个方案进行比较。

通过内插法,我们计算得出 $IRR_{甲}=18.03\%$,$IRR_{乙}=12\%$,依然是甲方案优于乙方案。

内含报酬率的计算,通常需要"逐步测试法"。首先估计一个折现率,用它来计算项目的净现值:如果净现值为正数,说明项目本身的报酬率超过折现率,应提高折现率后进一步测试;如果净现值为负数,说明方案本身的报酬率低于估计的折现率,应降低折现率后进一步测试。经过多次测试,寻找出使净现值接近于零的折现率,即为方案本身的内含报酬率。计算出各方案的内含报酬率以后,可以根据企业的资本成本或要求的最低投资报酬率对方案进行取舍。

内含报酬率是方案本身的收益能力,反映其内在的获利水平。如果以内含报酬率作为贷款利率,通过借款来投资本项目,那么还本付息后将一无所获。

内含报酬率和现值指数法有相似之处,都是根据相对比率来评价方案,而不像净现值法那样使用绝对数来评价方案。在评价方案时要注意到,比率高的方案绝对数不一定大,反之也一样。这种不同和利润率与利润额不同是类似的。

内含报酬率法与现值指数法也有区别。在计算内含报酬率时不必事先选择折现率，根据内含报酬率就可以排定独立投资的优先次序，只是最后需要一个切合实际的资本成本或最低报酬率来判断方案是否可行。现值指数法需要一个合适的折现率，以便将现金流量折为现值，折现率的高低将会影响方案的优先次序。

2.5.4　项目投资决策方法应用

1. 独立项目的投资决策

独立项目是指项目之间没有依赖关系，也不能相互取代。在项目相互独立且没有资本规模限制的情况下，企业应该对所有 $NPV \geqslant 0$ 或 $PI \geqslant 1$ 或 $IRR \geqslant K$ 的项目进行投资。

【例 2.18】　大立公司有两个投资项目 C、D，C 项目初始投资额为 800 万元，经营期为 5 年；D 项目的初始投资额为 1 500 万元，经营期为 5 年，两项目的现金流量如表 2—2 所示。两项目之间相互独立，企业资本无限制，公司投资必要收益率为 10%。要求：采用 NPV 法和 IRR 法评价 C、D 项目是否可行。

表 2—2　　**C、D 项目的净现金流量**

	0	1	2	3	4	5
NCF_C	−800	250	250	250	250	250
NCF_D	−1 500	400	500	600	400	300

【解】

$NPVc = -800 + 250 \times (P/A, 10\%, 5) = 147.70$（万元）

$250 \times (P/A, 10\%, IRR) = 800$

解方程可得：$IRR_C = 16.99\%$

独立对 C 项目进行评价，$NPV > 0$，C 项目可行；$IRR > 10\%$，C 项目也可行。因此，用 NPV 法和 IRR 法得出的结论是一致的。

$$NPV_D = \sum_{t=0}^{5} \frac{NCF_t}{(1+10\%)^t} = 187.13\text{（万元）}$$

$$\text{令：} NPV_D = \sum_{t=0}^{5} \frac{NCF_t}{(1+IRR)^t} = 0$$

解方程可得：$IRR_D = 14.95\%$

独立对 D 项目进行评价，$NPV = 0$，D 项目可行；$IRR > 10\%$，D 项目也可行。因此，用 NPV 法和 IRR 法得出的结论是一致的。

大立公司如果没有资本限制，且 C、D 项目相互独立，大立公司投资于 C、D 两个项目均能给该公司带来价值。

2. 互斥项目的投资决策

对于常规的独立项目，NPV 法和 IRR 法得出的结论是完全一致的。但在实际中，项目经常不是完全相互独立的，资本也往往受到限制。对于互斥的常规项目，用 NPV 法和 IRR 法得出的结论有时是矛盾的。

【例 2.19】　假如例 2.18 中的 C、D 两项目是互斥项目，用 NPV 法和 IRR 法评价哪个项目可行？

【解】 根据例 2.18 的计算结果有：$NPV_C=147.70$，$IRR_C=16.99\%$；$NPV_D=187.13$，$IRR_D=14.95\%$。如果用 NPV 法评价，D 项目优于 C 项目；如果用 IRR 法评价，C 项目优于 D 项目，即两个结论不一致。

造成 NPV 法和 IRR 法得出的结论不一致的主要原因有两个方面：一方面是投资规模不同。当一个项目的投资规模大于另一个项目时，规模较小的项目的 IRR 较大而 NPV 较小。这时所作的决策，实际上是在更多的财富和更高的内部收益率之间进行选择。另一方面是两种方法假定投资项目产生的现金流量进行再投资时会产生不同的收益率。NPV 法假定产生的现金流入量再投资会产生相当于必要收益率或资本成本率的利润率，而 IRR 法假定产生的现金流入量再投资产生的收益率相当于内含收益率。

下面，介绍互斥项目的投资决策方法。

(1)寿命期相等的互斥项目

①净现值法

假如互斥项目寿命期相等，可直接采用净现值法进行决策，即选择净现值大的项目进行投资。

【例 2.20】 假定例 2.18 中的 C、D 两项目是互斥项目，作出投资决策。

【解】 根据例 3.18 的计算结果，$NPV_C=147.70$，$NPV_D=187.13$。

由于 $NPV_D>NPV_C$，因此，应选择 D 项目进行投资。

②差额现金流量法

在表 2－2 中，净现值无差别点的贴现率，其实就是 C、D 两项目差额现金流量的虚拟项目(D－C)的内部收益率。差额现金流量法就是通过评价虚拟项目(D－C)来决定 C、D 项目的取舍，虚拟项目(D－C)的 NPV 和 IRR 评价结论是一致的。如果虚拟项目(D－C)可行，表明 D 项目优于 C 项目；否则，C 项目优于 D 项目。虚拟项目(D－C)也称为追加投资项目，即在 C 项目投资 800 万元的基础上，再增加 700 万元投资一个虚拟项目。C 项目和虚拟项目的共同投资相当于 D 项目。C、D 项目的差额现金流量如表 2－3 所示。

表 2－3　　C、D 两项目的差额现金流量

	0	1	2	3	4	5
NCF_C	－800	250	250	250	250	250
NCF_D	－1 500	400	500	600	400	300
NCF_{C-D}	－700	150	250	350	150	50

【解】

$$NPV_{D-C}=\sum_{t=0}^{5}\frac{NCF_t}{(1+10\%)^t}=39.43(\text{万元})$$

由于 $NPV_{D-C}>0$，因此，项目 D 优于项目 C。

(2)寿命期不相等的互斥项目

在实际项目投资中，有时会出现互斥项目寿命期不相等的情况。在大多数情况下，由于存在技术进步、市场变化、内部管理水平差异等因素，项目投资都是不可复原重置的。但在有的情况下,互斥项目可以假定可复原重置,例如,剩余可使用寿命期限较短、重置投资额不大的设备更新等项目可以近似地看成可复原重置项目。这时可以采用最小寿命期公倍数法或年均净现值法。

①最小寿命期公倍数法

最小寿命期公倍数法就是把不相等的寿命期限在假设可复原重置的条件下转化成寿命期限相等的互斥项目,再用 NPV 法或差额现金流量法进行选优。

【例 2.21】 某公司的 E、F 两项目是寿命期限不等的互斥项目,其中,E 项目的寿命期为 6 年,F 项目的寿命期为 3 年。假设综合资本成本率为 10%,两项目的现金流量如表 2—4 所示。要求用最小寿命期限公倍数法投资决策。

表 2—4　　E、F 两项目的差额现金流量

	0	1	2	3	4	5	6
NCF_E	−800	250	250	250	250	250	250
NCF_F	−1 200	500	700	500			

【解】 最小寿命期限公倍数下的 E、F 两项目的现金流量与差额现金流量如表 2—5 所示。

表 2—5　　最小寿命期限公倍数下的 E、F 两项目的现金流量与差额现金流量

	0	1	2	3	4	5	6
NCF_E	−800	250	250	250	250	250	250
NCF_F	−1 200	500	700	−700	500	700	500
NCF_{F-E}	−400	250	450	−950	250	450	250

$$NPV_{F-E}=\sum_{t=0}^{6}\frac{NCF_t}{(1+10\%)^t}=76.71(\text{万元})$$

由于 $NPV_{F-E}>0$,因此,项目 F 优于项目 E。

②年均净现值法

年均净现值法就是把项目的净现值用贴现率再次等额分摊至每年,按年净现值大小进行选优。

【例 2.22】 沿用例 2.21。要求:用年均净现值法作出投资决策。

【解】

$$NPV_E=\sum_{t=0}^{6}\frac{NCF_t}{(1+10\%)^t}=288.82(\text{万元})$$

$$ANPV_E=\frac{288.82}{P,A,10\%,6}=66.31(\text{万元})$$

$$NPV_F=\sum_{t=0}^{3}\frac{NCF_t}{(1+10\%)^t}=208.72(\text{万元})$$

$$ANPV_F=\frac{208.72}{P/A,10\%,3}=83.93(\text{万元})$$

由于 $ANP_F > ANPV_E$，因此，项目 F 优于项目 E。

3. 资本限额项目的投资决策

企业在投资决策中经常会遇到投资资金数量有限而不能接受所有净现值为正的投资项目的情况。这时，如何使有限的资金发挥出最大的效益，就是资本限量决策问题。

资本限额项目的产生，一方面是由于资本市场不完善，企业不能从资本市场筹措到所需要的资本，另一方面是企业自行限制投资。企业进行自我投资限制存在多种原因。首先，企业可能担心债权人提出一些不合理的条件，不愿意负债过多。同样，股东因为不希望削弱自己对企业的控制权而不愿意发行新股融资。其次，企业发展过快、筹资过多，边际资本成本会上升，反而会遭受损失。而且企业规模膨胀过快，会造成管理效率的降低，从而使企业管理层不得不暂时限制企业规模的扩张，限制企业的融资数量。不能从资本市场筹措到资本而导致的资本限额被称为“硬限制”，而企业自我限制的资本限额被称为“软限制”。

在存在资本限额的情况下，为了使企业获得最大利益，应该选择那些能使净现值达到最大的投资组合。可以采用的方法有两种：获利指数法和净现值法。

获利指数（或净现值法）的计算步骤如下：

第一步，计算所有项目的 PI（或 NPV），并列出每个项目的初始投资额。

第二步，接受所有 $PI \geqslant 1$（或 $NPV \geqslant 0$）的项目。如果资本限额能满足所有可接受的项目，则决策过程完成。

第三步，如果资本限额不能满足所有 $PI \geqslant 1$（或 $NPV \leqslant 0$）的项目，就对所有项目在资本限额内进行各种可能的组合，然后计算出各种可能组合的加权平均 PI（或 NPV 合计数）。

第四步，接受加权平均 PI（或 NPV 合计数）最大的投资组合。

【例 2.23】 假设某公司有下述 5 个投资项目，彼此独立，投资期限均为 5 年，投资贴现率为 10%，其收益状况如表 2—6 所示。

表 2—6　　5 个投资项目的 *PI* 与 *NPV* 情况

投资项目	初始投资	PI	NPV
A	220 000	1.55	121 000
B	250 000	1.53	132 500
C	400 000	1.35	140 000
D	225 000	1.17	38 250
E	200 000	1.20	40 000

如果公司可运用的投资资金为 500 000 元，企业应选择哪些项目进行投资？

【解】 以上 5 个项目的所有投资组合中满足初始投资限额为 500 000 元条件的投资组合，及其加权平均 PI 和合计 NPV 如表 2—7 所示。

表 2—7　　5 个投资项目的投资组合及相关情况

序号	项目组合	初始投资	加权 PI	加权 NPV	优先级
1	A	150 000	1.17	82 500	12

续表

序号	项目组合	初始投资	加权 *PI*	加权 *NPV*	优先级
2	AB	370 000	1.40	199 100	2
3	AC	450 000	1.38	187 500	3
4	AD	270 000	1.21	102 900	11
5	AE	350 000	1.25	122 500	8
6	ABD	490 000	1.44	219 500	1
7	B	220 000	1.23	116 600	9
8	BD	340 000	1.27	137 000	6
9	BE	420 000	1.31	156 600	4
10	C	300 000	1.21	105 000	10
11	CD	420 000	1.25	125 400	7
12	CE	500 000	1.29	145 000	5
13	D	120 000	1.04	20 400	15
14	DE	320 000	1.12	60 400	14
15	E	200 000	1.08	40 000	14
16	A	150 000	1.17	82 500	12

从表2—7中可以看出，用获利指数法和净现值法得到的结论一致：项目ABD是最佳投资组合，其净现值为219 500元。

习题

一、简答题

1. 什么是线性盈亏决策法？常用的决策方法有哪些？
2. 什么是非线性盈亏决策法？如何求其最大盈利产量？
3. 什么是确定型决策？它所遵循的一般准则是什么？

二、计算题

1. 某制鞋厂专门生产男式皮凉鞋，全部生产能力为年产10万双，年度计划已安排生产8万双，每双出厂价格为20元，成本18元(其中单位变动成本10元，单位固定成本8元，即固定成本总额共64万元)，每双计划利润2元，年度开始后，一家外省商场要求订购这种皮凉鞋2万双，每双价格只给16元。问是否接受这种售价低于计划成本的特殊订货？

2. 某厂生产一种产品，其总固定成本为20 000元，单位产品变动成本为15元，产品销售价格为 20 元。求：

(1)该厂的盈亏平衡点产量应为多少？

(2)如果要实现利润 80 000 元时，其产量应为多少？

3. 练习货币时间价值的计算。

资料及要求：

(1)银行存款利率为 8%，现在一次存入 20 000 元，存多长时间可以达到 50 000 元？

(2)年利率为 8%，半年复利一次，10 年后的 1 000 元，其复利现值是多少？

(3)年利率为 6%，第 1 年初存款 100 元，第 1 年末存款 110 元，第 3 年末存款 150 元，第 3 年末的复利终值是多少？

(4)年利率为 10%，第 2 年末需用 100 元，第 4 年末需用 200 元，第 5 年末需用 300 元，为保证这些用款之需，现在应向银行至少存入多少元？

(5)每年末存入银行 80 元，年利率为 6%，第 10 年末的年金终值是多少？

(6)5 年内每年末向银行存入多少折旧基金存款才能保证以下用款之需：第 5 年末需要更新一台设备，旧设备残值为 200 元，清理费用为 328.50 元；新设备的买价 6 000 元，运杂费 100 元，安装费 200 元，银行存款利率为 7%。

(7)为了以后 20 年中每年末得到保险金 3 000 元，年利率为 10%，现在应付多少保险费才能购买一张保险单？

(8)5 年前发行的一种第 20 年末一次还本 100 元的债券，票面利率为 6%，每年末付息一次，第 5 次利息刚付过，又有券面利率为 8%的新债券发行。问这种旧债券目前市价多少？

(9)某公司有一批公寓房待出售，顾客若当即付款，每套价值 300 000 元。若分期付款，可以用银行借款弥补推迟收款的现金空缺。银行借款利率为 10%，若规定顾客在买房时先付 100 000 元，其余部分在以后 15 年每过 1 年付款一次。那么每次作等额付款应为多少？

(10)某机器买价为 800 元，可用 10 年。若租用，每年初需付租金 100 元。若年利率为 6%，则购买与租用中何者为优？

(11)某种保险单要求现在一次支付保险费，第 11～20 年每年初可领取保险金 400 元，年利率为 7%，最多应支付多少保险费去购买这张保险单？

(12)设立一笔奖学金，以便无限期地于今后每年末取出利息 9 000 元，作为年度奖金。若年利率为 6%，那么应于年初存入银行多少？

4. 练习现金流量的计算方法。

资料：华强公司拟购入一台设备以扩充生产能力，现有 A、B 两个方案可供选择，相关资料如下：

(1)A 方案需要投资 10 000 元，使用寿命 5 年，采用直线法计提折旧，5 年后设备无残值。预计 5 年内每年的销售收入为 6 000 元，每年的付现成本为 2 000 元。

(2)B 方案需要投资 12 000 元，使用寿命 5 年，采用直线法计提折旧，5 年后设备残值收入 2 000 元。预计 5 年内每年的销售收入为 8 000 元，付现成本第 1 年为 3 000 元，以后每年递增 400 元，另需垫支流动资金 3 000 元。

(3)华晨公司适用的所得税税率为 25%。

要求：分别计算 A、B 两个方案的现金流量。

5. 练习资本投资决策的非贴现和贴现现金流量决策法。

华立公司面临A、B两个投资方案的选择，最低投资报酬率为12%。相关资料如下：

(1)A方案需一次性投资1 200 000元，项目寿命6年，每年净现金流量分别是30 000元、40 000元、50 000元、42 000元、55 000元和60 000元。

(2)B方案第1年初投资100 000元，第2年初再投资50 000元，项目寿命6年，从第1年末起，每年末净现金流量都是40 000元。

要求：分别计算两个方案的会计收益率、回收期、净现值、现值指数和内含报酬率，并对其作出评价。

6. 练习资本投资决策的有关方法。

资料：华发公司拟在现有经营状况下投产A产品，需要一次性设备投资52 000元，项目寿命5年，期末残值2 000元。预计5年内因此而增加的付现成本(含变动成本和固定成本)分别是10 000元、11 000元、12 000元、13 000元和14 000元；预计A产品应负担的固定费用(不含折旧)分别是5 000元、6 000元、7 000元、8 000元和9 000元；预计新增加的销售收入分别是40 000元、42 000元、44 000元、46 000元和50 000元。所得税率为25%，行业最低报酬率12%。企业在5年内不投资其他新项目。

要求：分别用净现值、现值指数、内含报酬率评价此方案。

7. 练习资本投资决策的有关方法。

资料：华伟公司现有A、B两个投资项目可供选择，期望的投资报酬率为14%。相关资料如下：

(1)A项目初始投资为110 000元，第1、2、3年的净现金流量均为50 000元。

(2)B项目初始投资为10 000元，第1、2、3年的净现金流量均为5 050元。

要求：采用净现值和内含报酬率对A、B方案进行评价。

8. 假定科海公司准备购置一台数控车床，需款348 000元。现从该公司未分配利润中提出125 000元存入银行，若银行存款的复利年利率为9%。

问科海公司需将125 000元在银行中存放多少年，才能使其本利和足够支付上述数控车床的价款？

9. 假定威海公司准备现在从留存收益中提取60 000元进行投资，希望在8年后能得到150 000元用来更换原有的生产设备。

威海公司预期的投资报酬率应为多少，才能保证8年后得到足够的款项来更新设备？

10. 假定红塔公司希望在5年后能有250 000元的款项用以购买一台磨床。假定目前银行五年期的定期存款利率为12%(复利)。

问该公司现在需一次存入银行多少款项，才能保证5年后有足够的款项购置磨床？

11. 华西公司有一工程项目需要分批投入款项，假定第一年初投入200万元，第二年初投入250万元，第四年初投入300万元，该工程项目于第四年末建成。若所有投入款项均系向中信银行借来，借款利率为14%(复利)。

问华西公司该工程项目的投资总额是多少？

12. 假定东风公司向港商分期付款购买生产设备，在年初签订合同时先付款40 000元，第一年末付20 000元；第二年至第四年每年末付25 000元，第五年末再付30 000元。所有款项均系向工商银行借来，借款利率为12%(复利)。

问东风公司该项设备的现值是多少？

13. 假定鲁南矿业公司连续三年于每年末向交通银行借款 2 000 万元，对原有矿山进行改建和扩建。假定借款的复利年利率为 12%。若该项改扩建工程于第四年初建成投产。

(1)计算该项改扩建工程的总投资额是多少。

(2)若该公司在工程建成投产后分七年等额归还交通银行全部借款的本息，每年末应归还多少?

(3)若该公司在工程建成投产后每年可获净利和折旧 1 800 万元，全部用来偿还交通银行的贷款本息，那么需要多少年可以还清?

14. 长城公司为了提高产品质量，已决定向昌平公司购买专用技术，双方在合同上订明：长城公司分十年支付技术转让费给昌平公司，前五年每年末支付 30 000 元，后五年每年末支付 20 000 元。假定银行存款利率为 8%(复利)。

问长城公司该项专用技术的现值是多少?

15. 假定华联公司现有 A、B 两个投资方案可供选择，A、B 两项目的一次投资总额均为 20 万元，经济寿命均为 10 年。若投资款项系从银行借入，利率为 14%(复利)。但 A 项目在十年内每年末可回收投资 3 万元，回收总额为 30 万元。B 项目在前五年内，每年末可回收投资 4 万元；后五年内，每年末可回收 2 万元，回收总额也为 30 万元。

要求：为华联公司作出 A、B 两个投资方案孰优的决策分析。

16. 假定中兴公司有一建设项目，需分四次投资，每年初投入 150 万元。预计该项目于第四年末建成。若该公司的投资款是从银行借来，借款利率为 16%。

问中兴公司该建设项目的总投资额是多少?

17. 假定维利公司计划年度需增加一台数控铣床，若到市场上购买，需一次付现 140 000 元，可用 10 年，当时的货币时间价值为 12%。若向租赁公司租用，则需在 10 年内每年初支付租金 18 000 元。

要求：为维利公司作出是购买还是租用的决策分析。.

18. 已知某固定资产投资 1 000 万元，当年完工并投产，投产后每年获利润 100 万元，寿命期 10 年，期末无残值，按直线法折旧，设定折现率为 10%。

(1)计算项目静态投资回收期和净现值。

(2)作出投资决策。

19. 某企业准备添置一条生产线，共需要原始投资 200 万元。建设期 1 年，资金于建设起点一次投入。该生产线预计可使用 10 年，期满有残值 2 万元。投产后每年要使企业增加净利 15.2 万元。假定固定资产按直线法折旧，该项目的基准折现率是 10%。

(1)计算各年的净现金流量。

(2)计算静态投资回收期。

(3)计算净现值。

20. 假定某公司准备购入一套生产设备，投资额为 500 万元，预计使用 10 年，期满预计残值为 10 万元。投产后预计每年可获得税前净利 80 万元，所得税税率为 33%，年折现率为 10%。

计算下列指标并从每个指标的角度评价该投资项目的可行性：

(1)动态投资回收期；

(2)内部收益率。

21. 资料：某企业欲进行一项新投资，现有两个方案可供选择，其有关资料如表2—8所示。

表2—8 **投资方案现金流量表**

现金流动情况	年	甲方案	乙方案
净投资额	0	−11 000	−15 000
来自营业的现金净收入	1	+5 600	+7 000
来自营业的现金净收入	2	+5 600	+7 000
来自营业的现金净收入	3	+5 600	+7 000
残值收入	3	+700	+500
收回流动资金	3	+1 000	+4 000

设资金成本率为10%。

要求：试分别用现值净额法和现值指数法进行决策。

22. 某企业为生产某种新产品需购置一套生产设备，有三种投资方案可供选择：方案A、B、C分别表示从A厂家、B厂家、C厂家购进，它们的原始投资都是15 000元，无残值。其各年的现金净流量见表2—9，年贴现率为10%。

表2—9 **投资方案各年现金净流量表**

方案 现金净流量 年份	A	B	C
1	1 000	5 000	6 000
2	2 000	5 000	7 000
3	7 000	5 000	2 000
4	6 000	5 000	1 000

要求：

(1)试分别计算各个方案的现值净额、投资回收期、内部利润率；

(2)根据上述指标对方案进行优选决策。

23. 某企业拟购置某种设备一台，需投资30 000元，向银行贷款支付，贷款年利率为10%；该机器设备可使用6年，使用期满无残值，用平均年限法计提折旧；使用该设备每年可为企业增加净利5 000元。

根据上述资料，运用净现值法对此项固定资产购置方案进行经济评价和投资决策。

24. 甲公司准备拿出不超过600万元资金进行固定资产投资，现有A、B、C、D、E五个可供选择的投资方案（它们的项目寿命期以及折现率均相同），相关资料如表2—10所示。

表 2—10　　**各投资方案相关资料金额**　　单位：万元

投资方案	初始一次性投资	未来现金净流量	净现值 *NPV*		现值指数 *PI*	
			金额	排序	*PI* 值	排序
A	600	800	200	1	1.33	5
B	400	596	196	2	1.49	2
C	310	450	140	4	1.45	3
D	290	400	110	5	1.38	4
E	195	380	185	3	1.95	1

请采用适当的方法选择出最优的项目组合。

25. 某企业计划改造一条生产线，为此需要投资 100 000 元，改造完成后，每年可降低成本 14 000 元。若银行复利年利率为 10%，该改造后的生产线至少要使用多少年才合算？

26. 宏达公司拟对一项目进行投资，原始投资 125 万元，其中固定资产投资 100 万元、开办费 5 万元、流动资金投资 20 万元。建设期 1 年，建设期与购建固定资产有关的资本化利息 10 万元。固定资产投资和开办费均于建设起点投入，流动资金于建设完工时投入(第 1 年末)。该项目使用期限为 10 年，固定资产按直线法折旧，期末有 10 万元的净残值，开办费自投产年份起分 5 年摊销完毕。预计投产后第 1 年可获利润 5 万元，以后每年递增 5 万元，流动资金到期一次收回，求每年净现金流量。

27. 某有限公司拟发行优先股股票 100 股，每股面额 500 元，股利率为 9%，发行筹措费率为 2%，求发行股票的成本率。

28. 大华公司拟投资 2 000 万元创办服装加工厂，根据市场预测，预计可获得的年收益及其概率的资料如表 2—11 所示，若服装加工行业的风险系数为 70%，计划年度的货币时间价值为 6%，求该项投资方案的风险报酬率与风险报酬额。

表 2—11

可能出现的经济情况	利润(X_i)	概率(P_i)
良好	500 万元	0.3
一般	400 万元	0.4
较差	300 万元	0.3

29. 某人欲购买 5 年期、面值为 1 000 元的债券。已知该债券每年付息一次，每次利息额为 100 元。若此人希望其获利率不低于 12%。要求：试计算此人能购买该债券的最高金额。

30. 某企业今年初用于长期投资的 100 万元人民币是按年息 10%从银行借入的。若该企业准备于今年末开始每年末偿还一同等金额，6 年还清。要求：该企业每年末还款额为多少？

31. 某企业买入一设备价款 20 000 元。现有两种付款方式：一是当即付清全部价款；二是先付款 5 000 元后，再于今后 4 年中每年末付款 5 000 元。如果该企业资金成本为 14%。

要求：

(1)哪种付款方式对企业更为有利？

(2)分期付款时的利息率为多少？

32. 资料：某企业准备在第1～5年每年存入10 000元，以备第6～10年每年取用。已知银行存款利率为8%。

要求：计算下列各种情况下企业每年的取用额：

(1)年末存入，年末取用；

(2)年初存入，年末取用；

(3)年末存入，年初取用；

(4)年初存入，年初取用。

33. 某企业一投资项目的有关资料如下：

(1)设备投资额50 000元，于第一年初一次投入。设备有效期为5年，净残值率为5%，按直线法计提折旧。

(2)垫支流动资本10 000元，第一年初一次垫付。

(3)项目一年建成投产。第一年年产A产品15 000个，第二到第五年年产20 000个。A产品单位售价10元，单位变动成本6元。

(4)年固定成本额40 000元(包括折旧)。

(5)企业所得税率为40%。

要求：确定该项目的现金流量。

34. 资料：某企业欲进行以旧换新决策，有关资料如下：旧设备为4年前购入，原值为10万元，已提折旧4万元，其账面净值为6万元，变现价值为4万元。该设备预计仍可用6年。使用旧设备每年的付现成本为5万元。新设备购价为10万元，预计残值为4万元，可用6年。使用新设备时每年付现成本为4万元。

要求：用差额法确定以旧换新方案的现金流量。

35. 某企业决定购买一台价值25 000元的机器，其有效使用期为5年，预计残值3 000元。假定企业以直线法计提折旧，企业资金成本为10%，企业所得税税率为40%。

要求：

(1)计算残值的现值；

(2)计算折旧的抵税额。

36. 某生产集团公司在生产上需要某种设备65台，解决办法有两种：(1)向外订购；(2)自己制造。如向外订购每台价格为3 000元；如自制需要固定成本60 000元，每台可变成本为1 800元。试作出决策，该公司是向外订购还是自制这种设备？

37. 某企业正准备投产一种新产品，研究决定筹建一个新厂，就如何建厂拟订了3种方案。方案(1)是引进国外高度自动化设备进行生产，年固定成本总额为600万元，单位产品可变成本为10元；方案(2)是采用一般国产自动化设备进行生产，年固定成本总额为400万元，单位产品的可变成本为12元；方案(3)是采用自动化程度较低的国产设备进行生产，年固定成本总额为200万元，单位产品的可变成本为15元。试确定不同生产规模下的最优建厂方案。假定该厂建成之后，年产量为90万件，应采用哪种建厂方案？

第三章

非确定型决策

在日常实际决策工作中，有时对可能发生的事件虽有一定的了解，但却并不知道这随机事件发生的概率，这种场合的决策称为非确定型决策。由于得不到可以利用的有价值的数据资料等信息来推断未来随机事件的概率，决策只能凭借操作者的经验来判断和估计，因而带有一定程度的主观随意性，不同的主观态度建立不同的评价和决策准则。根据不同的决策准则，选出的最优策略方案也是不同的。下面介绍几种常用的决策准则。

3.1 悲观决策准则

3.1.1 收益矩阵与损失矩阵

对于一个特定的决策方案，如果某个未来随机事件发生会造成某种确定的结果(收益或损失)，发生不同的未来随机事件就会造成不同的结果。收益矩阵就是描述可能发生的各种未来随机事件与可能采取的各种决策方案配合产生的各种收益的矩阵。这结果如果是损失，就得到损失矩阵。

【例 3.1】 东风建筑公司可以向两个合同进行投标。第一个合同是设计并建造一个把固体垃圾变为蒸气以作城市热源的垃圾处理工厂，第二个合同是设计并建造一个城市蒸气分配系统。因此，该公司可能获得合同一(状态 X_1)或获得合同二(状态 X_2)，或两个合同都获得(状态 X_1+X_2)。考虑这些合同所提供的可能，公司有五个可供选择的决策方案：方案 A_1 是公司作为项目经理，把所有方案都承包出去；方案 A_2 是公司把设计部分承包出去，自己承担建造工作；方案 A_3 是公司承担设计部分而把建造工作承包出去；方案 A_4 是公司包干全部设计、施工；方案 A_5 是公司和另一家公司联合投标并完成全部工作。下面的表 3—1 即为收益矩阵。

表 3—1 收益矩阵 单位:万元

收益值 \ 自然状态 方案	X_1	X_2	X_1+X_2
A_1	−4 000	1 000	2 000
A_2	1 000	1 000	4 000
A_3	−2 000	1 500	6 000
A_4	0	2 000	5 000
A_5	1 000	3 000	2 000

从以上收益矩阵可以看出,方案 A_1 在各种状态下都不会优于其余方案,应予以淘汰。这是一个简化原则,即一个方案如果任何状态都不优于其他方案,则该方案应被淘汰。由此得到如下简化收益矩阵,见表 3—2。

表 3—2 简化收益矩阵 单位:万元

收益值 \ 自然状态 方案	X_1	X_2	X_1+X_2
A_2	1 000	1 000	4 000
A_3	−2 000	1 500	6 000
A_4	0	2 000	5 000
A_5	1 000	3 000	2 000

3.1.2 悲观决策准则

这种决策准则是从最坏处着眼考虑,选择最为稳妥的决策方案。对于收益而言,即从各个方案的最小收益值中选取收益最大的方案,此种情形的悲观决策准则又称最大最小(max-min)决策准则。对于损失而言,则应从各个方案的最大损失值中选取损失最小的方案,此种情形的悲观决策准则又称最小最大(min-max)决策准则。

【例 3.2】 (续例 3.1)按悲观决策准则,该公司的收益决策矩阵如表 3—3 所示。

表 3—3 收益决策矩阵 单位:万元

收益值 \ 自然状态 方案	X_1	X_2	X_3	最小值
A_2	1 000	1 000	4 000	1 000
A_3	−2 000	1 500	6 000	−2 000

续表

方案 \ 收益值 \ 自然状态	X_1	X_2	X_3	最小值
A_4	0	2 000	5 000	0
A_5	1 000	3 000	2 000	1 000
决策	最小值中取最大的值			1 000

因此，按最大最小准则，应选择方案 A_2 或方案 A_5，可以确保在最坏的情况下公司也至少有 1 000 万元收益。

【例 3.3】 东风玩具厂根据自己的生产能力提出三种生产方案 A_1、A_2、A_3。当市场分别为畅销 X_1、一般 X_2 和滞销 X_3 时，各方案的收益(利润)如表 3—4 所示。

表 3—4　收益(利润)决策矩阵　单位：万元

方案 \ 收益值 \ 自然状态	X_1	X_2	X_3
A_1	930	1 005	920
A_2	1 035	905	815
A_3	820	1 080	925

由于对未来市场情况没有资料判断畅销、一般、滞销状态的概率，该厂的设备及技术力量均比较落后，因此决策者决定采用悲观决策准则，决策矩阵见表 3—5。

表 3—5　收益(利润)决策矩阵　单位：万元

方案 \ 收益值 \ 自然状态	X_1	X_2	X_3	最小值
A_1	930	1 005	920	920
A_2	1 035	905	815	815
A_3	820	1 080	925	820
决策	最小值中取最大的值			920

由此可知，按悲观决策准则，应选取方案 A_1 生产。这样即使在最坏情况，也可保证至少有 920 万元利润。

可见，悲观决策方法是一种保守的方法，反映了决策者的悲观情绪和保守倾向。

3.2 乐观决策准则

乐观决策准则与悲观决策准则相反，决策者从最好处着眼，选择最好的结果的决策方案。对于收益而言，即从各个方案的最大收益值中选择收益最大的方案，此种情形的乐观决策准则又称最大最大(max-max)决策准则。对于损失而言，则应从各个方案的最小损失值中选择损失最小的方案，此种情形的乐观决策准则又称最小最小(min-min)决策准则。乐观决策准则是一种冒险的方法，反映了决策者的乐观情绪和冒险倾向。

【例 3.4】 (续例 3.1)按乐观决策准则，该公司的收益决策矩阵如表 3—6。

表 3—6　　收益决策矩阵　　单位：万元

收益值 \ 自然状态 \ 方案	X_1	X_2	X_1+X_2	最大值
A_2	1 000	1 000	4 000	4 000
A_3	−2 000	1 500	6 000	6 000
A_4	0	2 000	5 000	5 000
A_5	1 000	3 000	2 000	3 000
决策	最大值中的最大值			6 000

由此可知，按乐观决策准则，应选取方案 A_3，在最好的情形下公司可获得利润 6 000 万元。

【例 3.5】 为适应市场的变化，某工厂有三种方案可供选择，方案 A_1 是对原厂进行扩建，方案 A_2 是对原厂进行技术改造，方案 A_3 是建设新厂。而未来市场可能出现滞销(X_1)、一般(X_2)和畅销(X_3)三种状态。各个方案在各个状态下的利润矩阵见表 3—7，经营者认为本厂设备好、技术力量强。按乐观决策准则进行决策，问应选择哪个方案？

表 3—7　　利润矩阵　　单位：万元

利润 \ 自然状态 \ 方案	X_1	X_2	X_3
A_1	−40	130	150
A_2	40	70	80
A_3	−60	120	170

按最大最大决策准则，可得利润决策阵，见表 3—8。

表 3—8 利润决策矩阵 单位:万元

利润 自然状态 方案	X_1	X_2	X_3	最大值
A_1	−40	130	150	150
A_2	40	70	80	80
A_3	−60	120	170	170
决策	最大值中的最大值			170

按乐观决策准则,应选择方案 A_3 建设新厂。在最好的情况下可获最大利润为 170 万元。

3.3 乐观系数决策准则

乐观系数决策准则是介于悲观决策准则与乐观决策准则之间的一种决策准则,又称赫尔维兹决策准则。其特点是决策者对形势的估计不是完全悲观,但也不是完全乐观,而是介于悲观和乐观之间的一个中间状态。系数准则中的 α 系数是一个依决策者认定情况是乐观还是悲观而确定的一个系数,称为乐观系数。在运用该方法进行决策时,先要根据对乐观程度的估计确定一个乐观系数 $\alpha(0\leqslant\alpha\leqslant1)$。$\alpha$ 越接近 1,表示决策者对形势是抱非常乐观态度,$\alpha=1$ 时,即决策者对形势是抱完全乐观态度;α 越接近 0,表示决策者对形势是抱非常悲观态度,$\alpha=0$ 时,表示决策者对形势是抱完全悲观态度。其计算方法是:

$$CV_i=\alpha\max(q_{i1},q_{i2},\cdots,q_{im})+(1-\alpha)\min(q_{i1},q_{i2},\cdots,q_{im}),i=1,2,\cdots,m$$

上式中,q_{ij} 为 i 决策方案在 j 自然状态下的收益值。

【例 3.6】 (续例 3.5)如果该厂经营者采用乐观系数决策法,乐观系数 $\alpha=0.7$,则应选取哪一个方案?

【解】 解答过程可列表进行,见表 3—9。

表 3—9 解答过程表

利润 自然状态 方案	X_1	X_2	X_3	最大值 max	最小值 min	CV_i
A_1	−40	130	150	150	−40	0.7×150+0.3×(−40)=93
A_2	40	70	80	80	40	0.7×80+0.3×40=68
A_3	−60	120	170	170	−60	0.7×170+0.3×(−60)=101
决策	取最大值					101

按乐观系数决策法(乐观系数 $\alpha=0.7$),方案 A_3 建设新厂的现实估计收益值最大为 101 万元,故应选择方案 A_3。不过,对于不同的乐观系数 α,每个方案相应的现实估计收益值也会改变。因而,用此方法选择的方案也可能不同。乐观系数决策法避免了悲观决策法

和乐观决策法考虑问题极端化的倾向，决策者可以根据自己提出的乐观系数来反映其对未来前景判断的乐观程度。

3.4 后悔值决策准则

在自然状态不明了的情况下，决策者只能根据自己的判断来选定某一个方案。选定某一个方案后，一旦自然状态明了，这一自然状态下的最优方案也就随之确定。这时决策者如果发现所选方案并非最优方案，决策者会因“舍优取劣”而感到后悔。这种后悔，实际是一种机会损失，我们称这个机会损失值为后悔值。对收益问题而言，某一自然状态下，最大收益值与这一方案收益值之差，即为在该状态下该方案的后悔值，对损失问题而言，某一自然状态下，某方案的损失值与最小损失值之差，即为该状态下该方案的后悔值，记为 r_{ij}（$i=1,2,\cdots,m;j=1,2,\cdots,n$）。

应用后悔值进行决策时，最优方案是选取最大后悔值中最小的方案。其工作步骤是：先是计算各自然状态下各方案的后悔值，然后列出各方案的最大后悔值，最后选择最大后悔值中最小的方案，见表 3—10。

表 3—10 **损失值矩阵**

收益值 \ 自然状态 / 方案	X_1	X_2	…	X_n	$\max\limits_{1\leqslant j\leqslant n} r_{mn}$
A_1	r_{11}	r_{12}	…	r_{1n}	$\max\limits_{1\leqslant j\leqslant n} r_{1j}$
A_2	r_{21}	r_{22}	…	r_{2n}	$\max\limits_{1\leqslant j\leqslant n} r_{2j}$
…	…	…	…	…	…
A_m	r_{m1}	r_{m2}	…	r_{mn}	$\max\limits_{1\leqslant j\leqslant n} r_{mj}$
决策	最大值中的最小值				$\min\limits_{1\leqslant i\leqslant m} \max\limits_{1\leqslant j\leqslant n} r_{ij}$

【例 3.7】 （续例 3.5）按后悔值决策法，该厂经营者应选择哪一个方案？

【解】 计算各状态下各方案的后悔值，列出后悔值决策矩阵，见表 3—11。

表 3—11 **后悔值决策矩阵**

利润值 \ 自然状态 / 方案	X_1	X_2	X_3	最大值 $\max\limits_{1\leqslant j\leqslant n} r_{ij}$
A_1	80	0	20	80
A_2	0	60	90	90
A_3	100	10	0	100
决策	最大值中的最小值			80

由表 3—11 可知，按后悔值决策法，该厂经营者应选择最大后悔值中最小的方案 A_1，即扩建原厂。

3.5　等概率决策准则

当决策者认为未来随机事件(也称自然状态)发生的概率是相等的，或者说，决策者根本就无法判断各随机事件发生的概率时，他只能对这些事件一视同仁，假定它们发生的概率是相等的。如果未来随机事件有 n 个，则假定每个未来随机事件发生的概率都是 $1/n$。在此假定之下，计算各方案的期望收益值(或期望损失值)，选择具有最大期望收益值(或最小期望损失值)的方案。

【例 3.8】 某汽车公司需要对生产的轿车品牌进行决策。现有三种备选品牌，分别称之为 $A1$、$A2$ 和 $A3$，销售单价分别为 30 万元、20 万元和 10 万元。未来市场对三种品牌轿车的需求有三种可能的自然状况：需求量高(X_1)、需求量中(X_2)和需求量低(X_3)。详见表 3—12。

表 3—12　　相关数据

品牌＼需求量		X_1	X_2	X_3
品牌	价格			
A_1	30	110	60	10
A_2	20	120	100	25
A_3	10	240	160	60

问：请对该公司生产的轿车品牌进行决策。

【解】 基于表 3—12 中数据得到损益表，详见表 3—13。

表 3—13　　损益表

品牌＼需求量		X_1	X_2
品牌	价格		
A_1	30	1 800	300
A_2	20	2 000	500
A_3	10	1 600	600

各生产品牌 A_i 的平均利润如下：

$E(A_1)=30\times(110+60+10)/3=1\ 800$(万元)

$E(A_2)=20\times(160+100+25)/3=1\ 900$(万元)

$E(A_3)=10\times(240+160+50)/3=1\ 533$(万元)

由此可见，按照等可能性法准则，公司应选择生产品牌 A_2。

习题

1. 某公司的产品在未来市场上可能有滞销(X_1)、一般(X_2)和畅销(X_3)三种状态。公司可采取 A_1、A_2、A_3 三种不同的经营方案，其利润矩阵见表 3—14。

表 3—14

自然状态 / 利润 / 方案	X_1	X_2	X_3
A_1	4	7	9
A_2	−1	8	12
A_3	3	6	10

(1)如果市场需求不稳定，竞争激烈，市场预测公司产品竞争力不容乐观。试采用悲观决策准则选择最优经营方案。

(2)如果公司资金雄厚，产品质量好，竞争力强。试采用乐观决策准则选择最优经营方案。

2. 某工厂有三种生产方案 A_1、A_2、A_3，未来有三种状态 X_1、X_2、X_3，其有关费用如表 3—15 所示。

表 3—15

自然状态 / 利润 / 方案	X_1	X_2	X_3
A_1	32	40	29
A_2	21	28	45
A_3	38	42	27

给定乐观系数 $\alpha=0.8$。试用乐观系数决策法选择最佳生产方案。

3. 某电器厂决定生产一种新产品，它在未来市场上可能有滞销(X_1)、一般(X_2)和畅销(X_3)三种状态，该厂提出三种生产方案：引进国外生产线(A_1)、对原生产线进行技术改造(A_2)、与国内某大厂联合生产(A_3)。其 10 年的利润值如表 3—16 所示。

表 3—16

自然状态 / 利润 / 方案	X_1	X_2	X_3
A_1	−150	200	650
A_2	100	180	400
A_3	5	270	350

(1)试采用等概率决策法选择最佳生产方案。

(2)试采用后悔值决策法选择最佳生产方案。

4. 某公司拟订扩大再生产的三种方案。方案 A_1 是再建一个新厂;方案 A_2 是对所属各厂进行技术改造;方案 A_3 是部分工厂扩建,其余工厂进行技术改造。未来市场需求可能是无需求(X_1)、低需求(X_2)、中需求(X_3)和高需求(X_4)。在今后十年内的预测收益情况如表 3—17 所示。

表 3—17

利润 / 自然状态 / 方案	X_1	X_2	X_3	X_4
A_1	−130	−65	70	160
A_2	−40	−5	45	100
A_3	−95	−50	60	120

(1)试用乐观决策法选择扩大再生产的方案;

(2)试用悲观决策法选择扩大再生产的方案;

(3)试用乐观系数决策法选择扩大再生产的方案($\alpha=0.6$);

(4)试用等概率决策法选择扩大再生产的方案;

(5)试用后悔值决策法选择扩大再生产的方案。

5. 企业为生产某种家电准备了 A、B、C 三种可行的方案,采取任何一种方案都可能会面临未来市场需求好、需求一般或需求差这三种状况,预计各方案在各自然状况下的收益值如表 3—18 所示,试用多种决策准则进行决策。

表 3—18　　某企业生产某电子产品各方案的损益情况　　万元

需要状况 / 方案	好	一般	差
方案 A	1 000	800	−200
方案 B	1 500	700	−300
方案 C	600	300	100

6. 某地方书店希望订购最新出版的图书。根据以往经验,新书的销售量可能为 50、100、150 或 200 本。假定每本新书的订购价为 4 元,销售价为 6 元,剩书的处理价为每本 2 元。要求:(1)建立损益矩阵;(2)分别用悲观法、乐观法及等概率法决策该书店应订购的新书数量;(3)建立后悔矩阵,并用后悔值法决定书店应订购的新书数量;(4)书店据以往统计资料新书销售量的规律如表 3—19 所示,分别用期望值法和后悔值法决定订购数量;(5)如某市场调查部门能帮助书店调查销售量的确切数字,则该书店愿意付出多少调查费用。

表 3—19

需求量	50	100	150	200
比例(%)	20	40	30	10

7. 某非确定型决策问题的决策矩阵如表 3—20 所示。

表 3—20

方案 \ 事件	E_1	E_2	E_3	E_4
S_1	4	16	8	1
S_2	4	5	12	24
S_3	15	19	14	13
S_4	2	17	8	17

(1)若乐观系数 $\alpha=0.4$,矩阵中的数字是利润,请用非确定型决策的各种决策准则分别确定出相应的最优方案。

(2)若表 3—20 中的数字为成本,问对应于上述决策准则所选择的方案有何变化?

8. 某厂有一种新产品,其推销策略有 S_1、S_2、S_3 三种可供选择,但各方案所需资金、时间都不同,加上市场情况的差别,因而获利和亏损情况不同。而市场情况也有三种:Q_1(需要量大)、Q_2(需要量一般)、Q_3(需要量低)。市场情况的概率并不知道,其损益矩阵如表 3—21 所示,分别用乐观、悲观准则进行决策。

表 3—21

方案 \ 市场情况	Q_1	Q_2	Q_3
S_1	50	10	−5
S_2	30	25	0
S_3	10	1	10

9. 在开采油井时,出现不定情况,用后悔值准则决定是否开采。损益矩阵如表 3—22 所示。

表 3—22

方案 \ 状况	有油	没油
	Q_1	Q_2
开采	5	−1
不开采	0	0

10. 某林场为附近村镇提供冬季用木柴,该林场收入、损失与木柴存贮量有关,木柴用户数目尚不太清楚,估计有四种情况:200 户、250 户、300 户、350 户。各种情况的概率分别为

0.4、0.3、0.2、0.1。林场木柴存贮也分为四类：A_1、A_2、A_3、A_4。存贮量过低或过高都会导致损失，损益矩阵如表 3—23 所示。

表 3—23

A_i \ Q_j \ θ_j	θ_1:200 0.4	θ_2:250 0.3	θ_3:300 0.2	θ_4:350 0.1
A_1	5	10	18	25
A_2	8	7	8	23
A_3	21	18	8	21
A_4	30	22	19	15

(1)按最大—最小原则决策；

(2)按最大—最大原则决策；

(3)按最小—最大遗憾值进行决策，并分析四种决策结果。

第四章

风险型决策

风险型决策，是指决策者对未来情况无法作出肯定的判断，但是可以预测不同自然状态发生的概率以及条件收益。这样决策者采取的每一种策略的预测结果都是用不同自然状态出现的概率表示的，因此不管决策者采取哪一种行动方案，都要冒一定的风险，所以这种决策属于风险型决策。

4.1 期望值决策法

1. 期望值决策法的定义

期望值决策法是风险型决策法中最简单、最方便的方法，是运用概率分析法确定投资项目的各种方案期望值作为实际值的代表，根据决策指标的期望值的大小来进行投资决策的方法。

2. 期望值决策法的计算步骤

期望值决策法一般分为以下四个步骤。

(1)根据有关资料，确定不同自然状态 θ_j 及其发生的概率 $P(\theta_j)$。

(2)估计各种方案 A_i 在各种状态下的收益值(损失值)Q_{ij}(Q_{ij} 表示第 i 个方案在第 j 种自然状态下的收益值)。

(3)计算每种方案的期望损益值 $E(A_j)$：

$$E(A_i)=\sum_{j=1}^{n}E(A_{ij})$$

(4)作出决策：

①若决策目标是期望获得最大利润，则取期望收益最大值为决策目标。

$$E(A^*)=\max_{1\leqslant i\leqslant m}E(A_i)$$

②若决策目标是期望获得最小成本，则取期望成本最小值为决策目标。

$$E(A^*)=\min_{1\leqslant i\leqslant m}E(A_i)$$

【例 4.1】 某企业计划推出一款新型产品，企业的备选方案有三种：一是建立新型的生产线，投入的成本最大，但产出最高；二是改造原来的生产线，投入的成本比新建生产线少，产量也会相应少一些；三是继续使用原来的生产线，不会投入相应的成本，但产量最少。根据市场需求分析和估计，产品畅销、平销、滞销的概率分别为 0.3、0.5、0.2。根据产量和销售量的不同，企业面临的盈利情况也有所不同，如表 4—1 所示。

表 4—1　　收益矩阵表　　单位：万元

市场情况	概率	收　益		
		A_1（新建生产线）	A_2（改建生产线）	A_3（原有生产线）
$\theta(1)$畅销	0.3	50	30	10
$\theta(2)$平销	0.5	15	20	10
$\theta(3)$滞销	0.2	−10	0	10

计算各方案的期望收益值。

【解】各方案的期望收益值为：

$E(A_1)=0.3\times50+0.5\times15-0.2\times10=20.5$（万元）

$E(A_2)=0.3\times30+0.5\times20+0.2\times0=19$（万元）

$E(A_3)=0.3\times10+0.5\times10+0.2\times10=10$（万元）

根据决策准则进行决策，期望收益最大者为最优策略，则：

$E(A^*)=\max E(A_i)=20.5$（万元）

因此，最优策略是 A_1，即新建一条生产线。

4.2　决策树法

4.2.1　决策树法的概念

决策树法是对风险决策时常用的一种图解法。它是把各种备选方案、可能出现的自然状态及各种损益值简明地绘制在一张图上，用树形图进行决策。用决策树可以使决策问题形象化。

4.2.2　决策树法的步骤

该方法一般分为以下四个步骤：

(1)通过调查研究得出相关资料，列出损益表，计算各种策略下的期望值。

(2)按决策过程将决策的基本要素以树形的结构绘制成图。

图 4—1 中，R 表示决策点(树根)，以“□”所示；从决策点引出 n 条直线，每一条直线表示一个可供选择的方案，称作方案枝；$H_i(i=1,2,\cdots,n)$表示策略点(节点)，以“○”表示；从每个策略点引出 m 条直线表示 m 种自然状态，称作概率枝，每条概率枝都应标出该种自然状态 θ_j 出现的概率 $P_j(j=1,2,\cdots,m)$，末端 V_{ij} 表示第 i 种方案在第 j 种状态下的损益值。

(3)按决策树的结构计算各决策方案枝的期望收益值或期望损失值，其计算公式为：

$$E(H_i)=\sum P_jV_{ij}\quad(i=1,2,\cdots,n)$$

(4)按照决策准则进行比较，用反推决策树方式进行分析，并作剪枝决策，最后选定合理的最佳方案。在未被选取的方案枝上画上“//”号，表示剪掉，最后决策点只留下一条树枝，即为决策中的最优方案。

决策树实际上是期望损益值法的一种图示，它的优点是：一方面它能够形象、明确地表示出各个方案和每一方案所可能发生的自然状态的概率和损益值;另一方面通过计算,能够清楚地反映各个方案的损益值的结果。

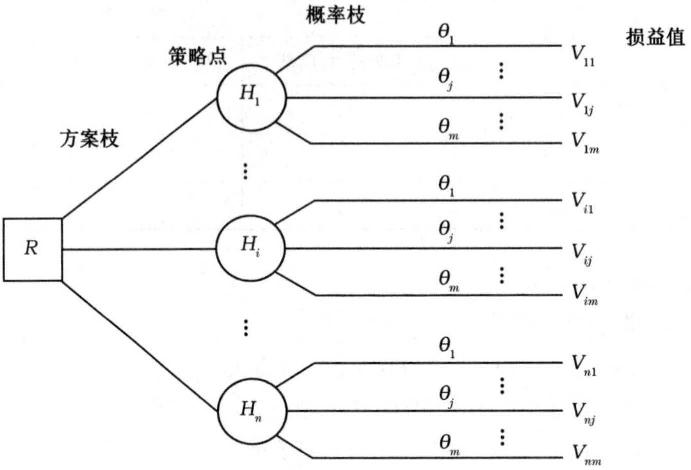

图 4—1 决策树

4.2.3 单级决策问题

只需作出一项决策的问题称为单级决策问题,凡是要求作出两项以上决策的问题,称为多级决策问题。单级决策和多级决策都可用决策树法进行决策。现举例对单级决策加以说明。

【例 4.2】 某企业生产某种产品,生产出来后畅销的概率为 0.6,滞销的概率为 0.4。现有两种方案:(1)扩大工厂的规模,如果产品畅销可盈利 500 万元,滞销则亏损 200 万元;(2)不改变工厂规模,如果产品畅销可盈利 200 万元,滞销则盈利 50 万元。试问哪一种方案较好?

第一步,画出决策树,如图 4—2 所示。

第二步,计算各节点的期望损益值。

H_1:500×0.6+(−200)×0.4=220(万元)

H_2:200×0.6+50×0.4=140(万元)

第三步,进行决策。

通过节点值的比较,得到 220>140,即节点 1 的值大于节点 2 的值,所以应该将节点 2 剪掉。因此,应采用扩建厂房的方案。

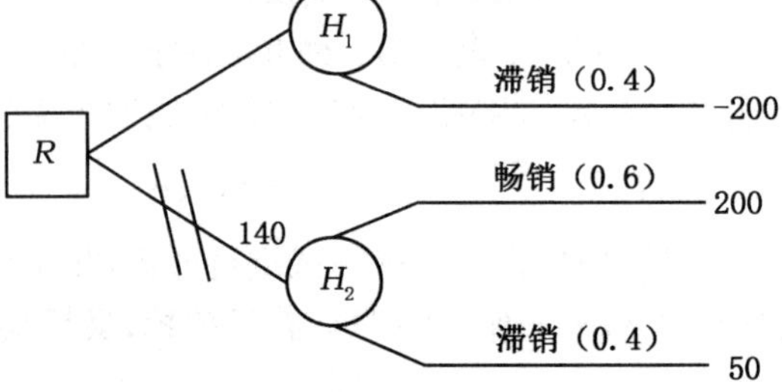

图 4—2 决策树

【例 4.3】 某公司为满足市场需要决策生产一种新产品。经营人员提出两个建厂方案：一是建大厂，投资 3 000 万元，使用 10 年；二是建小厂，投资 1 200 万元，使用 10 年。现知未来 10 年中，前 3 年销路好的概率为 0.7，建大厂年收益可达 1 000 万元，建小厂年收益达 400 万元；销路差的概率为 0.3，建大厂年收益为－200 万元，建小厂年收益为 300 万元。后 7 年自然状态是，若前 3 年销路好，则后 7 年销路好的概率为 0.9；若前 3 年销路差，则后 7 年销路差的概率为 0.9。针对后 7 年，经营人员提出，若前 3 年销路好，可考虑是否将小厂扩建，小厂扩建投资 1 500 万元，若销路好年收益为 950 万元，销路差年收益为 0，根据上述资料，绘制决策树如图 4—3 所示。

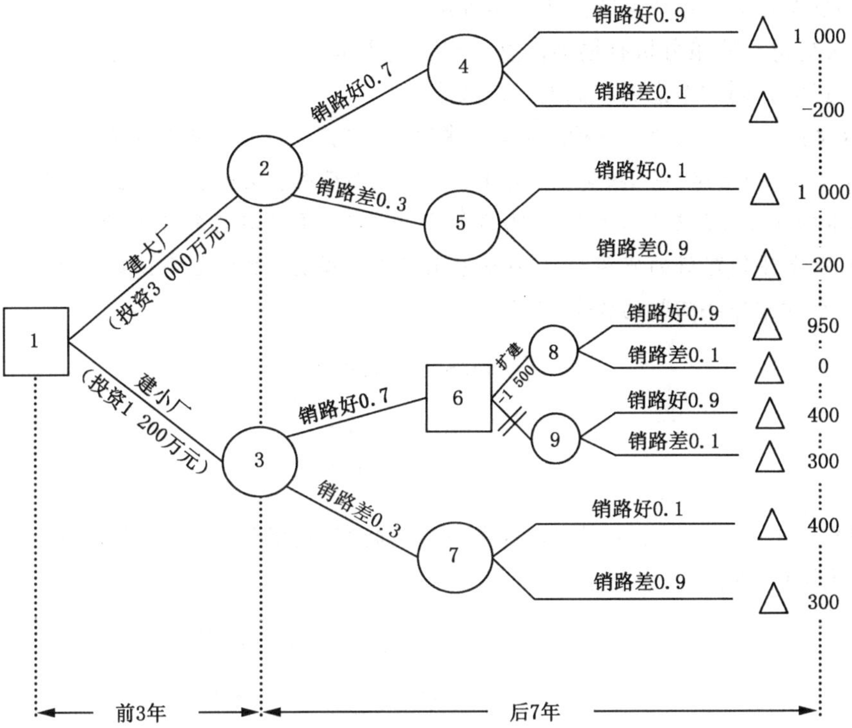

图 4—3　决策树图

图 4—3 中有两个决策点①和⑥，属于两阶段决策，根据逆向决策分析法，先确定⑥，计算两个机会点⑧和⑨的损益期望值。

⑧：(950×0.9＋0×0.1)×7－1 500＝4 485(万元)

⑨：(400×0.9＋300×0.1)×7＝2 730(万元)

比较⑧和⑨，⑧的期望值大于⑨的期望值，故应保留扩建方案枝，剪掉不扩建方案枝。

⑥的期望值为 4 485 万元。

然后计算机会点④、⑤、⑥、⑦的损益期望值。

④：[1 000×0.9＋(－200)×0.1]×7＝6 160(万元)

⑤：[1 000×0.1＋(－200)×0.9]×7＝－560(万元)

⑥：4 485 万元

⑦：(400×0.1＋300×0.9)×7＝2 170(万元)

最后计算机会点②和③的损益期望值。

②:[1 000×0.7+(1−200)×0.3]×3+6 160×0.7+(−560)×0.3−3 000=3 064(万元)

③:[400×0.7+300×0.3]×3+4 485×0.7+2 170×0.3+1 200=3 700.5(万元)

比较机会点②和③,③的损益期望值大于②的期望值,故应保留建小厂方案枝,剪掉建大厂方案枝。通过以上分析可知,先建小厂然后扩建的方案为中选方案。

以上两例是简化了的,现实生活中的决策树比这要复杂得多。在现实生活中,决策阶段、需求水平、工厂规模都可能不止这几种,每年的收益也可能互不相等。另外,这两个例子都没有考虑资金的时间价值,而在实际决策分析工作中,各年的净收益必须折算成现值,在折算时,贴现率还应根据风险的大小作必要的调整。

用决策树进行决策分析有很多优点。它能使决策过程有次序地进行,使我们在比较近期的决策方案时,同时考虑到它们的长远效果。

【例 4.4】 某公司为生产一种产品需要建设一个工厂。建厂有两个方案:一个是建大厂,投资 300 万元;另一个是建小厂,投资 160 万元。大厂或小厂用于生产该产品的期限都是 10 年。

根据市场预测,在该产品生产的 10 年期限内,前三年销路好的概率为 0.7,而如果前三年销路好,后七年销路好的概率为 0.9;如果前三年销路差,则后七年销路肯定差。在 10 年期限内,两个方案每年回收的资金(万元)为:

	销路好	销路差
大厂	100	−20
小厂	40	10

根据要求使用决策树方法,根据 10 年获得总利润(期望值)的大小确定哪个方案较好。

画出决策树,如图 4—4 所示。

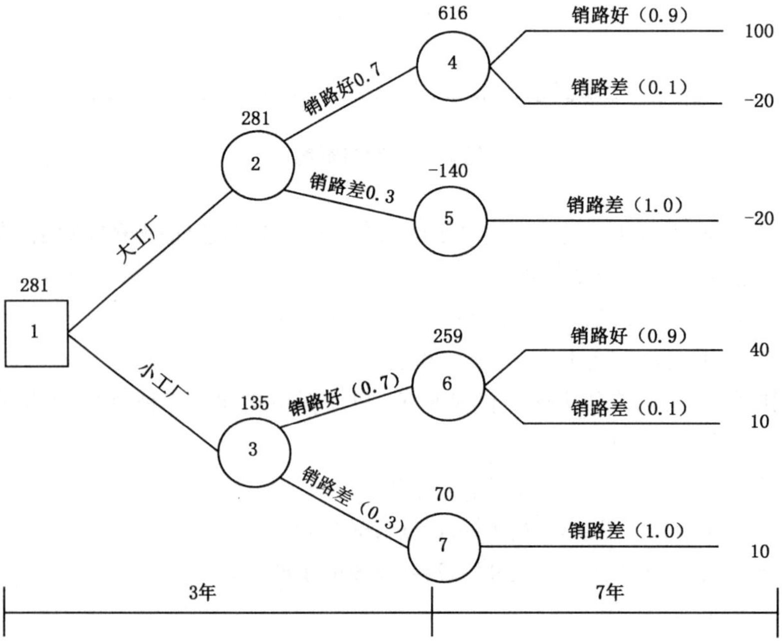

图 4—4

计算各事件点利润的期望值：

点 4：0.9×100×7＋0.1×(－20)×7＝616(万元)

点 5：1.0×(－20)×7＝－140(万元)

点 2：0.7×616＋0.3×(－140)＋0.7×100×3＋0.3×(－20)×3－300＝281(万元)

即建大厂的期望利润为 281 万元。

点 6：0.9×40×7＋0.1×10×7＝259(万元)

点 7：1.0×10×7＝70(万元)

点 3：0.7×259＋0.3×70＋0.7×40×3＋0.3×10×3－160＝135(万元)

即建小厂的期望利润为 135 万元。

比较事件点 2 和事件点 3 的期望值，点 2 的数值大，即建大厂的利润期望值大，最优策略为建大厂，把点 2 的期望值注在决策点 1 上。

4.2.4　多级决策

多级决策问题是指需从右往左依次作出两项或两项以上决策的问题，反映在决策树中有两个或两个以上的决策点。画多级决策问题的决策树和计算各事件点的期望值与单级决策问题没有本质的区别，只是比较复杂且计算量大些。现举例加以说明。

【例 4.5】　再考虑例 4.4 的问题，现在假定还有第三方案，即先建小厂，若销路好，则三年后扩建成大厂，扩建投资为 140 万元。扩建后该产品只生产七年，每年的回收资金与第一方案建大厂相同。这个方案与第一方案相比，哪个经济效益好？

第一和第二方案在例 4.4 中已比较过，第一方案(建大厂)好。在画本问题决策树时，略去第一方案(建大厂)的一部分“树枝”，只保留建大厂方案的策略枝及其事件点 2。根据题意和有关数据，本题的决策树如图 4—5 所示。

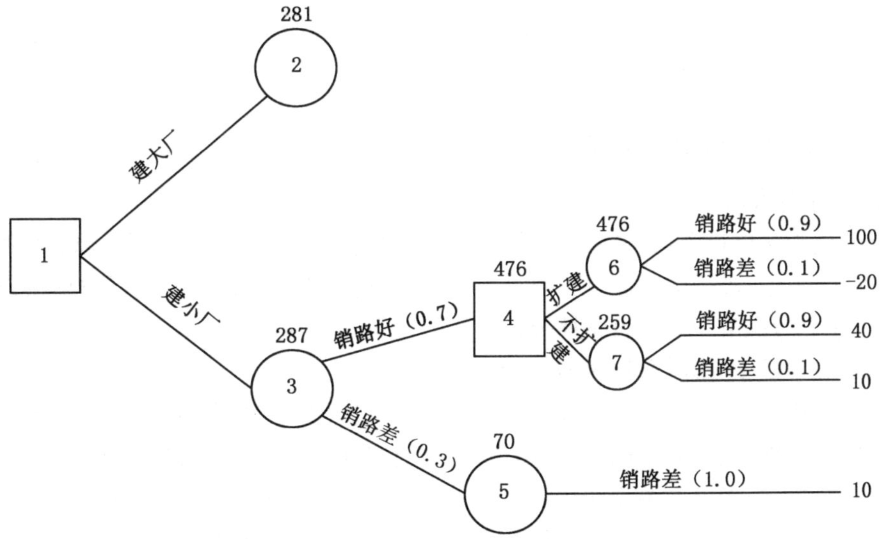

图 4—5

计算各事件点的回收或利润期望值：

点 2：由例 4.4 得到利润期望值为 281(万元)

点 6：0.9×100×7＋0.1×(－20)×7－140－476(万元)

点 7：0.9×40×7＋0.1×10×7＝259(万元)

决策点 4：因 476＞259，所以扩建方案较好。将点 6 的 476 转移到点 4。

点 5：1.0×10×7＝70(万元)

点 3：0.7×476＋0.3×70＋0.7×40×3＋0.3×10×3－160＝287(万元)

决策点 1：因 287＞182，所以第三方案比第一方案好，即最优策略是先建小厂，若销路好，三年后再扩建成大厂，十年的利润期望值为 287 万元。

4.3 灵敏度分析法

敏感性分析法是投资风险决策方法的重要组成部分。进行项目敏感性分析，关键在于找到并测算出某些主要因素对投资项目的影响程度。敏感性分析一般希望最优决策不敏感。因为不敏感的最优决策方案才经得起多种因素变化的影响，表明其决策评价指标值比较稳定，取得最优效益的可能性较大。

4.3.1 敏感性分析法的含义

在企业投资项目的寿命期内会受到许多不确定性因素的影响，这些不确定性因素从不同角度、不同程度上影响投资项目的经济效益。在这些影响因素中，有一些因素在改变时只能引起某一经济效益指标的一般性变化，甚至无太大变化，这些因素被称为一般性敏感因素，或称为不敏感性因素；而有一些因素却不同，只要这些因素稍作调整，就可能导致项目经济效益出现大幅度的波动，此类因素被称为敏感性因素。

投资项目敏感性分析法就是要在众多影响因素中，观察其中某个(或某些)因素发生变化时原来最优方案收益值等决策评价指标变化的程度。如果决策评价指标的变化幅度较大，就认为它是敏感的；反之，则是不敏感的。

4.3.2 敏感性分析法的步骤

1. 确定分析指标

敏感性分析法以投资项目决策为对象，其分析指标应主要考虑投资的动机和项目的特点。在实际工作中，进行敏感性分析要计算其成本，这种成本不仅包括进行敏感性分析所需要的成本，还要考虑由于进行敏感性分析造成的决策延迟的机会成本。因此，只有在进行敏感性分析的成本低于其效益时，才能进行敏感性分析。

敏感性分析是对项目投资效益敏感的指标进行的，因此不能简单地对影响项目的所有指标都进行敏感性分析，而要选择那些对投资项目确实存在较大影响的敏感性指标。对一般的投资项目，投资者更加关注期望收益值、净现值、内部收益率等指标；对合作项目，投资者还要对能否如期回收投资进行分析；有些项目，因市场机会和竞争压力的影响，投资者追求“短、平、快”，因而要对建设工期进行敏感性分析。

2. 确定影响因素

影响投资项目经济效益的不确定性因素很多，但主要影响指标有：投资规模及贴现水平，项目建设周期和项目回收期，生产经营的固定成本和变动成本，产品市场需求和同行竞争状况，生产销售量和市场价格等。

值得注意的是，所选择的影响因素是否准确，关系到项目敏感性分析的结果是否可信、有效。不同时间、地点、行业的项目受到上述因素的影响程度也是不同的，所以要根据具体项目的特点和所处的环境来选择确定恰当的影响因素。在具体工作中，主要由专业分析人员进行确定。项目敏感性分析的专业人员，不仅要具有丰富的经验，还要利用科学的手段对未来一定时期环境的变化进行分析，在此基础上挑选那些对项目经济效益影响较大的或者发生变化可能性大的因素进行分析。

对于一时难以准确确定敏感性因素的投资方案，可以通过测算几个不确定性因素的变化对项目的经济效益指标的影响程度来判断哪一个是最为敏感的因素。

3. 计算变动结果

对投资方案进行敏感性分析时，应主要分析敏感性因素在一定范围内变化时对所要分析指标（如净现值、内部收益率等）的影响。其基本方法是：

首先，假定其他因素不变，测算某个不确定性因素变动对分析指标的影响程度。

其次，选定另一个不确定因素并改变其数值，测定此时对分析指标的影响程度。这种分析的目的在于进一步确定所选择的第一个因素是否为最敏感的因素。如有必要，还可以选择其他因素进行分析。

最后，比较不同因素对分析指标的变动状况来分析所确定的敏感性因素是否合理。

4. 判断方案风险

以分析指标变动结果的大小为依据，进行方案风险的判定。如果在设定的变化范围内项目分析指标值小于预定的标准值，通常需要放弃或修改原定投资方案；如果项目分析指标值仍大于预定的标准值，则表明该投资项目具有一定的抗风险能力，此项目可以接受。为了实现投资项目的预期收益，在项目实施过程中必须加强对敏感性因素的监控，采取积极措施，促使其向有利于提高投资效益的方向转变。

4.3.3 敏感性分析法的应用

鉴于动态分析法考虑了整个项目的经济寿命期以及时间价值因素的合理性，因此，敏感性分析在实际应用中主要讨论的仍然是由于某些敏感性因素变动而导致项目的净现值和内部报酬率等动态分析指标的变动情况。

【例 4.6】 某企业拟投资一项目，计划投资 900 万元，2 年建成。预计项目使用寿命为 8 年，项目投资及投产后预计财务资料见表 4—2。预定最低贴现率为 12%，试测算该项目的内部报酬率。

表 4—2　　**某项目投资及预计收益资料**　　单位：万元

年份	投资规模	销售收入	变动成本	固定成本
1	540			
2	360			
3		2 250	1 170	930

续表

年份	投资规模	销售收入	变动成本	固定成本
4		2 550	1 350	930
第 5 年到第 10 年		每年 3 000	每年 1 670	每年 930
合　计	900	22 800	12 540	7 440

【解】

表 4—3　　某项目内部报酬率计算表　　单位：万元

年份	净现金流量	$(1+i)^{-t}$ $i=12\%$	净现值	$(1+i)^{-t}$ $i=25\%$	净现值	$(1+i)^{-t}$ $i=26\%$	净现值
1	−540	0.8929	−482.14	0.8000	−432	0.7937	−428.571
2	−360	0.7972	−286.99	0.6400	−230.40	0.6299	−226.76
3	150	0.7118	106.77	0.5120	76.80	0.4999	74.99
4	270	0.6355	171.59	0.4096	110.59	0.3968	107.12
第 5 年到第 10 年	每年 400	2.6129	1045.15	1.2089	483.56	1.1446	457.85
合计	1 920		554.37		8.55		−15.37

根据表 4—3 资料，可以确定内部报酬率在 25%和 26%之间。用“插值法”计算：

$$\text{内部报酬率 } IRR=25\%+\frac{8.55\times(26\%-25\%)}{8.55+15.37}=25.36\%$$

由上述例子可以看出，该项目的净现值在贴现率 12%时达到 554.37 万元；内部报酬率达 25.36%，超过 12%的要求贴现率，项目是可行的。引入某些因素变动后，情形将会如何变化呢？下面将进一步进行有关因素变动的敏感性分析。

(1)项目投资规模增加的敏感性分析。假设受到不可预期的因素影响，造成项目将在第二年追加投资 100 万元，使项目投资总额达到 1 000 万元。此时需重新测算其净现值和内部报酬率，见表 4—4。

表 4—4　　投资规模增加后内部报酬率计算表　　单位：万元

年份	净现金流量	$(1+i)^{-t}$ $i=12\%$	净现值	$(1+i)^{-t}$ $i=22\%$	净现值	$(1+i)^{-t}$ $i=23\%$	净现值
1	−540	0.8929	−482.14	0.8197	−442.623	0.8130	−439.021
2	−360	0.7972	−366.71	0.6719	−309.06	0.6610	−304.05
3	150	0.7118	106.77	0.5507	82.61	0.5374	80.61
4	270	0.6355	171.59	0.4514	121.88	0.4369	117.96
第 5 年到第 10 年	每年 400	2.6129	1 045.15	1.42959	571.82	1.3510	540.40
合计	1 920		474.65		24.62		−4.11

根据表4—4资料，可以确定内部报酬率在22%和23%之间。用“插值法”计算：

内部报酬率 $IRR=22\%+[24.62\times(23\%-22\%)]/(24.62+4.11)=22.86\%$

在第二年投资增加100万元后，该项目的净现值为474.65万元，减少79.72万元；内部报酬率下降到22.86%，但仍高于12%的要求贴现率。此结果说明，该项目如果在第二年增加100万元的额外投资，项目依然有利可图，是可行的。

（2）销售收入下降和变动成本增加的敏感性分析。假设由于市场状况发生变化，预计项目投产后单位产品变动成本将上升2%，而销售价格却将下降2%。如果生产产量不调整，重新测算其净现值和内部报酬率，见表4—5和表4—6。

表4—5　　销售收入和成本变动后投资及预计收益资料　　单位：万元

年份	投资规模	销售收入	变动成本	固定成本
1	540			
2	360			
3		2 205	1 193.4	930
4		2 499	1 377	930
第5年到第10年		每年2 940	每年1 703.4	每年930
合计	900	22 344	12 790.8	7 440

表4—6　　某项目内部报酬率计算表　　单位：万元

年份	净现金流量	$(1+i)^{-t}$ $i=12\%$	净现值	$(1+i)^{-t}$ $i=17\%$	净现值	$(1+i)^{-t}$ $i=18\%$	净现值
1	−540	0.8929	−482.14	0.8547	−461.538	0.8475	−457.627
2	−360	0.7972	−286.99	0.7305	−262.98	0.7182	−258.55
3	81.6	0.7118	58.08	0.6244	50.95	0.6086	49.66
4	192	0.6355	12 202	0.5337	10 246	0.5158	99.03
第5年到第10年	每年306.6	2.6129	801.11	1.9154	587.25	1.8040	553.11
合计	1 213.2		212.08		16.14		−14.36

根据表4—6资料，可以确定内部报酬率在17%和18%之间。用“插值法”计算：

内部报酬率 $IRR=17\%+[16.14\times(18\%-17\%)]/(16.14+14.36)=17.53\%$

在单位变动成本，上升2%。销售价格下降2%后，该项目的净现值为212.08万元，减少342.29万元；内部报酬率下降到17.53%，但仍高于12%的要求贴现率。

此结果说明，该项目如果单位变动成本上升2%、销售价格下降2%，项目依然有利可图，是可行的。

（3）项目建设周期延长的敏感性分析。如果其他因素均未发生变化，投产时间推迟一年，那么会对净现值和内部报酬率产生何种影响呢？见表4—7和表4—8。

表 4—7　　销售收入和成本变动后投资及预计收益资料　　单位：万元

年份	投资规模	销售收入	变动成本	固定成本
1	540			
2	360			
3		2 250	1 170	930
4		2 550	1 350	930
第 5 年到第 10 年		每年 3 000	每年 1 670	每年 930
合计	900	22 800	12 540	7 440

表 4—8　　销售收入和成本变动后项目内部报酬率计算表　　单位：万元

年份	净现金流量	净现值	$(1+i)^{-t}$ $i=20\%$	净现值	$(1+i)^{-t}$ $i=21\%$	净现值
1	－540	－482.14	0.8333	－450.00	0.8264	－446.281
2	－360	－286.99	0.6944	－250.00	0.6830	－245.88
3			0.5787		0.5645	
4	150	9.533	0.4823	72.34	0.4665	69.98
5	270	153.21	0.4019	108.51	0.3835	104.10
第 6 年到第 10 年	每年 400	933.16	0.4019	534.58	1.2509	500.38
合计	1 920	412.56	1.3364	15.42		－17.72

根据表 4—8 资料，可以确定内部报酬率在 20％和 21％之间。用“插值法”计算：

内部报酬率 $IRR=20\%+[15.42\times(21\%-20\%)]/(15.42+17.72)=20.47\%$

在建设周期推迟一年后，该项目的净现值为 412.56 万元，减少 141.81 万元；内部报酬率下降到 20.47％，高于 12％的要求贴现率。

此结果说明，推迟一年建设项目工期，项目依然有利可图，是可行的。

通过敏感性分析，可以发现影响项目投资效益的主要因素，并能确定这些敏感性因素变动对投资收益造成的影响程度，从而可以确定出项目抵御风险的能力。这有利于确定影响项目的关键因素，有利于提高项目决策的准确度，有利于加强对投资风险的监控。但由于敏感性分析法对因素的选择和分析具有较强的主观性，所以在具体应用中要与其他投资决策方法相互配合，力争使投资决策更加科学和完善。

4.4 效用理论

上面所讲的决策方法，大多是以期望损益值作为决策后果的，需要说明的是，在现实中，这样做有时既不合理，也不符合实际情况，因为某些事情的后果无法用益损值直接量度，比如下雨不带雨伞带来的后果，即使有些事情存在一个数值的测量后果，也不能准确地反映出后果对于决策人的真正价值，比如 100 元对于穷人和富人的价值完全不一样；淋雨对于年轻人和老年人的效果也不一样，也就是说，同样的损益值对于不同的决策人效果不一样，即使是同一个决策主体，在不同时间、不同的环境条件下，同样的货币量也可能具有不同的“价值”。假设一个学生手头紧张，有机会挣 100 元，但是所要做的是他相当讨厌的工作，根据当时的经济状况和收入水平，他会认为 100 元的实际价值足够大，所要做的工作即使是相当讨厌的，他仍会去干，现在如果他先有了 10 000 元，要他为 100 元去干这份让他讨厌的工作，他就很有可能不干了。因为当他有了 10 000 元以后，再增加 100 元的实际价值比他身无分文时增加 100 元的实际价值要小得多。由此可以看出，同一货币量在不同的场合对决策人会产生不同的价值含义，这种货币量对决策人产生的价值含义就称为货币量的效用值，这种决策人对于期望损益值的独特兴趣、感受和取舍反应就叫作效用，效用能够反映出人们的价值观念在决策活动中的具体表现，代表着决策人对于风险的态度，那么如何在决策时反映决策者的这种偏好呢？这就是本节所要讲的效用理论问题。

4.4.1　效用

效用是指商品满足人的欲望的能力，或者说，它是消费者在消费商品时所感觉到的满足程度。消费者在消费活动中获得的满足程度高，就是效用大；反之，就是效用小。如果在消费活动中感受到痛苦，就是负效用。效用和欲望一样都是一种心理感觉，因此，效用会因人、因时、因地而异。在理解效用概念时要强调以下几点：

(1)效用的主观性。某种物品效用的大小没有客观标准，完全取决于消费者在消费某种物品时的主观感受。例如，香烟对于吸烟者来讲可以有很大的效用，而对于不吸烟的人来讲则可能毫无效用，甚至会有负效用。

(2)效用不含伦理学判断。只要能满足人们某种欲望的物品就有效用，这种欲望本身是否符合社会道德规范则不在效用评价范围之内。例如，毒品能满足吸毒者吸毒的欲望，它就有效用，不能因为毒品对吸毒者身体的损害、对社会的危害而否定其效用的存在。

(3)效用可大、可小，可正也可负。人们的消费活动使人们获得了欲望满足，则获得了正效用；若感受到痛苦或不适，则是负效用。

4.4.2　效用函数与效用曲线

在决策论中，需要讨论和描述可行方案的各种结果值满足决策者愿望、实现决策者偏好程度的问题，因此这里需要引入效用值、效用函数的相关概念。

设决策问题的各可行方案有多种可能的结果值 x，依据决策者的主观愿望和价值取向，每个结果值对决策者均有不同的价值和作用，反映结果值 x 对决策者价值和作用的大小称为效用，记作：$u=u(x)$。

在这里，效用既是概念，它反映决策方案的结果值满足和实现决策者愿望及倾向的程度，同时，效用也是量值，可以用具体的方法测定，并作为决策分析的依据。

4.4.3　效用曲线及其类型

我们以收益为横坐标，以效用为纵坐标，画出某人效用函数的图像，表明决策者对不同风险的态度的变化曲线，这就是效用曲线。根据决策者对待风险的态度的不同，效用曲线大致可以分为三种类型，如图 4－6 所示。

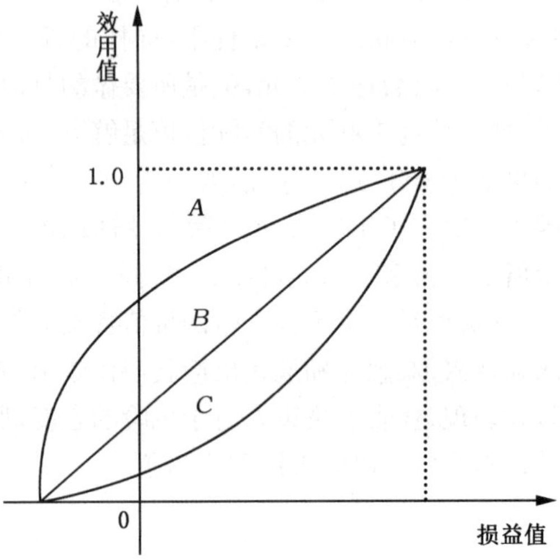

图 4—6 效用曲线类型

(1)直线型效用曲线。直线型效用曲线表示效用值与决策的损益值呈线性关系，如图 4－6 的 B 所示。决策者对决策风险持中立态度，也称作中立型效用曲线，这种效用曲线表明，决策者认为效用值的大小与期望损益值大小相一致，以期望损益值的大小作为选择方案的标准。这是一种循规蹈矩、按部就班从事企业经营活动的决策者。

(2)保守型效用曲线。这种效用曲线是一条凸形曲线，如图 4－6 的 A 所示。它表示效用值随着损益值的增加而增加，其增加的速度是递减的。决策者行为慎重稳妥，逃避风险，对损失十分敏感。决策者对肯定得到的某一损益值的效用，经常大于他对带有风险的相等的期望损益值的效用。例如，决策者倾向于选择肯定可得到 100 万元收益的 b 方案，而不去选择可得到 100 万元期望收益的 a 方案。决策者对于利益的反应比较迟缓，但对损失反应则很敏感，因而，这类决策者属于谨慎小心、回避风险、不求暴利的保守型。

(3)冒险型效用曲线。这种曲线是一条凹形曲线，如图 4－6 的 C 所示。它表示效用值随着损益值的增加而增加，其增加的速度是递增的。决策者对收益十分敏感，敢于为高的收益而冒险。决策者对肯定得到的某一损益值的效用，经常小于他对带有风险的相等的期望损益值的效用。例如，决策者宁可选择可得到 100 万元期望收益的 a 方案，而不愿选择肯定可得到 100 万元收益的 b 方案。决策者对于损失的反应比较迟缓，而对于利益的反应却很敏感。因而，这类决策者属于敢大胆尝试、喜欢风险、求大利的冒险型。

4.4.4 效用曲线的确定

效用可以用效用值 u 来表示，一般以具体的决策事件中决策人可能获得的最大收益的效用定义为 1，把最小收益的效用定义为 0，即 $0 \leqslant u \leqslant 1$。效用曲线可以通过 N-M 心理实验法加以确定，这种方法是冯·诺依曼(Von Neumann)和摩根斯坦(Morgenstern)于 1944 年共同创立的，这种方法也被称为标准测定法。下面通过一个例子来说明该方法。

【例 4.7】 某决策人面临一项最大可能获利 20 万元或者最大损失 10 万元的决策项

目,试确定该决策人的效用曲线。

在一个决策问题中,通常将决策者可能得到的最大收益值相应的效用值指定为1,而把可能得到的最小收益值(或最大损失值)相应的效用值指定为0。

第一步,确定最大收益效用值和最小收益效用值。它们分别为 $u(20)=1$ 和 $u(-10)=0$。

第二步,向决策人提出下面两个选择方案。第一方案:以50%的机会获得20万元,以50%的机会损失10万元。第二方案:以100%的机会获得5万元(这5万元正是第一方案的期望值)。

对这两个方案,每一个被测对象都可以有自己的选择,假定该决策人选择第二方案,这说明第二方案的效用值大于第一方案,心理实验将继续进行下去。

第三步,向决策人提出将第二步的第二方案的100%机会获得5万元改为2万元,问决策人的选择有何改变。

假定该决策人认为有50%的机会损失10万元对他所处的现状来说是不能接受的,那么他仍然会选择100%的把握获得2万元的方案,这说明第二方案的效用仍然大于第一方案,心理实验继续下去。

第四步,向决策人提出,如果他不选择第一方案,他必须付出1万元,这时该决策人可能很不情愿白花1万元,而愿意采用第一方案,这说明让决策人无条件地付出1万元的效用比第一方案的效用值低。

这样的心理实验反复试验下去,直到最后可能达到这样的妥协:决策者觉得或者一分钱也不付,或者采用第一方案,两者对他是一样的。这说明对于该决策者来说0万元的货币量与采用第一方案的效用是相同的。

因第一方案的效用值为 $1\times0.5+0\times0.5=0.5$,故对该决策者来说,货币值0的效用值为0.5。

接着,可以在0~20万元和-10~0万元进行与上面相同的心理实验,如在0~20万元的心理实验是关于效用值 $0.5\times0.5+1\times0.5=0.75$ 的等价货币值的实验,其对应的投机方案是50%的机会获得0万元,50%的机会获得20万元。为了叙述上的方便,我们称其为第三方案,其心理实验过程可综合在表4-9中。

表4-9　　效用值为0.75的心理实验程序

问　题	决策人的反应	含　义
1. 你愿意无条件获得15万元,还是进行方案3的投机	无条件获得15万元	15万元的效用值大于0.75
2. 你愿意无条件获得10万元,还是进行方案3的投机	无条件获得10万元	10万元的效用值大于0.75
3. 你愿意无条件获得5万元,还是进行方案3的投机	进行方案3的投机	5万元的效用值小于0.75
4. 你愿意无条件获得7万元,还是进行方案3的投机	进行方案3的投机	7万元的效用值小于0.75
5. 你愿意无条件获得8~8.5万元,还是进行方案3的投机	两者差不多吧	中值8.25万元的效用值等于0.75

再继续下去就可以得到足够的实验数据，如假定在－10～0万元的心理测验得到的结果是－5.85万元，这说明－5.85万元的效用值是0×0.5＋0.5×0.5＝0.25。

按同样的方法，还可以在20～8.25万元、8.25～0万元、0～－5.85万元、－5.85～－10万元进行同样的心理实验，便可得到与效用值对应的货币量：

1×0.5＋0.75×0.5＝0.875

0.75×0.5＋0.5×0.5＝0.625

0.5×0.5＋0.25×0.5＝0.375

0.25×0.5＋0×0.5＝0.125

再继续下去就可以得到足够的实验数据，画出如图4－7所示的效用曲线A。

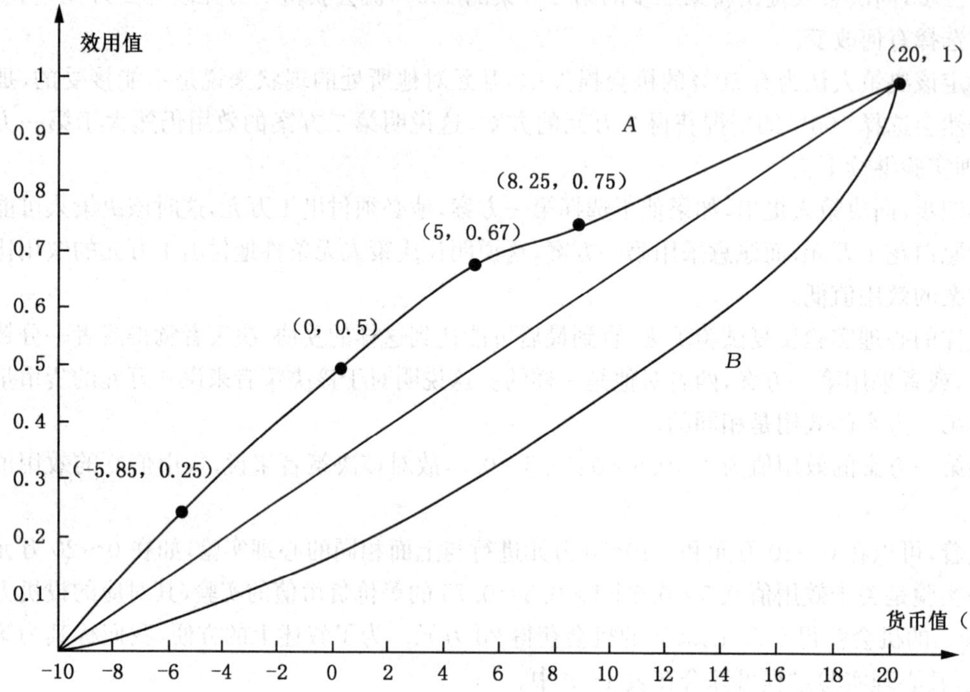

图4－7

对另外一个决策者乙进行同样的心理实验，其结果可能不同，假定得到的效用曲线如图4－7中曲线B所示。

由曲线的上凸性我们可以看出，决策人甲是保守型决策者，而决策者乙是冒险型决策者。

4.4.5 效用曲线的应用

【例4.8】 某工厂为一项新产品的开发准备了两个建设方案，一个是建大厂，另一个是建小厂。建大厂预计投资300万元，建小厂预计投资160万元。两个工厂的寿命周期都是10年。根据市场调查和市场预测的结果，这项产品市场销路好的概率是0.7，销路差的概率是0.3，两个方案的年收益值如表4－10所示，要求作出合理的投资决策。

表 4—10 **决策表** 单位:万元

概率 \ 自然状态 / 方案	销路好 0.7	销路差 0.3
建大厂 A_1	100	−20
建小厂 A_2	40	10

【解】 由表 4—10 可知,建大厂在 10 年寿命周期内产品销路好的条件下,其最大收益值为 100×10−300=700 万元,销路差的条件下最大损失值为−20×10−300=−500 万元;建小厂在 10 年内产品销路好的条件下,最大收益值为 40×10−160=240 万元,销路差的条件下,最大损益值为 10×10−160=−60 万元。

这项决策的最大收益值是 700 万元,最大损失值为−500 万元。

下面我们作出这个公司高级决策者的效用曲线,将最大收益值 700 万元的效用值定义为 1,将最大损失值为−500 万元的效用值定义为 0,采用心理测试法向被试人提出一系列问题,同时求出对应于若干收益值的效用值,这样就作出被测试人的效用曲线,如图 4−8 所示。

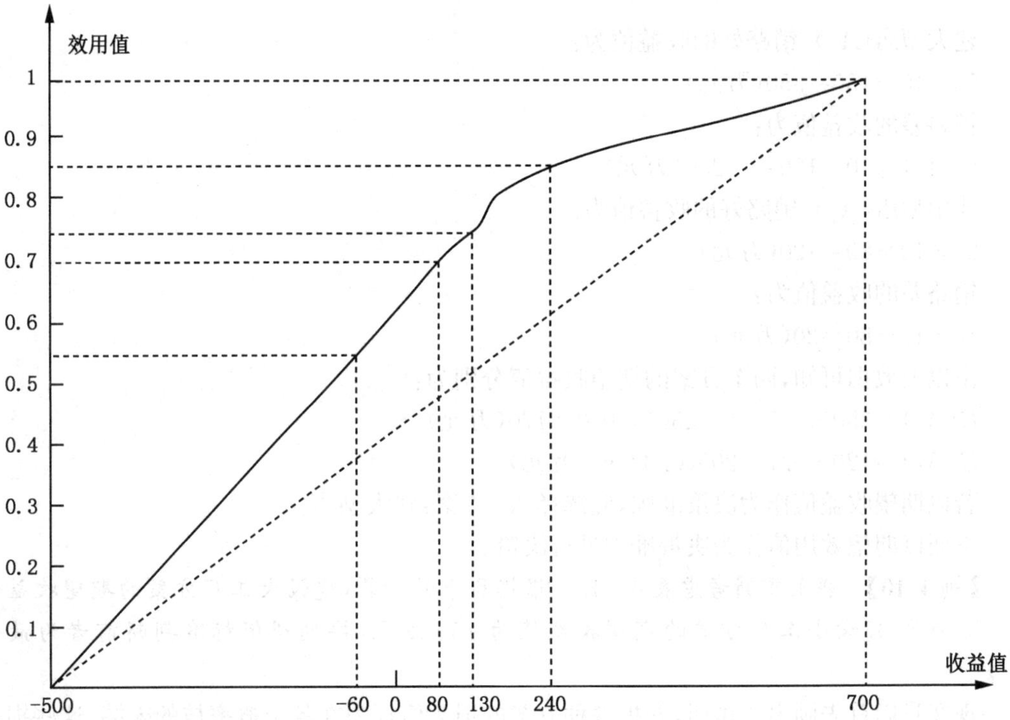

图 4—8 不同决策者的心理实验效用曲线

从图 4−8 中,我们可以找出对应于各个收益值的效用值:240 万元的效用值是 0.82,−60 万元的效用值是 0.58。现在用最大效用值准则来进行决策,建大厂的效用期望值为 0.7×1+0.3×0=0.7,建小厂的效用期望值为 0.7×0.82+0.3×0.58=0.75。这样我们可以看出，如果用效用值作为决策标准，建小厂是最优方案。这是为什么呢？原因是这个决策人属于保守型的，他不敢冒太大的风险。

4.4.6 效用理论的应用

由上节讨论可知，不同类型的决策者对决策方案的选择是不同的，因此在某些情况下，不能再利用方案的期望损益值作为选择方案的标准。根据效用理论，改用期望效用值作为选择方案的标准进行决策，这种决策我们叫作效用决策。下面结合例子来说明效用决策。

【例 4.9】 假设某贸易公司要建立一个商店，现有两个方案：一个是建大型店，另一个是建中型店。两个方案的投资、年收益如表 4—11 所示，两个方案的使用期都为 10 年。要求作出合理的投资决策。

表 4—11 **损益表** 单位：万元

自然状态 / 概率 / 方案	销路好 0.7	销路差 0.3	投资额
A_1：建大型店	50	−10	150
A_2：建中型店	20	10	80

建大型店（A_1），销路好的收益值为：

50×10−150=350（万元）

销路差的收益值为：

（−10）×10−150=−250（万元）

建中型店（A_2），销路好的收益值为：

20×10−80=120（万元）

销路差的收益值为：

10×10−80=20（万元）

由以上数据可知，两个方案的期望收益值分别为：

$E(A_1)=350\times0.7+(-250)\times0.3=170$（万元）

$E(A_2)=120\times0.7+20\times0.3=90$（万元）

若以期望收益值作为决策准则，应选择 A_1 方案：建大型店。

下面以期望效用值作为决策准则进行决策。

【例 4.10】 我们重新考虑表 4—10。根据原来的计算，建设大工厂方案的期望收益值为 340 万元，建设小工厂方案的期望收益值为 150 万元，按期望值标准判断前者为最优方案。

现在我们首先画出决策树，并把各种方案的损益值标写在各个概率枝的末端，这些损益值是根据表 4—10 的数据，按照 10 年累计（扣除投资额后）计算出来的（参见图 4—9）。

其次，绘出决策人的效用曲线。我们以最大损益值 700 万元的效用值作为 1.0，以最小损益值−500 万元的效用值作为 0，向这个问题的决策人提出一系列问题，找出对应于若干个损益值的效用值，这样就可以画出效用曲线，见图 4—8。

画出了效用曲线后，就可以反过来找出对应于原决策问题各个损益值的效用值：240 万

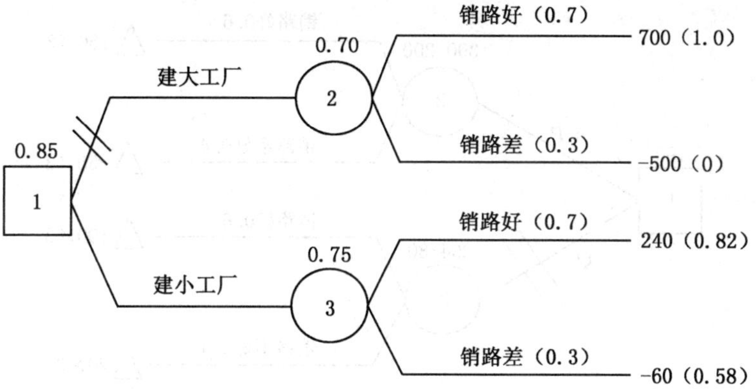

图 4—9　用效用值评价的决策树

元的效用值等于 0.82，—60 万元的效用值等于 0.58。把对应的效用值写在图 4—9 中各损益值之后。现在可以用效用值代替原损益值来计算每一方案的效用期望值。

建设大工厂方案的效用期望值为：

0.7×1.0＋0.3×0＝0.70

建设小工厂方案的效用期望值为：

0.7×0.82＋0.3×0.58＝0.75

由此可见，如果以效用期望值作为评价标准，小工厂方案反而较好。为什么会出现这种情况呢？这是因为决策人是保守型的，他不想冒太大的风险。从曲线上可以测出，效用值 0.70 只相当于损益值 80 万元，这大大低于原来的期望值 340 万元；效用值 0.75 也只相当于损益值 130 万元，这也小于原来的期望值 150 万元。

【例 4.11】　某企业准备生产两种新型号的手机 P、Q，生产 P 需要投资 200 万元，生产 Q 则需 80 万元，初步确定两款手机的生产年限均为 3 年。由于考虑到资金的限制及销路等因素，企业只选择生产其中的一款手机。通过市场调查分析得知，两款手机未来市场销路好的概率均为 0.6、销路不好的概率均为 0.4，其年度收益值如表 4—12 所示。试分别用决策树法及效用曲线法进行决策。

表 4—12　　**新产品年度收益表**　　单位：万元

市场状态 / 备选方案	销路好(0.6)	销路不好(0.4)
投产 P	250	—50
投产 Q	100	20

解法一，决策树法：

根据表 4—12 的资料数据，绘制决策树如图 4—10 所示，得知生产手机 P 为最优方案。

解法二，效用曲线法：

(1)确定曲线端点。根据表 4—12 中的数据可以看出，获利 250 万元为最满意的损益值，亏损 50 万元是最不满意的损益值，分别用 1 和 0 来表示其效用值，则可记为 $U(250)$＝

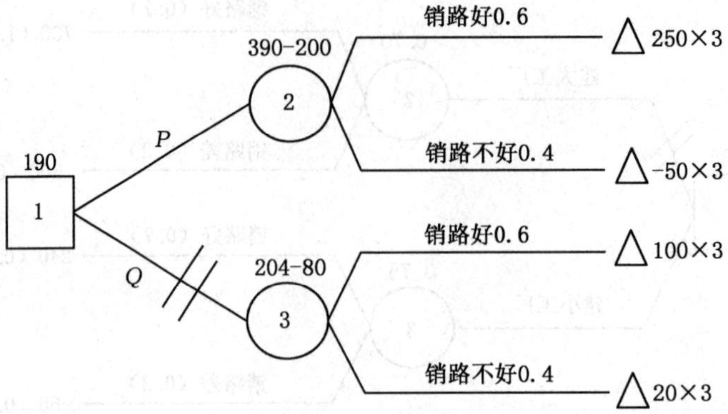

图4—10 决策树

1、$U(-50)=0$。这样就可以确定该决策效用曲线的两个端点:$A(250,1)$,$B(-50,0)$,如图4—11所示。

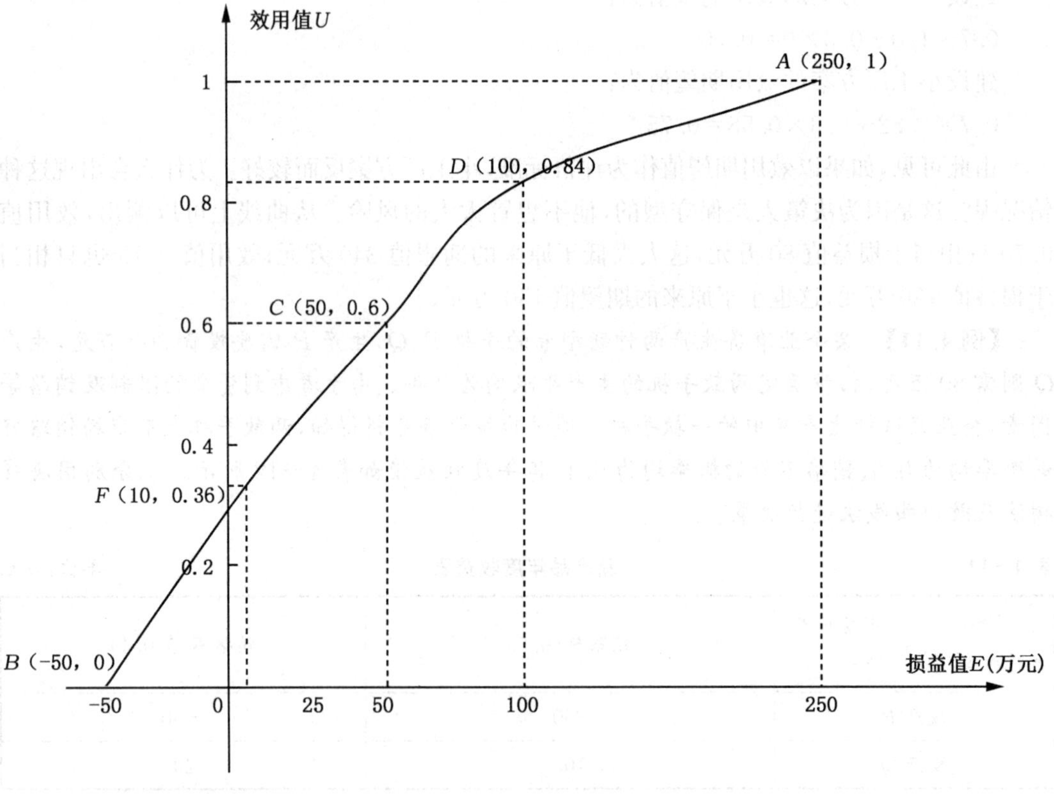

图4—11 效用曲线

(2)计算方案的效用值。若方案的效用值记为$E(U)$,则:

$E(U_P)=U(250)\times 0.6+U(-50)\times 0.4=1\times 0.6+0\times 0.4=0.6$

$E(U_Q)=U(100)\times 0.6+U(20)\times 0.4=1\times 0.6+0\times 0.4=0.6$

(3)确定中间点的效用值(利用辩优提问模式)。首先,向决策者提出第一个问题:假设

有两个方案 M 和 N，方案 M 有 0.6 的概率获 250 万元及 0.4 的概率亏损 50 万元，方案 N 有 1 的概率获得 x 万元，请问 x 为多少时，您会认为两个方案的效用值相等？

如果决策者最后认定能获得 50 万元的方案 N 与方案 M 的效用值相等，那么就有：

$E(U_N)=U(50)=E(U_M)=0.6$

这样就找到第三个点 C 为(50,0.6)。

(4)确定其他两点的效用值。从已知的三个点 A、B、C 中，以相邻的两个点对应的横坐标损益值，构建出具有原方案出现概率的新方案：

从 $A(250,1)$ 和 $C(50,0.6)$ 两点间构建新方案——方案 D(在 A 和 C 之间)，以 0.6 的概率获得 250 万元(A 点对应横坐标损益值)，以 0.4 的概率获得 50 万元(C 点对应横坐标损益值)；方案 F(在 C 和 B 之间)以 0.6 的概率获得 50 万元，以 0.4 的概率亏损 50 万元。

重复前面(3)阶段的提问，让决策者选择出以 1 的概率获得多少收益的效用与方案 D 和方案 F 的效用相等。

假设经过测定后，决策者认为以 1 的概率获得 100 万元收益的效用与方案 D 的效用相等，决策者认为以 1 的概率亏损 10 万元收益的效用与方案 F 的效用相等，则：

$E(U_D)=U(100)=U(250)\times0.6+U(50)\times0.4=1\times0.6+0.6\times0.4=0.84$

$E(U_F)=U(10)=U(50)\times0.6+U(-50)\times0.4=0.6\times0.6+0\times0.4=0.36$

这样就可以确定其他的两个点为 $D(100,0.84)$，$F(10,0.36)$。

(5)绘制效用曲线(见图 4—11)，进行决策：

$E(U_Q)=U(100)\times0.6+U(10)\times0.4=0.84\times0.6+0.36\times0.4=0.648$

$E(U_P)=0.6$，明显小于 $E(U_Q)=0.648$

最终选定投产手机 Q 为最优方案。可见决策者是属于稳重型的，他宁愿无风险地获利 124 万元，也不愿意承担风险地获利 190 万元。

习题

一、简答题

1. 什么是效用？期望效用理论应用时的困难在哪里？

2. 不同的人关于同一事物有相同的效用吗？

3. 当处理某个决策问题时，决策者采用了悲观型决策准则，则在这个决策问题上，决策者效用曲线类型属哪种？

4. 当处理某个决策问题时，决策者采用了乐观型决策准则，则在这个决策问题上，决策者效用曲线类型属哪种？

5. 效用曲线与风险的关系怎样？

二、计算题

1. 春节前，某商场为了促销家电产品，准备做广告宣传，宣传方式多种，其中，做广播广告要 10 万元，做报纸广告要 4 万元，发放传单要 2 万元。未来产品可能畅销，可能销售一般，也可能不畅销，由于广告效果不同，根据估计，通过广播，使产品处于上述三种情况的概率依次为 0.7、0.2、0.1；通过登报，各销售状态概率依次为 0.5、0.3、0.2；通过发传单，各销售状态概率依次为 0.4、0.3、0.3。另外，已知如果产品畅销，该商场可获利 50 万元；如果产品销售一般，可获利 25 万元；如果产品滞销，则将亏损 10 万元。问：该商场采取哪种广告方式能获取最大利润？

2. 某公司准备今后十年内生产某汽车零件，现需要决策是大批量生产、中批量生产还是小批量生产。根据以往销售统计资料及市场调查和预测可知：未来市场需求大、需求一般、需求少的概率分别为 0.2、0.6 和 0.2；若该产品按大批、中批、小批量进行投产，则今后十年内在不同状态下的损益值可以估算并列入表 4—13 中，根据现有条件，试决策使工厂获得最大期望收益的最优生产方案。

表 4—13　　各状态下损益值　　单位：万元

自然状态 / 方案	需求大(0.2)	需求一般(0.6)	需求小(0.2)
大批量生产	25	18	—4
中批量生产	15	20	14
小批量生产	12	16	16

3. 某矿务局准备投资建一洗煤厂，服务年限为 40 年。通过调查和可行性研究，初步拟订出两个方案：一是投资 1 000 万元，建一大型洗煤厂；二是投资 600 万元，建一小型洗煤厂。洗煤厂建成后，预计产品销路好的概率为 0.65，销路一般的概率为 0.35。两个方案的年度利润值如表 4—14 所示。试问如何决策？

表 4—14　　两方案年度利润表　　单位：万元

自然状态 / 方案	销路好(0.65)	销路一般(0.35)
建大型洗煤厂	450	—10
建小型洗煤厂	250	5

4. 某公司开发了一种新的计算机芯片，公司如果愿意，可以用于制造并销售个人电脑。另一种选择是公司可以将计算机芯片的所有权作价 1 500 万元卖出。如果公司选择制造计算机，其盈利能力取决于公司在第一年销售计算机的能力。公司有一个能够保证 10 000 台计算机销售量的零售渠道；如果这种计算机适销对路，公司可以卖出 100 000 台。为了进行分析，将这两种水平的销售量作为两种可能的销售计算机的状态。

建立生产线的费用是 600 万元，每一台计算机的销售价格和可变成本之差为 600 元。请建立决策树模型来帮助该公司决策。

(1)如果公司比较保守，它应该如何决策？

(2)假定两种销售水平的先验概率都是 0.5，使用最大期望值准则进行决策。

(3)假设较低销售水平的先验概率为 a，该先验概率在什么范围内取值时，公司应该选择将芯片所有权出售？

(4)假设管理层考虑选择一家咨询公司进行市场调研,咨询公司的报价为 100 万元。根据以往的调研结果,管理层发现,当市场销售水平较高的时候,调研结果为市场情况好的概率是 2/3,不好的概率是 1/3;而当市场销售水平较低的时候,调研结果为市场情况好的概率是 1/3,不好的概率是 2/3,请问聘请该家咨询公司进行市场调研是否划算?

(5)对(4)中的决策结果的风险特征进行分析。

5. 某公司需要决定建大厂还是建小厂来生产一种新产品,该产品的市场寿命为 10 年,建大厂的投资费用为 280 万元,建小厂的投资费用为 140 万元。10 年内的销售状况的离散分布状态如下:

(1)高需求量的可能性为 0.5;

(2)中等需求量的可能性为 0.3;

(3)低需求量的可能性为 0.2。

公司进行了成本—产量—利润分析,在工厂规模和市场容量的组合下,它们的条件收益如下:

(1)大工厂,高需求,每年获利 100 万元;

(2)大工厂,中等需求,每年获利 60 万元;

(3)大工厂,低需求,引起亏损 20 万元;

(4)小工厂,高需求,每年获利 25 万元;

(5)小工厂,中等需求,每年获利 45 万元;

(6)小工厂,低需求,每年获利 55 万元。

用决策树方法进行决策。

6. 某开发公司拟为一企业承包的新产品研制与开发任务,但为得到合同必须参加投标。已知投标的准备费用为 40 000 元,中标的可能性为 40%。如果不中标,则准备费用得不到补偿。如果中标,可采用两种方法进行研制开发:方法 1 成功的可能性为 80%,费用为 260 000 元;方法 2 成功的可能性为 50%,费用为 160 000 元。如果研制开发成功,该开发公司可得到 600 000 元,如果合同中标但未研制开发成功,则开发公司需要赔偿 100 000 元。使用决策树法分析是否参加投标?若中标,采用哪种方法研制开发?用决策树方法确定最优决策方案。

7. 某工厂由于生产工艺落后,产品成本偏高。在产品销售价格高时才能盈利;在产品价格中等时持平,企业无利可图;在产品价格低时,企业要亏损。现在工厂的高级管理人员准备将这项工艺加以改造,用新的生产工艺来代替。新工艺的取得有两条途径:一个是自行研制,成功的概率是 0.6;另一个是购买专利技术,预计谈判成功的概率是 0.8。但是不论研制还是谈判成功,企业的生产规模都有两种方案:一个是产量不变;另一个是增加产量。如果研制或者谈判均告失败,则按照原工艺进行生产,并保持产量不变。按照市场调查和预测的结果,预计今后几年内这种产品价格上涨的概率是 0.4、价格中等的概率是 0.5、价格下跌的概率是 0.1。通过计算得到各种价格下的收益值,如表 4—15 所示。要求通过决策分析来确定企业选择何种决策方案最为有利。

表 4—15　**各状态下损益值**　单位：百万元

自然状态＼方案	原工艺生产	买专利 成功率 0.8		自行研发 成功率 0.2	
		产量不变	增加产量	产量不变	增加产量
价格下跌	−100	−200	−300	−200	−300
价格中等	0	50	50	0	−250
价格上涨	100	150	250	200	600

8. 某公司计划开发某种新产品，为此拟建厂，可行方案如下：

(1)投资 300 万元，建大型厂房，使用期 10 年。估计在该产品销路好的情况下，每年可获利 100 万元；在销路差的情况下每年将损失 20 万元。

(2)投资 140 万元，建小型厂房，使用期 10 年。在产品销路好的情况下每年可获利 40 万元；在产品销路差的情况下每年可获利 30 万元。若建小型厂房，产品销路好的话，三年后将考虑扩建厂房，如果扩建厂房，这时还要投资 200 万元，使用 7 年，每年可获利 95 万元。由市场调查知，该产品销路好的概率为 0.7、销路差的概率为 0.3，试用决策树进行决策。

第五章

贝叶斯决策分析

第三章讨论了非确定型决策分析,主要介绍了乐观决策准则、悲观决策准则、折中决策准则和后悔值决策准则,并给出了相应的案例分析。本章介绍贝叶斯决策,主要包括贝叶斯决策的基本方法、补充信息的价值、抽样贝叶斯决策和贝叶斯风险等内容。

5.1 贝叶斯决策的基本方法

5.1.1 贝叶斯决策的意义

在现实生活中,管理决策分析问题通常存在两种偏向:一种是市场调查不够,对状态变量的概率分布情况尚未确定就开始进行决策分析,这会使得决策结果与市场现实出现偏差,造成决策错误的不利影响;二是市场调查或局部实验的成本比较高,收集的信息不能给企业带来相应的收益。第一种偏向没有充分考虑信息对决策产生的效益,第二种偏向没有考虑信息自身的高成本。为此,管理决策分析问题不仅应该重视信息对企业产生的效益,采用补充信息的方式使得状态变量的概率更加符合市场现实,还应该重视信息自身的相应成本,争取投入少量成本来增加收益。事实上,只有将两者进行有效结合,才能真正地提高决策结果的准确度,这就是贝叶斯决策要解决的问题。

在介绍贝叶斯决策之前,此处先给出概率论与数理统计中的全概率公式和贝叶斯公式。

1. 离散情况

假设完备事件组$\{\theta_j\}(j=1,2,\cdots,n)$满足条件$\theta_i \cap \theta_j=\Phi\{i,j=1,2,\cdots,n;i\neq j\}$且$\sum_{j=1}^{n}\theta_j=\Omega$,则对于任何一个随机事件$H$,全概率公式为:

$$P(H)=\sum_{j=1}^{n}P(\theta_j)P(H \mid \theta_j) \quad (P(\theta_j)>0) \tag{5.1}$$

贝叶斯公式为:

$$P(\theta_i \mid H)=\frac{P(\theta_i)P(H \mid \theta_i)}{P(H)}=\frac{P(\theta_i)P(H \mid \theta_i)}{\sum_{j=1}^{n}P(\theta_j)P(H \mid \theta_j)} \quad (P(\theta_j)>0) \tag{5.2}$$

2. 连续情况

假设随机变量 θ 的概率密度为 $p(\theta)$，则对于任何一个随机变量 τ，全概率公式为：

$$h(\tau)=\int_{-\infty}^{+\infty}P(\theta)\pi(\tau\mid\theta)\mathrm{d}\theta \tag{5.3}$$

贝叶斯公式为：

$$\pi(\theta\mid\tau)=\frac{P(\theta)\pi(\tau\mid\theta)}{h(\tau)}=\frac{P(\theta)\pi(\tau\mid\theta)}{\int_{-\infty}^{+\infty}P(\theta)\pi(\tau\mid\theta)\mathrm{d}\theta}\quad(h(\tau)>0) \tag{5.4}$$

贝叶斯决策的关键之处是利用补充信息来修正先验状态概率分布。具体地，利用全概率公式(5.1)和(5.3)以及贝叶斯公式(5.2)和(5.4)来修正先验状态概率分布，这可以使得其更加符合市场现实，进而提高决策结果的准确度。下面给出一个实际例子，具体见例 5.1。

【例 5.1】 某研发公司欲销售一种科技产品，如果市场景气，则可以产生利润 16 000 元；如果市场不景气，则会亏损 6 000 元。根据以往的销售经验，该产品市场景气和市场不景气的概率分别为 0.70、0.30。为了提高决策结果的准确度，特邀请了专家对市场景气状态进行调研，并预测到该产品市场景气和市场不景气的准确率分别为 0.90、0.80。根据上述情况，该公司应该如何制定最优决策？

【解】 假设该研发公司销售科技产品有两种方案，即销售该科技产品(a_1)和不销售该科技产品(a_2)，该研发公司销售科技产品的景气状态和不景气状态分别为(θ_1)、(θ_2)。根据题意可知，状态变量的先验分布为：

$P(\theta_1)=0.70, P(\theta_2)=0.30$

该公司的收益矩阵为：

$$Q=(q_{ij})_{2\times 2}=\begin{pmatrix}16\ 000 & -6\ 000\\ 0 & 0\end{pmatrix}$$

进一步地，根据期望值准则可知

$$E(a_1)=\sum_{j=1}^{2}q_{1j}p(\theta_j)=16\ 000\times 0.70+(-6\ 000)\times 0.30=9\ 400(\text{元})$$

$$E(a_2)=\sum_{j=1}^{2}q_{2j}p(\theta_j)=0(\text{元})$$

由于

$E(a_1)>E(a_2)$

因此，按照状态变量的先验分布进行决策，则应该选择方案 a_1 为最优决策方案。这意味着，无论该研发公司销售科技产品是否景气，都应该作出销售该研发产品的决定。

需要注意的是，如果补充专家对市场景气进行调研的预测信息，那么应该如何进行决策呢？

根据调研结果可知，在实际状态 $\theta_j(j=1,2)$ 的条件下，利用预测信息 $H_i(i=1,2)$ 的条件概率 $P(H_i|\theta_j)$ 进行决策。此处 H_1 表示销售科技产品处于景气状态，H_2 表示销售科技产品处于不景气状态，根据题意可知：

$P(H_1|\theta_1)=0.90, P(H_2|\theta_1)=0.10$

$P(H_1|\theta_2)=0.20, P(H_2|\theta_2)=0.80$

市场预测的准确率相关矩阵为：

$$\begin{array}{ccc} & P(H_i|\theta_1) & P(H_i|\theta_2) \\ \begin{array}{c} H_1 \\ H_2 \end{array} & \multicolumn{2}{c}{\begin{pmatrix} 0.90 & 0.20 \\ 0.10 & 0.80 \end{pmatrix}} \end{array}$$

进一步根据全概率公式(5.1)可知，研发公司预测该科技产品景气和不景气的概率分别为：

$$P(H_1)=\sum_{j=1}^{2}P(\theta_j)P(H_1 \mid \theta_j)=0.90\times0.70+0.20\times0.30=0.69$$

$$P(H_2)=\sum_{j=1}^{2}P(\theta_j)P(H_2 \mid \theta_j)=0.10\times0.70+0.80\times0.30=0.31$$

根据贝叶斯公式(5.2)，在不同预测信息 $H_i(i=1,2)$ 的条件下，状态 $\theta_j(j=1,2)$ 的条件概率分别为：

$$P(\theta_1|H_1)=\frac{P(\theta_1)P(H_1|\theta_1)}{P(H_1)}=\frac{0.70\times0.90}{0.69}=0.9130$$

$$P(\theta_2|H_1)=\frac{P(\theta_2)P(H_1|\theta_2)}{P(H_1)}=\frac{0.30\times0.20}{0.69}=0.0870$$

$$P(\theta_1|H_2)=\frac{P(\theta_1)P(H_2|\theta_1)}{P(H_2)}=\frac{0.70\times0.10}{0.31}=0.2258$$

$$P(\theta_2|H_2)=\frac{P(\theta_2)P(H_2|\theta_2)}{P(H_2)}=\frac{0.30\times0.80}{0.31}=0.7742$$

利用补充信息(即专家的市场调研信息)对状态变量(即销售科技产品是否景气)的先验分布进行修正，可以得到状态变量的概率分布(称之为后验分布)，后验分布的矩阵形式称为后验矩阵，此处计算得到的后验矩阵为：

$$\begin{array}{ccc} & P(\theta_1|H_i) & P(\theta_2|H_i) \\ \begin{array}{c} H_1 \\ H_2 \end{array} & \multicolumn{2}{c}{\begin{pmatrix} 0.9130 & 0.0870 \\ 0.2258 & 0.7742 \end{pmatrix}} \end{array}$$

当专家预测的信息为市场景气时，即事件 H_1 发生，利用后验分布的条件概率值 $P(\theta_1|H_1)$、$P(\theta_2|H_1)$去代替先验分布的概率值 $P(\theta_1)$、$P(\theta_2)$，再进一步计算方案 a_1 和 a_2 的期望收益值为：

$$\begin{aligned} E(a_1|H_1) &= \sum_{j=1}^{2}P(\theta_j|H_1)q_{1j} \\ &= 0.9130\times16\,000+0.0870\times(-6\,000) \\ &= 14\,086(\text{元}) \end{aligned}$$

$$E(a_2|H_1)=\sum_{j=1}^{2}P(\theta_j|H_1)q_{2j}=0(\text{元})$$

由于

$$E(a_1|H_1)>E(a_2|H_1)$$

因此，当预测值 H_1 发生时，则选择方案 a_1 为最优决策方案，此时该研发公司应该选择销售该科技产品。

当专家预测的信息为市场不景气时，即事件 H_2 发生，利用后验分布的条件概率值 $P(\theta_1|H_2)$、$P(\theta_2|H_2)$去代替先验分布的概率值 $P(\theta_1)$、$P(\theta_2)$，再进一步计算方案 a_1 和

a_2 的期望收益值为：

$$E(a_1|H_2)=\sum_{j=1}^{2}P(\theta_j|H_2)q_{1j}$$
$$=0.2258\times 16\ 000+0.7742\times(-6\ 000)$$
$$=-1\ 032.4(\text{元})$$

$$E(a_2|H_2)=\sum_{j=1}^{2}P(\theta_j|H_2)q_{2j}=0(\text{元})$$

由于

$$E(a_1|H_2)<E(a_2|H_2)$$

因此，当预测值 H_2 发生时，则选择方案 a_2 为最优决策方案，此时该研发公司应该选择不销售该科技产品。

通过例 5.1 可知，贝叶斯决策就是依据专家的市场调查来获取增加的补充信息，再通过增加的补充信息来修正状态变量的先验分布，并将后验分布代替先验分布，以此使得状态变量的概率分布更加符合市场现实，在此基础上，按照期望值准则进行决策，进而提高决策结果的准确度，最终增加企业的收益。

5.1.2 贝叶斯决策的基本方法

假设风险型决策问题(Ω,A,F)的状态变量为θ，已经发生的随机事件 H 或已经取值的随机变量 τ 为利用市场调查得到的补充信息，此处称 H 或 τ 为信息值，状态变量 θ 条件下信息值 H 的条件分布 $P(H|\theta)$为信息值的可靠程度。在离散情况下，θ 取 n 个值 $\theta_j(j=1,2,\cdots,n)$，H 取 m 个值 $H_i(i=1,2,\cdots,m)$，则条件分布矩阵

$$\begin{bmatrix} P(H_1|\theta_1) & P(H_1|\theta_2) & \cdots & P(H_1|\theta_n) \\ P(H_2|\theta_1) & P(H_2|\theta_2) & \cdots & P(H_2|\theta_n) \\ \cdots & \cdots & \cdots & \cdots \\ P(H_m|\theta_1) & P(H_m|\theta_2) & & P(H_m|\theta_n) \end{bmatrix}$$

称为贝叶斯决策的似然分布矩阵。贝叶斯决策的似然分布矩阵完整地描述了在不同状态值 θ_j 的条件下信息值 H_i 的可靠程度。

贝叶斯决策的基本方法是，利用市场调查得到的补充信息值 H 或 τ 去修正状态变量的先验分布，即在似然分布矩阵的基础上，利用贝叶斯公式求出补充信息值 H 或 τ 发生的条件下状态变量 θ 的条件分布 $P(\theta|H)$或条件密度函数 $K(\theta|\tau)$。经过修正的状态变量 θ 的分布称为后验分布，后验分布能够更为准确地表示状态变量的概率分布的实际情况。利用后验分布对风险型决策问题(Ω,A,F)进行运算，并计算补充信息的价值和比较补充信息的成本，可以有效提高决策结果的合理性。

贝叶斯决策的基本步骤具体如下：

步骤 1 验前分析。依据市场历年的统计数据和资料，决策分析人员按照自身的经验和判断，应用状态分析方法测算和估计状态变量的先验分布，并计算各可行方案在不同自然状态下的条件结果值，利用这些信息，根据某种决策准则，对各可行方案进行评价和选择，找出最满意的方案，这被称为验前分析。由于是利用先验分布进行决策，因此被称为验前分析。在现实决策问题中，如果客观条件限制，例如时间、人力、物力和财力等条件限制，则不可能

更充分地进行市场调查收集信息，此时决策分析人员仅能完成验前分析这一步骤。

步骤 2　预验分析。如果决策问题十分重要，而且时间、人力、物力和财力等条件允许，应该考虑是否进行市场调查来补充收集新信息。决策分析人员要对补充信息可能给企业带来的效益和补充信息所花费的成本进行权衡分析。如果信息的价值高于信息的成本，则补充信息给企业带来正效益，应该补充信息；如果信息的价值低于信息的成本，则补充信息给企业带来负效益，不应该补充信息。如果决策分析人员获取补充信息的成本非常小，甚至可以忽略不计，则本步骤可以省略，直接进行调查分析，并依据所获得的补充信息转入下个步骤。

步骤 3　验后分析。经过预验分析，决策分析人员作出补充信息的决定，并通过市场调查和分析补充信息，为验后分析作准备。验后分析的关键是利用补充信息修正先验分布，得到更加符合市场实际的后验分布。再利用后验分布进行决策分析，选出最满意的可行方案，并对信息的价值和成本作对比分析，对决策分析的经济效益情况作出合理的说明。验后分析和预验分析一样，都是通过贝叶斯公式修正先验分布。二者的不同之处在于，预验分析是依据可能的调查结果，侧重于判断是否补充信息，验后分析是根据实际调查结果，侧重于选出最满意的方案。在实际生活中，操作这两个步骤有时候会难以区分，往往是同时进行的，仅仅在于侧重点有所不同。

步骤 4　序贯分析。现实社会经济中的决策问题通常都比较复杂，为了方便起见，可以将决策分析全过程划分为若干阶段，每一个阶段都包括先验分析、预验分析和验后分析等步骤。这样多阶段相互连接，前阶段决策结果是后阶段决策的条件，形成决策分析全过程，这被称为序贯决策。序贯决策属于多阶段决策，本章主要讨论单阶段贝叶斯决策。

下面给出一个实际例子，以此来更好地说明贝叶斯决策的基本方法。

【例 5.2】　某研发公司为开发一种科技产品需要采购新设备，存在三种备选方案，即采购大型设备(a_1)、采购中型设备(a_2)、采购小型设备(a_3)，市场对新设备需求存在三种状态，即需求量大(θ_1)、需求量一般(θ_2)、需求量小(θ_3)。根据专家的市场调研分析，预测三种方案在三种需求状态下研发公司的效益矩阵为(单位为万元)：

$$\boldsymbol{Q}=(q_{ij})_{3\times 3}=\begin{bmatrix}60 & 30 & -30\\ 40 & 35 & -20\\ 20 & 20 & 20\end{bmatrix}$$

其中，$q_{ij}(i,j=1,2,3)$表示方案 a_i 在需求状态 θ_j 下的收益值。根据历史销售情况，该科技产品对新设备各需求状态的概率分别为 $P(\theta_1)=0.2$、$P(\theta_2)=0.6$、$P(\theta_3)=0.2$。为了使得新产品更容易销售，该研发公司进行了市场调查分析，调查结果显示，市场需求状态 θ_j 的条件下需求量值 H_i 的条件概率 $P(H_i|\theta_j)(i,j=1,2,3)$如表 5—1 所示，$H_1$、$H_2$、$H_3$ 分别表示调查结果为需求量大、需求量一般、需求量小。试讨论该研发公司的采购方案。

表 5—1　　　　某研发公司调查结果值的条件概率

$P(H_i\|\theta_j)$	θ_1	θ_2	θ_3
H_1	0.7	0.1	0.2
H_2	0.2	0.6	0.2
H_3	0.1	0.3	0.6

【解】

(1)验前分析。根据题意可知,收益矩阵为:

$\boldsymbol{Q}=(q_{ij})_{3\times3}$

验前状态概率向量为:

$\boldsymbol{P}=(p_1,p_2,p_3)^{\mathrm{T}}=(0.2,0.6,0.2)^{\mathrm{T}}$

行动方案向量为:

$\boldsymbol{A}=(a_1,a_2,a_3)^T$

根据风险型决策的期望值准则,可以得到:

$$E(\boldsymbol{A})=(E(a_1),E(a_2),E(a_3))^{\mathrm{T}}=\boldsymbol{QP}=\begin{bmatrix}60 & 30 & -30\\40 & 35 & -20\\20 & 20 & 20\end{bmatrix}\begin{bmatrix}0.2\\0.6\\0.2\end{bmatrix}=(24,25,20)^{\mathrm{T}}$$

由于

$E(a_2)>E(a_1)>E(a_3)$

因此,选择采购大型设备(a_2)作为该研发公司的采购方案,且最大期望收益值为25万元。

(2)预验分析。根据全概率公式(5.1),计算各需求状态调查结果值 $H_i(i=1,2,3)$的概率分别为:

$$P(H_1)=\sum_{j=1}^{3}P(\theta_j)P(H_1|\theta_j)=0.2\times0.7+0.6\times0.1+0.2\times0.2=0.24$$

$$P(H_2)=\sum_{j=1}^{3}P(\theta_j)P(H_2|\theta_j)=0.2\times0.2+0.6\times0.6+0.2\times0.2=0.44$$

$$P(H_3)=\sum_{j=1}^{3}P(\theta_j)P(H_3|\theta_j)=0.2\times0.1+0.6\times0.3+0.2\times0.6=0.32$$

进一步根据贝叶斯公式(5.2),计算:

$$P(\theta_1|H_1)=\frac{P(\theta_1)P(H_1|\theta_1)}{P(H_1)}=\frac{0.2\times0.7}{0.24}=0.58$$

$$P(\theta_1|H_2)=\frac{P(\theta_1)P(H_2|\theta_1)}{P(H_2)}=\frac{0.2\times0.2}{0.44}=0.09$$

$$P(\theta_1|H_3)=\frac{P(\theta_1)P(H_3|\theta_1)}{P(H_3)}=\frac{0.2\times0.1}{0.32}=0.06$$

$$P(\theta_2|H_1)=\frac{P(\theta_2)P(H_1|\theta_2)}{P(H_1)}=\frac{0.6\times0.1}{0.24}=0.25$$

$$P(\theta_2|H_2)=\frac{P(\theta_2)P(H_2|\theta_2)}{P(H_2)}=\frac{0.6\times0.6}{0.44}=0.82$$

$$P(\theta_2|H_3)=\frac{P(\theta_2)P(H_3|\theta_2)}{P(H_3)}=\frac{0.6\times0.3}{0.32}=0.56$$

$$P(\theta_3|H_1)=\frac{P(\theta_3)P(H_1|\theta_3)}{P(H_1)}=\frac{0.2\times0.2}{0.24}=0.17$$

$$P(\theta_3|H_2)=\frac{P(\theta_3)P(H_2|\theta_3)}{P(H_2)}=\frac{0.2\times0.2}{0.44}=0.09$$

$$P(\theta_3 \mid H_3)=\frac{P(\theta_3)P(H_3 \mid \theta_3)}{P(H_3)}=\frac{0.2\times 0.6}{0.32}=0.38$$

在此基础上构成的后验分布矩阵为：

$$\begin{array}{c} \\ H_1 \\ H_2 \\ H_3 \end{array}\begin{array}{c} \begin{array}{ccc} \theta_1 & \theta_2 & \theta_3 \end{array} \\ \begin{bmatrix} 0.58 & 0.25 & 0.17 \\ 0.09 & 0.82 & 0.09 \\ 0.06 & 0.56 & 0.38 \end{bmatrix} \end{array}$$

当市场调查值 $H=H_1$ 时，此时表示为市场对新设备需求量大，用事件 H_1 发生的后验分布代替先验分布，计算各方案的期望收益值分别为：

$$E(a_1 \mid H_1)=\sum_{j=1}^{3}q_{1j}P(\theta_j \mid H_1)=0.58\times 60+0.25\times 30+0.17\times(-30)=37.20$$

$$E(a_2 \mid H_1)=\sum_{j=1}^{3}q_{2j}P(\theta_j \mid H_1)=0.58\times 40+0.25\times 35+0.17\times(-20)=28.55$$

$$E(a_3 \mid H_1)=\sum_{j=1}^{3}q_{3j}P(\theta_j \mid H_1)=0.58\times 20+0.25\times 20+0.17\times 20=20.00$$

由于

$$E(a_1 \mid H_1)>E(a_2 \mid H_1)>E(a_3 \mid H_1)$$

因此，当市场调查值为 H_1 时，该研发公司应该选择采购大型设备(a_1)。

类似地，当市场调查值 $H=H_2$ 时，此时表示为市场对新设备需求一般，用事件 H_2 发生的后验分布代替先验分布，计算各方案的期望收益值分别为：

$$E(a_1 \mid H_2)=\sum_{j=1}^{3}q_{1j}P(\theta_j \mid H_2)=0.09\times 60+0.82\times 30+0.09\times(-30)=27.30$$

$$E(a_2 \mid H_2)=\sum_{j=1}^{3}q_{2j}P(\theta_j \mid H_2)=0.09\times 40+0.82\times 35+0.09\times(-20)=30.50$$

$$E(a_3 \mid H_2)=\sum_{j=1}^{3}q_{3j}P(\theta_j \mid H_2)=0.09\times 20+0.82\times 20+0.09\times 20=20.00$$

由于

$$E(a_2 \mid H_2)>E(a_1 \mid H_2)>E(a_3 \mid H_2)$$

因此，当市场调查值为 H_2 时，该研发公司应该选择采购中型设备(a_2)。

同样，当市场调查值 $H=H_3$ 时，此时表示为市场对新设备需求量小，用事件 H_3 发生的后验分布代替先验分布，计算各方案的期望收益值分别为：

$$E(a_1 \mid H_3)=\sum_{j=1}^{3}q_{1j}P(\theta_j \mid H_3)=0.06\times 60+0.56\times 30+0.38\times(-30)=9.00$$

$$E(a_2 \mid H_3)=\sum_{j=1}^{3}q_{2j}P(\theta_j \mid H_3)=0.06\times 40+0.56\times 35+0.38\times(-20)=14.40$$

$$E(a_3 \mid H_3)=\sum_{j=1}^{3}q_{3j}P(\theta_j \mid H_3)=0.06\times 20+0.56\times 20+0.38\times 20=20.00$$

由于

$$E(a_3|H_1)>E(a_2|H_1)>E(a_1|H_1)$$

因此，当市场调查值为 H_3 时，该研发公司应该选择采购小型设备(a_3)。

该研究公司通过市场调查可以得到的期望收益值为：

$$\begin{aligned}E_2=&\max\{E(a_1|H_1)>E(a_2|H_1)>E(a_3|H_1)\}\times P(H_1)\\&+\max\{E(a_1|H_2)>E(a_2|H_2)>E(a_3|H_2)\}\times P(H_2)\\&+\max\{E(a_1|H_3)>E(a_2|H_3)>E(a_3|H_3)\}\times P(H_3)\\=&37.20\times0.24+30.50\times0.44+20.0\times0.32=28.75\end{aligned}$$

然而，在验前分析中，未通过市场调研的最大期望收益值 E_1 为 25 万元。因此，可以计算市场调查获得的收益值增加为：

$$\Delta E=E_2-E_1=28.75-25=3.75$$

由此可见，当市场调查费用大于 3.75 万元时，此时不应该进行市场调研；当市场调查费用小于 3.75 万元时，此时可以进行市场调研。

(3)验后分析。验后分析是将调查信息和验前信息进行有机结合，修正状态变量的先验分布，在此基础上得到后验分布，并将调查信息的成本费用和各可行方案的期望收益值进行对比分析，以此来得到公司的最优决策方案。该部分的计算过程在第二部分预验分析已经完成。

综上所述，如果市场调查费用不超过 3.75 万元，则应该进行市场调查，进而可以提高公司的收益。如果市场调查费用超过 3.75 万元，则不应该进行市场调查，进而避免公司受到更多的损失。在该公司进行市场调查的情况下，如果调查结果是市场需求量大，则应该选择的投资方案是采购大型设备，企业可以获得期望收益值 37.2 万元；如果调查结果是市场需求量一般，则应该选择的投资方案是采购中型设备，企业可以获得期望收益值 28.75 万元；如果调查结果是市场需求量小，则应该选择的投资方案是采购小型设备，企业可以获得期望收益值 20 万元。

5.2 贝叶斯决策信息的价值

在第 5.1 节中，我们知道，利用补充信息修正先验分布，在此基础上得到后验分布，这样可以提高决策的科学性和合理性。由此可见，信息本身不仅有成本，还有价值，本节将主要讨论信息的测量。

5.2.1 完全信息的价值

完全信息价值(expected value of perfect information，EVPI)是完全信息价值的期望值的简称，完全信息是指能够提供状态变量真实情况的补充信息。如果获得了完全信息，则风险型决策就变成了确定型决策，这将有利于决策问题的解决。例如，当例 5.1 中状态为确定时，此时状态 $\theta_j(j=1,2)$ 发生时 H_1 的条件概率为：

$$P(H_1|\theta_1)=1,P(H_1|\theta_2)=0$$

依据公式(5.1)和公式(5.2)可知：

$$P(\theta_1|H_1)=1,P(\theta_2|H_1)=0$$

这意味着，当预测该科技产品进入市场为景气时，该科技产品实际进入市场必然为景气，预测值 H_1 此时是完全信息值，该公司按照此信息值进行决策时，销售该科技产品不存在任何风险。

下面对完全信息价值的定义、计算公式等进行相应介绍，主要包括介绍完全信息价值的意义和完全信息价值的计算两个部分内容。

1. 完全信息价值的定义

假设 H_i 表示补充的信息值，如果存在状态值 θ_0 满足

$$P(\theta_0 | H_i)=1$$

或者当 $\theta \neq \theta_0$ 时总存在

$$P(\theta | H_i)=0$$

则称信息值 H_i 为完全信息值。

假设决策问题的收益函数 $Q=Q(a,\theta)$，其中 a 为行动方案，θ 为状态变量，完全信息值 H_i 的最优决策方案为 $a(H_i)$，那么掌握完全信息值之后的收益值为：

$$Q(a(H_i),\theta)=\max_a Q(a,\theta)$$

假设验前最优决策方案为 a_{opt}，那么相应的收益值为 $Q(a_{opt},\theta)$。此时可以得到掌握完全信息值前后收益值的增加量：

$$\Delta Q=\max_a Q(a,\theta)-Q(a_{opt},\theta) \tag{5.5}$$

此处称增加量 ΔQ 为在状态变量为 θ 时完全信息值 H_i 的价值。

在例 5.1 中，如果 $P(\theta_2 | H_2)=1$，那么 H_2 为完全信息值。在这种情况下，该研发公司获得了完全信息值 H_2，将会选择的最优决策方案为 a_2，即不销售该科技产品，$a(H_2)=a_2$，

$$\max_a Q(a,\theta)=Q(a_2,\theta_2)=0$$

由于先验最优决策方案为 a_1，

$$Q(a_{opt},\theta_2)=Q(a_1,\theta_2)=-6\ 000$$

则：

$$\Delta Q=\max_a Q(a,\theta)-Q(a_{opt},\theta)=0-(-6\ 000)=6\ 000$$

因此，当状态变量 θ 为 θ_2 时，完全信息值 H_2 的价值为 6 000 元。

当补充信息值 H_i 对每个状态值 θ 都为完全信息值时，此时完全信息值 H_i 对状态值 θ 的期望收益值就是 EVPI(即完全信息价值的期望值)。

2. 完全信息价值的计算

按照 EVPI 的意义，若信息值 H 对每一状态值 θ 都是完全信息值，则信息值 H 的 EVPI 可以通过式(5.5)对 θ 求数学期望得到，即：

$$\mathrm{EVPI}=E[\max_a Q(a,\theta)-Q(a_{opt},\theta)]=E[\max_a Q(a,\theta)]-E[Q(a_{opt},\theta)] \tag{5.6}$$

其中，E 表示对状态变量 θ 求数学期望。

进一步地，可以对式(5.6)进行展开。

(1)离散情况。式(5.6)可以写成：

$$\mathrm{EVPI}=\sum_{j=1}^{n} p_j \max_{1\leqslant i\leqslant m} q_{ij}-E(a_{opt}) \tag{5.7}$$

其中，$\boldsymbol{Q}=(q_{ij})_{m\times n}$ 为收益矩阵，$P(\theta_j)=p_j$ 为状态概率，$E(a_{opt})$ 为验前最优决策方案的期

望收益值。

(2)连续情况。式(5.6)可以写成：

$$\text{EVPI}=\int_{-\infty}^{+\infty} p(\theta)\max_{a} Q(a,\theta)\mathrm{d}\theta-E(a_{opt}) \tag{5.8}$$

其中，$p(\theta)$为状态变量的密度函数。

由式(5.6)、(5.7)、(5.8)可知，EVPI 的本质是掌握完全信息和不掌握信息时决策者可以增加的期望收益值。下面给出几个实际例子，以此来更好地说明 EVPI 的应用。

【例 5.3】 试求例 5.1 中决策问题的 EVPI。

【解】 例 5.1 中决策问题为离散情况，可依据式(5.7)进行运算，即：

$$\text{EVPI}=\sum_{j=1}^{n} p_j \max_{1\leqslant i\leqslant m} q_{ij}-E(a_{opt})=16\ 000\times 0.7+0\times 0.3-9\ 400=1\ 800(\text{元})$$

此处需要解释的是，在掌握完全信息的条件下，θ_1 和 θ_2 的概率分别为 0.7、0.3，且当θ为θ_1 时，采取行动方案 a_1，此时可以产生利润 16 000 元；当θ为θ_2 时，采取行动方案 a_2，此时不销售该科技产品(即产生利润 0 元)。另外，在不掌握信息时的期望收益值为 9 400。

【例 5.4】 试求例 5.2 中决策问题的 EVPI。

【解】 例 5.2 中决策问题也为离散情况，同样也可依据式(5.7)进行运算，即：

$$\begin{aligned}\text{EVPI}&=\sum_{j=1}^{n} p_j \max_{1\leqslant i\leqslant m} q_{ij}-E(a_{opt})\\&=60\times 0.2+35\times 0.6+20\times 0.2-25=12(\text{元})\end{aligned}$$

此处也需要解释的是，在掌握完全信息的条件下，θ_1、θ_2 和 θ_3 的概率分别为 0.2、0.6、0.2，且当θ为θ_1 时，采取行动方案 a_1，此时可以产生收益 60 万元；当θ为θ_2 时，采取行动方案 a_2，此时产生收益 35 万元；当θ为θ_3 时，采取行动方案 a_3，此时产生收益 20 万元。另外，在不掌握信息的期望收益值为 25。

【例 5.5】 某互联网公司欲生产一种电脑配件，生产的配件不一定可以正常使用。若生产的配件可以正常使用，则每一个配件可以获得利润 300 元；若生产的配件不可以正常使用，则每一个配件造成损失 1 500 元。根据已有的历史资料可知，生产的配件不可以正常使用的概率 $p\sim B(1,4)$，此处 $B(1,4)$是参数为(1,4)的 B 分布。试计算该决策问题的 EVPI。

【解】 例 5.5 中决策问题为连续情况，可依据式(5.8)进行运算分析。该决策问题有两个可行方案：假设选择生产电脑配件为方案 a_1；不选择生产电脑配件为方案 a_2。每一个配件的平均利润为 Q，则 Q 是方案a 和变量 p 的函数，即：

$$Q=Q(a,p)=\begin{cases}300(1-p)-1\ 500p & \text{当 } a=a_1\\ 0 & \text{当 } a=a_2\end{cases}$$

$$=\begin{cases}300-1\ 800p & \text{当 } a=a_1\\ 0 & \text{当 } a=a_2\end{cases}$$

根据风险型决策的期望值准则可知：

$$E[Q(a_1,p)]=E(300-1\ 800P)=300-1\ 800E(p)$$

而生产的配件不可以正常使用的概率 $p\sim B(1,4)$，由概率论与数理统计知识可知，$B(\alpha,\beta)$的密度函数为：

$$f(p)=\begin{cases}\dfrac{\Gamma(\alpha+\beta)}{\Gamma(\alpha)\Gamma(\beta)}p^{\alpha-1}(1-p)^{\beta-1} & 0\leqslant p\leqslant 1\\ 0 & \text{其他}\end{cases}$$

于是,生产的配件不可以正常使用的概率 p 的概率密度为:

$$f(p)=\begin{cases}4(1-p)^3 & 0\leqslant p\leqslant 1\\ 0 & \text{其他}\end{cases}$$

故有:

$$E(p)=\int_{-\infty}^{+\infty}pf(p)\mathrm{d}p=\int_0^1 4p(1-p)^3\mathrm{d}p=0.2$$

进而可知:

$$E[Q(a_1,p)]=300-1\ 800\times 0.2=-60$$

显然

$$E[Q(a_2,p)]=0$$

由于

$$E[Q(a_1,p)]<E[Q(a_2,p)]$$

因此,该互联网公司应该选择不生产电脑配件。

若掌握了完全信息,即可以知道变量 p 的真值,则由利润函数 $Q(a,p)$ 可知,当生产的配件不可以正常使用的概率 $p\leqslant 1/6$ 时,最优决策方案为 a_1(选择生产电脑配件),其期望利润值为 $300-1\ 800p$;当生产的配件不可以正常使用的概率 $p>1/6$ 时,最优决策方案为 a_2(选择不生产电脑配件),其期望利润值为 0。因此:

$$\max_a Q(a,p)=\begin{cases}300-1\ 800p & \text{当 } p\leqslant 1/6\\ 0 & \text{当 } p>1/6\end{cases}$$

根据式(5.8)得到:

$$\mathrm{EVPI}=\int_0^{\frac{1}{6}}4(1-p)(300-1\ 800p)\mathrm{d}p+\int_{\frac{1}{6}}^1 0\times 4(1-p)^3\mathrm{d}p-0=84.68(\text{元})$$

5.2.2　补充信息的价值

补充信息的价值(expected value of additional information,EVAI)是补充信息价值的期望值的简称,是指全部补充信息价值的期望值。

在现实生活中,使用贝叶斯决策能够获取完全信息是困难的。通常信息值 H_i 对状态值 θ_0 来说,条件概率 $P(\theta_0|H_i)<1$,信息值 H_i 并不是完全信息。鉴于此,有必要对补充信息的价值问题进行分析。

1. 补充信息价值的定义

假设 H_i(或 π)为补充信息值,决策者掌握了补充信息值 H_i(或 π)前后期望收益值的增加量,或者掌握了补充信息 H_i(或 π)前后期望损失值的减少量,称为补充信息 H_i(或 π)的价值。此时,全部补充信息价值的期望值就是 EVAI。

例如,在例 5.1 中,针对补充信息值 H_1,即预测市场需求为景气,掌握了 H_1 前后的最优决策方案都是 a_1。进而可知,掌握了 H_1 前后期望收益值的增加量为 0(元),即信息值 H_1 的价值为 0 元。针对补充信息值 H_2,即预测市场需求为不景气,掌握了 H_2 前的最优

决策方案是 a_1，其期望收益值为：

$$E(a_1 \mid H_2) = -1\,032.4(\text{元})$$

掌握了 H_2 后的最优决策方案是 a_2，其期望收益值为：

$$E(a_2 \mid H_2) = 0(\text{元})$$

进而可知，掌握了 H_2 前后期望收益值的增加量为：

$$E(a_2 \mid H_2) - E(a_1 \mid H_2) = 0 - (-1\,032.4) = 1\,032.4(\text{元})$$

因此，补充信息价值为：

$$\text{EVAI} = 0 \times 0.69 + 1\,032.4 \times 0.3 = 309.72(\text{元})$$

2. 补充信息价值的计算

EVAI 的计算公式有三种形式，而且这三种形式是等价的，下面分别进行介绍。

(1)按照定义进行计算，即：

$$\text{EVAI} = E_\tau\{E_{\theta|\tau}[Q(a(\tau),\theta) - Q(a_{opt},\theta)]\} \tag{5.9}$$

其中，$a(\tau)$ 为信息值 τ 下的最优决策方案，$E_{\theta|\tau}$ 为信息值 τ 下对状态值 θ 求期望，E_τ 为对信息值 τ 求期望。

针对离散情况，式(5.9)可写为：

$$\text{EVAI} = \sum_i \left\{\sum_j [Q(a(H_i),\theta_j) - Q(a_{opt},\theta_j)] P(\theta_j \mid H_i)\right\} P(H_i) \tag{5.10}$$

针对连续情况，式(5.9)可写为：

$$\text{EVAI} = \int_{-\infty}^{+\infty} \left\{\int_{-\infty}^{+\infty} [Q(a(\tau),\theta) - Q(a_{opt},\theta)]\, k(\theta \mid \tau) \mathrm{d}\theta\right\} h(\tau) \mathrm{d}\tau \tag{5.11}$$

其中，$k(\theta|\tau)$ 为信息值 τ 下的 θ 条件密度函数，$h(\tau)$ 为信息值 τ 的密度函数。

(2)按照期望收益的增加值进行计算，即：

$$\text{EVAI} = E_\tau\{E_{\theta|\tau}[Q(a(\tau),\theta)]\} - E(a_{opt}) \tag{5.12}$$

式(5.12)表示，补充信息价值等于掌握补充信息前后最优决策方案期望收益值的增加量。

下面仅以离散情况为例，证明根据公式(5.10)推出公式(5.12)。由公式(5.10)右边第二项可以得到：

$$\begin{aligned}
\sum_i \Big[\sum_j Q(a_{opt},\theta_j) P(\theta_j \mid H_i)\Big] P(H_i) &= \sum_j \Big[Q(a_{opt},\theta_j) \sum_i P(\theta_j \mid H_i) P(H_i)\Big] \\
&= \sum_j [Q(a_{opt},\theta_j) P(\theta_j)] = E_\theta [Q(a_{opt},\theta)] \\
&= E_\theta(a_{opt})
\end{aligned}$$

即可得到公式(5.12)。

(3)按照期望损失的减少量进行计算，即：

$$\text{EVAI} = E[R(a_{opt},\theta)] - E_\tau\{E_{\theta|\tau}[R(a(\tau),\theta)]\} \tag{5.13}$$

式(5.13)由损失函数形式给出，表示补充信息价值等于掌握补充信息前后最优化决策方案期望损失值的减少量。

下面仅以离散情况为例，证明根据公式(5.12)推出公式(5.13)。由公式(5.12)可以得到：

$$\begin{aligned}
\text{EVAI} = &\{E_\tau[E_{\theta|\tau} \max_a Q(a,\theta)] - E[Q(a_{opt},\theta)]\} - \{E_\tau[E_{\theta|\tau} \max_a Q(a,\theta)] \\
&- E_\tau[E_{\theta|\tau} Q(a(\tau),\theta)]\}
\end{aligned}$$

$$=\{E[\max_a Q(a,\theta)]-E[Q(a_{opt},\theta)]\}-E_\tau[E_{\theta|\tau}[\max_a Q(a,\theta)-Q(a(\tau),\theta)]\}$$

$$=E[R(a_{opt},\theta)]-E_\tau\{E_{\theta|\tau}[R(a(\tau),\theta)]\}$$

即可得到公式(5.13)。

为了更好地说明补充信息价值计算公式的应用，本章接着使用例 5.1 和例 5.2 进行展示。

【例 5.6】 试计算例 5.1 中研发公司市场调查分析的补充信息价值。

【解】 根据公式(5.12)可知，研发公司市场调查分析提供的补充信息价值为：

$$\text{EVAI}=E_\tau\{E_{\theta|\tau}[Q(a(\tau),\theta)]\}-E(a_{opt})$$

同时根据算例 5.1 可知：

$$E(a_{opt})=E(a_1)=9\ 400(\text{元})$$

$$a(H_1)=a_1,a(H_2)=a_2$$

进而有：

$$E_\tau\{E_{\theta|\tau}[Q(a(\tau),\theta)]\}=\sum_{i=1}^{2}\{\sum_{j=1}^{2}Q(a(H_i),\theta_j)P(\theta_j|H_i)\}P(H_i)$$

$$=\{\sum_{j=1}^{2}Q(a_1,\theta_j)P(\theta_j|H_1)\}P(H_1)+\{\sum_{j=1}^{2}Q(a_2,\theta_j)P(\theta_j|H_2)\}P(H_2)$$

$$=14\ 086\times0.69+0\times0.31=9\ 719.34(\text{元})$$

因此：

$$\text{EVAI}=9\ 719.34-9\ 400=319.34(\text{元})$$

【例 5.7】 试计算例 5.2 中研发公司市场调查分析的补充信息价值。

【解】 根据公式(5.13)可知，研发公司市场调查分析的补充信息价值为：

$$\text{EVAI}=\text{E}[R(a_{opt},\theta)]-E_\tau\{E_{\theta|\tau}[R(a(\tau),\theta)]\}$$

同时根据算例 5.2 中的收益矩阵 $\boldsymbol{Q}=(q_{ij})_{3\times3}$，计算损失矩阵为：

$$\boldsymbol{R}=(q_{ij})_{3\times3}=\begin{bmatrix}0&5&50\\20&0&40\\40&15&0\end{bmatrix}$$

且先验分布的状态概率向量为：

$$\boldsymbol{P}=(p_1,p_2,p_3)^{\text{T}}=(0.2,0.6,0.2)^{\text{T}}$$

进而有：

$$\boldsymbol{RP}=\begin{bmatrix}0&5&50\\20&0&40\\40&15&0\end{bmatrix}\begin{bmatrix}0.2\\0.6\\0.2\end{bmatrix}=(13,12,17)^{\text{T}}$$

故验前最优决策方案和最优损失分别为：

$$a_{opt}=a_1,E[R(a_{opt},\theta)]=12(\text{元})$$

进而有：

$$RP=\begin{bmatrix}0&5&50\\20&0&40\\40&15&0\end{bmatrix}\begin{bmatrix}0.2\\0.6\\0.2\end{bmatrix}=(13,12,17)^{\text{T}}$$

又根据算例 5.2 可知：

$a(H_1)=a_1, a(H_2)=a_1, a(H_3)=a_3$

于是有：

$$
\begin{aligned}
E_\tau\{E_{\theta|\tau}[R(a(\tau),\theta)]\} &= \sum_{i=1}^{3}\{\sum_{j=1}^{3}R(a(H_i),\theta_j)P(\theta_j|H_i)\}P(H_i) \\
&=\{\sum_{j=1}^{3}R(a(H_1),\theta_j)P(\theta_j|H_1)\}P(H_1)+\{\sum_{j=1}^{2}R(a(H_2),\theta_j)P(\theta_j|H_2)\}P(H_2) \\
&\quad+\{\sum_{j=1}^{3}R(a(H_3),\theta_j)P(\theta_j|H_3)\}P(H_3) \\
&=\{\sum_{j=1}^{3}R(a_1,\theta_j)P(\theta_j|H_1)\}P(H_1)+\{\sum_{j=1}^{2}R(a_1,\theta_j)P(\theta_j|H_2)\}P(H_2) \\
&\quad+\{\sum_{j=1}^{3}R(a_3,\theta_j)P(\theta_j|H_3)\}P(H_3)
\end{aligned}
$$

其中：

$$
\begin{aligned}
&\{\sum_{j=1}^{3}R(a_1,\theta_j)P(\theta_j|H_1)\}P(H_1) \\
&\quad=(0\times0.58+5\times0.25+50\times0.17)\times0.24=2.34 \\
&\{\sum_{j=1}^{2}R(a_1,\theta_j)P(\theta_j|H_2)\}P(H_2) \\
&\quad=(0\times0.09+5\times0.82+50\times0.09)\times0.44=3.78 \\
&\{\sum_{j=1}^{3}R(a_3,\theta_j)P(\theta_j|H_3)\}P(H_3) \\
&\quad=(40\times0.06+15\times0.56+0\times0.38)\times0.32=3.46
\end{aligned}
$$

因此：

EVAI＝2.34＋3.78＋3.46＝9.58(元)

需要指出的是，如果此例换成利用公式(5.12)进行计算，则可以得到同样的结果，此处限于篇幅，不展示相应的计算过程。

5.2.3 完全信息价值和补充信息价值的关系

完全信息价值和补充信息价值之间的关系是什么？这是一个非常值得探讨的问题。从二者的定义和计算公式中可以容易发现，任何补充信息价值都是非负的，且补充信息价值不会超过完全信息价值，即：

$$\mathrm{EVPI}\geqslant\mathrm{EVAI}\geqslant0 \tag{5.14}$$

下面根据计算公式进行相应的说明。根据公式(5.6)和公式(5.13)可知：

$$\mathrm{EVPI}=E[\max_a Q(a,\theta)-Q(a_{opt},\theta)]=E[Q(a_{opt},\theta)]$$

$$\mathrm{EVAI}=E[R(a_{opt},\theta)]-E_\tau\{E_{\theta|\tau}[R(a(\tau),\theta)]\}$$

于是有：

$$\mathrm{EVAI}=\mathrm{EVPI}-E_\tau\{E_{\theta|\tau}[R(a(\tau),\theta)]\}$$

由于

$$E_\tau\{E_{\theta|\tau}[R(a(\tau),\theta)]\}\geqslant0$$

因此，结论得证。

由式(5.14)可知，信息价值对于管理决策问题具有重要现实意义，任何补充信息不会降低决策方案的经济效益。完全信息是一类特殊的补充信息，而且是一类有价值的信息。同时，这也在另外一个层面反映，信息工作可以给管理问题带来经济价值，信息工作是科学决策中必不可少的重要组成部分。

5.3　抽样贝叶斯决策

在现实生活中，管理问题的研究对象往往不是一个单一的个体，而是由个体组成的总体，此时往往可以通过采用抽样的方法来获取关于总体的情报。例如，为了了解生产产品的次品率情况，可以从一批产品中选择出一定数量的样品进行检查，再对总体的次品率进行判断，这叫抽样检查，或者简称为抽检，因此抽检是补充信息的重要手段。

5.3.1　抽样贝叶斯决策的基本方法

1. 抽样贝叶斯决策的定义

抽检是为了获得总体的有关信息，但是样本并未包含总体的所有信息。假设决策总体为ξ，$(\xi_1,\xi_2,\cdots,\xi_N)$为$\xi$的随机样本。为了描述决策总体$\xi$的性质，选择一个合适的统计量来反映，该统计量称为决策统计量，此处用X来表示。在状态变量θ固定的条件下，决策统计量X的条件分布$P(X=x|\theta)$称为抽样分布，X的取值称为抽样信息值。利用抽样信息值作为补充信息值，在此基础上修正状态变量θ的先验分布，并得到后验分布，再依据后验分布进行的贝叶斯决策被称为抽样贝叶斯决策。

2. 抽样贝叶斯决策的步骤

抽样贝叶斯决策的补充信息是通过抽样方法来获取的，除此之外，抽样贝叶斯决策的基本步骤与一般贝叶斯决策相同，即按照验前分析、预验分析、验后分析和序贯分析四个步骤进行操作。在现实决策问题中，抽样分布大多是采用二项分布进行计算的，当然也有可能会采用泊松分布、正态分布等，这需要根据实际情况进行具体分析。

为了更好地理解抽样贝叶斯决策，下面给出两个实际例子。

【例5.8】 某汽车制造公司生产轮胎采用成批生产方式，且每批为100条，根据历史生产资料可知，生产轮胎合格率99%、95%、91%、87%、83%的概率分别为0.05、0.20、0.35、0.25、0.15。轮胎生产之后，将轮胎安装在车上，若发现轮胎不合格，则需要花费改装费1条200元；若发现轮胎合格，则无需其他费用。现市场上出现一种新的轮胎生产方法，但该方法在实施过程中需要增加成本每批轮胎440元，且可以保证生产轮胎合格率提高到至少99%。通过测试，采取重复抽样检验，发现24条轮胎中存在1条不合格。试对该汽车制造公司是否应该采取这种新的轮胎生产方法进行分析。

【解】

(1)验前分析。假设a_1、a_2分别表示采取新的轮胎生产方法和不采取新的轮胎生产方法两种方案，θ_1、θ_2、θ_3、θ_4、θ_5分别表示生产轮胎合格率(状态变量)为99%、95%、91%、87%和83%。根据题意可知，先验状态变量的概率向量为：

$$\boldsymbol{P}=(0.05,0.20,0.35,0.25,0.15)^{\mathrm{T}}$$

方案a_1在各状态变量下的收益值为：

$$Q(a_1,\theta_j)=q_{1j}=-200\times100(1-\theta_j)\quad j=1,2,\cdots,5$$

方案 a_2 在各状态变量下的收益值为：

$$Q(a_2,\theta_j)=q_{2j}=-200\times100\times(1-99\%)-440=-640$$

在此基础上构成的收益矩阵为：

$$\boldsymbol{Q}=(q_{ij})_{2\times5}=\begin{pmatrix}-200 & -400 & -600 & -800 & -1000\\ -640 & -640 & -640 & -640 & -640\end{pmatrix}^{\mathrm{T}}$$

相应的损失矩阵为：

$$\boldsymbol{R}=(r_{ij})_{2\times5}=\begin{pmatrix}0 & 0 & 0 & 160 & 360\\ 440 & 240 & 40 & 0 & 0\end{pmatrix}^{\mathrm{T}}$$

方案 a_1 和方案 a_2 的期望损失值为：

$$\begin{aligned}E[R(a_1,\theta)]&=\sum_{j=1}^{5}r_{1j}P(\theta_j)\\&=0\times0.05+0\times0.20+0\times0.35+160\times0.25+360\times0.15\\&=94\end{aligned}$$

$$\begin{aligned}E[R(a_2,\theta)]&=\sum_{j=1}^{5}r_{2j}P(\theta_j)\\&=440\times0.05+240\times0.20+40\times0.35+0\times0.25+0\times0.15\\&=84\end{aligned}$$

因此，在验前分析步骤，没有考虑补充信息的情况下，方案 a_2 为最优决策方案，即此时不应该采取新的轮胎生产方法。

(2)预验分析。利用补充信息，考虑抽样检验信息，即考虑抽取 20 条轮胎中存在 1 条不合格轮胎的信息。假设决策统计量 X 表示抽取 20 条轮胎中存在不合格轮胎的条数，$X=1$ 表示抽取 20 条轮胎中存在 1 条不合格轮胎。

根据概率论与数理统计知识可知：

$$P(X=1|\theta_1)=C_{24}^{1}(1-99\%)\times(99\%)^{23}=0.1905$$

$$P(X=1|\theta_2)=C_{24}^{1}(1-97\%)\times(97\%)^{23}=0.3688$$

$$P(X=1|\theta_3)=C_{24}^{1}(1-95\%)\times(95\%)^{23}=0.2468$$

$$P(X=1|\theta_4)=C_{24}^{1}(1-93\%)\times(93\%)^{23}=0.1268$$

$$P(X=1|\theta_5)=C_{24}^{1}(1-91\%)\times(91\%)^{23}=0.0561$$

于是有：

$$\begin{aligned}P(X=1)&=\sum_{j=1}^{5}P(\theta_j)P(X=1|\theta_j)\\&=0.05\times0.1905+0.20\times0.3688+0.35\times0.2468+0.25\times0.1268\\&\quad+0.15\times0.0561\\&=0.2098\end{aligned}$$

进而有：

$$P(\theta_1|X=1)=\frac{P(\theta_1)P(X=1|\theta_1)}{P(X=1)}=\frac{0.05\times0.1905}{0.2098}=0.0455$$

$$P(\theta_2|X=1)=\frac{P(\theta_2)P(X=1|\theta_2)}{P(X=1)}=\frac{0.20\times0.3688}{0.2098}=0.3516$$

$$P(\theta_3|X=1)=\frac{P(\theta_3)P(X=1|\theta_3)}{P(X=1)}=\frac{0.35\times0.2468}{0.2098}=0.4117$$

$$P(\theta_4|X=1)=\frac{P(\theta_4)P(X=1|\theta_4)}{P(X=1)}=\frac{0.25\times0.1268}{0.2098}=0.1511$$

$$P(\theta_5|X=1)=\frac{P(\theta_5)P(X=1|\theta_5)}{P(X=1)}=\frac{0.15\times0.0561}{0.2098}=0.0401$$

方案 a_1 和方案 a_2 的期望损失值为：

$$\begin{aligned}E_{\theta|X=1}[R(a_1,\theta)]&=\sum_{j=1}^{5}r_{1j}P(\theta_j|X=1)\\&=0\times0.0455+0\times0.3516+0\times0.4117+160\times0.1511+360\times0.0401\\&=38.61\end{aligned}$$

$$\begin{aligned}E_{\theta|X=1}[R(a_2,\theta)]&=\sum_{j=1}^{5}r_{2j}P(\theta_j)\\&=440\times0.0455+240\times0.3516+40\times0.4117+0\times0.1511+0\times0.0401\\&=121.11\end{aligned}$$

因此，在预验分析步骤，考虑补充信息的情况下，方案 a_1 为最优决策方案，即此时应该采取新的轮胎生产方法。

【例 5.9】 某电脑配件厂欲处理一批内存条，这些内存条每箱 100 根，且以箱为销售，已知这些内存条每箱的不合格率有三种可能性，即 20%、10%、5%，相应的概率分别为 0.5、0.3、0.2。根据目前的市场销售情况可知，在一箱内存条都是合格的情况下，可以销售 20 000 元。现在以每箱内存条以 17 000 元出售，遇到废品不进行更换。试讨论是否以 17 000 元进行购买。如果在重复抽样的情况下，允许抽取 4 根内存条进行检验，那么应该怎么根据不合格内存条根数来决定是否以 17 000 元进行购买？

【解】

(1)验前分析。假设 a_1、a_2 分别表示应该以 17 000 元购买每箱内存条和不应该以 17 000 元购买每箱内存条两种方案，θ_1、θ_2、θ_3 分别表示每箱内存条不合格率(状态变量)为 20%、10%和 5%。根据题意可知，先验状态变量的概率向量为：

$$P=(0.5,0.3,0.2)^{\mathrm{T}}$$

方案 a_1 在各状态变量下的收益值为：

$$Q(a_1,\theta_j)=q_{1j}=20\,000\times(1-\theta_j)-17\,000\quad j=1,2,3$$

方案 a_2 在各状态变量下的收益值为：

$$Q(a_2,\theta_j)=q_{2j}=0$$

在此基础上构成的收益矩阵为：

$$\boldsymbol{Q}=(q_{ij})_{2\times5}=\begin{pmatrix}-1\,000 & 1\,000 & 2\,000\\ 0 & 0 & 0\end{pmatrix}^{\mathrm{T}}$$

相应的损失矩阵为：

$$\boldsymbol{R}=(r_{ij})_{2\times5}=\begin{pmatrix}1\,000 & 0 & 0\\ 0 & 1\,000 & 2\,000\end{pmatrix}^{\mathrm{T}}$$

方案 a_1 和方案 a_2 的期望损失值为：

$$E[R(a_1,\theta)]=\sum_{j=1}^{5} r_{1j}P(\theta_j)=1\ 000\times 0.5+0\times 0.3+0\times 0.2=500$$

$$E[R(a_2,\theta)]=\sum_{j=1}^{5} r_{2j}P(\theta_j)=0\times 0.5+1\ 000\times 0.3+2\ 000\times 0.2=700$$

因此，在验前分析步骤，没有考虑补充信息的情况下，方案 a_1 为最优决策方案，即此时应该以 17 000 元购买每箱内存条。

(2)验后分析。考虑重复抽样的情况下，允许抽取 4 根内存条进行检验。假设决策统计量 X 表示抽取 4 根内存条中存在不合格内存条的条数，$X=0$ 表示抽取 4 根内存条中存在 0 条不合格内存条，$X=1$ 表示抽取 4 根内存条中存在 1 条不合格内存条。

根据概率论与数理统计知识可知：

$P(X=0|\theta_1)=C_4^0(0.2)^0\times(0.8)^4=0.4096$

$P(X=0|\theta_2)=C_4^0(0.1)^0\times(0.9)^4=0.6561$

$P(X=0|\theta_3)=C_4^0(0.05)^0\times(0.95)^4=0.8145$

于是有：

$$\begin{aligned}P(X=0)&=\sum_{j=1}^{3}P(\theta_j)P(X=0|\theta_j)\\&=0.5\times 0.4096+0.3\times 0.6561+0.2\times 0.8145\\&=0.5645\end{aligned}$$

进而有：

$$P(\theta_1|X=0)=\frac{P(\theta_1)P(X=0|\theta_1)}{P(X=0)}=\frac{0.5\times 0.4096}{0.5645}=0.3628$$

$$P(\theta_2|X=0)=\frac{P(\theta_2)P(X=0|\theta_2)}{P(X=0)}=\frac{0.3\times 0.6561}{0.5645}=0.3487$$

$$P(\theta_3|X=0)=\frac{P(\theta_3)P(X=1|\theta_3)}{P(X=1)}=\frac{0.2\times 0.8145}{0.5645}=0.2885$$

方案 a_1 和方案 a_2 的期望损失值为：

$$\begin{aligned}E_{\theta|X=0}[R(a_1,\theta)]&=\sum_{j=1}^{5}r_{1j}P(\theta_j|X=0)\\&=1\ 000\times 0.3628+0\times 0.3487+0\times 0.2885\\&=362.8\end{aligned}$$

$$\begin{aligned}E_{\theta|X=0}[R(a_2,\theta)]&=\sum_{j=1}^{5}r_{2j}P(\theta_j|X=0)\\&=0\times 0.3628+1\ 000\times 0.3487+2\ 000\times 0.2885\\&=925.7\end{aligned}$$

因此，如果抽取 4 根内存条中存在 0 条不合格内存条，那么选择方案 a_1 为最优决策方案，即此时应该选择以 17 000 元购买每箱内存条。

另外，当抽取 4 根内存条中存在 1 条不合格内存条时，类似分析如下：

$P(X=1|\theta_1)=C_4^1(0.2)^1\times(0.8)^3=0.4096$

$P(X=1|\theta_2)=C_4^1(0.1)^1\times(0.9)^3=0.2916$

$$P(X=1|\theta_3)=C_4^1(0.05)^1\times(0.95)^3=0.1715$$

于是有：

$$P(X=1)=\sum_{j=1}^{3}P(\theta_j)P(X=1|\theta_j)=0.3266$$

进而有：

$$P(\theta_1|X=1)=\frac{P(\theta_1)P(X=1|\theta_1)}{P(X=1)}=0.6271$$

$$P(\theta_2|X=1)=\frac{P(\theta_2)P(X=1|\theta_2)}{P(X=1)}=0.2679$$

$$P(\theta_3|X=1)=\frac{P(\theta_3)P(X=1|\theta_3)}{P(X=1)}=0.1050$$

方案 a_1 和方案 a_2 的期望损失值为：

$$\begin{aligned}E_{\theta|X=1}[R(a_1,\theta)]&=\sum_{j=1}^{5}r_{1j}P(\theta_j|X=1)\\&=1\ 000\times0.6271+0\times0.2679+0\times0.1050\\&=627.1\end{aligned}$$

$$\begin{aligned}E_{\theta|X=1}[R(a_2,\theta)]&=\sum_{j=1}^{5}r_{2j}P(\theta_j|X=1)\\&=0\times0.6271+1\ 000\times0.2679+2\ 000\times0.1050\\&=477.9\end{aligned}$$

因此，如果抽取 4 根内存条中存在 1 条不合格内存条，那么选择方案 a_2 为最优决策方案，即此时不应该选择以 17 000 元购买每箱内存条。由此可见，当在抽取 4 根内存条中存在超过 1 根内存条时，均不应该选择以 17 000 元购买每箱内存条。

综上所述，当 $X=0$ 时，应该选择以 17 000 元购买每箱内存条；当 $X\geqslant1$ 时，不应该选择以 17 000 元购买每箱内存条。

5.3.2　抽样信息的价值

用抽样方法得到的信息被称为抽样信息，而抽样信息的价值(expected value of sampling information)被称为抽样信息价值，简称为 EVSI。

根据补充信息价值公式(5.9)、公式(5.12)、公式(5.13)，可以推出抽样信息价值的计算公式，也是三种形式，即：

$$\text{EVSI}=E_X\{E_{\theta|X}[Q(a(X),\theta)-Q(a_{opt},\theta)]\}\tag{5.15}$$

其中，X 表示抽样信息值，$a(X)$表示掌握了抽样信息值 X 后的最优决策方案，式(5.15)表示抽样信息价值等于全部抽样信息值的价值的期望收益值。

$$\text{EVSI}=E_X\{E_{\theta|X}[Q(a(X),\theta)-Q(a_{opt})]\}\tag{5.16}$$

式(5.16)表示抽样信息价值等于掌握了抽样信息前后期望收益值的增加量。

$$\text{EVSI}=E[R(a_{opt},\theta)]-E_X\{E_{\theta|X}[R(a(X),\theta)]\}\tag{5.17}$$

式(5.17)表示抽样信息价值等于掌握了抽样信息前后期望损失值的减少量。

为了更好地说明抽样信息价值计算公式的应用，下面接着使用例 5.8 和例 5.9 进行展示。

【例 5.10】 试计算例 5.8 中汽车制造公司决策问题的 EVSI。

【解】

(1)按照例 5.8 中计算可知，在验前分析步骤，没有考虑补充信息的情况下，方案 a_2 为最优决策方案，即 $a_{opt}=a_2$，依据公式(5.18)，于是有：

$$E[R(a_{opt},\theta)]=E[R(a_2,\theta)]=84$$

再计算公式(5.17)中右边第二项 $E_X\{E_{\theta|X}[R(a(X),\theta)]\}$，当 $X=1$ 时，根据例 5.8 中计算可知，$a(X=1)=a_1$，且

$$E_{\theta|X=1}[R(a(X=1),\theta)]=E_{\theta|X=1}[R(a_1,\theta)]=38.61$$

类似地，当 $X\neq1$ 时：

$$P(\theta_1|X\neq1)=\frac{P(\theta_1)P(X\neq1|\theta_1)}{P(X\neq1)}=\frac{0.05\times0.8095}{0.7902}=0.0512$$

$$P(\theta_2|X\neq1)=\frac{P(\theta_2)P(X\neq1|\theta_2)}{P(X\neq1)}=\frac{0.20\times0.6312}{0.7902}=0.1598$$

$$P(\theta_3|X\neq1)=\frac{P(\theta_3)P(X\neq1|\theta_3)}{P(X\neq1)}=\frac{0.35\times0.7532}{0.7902}=0.3336$$

$$P(\theta_4|X\neq1)=\frac{P(\theta_4)P(X\neq1|\theta_4)}{P(X\neq1)}=\frac{0.25\times0.8732}{0.7902}=0.2762$$

$$P(\theta_5|X=1)=\frac{P(\theta_5)P(X\neq1|\theta_5)}{P(X\neq1)}=\frac{0.15\times0.9439}{0.7902}=0.1792$$

进而有：

$$\begin{aligned}E_{\theta|X\neq1}[R(a_1,\theta)]&=\sum_{j=1}^{5}r_{1j}P(\theta_j|X\neq1)\\&=0\times0.0512+0\times0.1598+0\times0.3336+160\times0.2762+360\times0.1972\\&=115.18\end{aligned}$$

$$\begin{aligned}E_{\theta|X\neq1}[R(a_2,\theta)]&=\sum_{j=1}^{5}r_{2j}P(\theta_j|X\neq1)\\&=440\times0.0512+240\times0.1598+40\times0.3336+0\times0.2762+0\times0.1972\\&=74.22\end{aligned}$$

故有 $a(X\neq1)=a_2$，进一步地：

$$\begin{aligned}&E_X\{E_{\theta|X}[R(a(X),\theta)]\}\\&\quad=E_{\theta|X=1}[R(a(X=1),\theta)P(X=1)+E_{\theta|X\neq1}[R(a(X\neq1),\theta)P(X\neq1)\\&\quad=38.61\times0.2098+74.22\times0.7902=66.75\end{aligned}$$

因此，抽样信息值为：

$$\text{EVSI}=E[R(a_{opt},\theta)]-E_X\{E_{\theta|X}[R(a(X),\theta)]\}=84-66.75=17.25$$

【例 5.11】 试计算例 5.9 中电脑配件厂决策问题的 EVSI。

【解】

(1)此处利用公式(5.15)进行计算，即：

$$\begin{aligned}\text{EVSI}&=E_X\{E_{\theta|X}[Q(a(X),\theta)-Q(a_{opt},\theta)]\}\\&=\sum_{i=0}^{4}\{\sum_{j=1}^{3}[Q(a(X=i),\theta_j)-Q(a_{opt},\theta_j)]P(\theta_j|X=1)\}P(X=i)\end{aligned}$$

按照例 5.9 中计算可知，当 $X=0$ 时，先验和后验的最优决策方法均为 a_1；当 $X\neq 1$ 时，此时 $a(X=i)=a_2$，于是有：

$$\text{EVSI}=\sum_{i=0}^{4}\{\sum_{j=1}^{3}[Q(a(X=i),\theta_j)-Q(a_{opt},\theta_j)]P(\theta_j\mid X=1)\}P(X=i)$$

$$=\sum_{j=1}^{3}\{[Q(a_2,\theta_j)-Q(a_1,\theta_j)]\times\sum_{i=1}^{4}P(\theta_j\mid X=i)P(X=i)\}$$

又根据全概率公式可知：

$$\begin{aligned}&\sum_{i=1}^{4}P(\theta_j\mid X=i)P(X=i)\\&=P(\theta_j)-P(\theta_j\mid X=0)P(X=0)\\&=P(\theta_j)-P(\theta_j,X=0)\\&=P(\theta_j)-P(\theta_j)P(X=0\mid\theta_j)\\&=P(\theta_j)[1-P(X=0\mid\theta_j)]\end{aligned}$$

进而有：

$$EVSI=\sum_{j=1}^{3}[Q(a_2,\theta_j)-Q(a_1,\theta_j)]\times P(\theta_j)[1-P(X=0\mid\theta_j)]$$

由例 5.9 中计算可知：

$$P(X=0\mid\theta_1)=0.4096$$

$$P(X=0\mid\theta_2)=0.6561$$

$$P(X=0\mid\theta_3)=0.8145$$

代入上式，可得：

$$\begin{aligned}\text{EVSI}&=0-(-1\,000)\times0.5\times(1-0.4096)+(0-1\,000)\times0.3\times(1-0.6561)\\&\quad+(0-2\,000)\times0.2\times(1-0.8145)=117.83\end{aligned}$$

5.3.3　最佳样本容量

虽然采用抽样的方法可以获得增加的补充信息，以此来减少不确定性的成本，并在此基础上提高决策的效率，但是在这个过程中需要进行抽样调查，而抽样调查需要花费一些成本。一般而言，抽样的样本容量越大，相应的调查费用就越贵。因此，对于一个决策问题，抽样的样本容量是必须解决的问题。

1. 抽样成本和抽样净收益

在抽样贝叶斯决策中，抽样所支付的费用称为抽样成本(cost of sampling)，简单记为 CS。考虑到抽样成本 CS 是抽样容量 N 的函数，因此抽检成本通常记为 CS(N)。当 $N\neq 0$ 时，抽样成本由固定成本 C_f 和可变成本 C_vN 构成，即：

$$\text{CS}(N)=C_f+C_vN\quad(N\geqslant 1)\tag{5.18}$$

其中，C_v 为单位可变成本。

类似地，抽样信息价值也是样本容量 N 的函数，记为 EVSI(N)。抽样信息价值与抽样成本之差称为抽样净收益值(expected net gain from sampling)，简单记为 ENGS，ENGS 也是样本容量 N 的函数，即：

$$\text{ENGS}(N)=\text{EVSI}(N)-\text{CS}(N)\tag{5.19}$$

抽样净收益值 ENGS(N)是抽样贝叶斯决策问题中的一项重要指标,该指标的值通常被用于判断是否应该进行抽样调查。一般地,当 ENGS(N)>0 时,此时有必要进行抽样调查;当 ENGS(N)≤0 时,此时没有必要进行抽样调查。当然,对于一些社会的公益性决策例外,此时应该以社会效益为首要。

2. 最佳样本容量的计算

在抽样贝叶斯决策中,当 ENGS(N)>0 时,样本容量通常有若干个,此时应该要选择使 ENGS(N)取最大值所对应的样本。当 ENGS(N)取最大值时,所对应的样本容量 N^* 被称为最佳样本容量。当然,如果最佳样本容量 N^* 存在多个,那么应该取其中最小的一个。

由于求解最佳样本容量 N^* 的计算量十分庞大,人工计算非常困难,因此通常只能借助电子计算机才能奏效。此处仅简单地说明计算方法。由于

$$\mathrm{ENGS}(N)=\mathrm{EVSI}(N)-\mathrm{CS}(N)>0$$

于是有:

$$\mathrm{CS}(N)<\mathrm{EVSI}(N)$$

再结合式(5.14)和式(5.19):

$$C_f+C_vN<\mathrm{EVSI}(N)\leqslant\mathrm{EVPI}$$

因此有:

$$N<\frac{\mathrm{EVPI}-C_f}{C_v} \tag{5.20}$$

上式给出了样本容量 N 的取值范围,在该范围内,可以找到有限个 N,再分别计算相应的 ENGS 的取值,并找到 ENGS 最大取值所对应的样本容量 N,此时的 N 就是最佳样本容量 N^*。

5.4 贝叶斯风险和贝叶斯原则

5.4.1 决策法则

贝叶斯决策的基本思路是,利用市场调查工具来得到补充信息,在此基础上得到后验信息,并利用后验信息修正先验分布,以此得到后验分布,再依据后验分布进行决策,最终选择出最优决策方案。事实上,贝叶斯决策的过程是一种补充信息值对应最优决策方案的法则。一般地,从补充信息值 τ 或(H)的集合到行动方案 a 的集合的单值对应被称为决策法则,记为:

$$a=\delta(\tau)\text{或}a-\delta(H)$$

例如,在例 5.1 中,补充信息值 H 的集合$\{H_1,H_2\}$到行动方案 a 的集合$\{a_1,a_2\}$的对应法则共有 $2^2=4$ 个,即:

$\delta_1(H)=a_1$ 当 $H=H_1$ 或 H_2

$$\delta_2(H)=\begin{cases}a_1 & \text{当 } H=H_1\\ a_2 & \text{当 } H=H_2\end{cases}$$

$$\delta_3(H)=\begin{cases}a_2 & \text{当 } H=H_1\\ a_1 & \text{当 } H=H_2\end{cases}$$

$\delta_4(H)=a_2$　　当 $H=H_1$ 或 H_2

一般地，如果一个决策问题有 m 个行动方案、n 个补充信息值，那么决策法则共有 m^n 个。在这 m^n 个法则中，通过相应的原则，选择出其中的最佳者，这个最佳值就是最佳法则。

5.4.2 贝叶斯风险

假设决策法则 $\delta(\tau)$ 对于状态变量 θ 的任何一个值，当补充信息值 τ 确定后，行动方案 $a=\delta(\tau)$ 也就可以确定，且相对应的损失值 $R(\delta(\tau),\theta)$ 也可以确定。显然，此处损失值越小，此时的决策法则越优。为了给出一个判断决策法则 δ 优劣的标准，对于任何一个状态变量值 θ，取损失值 $R(\delta(\tau),\theta)$ 对补充信息值 τ 的数学期望，称为决策法则 δ 的风险函数，记为：

$$\rho(\delta,\theta)=E_{\tau|\theta}[R(\delta(\tau),\theta)] \tag{5.21}$$

类似地，在抽样信息情况下，相应的风险函数可记为：

$$\rho(\delta,\theta)=E_{X|\theta}[R(\delta(X),\theta)] \tag{5.22}$$

式(5.22)的含义表示为，风险函数 $\rho(\delta,\theta)$ 是在状态变量值 θ 下，决策法则 $\delta(\tau)$ 对全部补充信息值的平均损失。

风险函数 $\rho(\delta,\theta)$ 仍然是状态变量 θ 的函数。通常来说，一个最佳的决策法则，应该对于所有的状态变量 θ，其平均风险函数值最小。因此，下面引出贝叶斯风险的概念。

假设决策法则 $\delta(\tau)$，风险函数 $\rho(\delta,\theta)$ 对状态变量 θ 的数学期望，称为决策法则 $\delta(\tau)$ 的贝叶斯风险，记为：

$$B(\delta)=E_\theta[\rho(\delta,\theta)] \tag{5.23}$$

需要说明的是，贝叶斯风险 $B(\delta)$ 是一个常数，表示决策法则 $\delta(\tau)$ 对一切补充信息值 τ 和状态变量 θ 的平均损失值。

5.4.3 贝叶斯原则

贝叶斯原则是指将贝叶斯风险作为判断决策法则优劣的原则。在贝叶斯原则里，贝叶斯风险最小的决策法则称为最佳决策法则。

为了更好地说明贝叶斯风险和贝叶斯原则，下面进一步对例 5.1 进行分析。

【例 5.12】　试求例 5.1 中各决策法则的贝叶斯风险，以及贝叶斯原则下的最佳决策法则。

【解】 根据例 5.1 可知，该决策问题有四个决策法则，即 $\delta_k(H)(k=1,2,3,4)$，损失矩阵为：

$$\boldsymbol{R}=(r_{ij})_{2\times 2}=\begin{pmatrix}0 & 6\,000\\ 16\,000 & 0\end{pmatrix}$$

而且有：

$P(\theta_1)=0.7, P(\theta_2)=0.3$

$P(H_1|\theta_1)=0.9, P(H_2|\theta_1)=0.1$

$P(H_1|\theta_2)=0.2, P(H_2|\theta_2)=0.8$

对于决策法则

$$\delta_1(H)=a_1$$

当 $H=H_1$ 或 $H=H_2$ 时，风险函数

$$\begin{aligned}\rho(\delta_1,\theta_1)&=E_{H|\theta_1}[R(\delta_1(H),\theta_1)]=E_{H|\theta_1}[R(a_1,\theta_1)]\\&=R(a_1,\theta_1)P(H_1|\theta_1)+R(a_1,\theta_1)P(H_2|\theta_1)\\&=0\times0.9+0\times0.1=0\end{aligned}$$

$$\begin{aligned}\rho(\delta_1,\theta_2)&=E_{H|\theta_2}[R(\delta_1(H),\theta_2)]=E_{H|\theta_2}[R(a_1,\theta_2)]\\&=R(a_1,\theta_2)P(H_1|\theta_2)+R(a_1,\theta_2)P(H_2|\theta_2)\\&=6\,000\times0.2+6\,000\times0.8=6\,000\end{aligned}$$

于是，根据式(5.24)可知，决策法则 δ_1 的贝叶斯风险为：

$$\begin{aligned}B(\delta_1)&=E_\theta[\rho(\delta_1,\theta)]=\rho(\delta_1,\theta_1)P(\theta_1)+\rho(\delta_1,\theta_2)P(\theta_2)\\&=0\times0.7+6\,000\times0.3=1\,800\end{aligned}$$

类似地，可以计算其他决策法则 δ_2、δ_3、δ_4 的贝叶斯风险。

对于

$$\delta_2(H)=\begin{cases}a_1 & \text{当 } H=H_1\\ a_2 & \text{当 } H=H_2\end{cases}$$

此时风险函数为：

$$\begin{aligned}\rho(\delta_2,\theta_1)&=E_{H|\theta_1}[R(\delta_2(H),\theta_1)]\\&=R(a_1,\theta_1)P(H_1|\theta_1)+R(a_2,\theta_1)P(H_2|\theta_1)\\&=0\times0.9+16\,000\times0.1=1\,600\end{aligned}$$

$$\begin{aligned}\rho(\delta_2,\theta_2)&=E_{H|\theta_2}[R(\delta_2(H),\theta_2)]\\&=R(a_1,\theta_2)P(H_1|\theta_2)+R(a_2,\theta_2)P(H_2|\theta_2)\\&=6\,000\times0.2+0\times0.8=1\,200\end{aligned}$$

有：

$$\begin{aligned}B(\delta_2)&=E_\theta[\rho(\delta_2,\theta)]=\rho(\delta_2,\theta_1)P(\theta_1)+\rho(\delta_2,\theta_2)P(\theta_2)\\&=1\,600\times0.7+1\,200\times0.3=1\,480\end{aligned}$$

对于

$$\delta_3(H)=\begin{cases}a_2 & \text{当 } H=H_1\\ a_1 & \text{当 } H=H_2\end{cases}$$

此时风险函数为：

$$\begin{aligned}\rho(\delta_3,\theta_1)&=E_{H|\theta_1}[R(\delta_3(H),\theta_1)]\\&=R(a_2,\theta_1)P(H_1|\theta_1)+R(a_1,\theta_1)P(H_2|\theta_1)\\&=16\,000\times0.9+0\times0.1=14\,400\end{aligned}$$

$$\begin{aligned}\rho(\delta_3,\theta_2)&=E_{H|\theta_2}[R(\delta_3(H),\theta_2)]\\&=R(a_2,\theta_2)P(H_1|\theta_2)+R(a_1,\theta_2)P(H_2|\theta_2)\\&=0\times0.2+6\,000\times0.8=4\,800\end{aligned}$$

有：

$$\begin{aligned}B(\delta_3)&=E_\theta[\rho(\delta_3,\theta)]=\rho(\delta_3,\theta_1)P(\theta_1)+\rho(\delta_3,\theta_2)P(\theta_2)\\&=14\,400\times0.7+4\,800\times0.3=11\,520\end{aligned}$$

对于

$\delta_4(H)=a_2$ 当 $H=H_1$ 或 H_2

此时风险函数为：

$$\rho(\delta_4,\theta_1)=E_{H|\theta_1}[R(\delta_4(H),\theta_1)]=E_{H|\theta_1}[R(a_2,\theta_1)]$$
$$=R(a_2,\theta_1)P(H_1|\theta_1)+R(a_2,\theta_1)P(H_2|\theta_1)$$
$$=0\times0.9+6\ 000\times0.1=600$$
$$\rho(\delta_4,\theta_2)=E_{H|\theta_2}[R(\delta_4(H),\theta_2)]=E_{H|\theta_1}[R(a_2,\theta_2)]$$
$$=R(a_2,\theta_2)P(H_1|\theta_2)+R(a_2,\theta_2)P(H_2|\theta_2)$$
$$=0\times0.2+0\times0.8=0$$

有：

$$B(\delta_4)=E_\theta[\rho(\delta_4,\theta)]=\rho(\delta_4,\theta_1)P(\theta_1)+\rho(\delta_4,\theta_2)P(\theta_2)$$
$$=600\times0.7+0\times0.3=420$$

则：

$$\min\{B(\delta_1),B(\delta_2),B(\delta_3),B(\delta_4)\}=B(\delta_4)$$

因此，贝叶斯原则下的最佳决策法则是，即当预测市场景气时经营该产品，当预测市场不景气时不经营该产品，这与例 5.1 中的贝叶斯决策结论完全一致。

需要指出的是，事实上可以证明，贝叶斯决策所得到的决策法则就是贝叶斯原则下的最佳决策法则，而且最佳决策法则的贝叶斯风险等于后验完全信息价值，即：

$$B(\delta_{opt})=\text{后验 } EVPI=E_\tau\{E_{\theta|\tau}[R(a(\tau),\theta)]\} \tag{5.24}$$

其中，δ_{opt} 表示贝叶斯原则下的最佳决策法则。根据公式(5.24)可以推出，δ_{opt} 的贝叶斯风险也可以用完全信息价值与补充信息价值之差来计算，即：

$$B(\delta_{opt})=\text{EVPI}-\text{EVAI} \tag{5.25}$$

习题

1. 解释下列名词和符号：

(1)验前分析

(2)预验分析

(3)验后分析

(4)序贯分析

(5)EVPI

(6)EVAI

(7)EVSI

(8)ENGS

2. 某研发公司考虑生产新型科技产品，总共有三种方案：进行大批量生产(a_1)、中批量生产(a_2)或者小批量生产(a_3)。市场可能出现的销售状态有三种情况：非常景气(θ_1)、一般景气(θ_2)或者不景气(θ_3)，对应的概率分别为 0.7、0.2、0.1。相应的收益情况见表 5—2。

表 5—2　　某研发公司市场销售状态的收益表

	$\theta_1(0.7)$	$\theta_2(0.2)$	$\theta_3(0.1)$
a_1	0.7	0.1	0.2
a_2	0.2	0.6	0.2
a_3	0.1	0.3	0.6

为了对市场的销售状况有更加准确的了解,该研发公司欲寻找咨询公司进行市场调查,但需要支付调查费用为600元,并且咨询公司预测新型科技产品销售状态可以分为三种情况,即非常欢迎(H_1)、一般欢迎(H_2)或者不欢迎(H_3),相应的条件概率见表5—3。

表 5—3　　咨询公司预测新型科技产品销售状态的条件概率表

	$P(H_i\|\theta_1)$	$P(H_i\|\theta_2)$	$P(H_i\|\theta_3)$
H_1	0.7	0.1	0.2
H_2	0.2	0.5	0.3
H_3	0.1	0.4	0.5

试分析:

(1)如果不咨询,那么应该怎么生产?

(2)是否应该选择咨询后生产?

(3)计算完全信息价值EVPI。

(4)计算补充信息价值EVAI。

3. 某公司人力资源部考虑招聘一名总经理,该总经理可能会给公司带来三种发展结果,即变得更好(a_1)、维持不变(a_2)、变得更差(a_3),出现这三种结果的可能性θ_1、θ_2、θ_3分别为0.7、0.2、0.1。如果变得更好,人力资源部将得到年终奖10万元;如果维持不变,人力资源部将得到年终奖5万元;如果变得更差,人力资源部将得到年终奖0万元。为了进一步了解,该公司人力资源部对欲招聘的总经理进行市场调研,并预测得到该总经理给公司带来的三种发展结果,即预测变好(H_1)、预测不变(H_2)、预测变差(H_3),且市场调研费为3万元,相应的条件概率见表5—4。

表 5—4　　某公司人力资源部招聘总经理的条件概率表

	$P(H_i\|\theta_1)$	$P(H_i\|\theta_2)$	$P(H_i\|\theta_3)$
H_1	0.5	0.4	0.1
H_2	0.3	0.4	0.3
H_3	0.2	0.2	0.6

试分析:

(1)应该怎样根据市场调研结果决定是否招聘总经理?

(2)应先行选择市场调研,还是直接选择招聘总经理?

4. 某公司进行娱乐活动,从两个表面完全一样的盒子里抽出乒乓球,其中一个盒子里装有 7 个红色的乒乓球和 3 个黑色的乒乓球，另一个盒子里装有 3 个红色的乒乓球和 7 个黑色的乒乓球。先从中选择出一个盒子，并猜猜是哪一个盒子。如果猜中了，则奖励 1 万元；如果没有猜中，则不进行任何奖励。如果允许，从该盒子中取出 1 个乒乓球进行观察。

(1)试进行抽样贝叶斯决策分析。

(2)计算抽样信息价值 EVSI。

5. 某科技公司生产的电子产品成箱批发给零售商贩，每箱 100 件，每箱产品的次品率有三种情况，即 5%、15%、25%，相应的概率分别为 0.6、0.3、0.1。销售前的检验方案有两种：一是整箱电子产品中的每件电子产品都需要检查，每件的检查费均为 1 元；二是整箱不检验，但必须承担零售商贩更换次品费用，每一件次品的更换费用为 7 元。尝试对该决策问题进行分析。

(1)该科技公司应该选择哪一种检验方案？

(2)如果整箱电子产品在检验前允许从每箱中抽取 10 件产品进行检验，设 X="其中所含次品个数"，试进行贝叶斯决策分析。

6. 在第 5 题中，如果整箱电子产品进行检验前，允许从每箱中抽取 N 件产品进行检验，设 X="其中所含次品个数"，假设每个电子产品的检验费为 3 元，试求最佳样本容量。

第六章

多目标决策分析

第五章讨论了贝叶斯决策分析方法,该方法仅涉及一个目标,评价准则也是单一的。然而,现实生活中的决策问题通常涉及多个目标、评价准则,而且这些目标、评价准则之间相互联系、相互制约、相互冲突,并形成结构比较复杂的目标准则体系,该类决策问题通常被称为多目标决策问题。为了更好地解决多目标决策问题,本章接下来介绍多目标决策,主要包括多目标决策的目标准则体系、多目标规划方法、多维效用合并方法、AHP 方法和 DEA 方法等内容。

6.1 多目标决策的目标准则体系

6.1.1 目标准则体系的意义

在决策问题中,决策需要达成的目的,被称为决策目标。在实现决策目标的过程中,影响实现决策目标完成程度的准则,被称为决策准则,在前面介绍的单目标决策问题中,决策准则通常是相对简单的。例如,收益值可以是决策目标,决策准则可以是选用货币量。然而,在多目标决策问题中,由于决策目标不是一个,因此相应的决策准则通常是较为复杂的。甚至在一个多目标决策问题中,每一个决策目标的决策准则也并非一个,而是存在多个决策准则,这个就是目标准则体系问题。

单目标决策的一个非常重要的问题是如何选择决策准则,并在此基础上进行方案的对比。类似地,多目标决策的核心问题也是科学地制定一套目标准则体系,并在此基础上进行方案的比较。多目标决策的首要问题便是构建合理的多准则体系。在一些简单的多目标决策问题中,决策目标可以选择若干个决策准则直接进行方案的比较。然而,在一些复杂的多目标决策问题中,决策目标通常需要分解成级别低的几个小目标,直到可以直接采用若干个决策准则直接进行方案的对比。例如,在营商环境评估的决策问题中,营商环境评估的目标准则体系包括要素环境、法治环境、政务环境、融资环境等多个分目标,这些分目标均难以直接用一个或几个准则进行比较,还要根据实际情况进一步分解为若干个子目标。例如,在高校教师的考核问题中,可以将其分解为科研和教学两个一级目标,在此基础上,科研这个一级目标还可以分为项目、论文等二级目标,以及教学这个一级指标还可以分为教学质量、教学获奖等二级指标。例如,在学术期刊评价问题中,学术期刊的优劣可以由学术期刊的影响力、学术期刊的时效性、学术期刊的特征等一级指标来反映,而学术期刊的影响力又可以由影响力指数、复合总被引、影响因子、他引影响因子、5 年影响因子、引用期刊数、被引期刊数、互引指数、web 即年下载率和量效指数等二级指标来反映,学术期刊的时效性可以用即年指标、引用半衰期、被引半衰期来反映,学术期刊的特征可以用可被引文献比、基金论文比、平均引文数来反映,这样就可以构成一个分层次的复杂的目标准则体系。学术期刊综合评价的目标准则体系如图 6－1 所示。

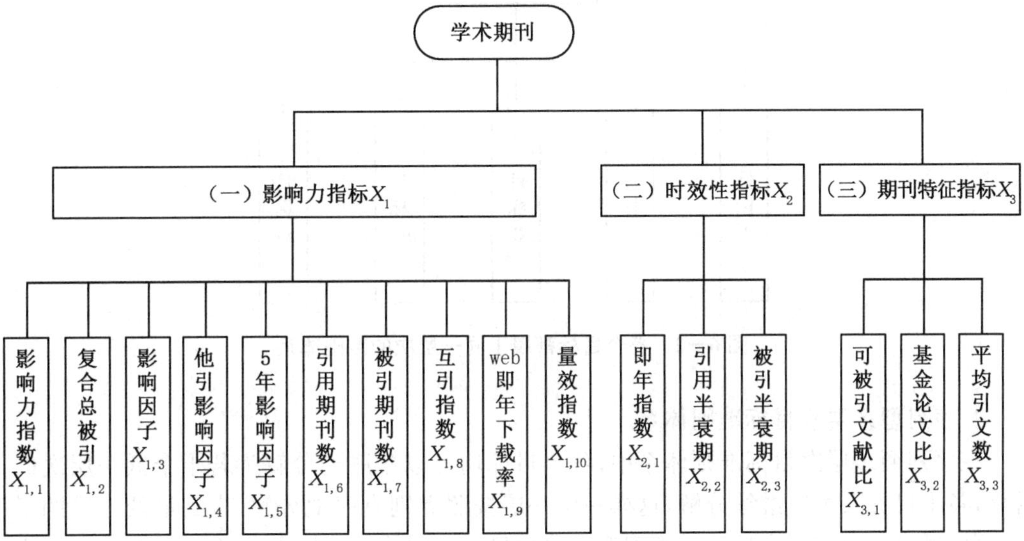

图 6－1　学术期刊综合评价的目标准则体系

一般情况下,多目标决策会通过逐层分解或者其他方式将目标系统细分为多层次的子目标系统,并且使得最后一层的子目标可以用一个准则来反映,这样称为目标准则体系。目标准则体系通常可以用树形结构图来表示,最上一层是总目标且只有一个,最下一层用若干个且可以用某一个准则来评价。多目标决策分析过程就是通过一种合理方式,按照全部层次结构的目标准则体系,科学地给出每一个方案的满意度数值。

目标准则体系的构建通常需要满足以下原则:第一,系统性原则。各子目标可以反映出所有因素对社会经济活动的影响,同时考虑决策问题中各因素的层次性和相关性。第二,可比性原则。各子目标的设计在注重社会经济活动横向比较的同时,也应该注重社会经济活动的纵向比较(可以进行动态分析)。第三,可操作性原则。各子目标的设计符合实际情况,可以方便计算,便于在计算机上实现,与其他现行指标的计算口径需要进行一致,数据的采集是便利的,在满足信息量充分的情况下使得子目标的个数最少。

6.1.2　目标准则体系的结构

一般而言,在多目标准则决策问题中,目标决策结构是比较复杂的,根据实际需求的不一样,目标决策结构的安排也是不一样的。从现有情况来看,较为经典的目标准则体系主要有三种类型。

1. 各个目标都属于同一层次的准则体系

在各个目标都属于同一层次的准则体系中，每一个目标不需要分解就可以直接采用单准则给出定量评价。该类型的目标准则体系的结构见图 6－2。现实社会经济中经常存在该类多目标决策问题。例如，某研发企业采购一种新设备，而采购新设备通常已经存在一些常见的技术和经济性指标，这些指标可以直接用来计算，因而求解该类多目标决策问题可以将其转化为单目标决策。

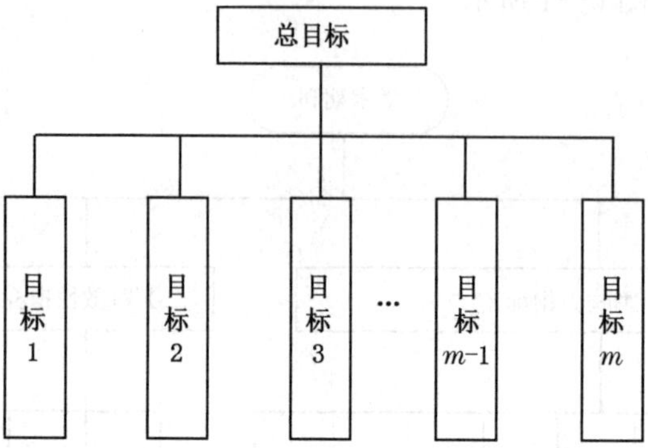

图 6－2　各个目标都属于同一层次的准则体系

2. 序列型多层次目标准则体系

在序列型多层次目标准则体系中，各个目标均可以按序列分解为若干个低一层次的子目标，各子目标又可以继续分解，这样一层一层按照类别有序地分解，直到最低一层的子目标，可以通过一个准则来反映。序列型多层次目标准则体系的特点是，每个子目标均为由上一层的子目标分解而来，而该子目标同时也划分下一层的子目标，而且不同类别的子目标是不会有联系的，换言之，某个子目标只属于一个上一层次的子目标分解而来。现实社会经济中也经常存在该类多目标决策问题，图 6－1 中的学术期刊评价的目标准则体系就是该类结构。

3. 非序列型多层次目标准则体系

非序列型多层次目标准则体系与序列型多层次目标准则体系相同，各子目标也分解为下一层的子目标，但不同的是，不同类别的子目标是存在相互联系的，换言之，非序列型多层次目标准则体系中某子目标可能存在多个上一层的子目标，这些子目标之间是交叉的。显然，与其他两种类型的目标准则体系相比，非序列型多层次目标准则体系相对复杂。在现实生活中，非序列型多层次目标准则体系也是常见的。非序列型多层次目标准则体系的结构见图 6－3。

上述三种类型的目标准则体系具有一定的普遍性，社会经济中的目标准则体系大多可以从这三种中选择一种，但这三种目标准则体系不包括所有的多目标决策问题的目标准则体系。在选择目标准则体系时，应该要结合实际情况作决定。

多目标决策目标准则体系的构建是一项具有一定挑战的任务，该任务的完成需要具备一定的专业知识，尤其是社会经济中的战略选择和项目评估问题，更需要花费大量时间来实现。在制定多目标决策目标准则体系时，决策人员应该需要先做好市场调查，掌握准确而全面的第一手资料，再根据决策目标的要求，设置目标准则体系的系统规划和层级结构。考虑

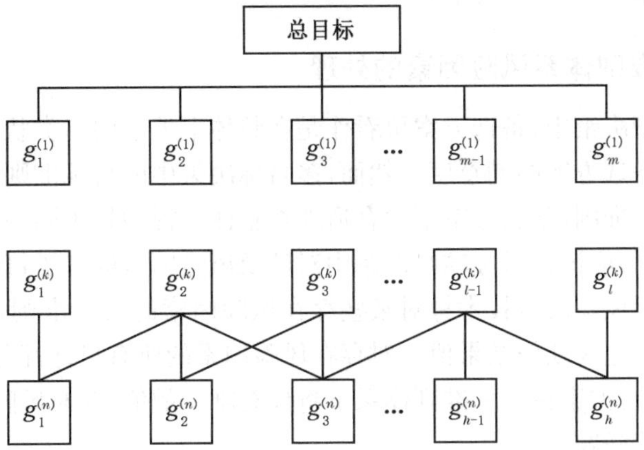

图 6—3 非序列型多层次目标准则体系

到该问题涉及多学科、多技术、多部门的知识，依据个体决策将问题弄清楚是十分困难的，因此需要采用专门的方法来解决该问题。一般而言，德尔菲法是一种较为可靠的方法。德尔菲法通过邀请一群专家，依据专家群体的丰富经验和专业知识来决策，而且可以得到共识度大的意见，以此来提高群体决策的满意度。另外，德尔菲法还需要采用匿名的方式来给出各自的意见，专家们可以通过背靠背的方式来独立地给出他们的真实意见，以此得到客观、全面、科学的判断。

6.1.3 评价准则和效用函数

在制定了目标准则体系之后，应该要确定评价准则，不同的目标需要用不同的评价准则来衡量。例如，在图 6—1 中学术期刊评价下面的影响力指数、复合总被引、影响因子等，这些二级子目标的度量单位不一样，如何在整体上给出可行方案关于目标准则体系中全部目标的满意度，这是多目标决策的关键。因此，有必要将不同单位进行处理，化为无量纲化统一的数量标度，并按照相应的法则和逻辑过程进行归纳，建立各可行方案之间具有可比性的数量关系。

通过效用函数得到的效用值是经过了无量纲化方法处理的数据，该数据可以较好地用来进行决策。效用值有效地表示了在同一准则下不同方案、不同条件结果值对决策主体的价值。在多目标决策中，目标准则体系一经制定，任何一个可行方案实施的效果均可以由目标准则体系的全部结果值所确定。可行方案在每一个目标准则下确定一个结果值，则目标准则体系就得到一级结果值，并经过各目标准则的效用函数得出一组效用值，这些效用值分别表示了可行方案在各目标准则下对决策主体的价值，且数值都是位于[0,1]区间里面的值。在此基础上，各可行方案在总体上对决策主体的评价就可以通过这些效用分数按照某种运算法则合并得到。

由于目标准则体系大多是复杂的，因此在选择目标准则效用函数时需要结合实际情况来制定。效用值的大小不宜偏大也不宜偏小，这样会直接影响该目标准则在合并效用值时的权重，进而影响最终的合并结果，最终造成不该有的偏误。在实际生活中，选择效用函数时，应该结合专业知识和丰富经验，以此使得各个准则的效用值是相互协调、彼此照应的，并取得合理的决策结果。

6.1.4　目标准则体系风险因素的处理

在单目标风险型决策中，备选方案可看作是在整体上处于同一类状态空间中，期望效用值较好地反映了各备选方案的满意度。然而，多目标决策中的目标准则体系是复杂的，风险因素仅涉及某些目标准则，备选方案不太合适地在整体上视为处于同一状态空间。因此，多目标决策的风险因素，应该在目标准则体系中对涉及风险因素的各子目标分别加以处理，这样就可以利用单目标风险决策技术针对某些存在风险因素的目标准则，将可行方案在各自然状态下的结果值转化为期望结果值。对存在风险因素的所有目标都分别作这样的技术处理。因此，每一个可行方案在目标准则体系下将仅有唯一的值，此时风险型多目标决策问题就转化为确定型决策问题。

考虑到不同的含有风险因素的多目标决策问题在一定方法下都可以转化为确定型决策问题，因此，为了方便起见，除了特别说明的地方以外，本章讨论的多目标决策问题都是指确定型决策问题。

6.2　多目标规划方法

多目标规划是由美国著名运筹学家查恩斯(A. Charnes)和库伯(W. W. Cooper)于1961年首次提出。多目标规范可以有效避免线性规划目标的缺点，对于解决现实生活中的决策问题可以提供支撑。多目标规划方法尤其对于解决单层次目标准则体系的决策问题能够发挥作用，目前已经在经济管理问题中得到了广泛的应用。由于非线性目标规划方法比较复杂，因此本章仅介绍线性目标规划方法。

6.2.1　目标规划模型

在多目标规划决策问题中，通常存在多个决策目标，而且这些目标之间可能存在矛盾，相应的单位可能也不一致，多目标线性规划是一类解决该问题的有效方法。下面给出多目标线性规划的一般形式：

$$\min Z_k = \sum_{j=1}^{n} c_{kj} x_j \quad (k = 1,2,\cdots,K)$$

$$s.t. \begin{cases} \sum_{j=1}^{n} a_{ij} x_j \leqslant b_i & (i = 1,2,\cdots,m) \\ x_j \geqslant 0 & (j = 1,2,\cdots,n) \end{cases} \tag{6.1}$$

其中，$Z_k(k=1,2,\cdots,K)$表示第 k 个目标函数。

求解上述目标规划模型需要解决两个问题：一是将多目标规划转换为单目标规划的问题；二是多个目标函数主次顺序的表示问题。虽然多目标线性规划的求解方法有很多种，但是一般情况下大多采用目标规划方法。目标规划的基本原理是，对每一个目标函数都引入一个期望值。由于条件限制，这些目标值可能很难实现。因此，引入正、负偏差变量来表示实际值与期望值之间的偏差，并将目标函数转化为约束条件，与原有的约束条件构成新的约束条件组。在此基础上，引入目标的优先等级和权系数，以此来构造新的单一的目标函数，这样就可以使得多目标问题转化为单目标问题了。

下面给出多目标线性规划转化为单目标线性规划的具体解决方法。

1. 目标函数的期望值

根据实际需求，设定多目标线性规划的各目标函数值 $Z_k(k=1,2,\cdots,K)$的一个期望值 e_k，虽然很难全部实现这样的 K 个期望值，但是可以寻求到可行解来使得这些期望值最接近地实现。

2. 正、负偏差变量

根据实际需求，设定多目标线性规划中各目标函数的一个正偏差变量 d_k^+ 和一个负偏差变量 d_k^-，正偏差变量 d_k^+ 表示第 k 个目标超出期望值 e_k 的数值，负偏差变量 d_k^- 表示第 k 个目标低于期望值 e_k 的数值，满足 $d_k^+\geqslant 0$ 且 $d_k^-\geqslant 0$。显然，对于同一个目标函数，不可能同时超出和低于，即不可能 d_k^+ 和 d_k^- 二者全部为正，至少存在 d_k^+ 和 d_k^- 中有一个的数值为 0。引入正偏差变量 d_k^+ 和负偏差变量 d_k^- 之后，目标函数就变成了约束条件，称为约束条件组的一个部分。这样，形成的约束条件就被称为目标约束，而原有的约束条件被称为绝对约束。

3. 准则函数

在引入期望值 e_k 以及引入正偏差变量 d_k^+ 和负偏差变量 d_k^- 之后，此时都是属于约束条件组，应该要设置新的目标函数，而这种新的目标函数就被称为准则函数。准则函数的基本原则是，尽可能地使得所有的偏差变量取得最小值，这样就形成了一个单一综合性的目标函数。在构造准则函数之后，多目标决策问题就变成了单目标决策问题了，准则函数的一般形式如下所示：

$$\min Z=f(d_k^+,d_k^-)$$

一般而言，准则函数的具体形式有三种类型：

(1)要求某个目标刚好达到期望值，所有的正偏差变量 d_k^+ 和负偏差变量 d_k^- 都应该取最小值，这样可取和式 $d_k^+ + d_k^-$ 达到最小值，此时准则函数的形式为：

$$\min(d_k^+ + d_k^-)$$

(2)要求某个目标不低于期望值，所有的正偏差变量 d_k^+ 不受约束和负偏差变量 d_k^- 取最小值，此时准则函数的形式为：

$$\min(d_k^-)$$

(3)要求某个目标不高于期望值，所有的负偏差变量 d_k^- 不受约束和正偏差变量 d_k^+ 取最小值，此时准则函数的形式为：

$$\min(d_k^+)$$

将各目标不同形式取最小值的偏差变量相加，就可以得到准则函数 $\min f(d_k^+,d_k^-)$。

4. 优先因子和权系数

由于各个目标有主次之分，因此需要引入优先因子 $P_t(t=1,2,\cdots,T)$，P_t 表示目标属于第 t 个优先级别，总共有 T 个优先等级。相邻优先级别的关系可记为“$P_t \gg P_{t+1}$”，其含义表示为级别 P_t 比级别 P_{t+1} 更具有优先权，即要先满足级别 P_t 的目标实现，再接着满足级别 P_{t+1} 的目标实现。

假设第 t 个优先级别中共有 K_t 个目标，为了对这 K_t 个目标所对应的偏差变量的重要性进行区别，引入第 t 个优先级别中正偏差变量 $(d_r^t)^+$ 和负偏差变量 $(d_r^t)^-$ 的两个权重系数 $(w_r^t)^+$、$(w_r^t)^-$，且满足 $\sum_{r=1}^{K_t}(w_r^t)^+=1$ 和 $\sum_{r=1}^{K_t}(w_r^t)^-=1$。这两个权重系数的设置通常可以结合实际情况来确定。

基于上述分析，下面给出目标规划模型的一般形式：

$$\min Z=\sum_{t=1}^{T}\left[P_t\sum_{r=1}^{K_t}\left[(w_r^t)^-(d_r^t)^-+(w_r^t)^+(d_r^t)^+\right]\right]$$

$$s.t.\begin{cases}\sum_{j=1}^{n}a_{ij}x_j\leqslant b_i\\ \sum_{j=1}^{n}c_{kj}x_j+(d_r^t)^--(d_r^t)^+=e_k\\ x_j\geqslant 0\quad(j=1,2,\cdots,n)\\ (d_r^t)^+,(d_r^t)^-\geqslant 0\end{cases}\tag{6.2}$$

其中，当为第 k 个目标函数时，此时的优先级别为 t。

下面进一步给出目标规划的建模步骤：

步骤1 假设决策变量。

步骤2 建立约束条件。

步骤3 建立各个目标函数。

步骤4 确定各目标期望值，引入偏差变量，将目标函数化为约束方程。

步骤5 确定各目标优先级别和权重系数，构造准则函数。

为了更好地理解目标规划，下面给出两个实际例子。

【例6.1】 某工厂欲在下一个生产周期内生产甲、乙两种产品，已知资料如表6—1所示。试制定生产计划，使获得的利润最大。

表6—1　　某工厂生产甲、乙两种产品所需资源及利用情况

	甲	乙	资源限制
钢材	9	4	3 600
煤炭	4	5	2 000
设备台时	3	10	3 000
单件利润	70	120	

现在工厂管理者由于市场变化等相关因素，提出如下要求：

(1)根据市场信息，甲产品的销售状况比乙产品的销售状况更差，因此考虑生产的甲产品比乙产品更少；

(2)尽可能充分利用设备台时，但不希望加班；

(3)尽可能达到或者超过利润50 000元。

【解】 假设该工厂生产甲、乙两种产品 x_1、x_2 件，先对该决策问题的约束条件进行分析，即：

①原材料约束。根据表6.1可知，原材料的约束条件为：

$$\begin{cases}9x_1+4x_2\leqslant 3\ 600\\4x_1+5x_2\leqslant 2\ 000\end{cases}$$

②产量约束。由于生产的甲产品比乙产品更少，令 d_1^- 表示生产的甲产品高于生产的乙产品的产量，d_1^+ 表示生产的甲产品低于生产的乙产品的产量，因此产量的目标约束为：

$$-x_1+x_2+d_1^- -d_1^+ =0$$

③设备台时约束。由于要尽可能充分利用设备台时，但不希望加班，令 d_2^- 表示安排生产时低于可利用的设备台时，d_2^+ 安排生产时高于可利用的设备台时，因此设备台时的目标约束为：

$$3x_1+10x_2+d_2^- -d_2^+ =3\ 000$$

④利润约束。由于要尽可能达到或者超过利润 50 000 元，令 d_3^- 表示安排生产时低于利润 50 000 元的偏差变量，d_3^+ 安排生产时高于利润 50 000 元的偏差变量，因此利润的目标约束为：

$$70x_1+120x_2+d_3^- -d_3^+ =50\ 000$$

各级管理的目标依次是：

P_1 级目标：生产的甲产品比乙产品更少，即有 $P_1\cdot d_1^-$。

P_2 级目标：尽可能充分利用设备台时，但不希望加班，即有 $P_2\cdot(d_2^-+d_2^+)$。

P_3 级目标：尽可能达到或者超过利润 50 000 元，即有 $P_3\cdot d_3^-$。

综上所述，可以得到此问题的目标规划模型为：

$$\min Z=P_1\cdot d_1^- +P_2\cdot(d_2^-+d_2^+)+P_3\cdot d_3^-$$

$$s.t.\begin{cases}9x_1+4x_2\leqslant 3\ 600\\4x_1+5x_2\leqslant 2\ 000\\-x_1+x_2+d_1^- -d_1^+ =0\\3x_1+10x_2+d_2^- -d_2^+ =3\ 000\\70x_1+120x_2+d_3^- -d_3^+ =50\ 000\\x_1,x_2,d_1^-,d_1^+,d_2^-,d_2^+,d_3^-,d_3^+\geqslant 0\end{cases}$$

【例 6.2】 某球厂计划在下一月度生产篮球和足球，平均生产能力是每小时完成 2 个篮球或者每小时完成 2 个足球，球场的正常工作时间为每个月 480 小时。根据专家的预测，下一个月最大销售篮球 600 个和足球 500 个，且每个篮球和每个足球的利润分别为 30 元、20 元。现该球厂确定了四级管理目标：

P_1：保证充分利用工作时间正常生产，避免浪费工作时间。

P_2：控制住加班时间，每个月限制在 580 小时。

P_3：尽可能达到最大销售量，即篮球 600 个和足球 500 个。

P_4：尽可能减少加班时间。

【解】 假设该工厂生产篮球和足球分别为 x_1、x_2 个，先对该决策问题的约束条件进行分析，即：

①开工时间约束。球场的正常工作时间为每个月 480 小时，由于平均生产能力是每小时完成 2 个篮球或者每小时完成 2 个足球，因此篮球和足球的生产时间分别为 $x_1/2$、$x_2/2$，令开工时间的正偏差变量和负偏差变量分别为 d_1^+、d_1^-，于是开工时间的目标约束为：

$$\frac{x_1}{2}+\frac{x_2}{2}+d_1^- -d_1^+ =480$$

②销售量约束。下一个月最大销售篮球 600 个和足球 500 个，令篮球和足球的销售量的正偏差变量分别为 d_2^+、d_3^+，篮球和足球的销售量的负偏差变量分别为 d_2^-、d_3^-，于是销售量的目标约束为：

$$\begin{cases} x_1+d_2^- -d_2^+ =600 \\ x_2+d_3^- -d_3^+ =500 \end{cases}$$

③加班时间约束。由于要控制住加班时间，每个月限制在 580 小时，令加班时间的正偏差变量和负偏差变量分别为 d_4^+、d_5^-，于是加班时间的目标约束为：

$$\frac{x_1}{2}+\frac{x_2}{2}+d_4^- -d_4^+ =580$$

进一步，再分别优先级别来确定权重系数和建立准则函数。

P_1 级目标：保证充分利用工作时间正常生产，避免浪费工作时间，即有 $P_1 \cdot d_1^-$。

P_2 级目标：控制住加班时间，每个月限制在 580 小时，即有 $P_2 \cdot d_4^+$。

P_3 级目标：尽可能达到最大销售量，即篮球 600 个和足球 500 个，P_3 级目标应该包括 d_2^-、d_3^-，并取和式 $d_2^- +d_3^-$。由于每个篮球和每个足球的利润分别为 30 元、20 元，权重系数应该取比例 3∶2，于是有 $P_3(3d_2^- +2d_3^-)$。

P_4 级目标：尽可能减少加班时间，即有 $P_4 \cdot d_1^+$。

综上所述，可以得到此问题的目标规划模型为：

$$\min Z=P_1 \cdot d_1^- +P_2 \cdot d_4^+ +P_3(3d_2^- +2d_3^-)+P_4 \cdot d_1^+$$

$$s.t.\begin{cases} \dfrac{x_1}{2}+\dfrac{x_2}{2}+d_1^- -d_1^+ =480 \\ x_1+d_2^- -d_2^+ =600 \\ x_2+d_3^- -d_3^+ =500 \\ \dfrac{x_1}{2}+\dfrac{x_2}{2}+d_4^- -d_4^+ =580 \\ x_1,x_2,d_1^-,d_1^+,d_2^-,d_2^+,d_3^-,d_3^+,d_4^-,d_4^+ \geqslant 0 \end{cases}$$

6.2.2　目标规划的图解法

对于多目标规划决策问题，如果决策变量仅有 2 个，那么可以采用图解法进行求解，下面以例 6.1 中的问题为例，给出图解法的相关步骤。

【例 6.3】　利用图解法计算例 6.1 中的目标规划模型。

$$\min Z=P_1 \cdot d_1^- +P_2 \cdot (d_2^- +d_2^+)+P_3 \cdot d_3^-$$

$$s.t.\begin{cases} 9x_1+4x_2 \leqslant 3\ 600 \\ 4x_1+5x_2 \leqslant 2\ 000 \\ -x_1+x_2+d_1^- -d_1^+ =0 \\ 3x_1+10x_2+d_2^- -d_2^+ =3\ 000 \\ 70x_1+120x_2+d_3^- -d_3^+ =50\ 000 \\ x_1,x_2,d_1^-,d_1^+,d_2^-,d_2^+,d_3^-,d_3^+ \geqslant 0 \end{cases}$$

【解】(1)首先,在平面直角坐标系中画出各约束条件的所属区域。

绝对约束和非负约束的画图与线性规范相同,如图 6－4 中三角形的阴影部分:对于目标约束条件,令相应的正负偏差变量为 0,画出相应的直线。

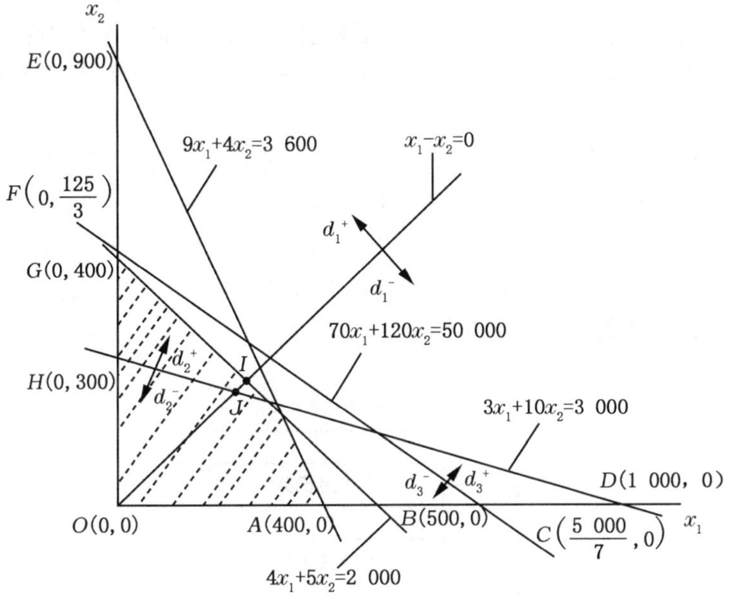

图 6－4　目标规划的图解法区域图

(2)其次,指出目标约束在相应直线上的方向。

(3)最后,根据目标函数的优先因子分析求解。

在可行域中,先进行 P_1 的实现,即实现 $\min d_1^-$,依据图 6－4 可知,实现 $d_1^-=0$ 的区域为三角形 OIG;再进行 P_2 的实现,即在三角形 OIG 内实现 $\min(d_2^-+d_2^+)$,容易看出,此时 J 点距离直线 $3x_1+10x_2=3\ 000$ 最为接近,即能够使得$(d_2^-+d_2^+)$取值最小,可知 $d_2^-=0$ 和 $d_2^+=0$;最后进行 P_3 的实现,此时有且仅有 C 点满足,此时 $d_3^-=80\ 000/13$ 和 $d_3^+=0$。因此,可以得到的满意解为:$x_1=3\ 000/13$ 和 $x_2=3\ 000/13$,此时的利润为 570 000/13 元。

6.2.3　目标规划的单纯形解法

目标规划和线性规划在本质上没有什么太大的区别,单纯形法目标规划的最常见的方法,当然还有序列法、多阶段法等。本章接下来主要介绍单纯形解法。在单纯形解法中,目标规划的一些特点应该被重视。第一,准则函数是求解各偏差变量的最小值,优先因子和权重系数是单纯形表中的价值系数的 l_j 行。第二,不同等级的优先因子应该是不一样的级别,检验数行 Z_j-C_j 不是一行而是 l 行,与优先级别数相同。最优性检验应该需要从最高级别 P_1 开始,依次检验,直到所有的检验数都符合要求。

目标规划单纯形解法的基本步骤如下:

步骤 1　建立初始单纯形表。表中检验数行按照优先因子的顺序排列成 l 行,并从左到右分别计算各列的检验数 Z_j-C_j。

步骤 2　选择调入变量,寻找最优列。先在 P_1 行中寻找最大正检验数。若 P_1 行没有正检验数，则转入 P_2 行，如此继续。若某检验数行有两个以上的最大正检验数，则依次检查级别较低一行相应列的正检验数，以最大者所在列为最优列。若检验结果一样，则规定列标号小者为最优列。

步骤 3 确定调出变量，寻找关键行。用 B 列常数除以对应最优列的正系数，按最小比值的原则确定关键行。若有几个最小比值，则规定优先级别最高的变量所在行为关键行。

步骤 4 求出新的基可行解。关键行和最优列相交点的元素称为主元素，进行换基迭代，以此进行建立新单纯形表。

步骤 5 判别是否最优解。优先级别从高到低检查各检验数行，如果全部为非正，那么已经是最优解，此时算法可以终止。如果某检验数行存在正检验数，该正检验数同列级别高的检验数行中存在负检验数，那么说明该目标虽没有达到最优解，但是已经无法继续改进，此时停止计算。否则，不是最优解，转入步骤 2，继续迭代，直至计算终止。

目标规划单纯形法的计算框架图如图 6－5 所示。

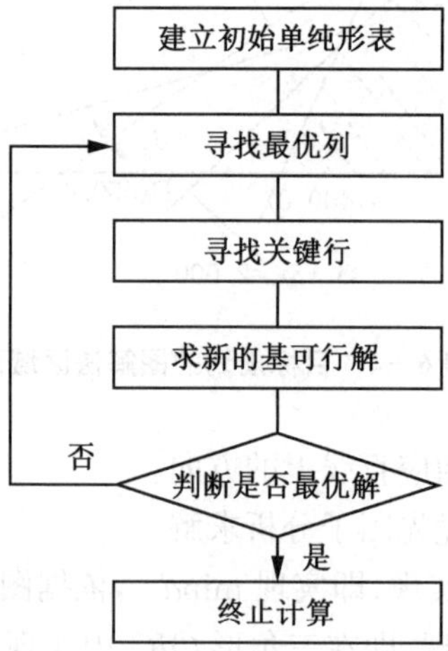

图 6－5　目标规划单纯形法的计算框架图

【例 6.4】 利用图解法计算下面的目标规划模型：

$$\min Z=P_1d_1^-+P_2d_4^++P_3(5d_2^-+3d_3^-)+P_4d_1^-$$

$$s.t\begin{cases}x_1+x_2+d_1^--d_1^+=80\\x_1+d_2^--d_2^+=70\\x_2+d_3^--d_3^+=45\\x_1+x_2+d_4^--d_4^+=90\\x_1,x_2,d_i^-,d_i^+\geqslant 0\quad(i=1,2,3,4)\end{cases}$$

【解】 (1)建立初始单纯形表，具体见表 6－2。

表 6—2　　　　　　　　　　**初始的单纯形表**

C_j			0	0	P_1	P_4	$5P_3$		$3P_3$			P_2
C_B	X_B	b	x_1	x_2	d_1^-	d_1^+	d_2^-	d_2^+	d_3^-	d_3^+	d_4^-	d_4^+
P_1	d_1^-	80	1	1	1	−1	0	0	0	0	0	0
$5P_2$	d_2^-	70	①	0	0	0	1	−1	0	0	0	0
$3P_3$	d_3^-	45	0	1	0	0	0	0	1	−1	0	0
0	d_4^-	90	1	1	0	0	0	0	0	0	1	−1
C_j-Z_j	P_1		1	1	0	−1	0	0	0	0	0	0
	P_2		0	0	0	0	0	0	0	0	0	−1
	P_3		5	3	0	0	0	−5	−3	0	0	0
	P_4		0	0	0	−1	0	0	0	0	0	0

在表格 6.2 中，取定 d_1^-、d_2^-、d_3^-、d_4^- 为初始基变量，检验数行 P_1 中有两个正检验数 1，再比较相同正检验数同列等级较低的正检验数，取 x_1 为主列。用最小比值原则确定 d_2^- 为主行，主元素为 1，进行换基迭代，以得到表 6—3。

表 6—3　　　　　　　　　　**换基迭代的单纯形表**

C_j			0	0	P_1	P_4	$5P_3$		$3P_3$			P_2
C_B	X_B	b	x_1	x_2	d_1^-	d_1^+	d_2^-	d_2^+	d_3^-	d_3^+	d_4^-	d_4^+
P_1	d_1^-	10	0	①	1	−1	−1	1	0	0	0	0
0	x_1	70	1	0	0	0	1	−1	0	0	0	0
$3P_3$	d_3^-	45	0	1	0	0	0	0	1	−1	0	0
0	d_4^-	20	0	1	0	0	−1	1	0	0	1	−1
C_j-Z_j	P_1		0	1	0	−1	−1	1	0	0	0	0
	P_2		0	0	0	0	0	0	0	0	0	−1
	P_3		0	3	0	0	−5	−3	0	0	0	0
	P_4		0	0	0	−1	0	0	0	0	0	0

显然，表 6—3 中检验数行 P_1 中仍然有正检验数，因此，可以进行继续迭代，以此得到二次迭代的单纯形表，具体见表 6—4。

在表 6—4 中，检验数行 P_3 中存在正检验数 3，并且该列级别较高的检验数中无负数，不是最满意解。继续迭代，得到表 6—5。

表 6—4　　　　　　　　　　**二次迭代的单纯形表**

C_j			0	0	P_1	P_4	$5P_3$		$3P_3$			P_2
C_B	X_B	b	x_1	x_2	d_1^-	d_1^+	d_2^-	d_2^+	d_3^-	d_3^+	d_4^-	d_4^+
0	x_2	10	0	1	1	−1	−1	1	0	0	0	0

续表

C_j			0	0	P_1	P_4	$5P_3$		$3P_3$			P_2
0	x_1	70	1	0	0	0	1	−1	0	0	0	0
$3P_3$	d_3^-	35	0	0	−1	1	1	−1	1	−1	0	0
0	d_4^-	10	0	0	−1	①	0	0	0	0	1	−1
C_j-Z_j	P_1		0	0	−1	0	0	0	0	0	0	0
	P_2		0	0	0	0	0	0	0	0	0	−1
	P_3		0	0	−3	3	−2	−6	0	0	0	0
	P_4		0	0	0	−1	0	0	0	0	0	0

表 6—5　　三次迭代的单纯形表

C_j			0	0	P_1	P_4	$5P_3$		$3P_3$			P_2
C_B	X_B	b	x_1	x_2	d_1^-	d_1^+	d_2^-	d_2^+	d_3^-	d_3^+	d_4^-	d_4^+
0	x_2	10	0	1	0	0	−1	1	0	0	1	−1
0	x_1	70	1	0	0	0	1	−1	0	0	0	0
$3P_3$	d_3^-	25	0	0	0	0	1	−1	1	−1	−1	1
P_4	d_1^+	10	0	0	−1	1	0	0	0	0	1	−1
C_j-Z_j	P_1		0	0	−1	0	0	0	0	0	0	0
	P_2		0	0	0	0	0	0	0	0	0	−1
	P_3		0	0	0	0	−2	−6	0	0	−3	3
	P_4		0	0	0	0	0	0	0	0	1	−1

在表 6—5 中，检验数行 P_3 中存在正检验数 3。然而，同列检验数行 P_2 中有负检验数，P_3 级别目标无法继续改善，已经是最满意解，且最满意解为 $x_1=70$ 和 $x_2=10$。

6.3 多维效用合并方法

多目标决策问题通常存在两个特点：第一，目标之间存在不可公度性，即目标之间没有统一的量纲，不能使用相同的标准进行比较；第二，目标之间存在矛盾性，即在提高某一个目标的同时，另一个目标可能在下降。为了有效地处理上述两个特点，下面介绍多维效用合并方法。

6.3.1 多维效用合并模型

假设多目标决策问题的评价准则有 s 个，可行方案有 m 个，s 个评价准则相应的效用函数分别为 $u_1,u_2,\cdots,u_s$，则可行方案 $a_1,a_2,\cdots,a_m$ 在 s 个评价准则下的效用值分别为 $u_1(a_i),u_2(a_i),\cdots,u_s(a_i)(i=1,2,\cdots,m)$。

为了在总体上对各可行方案进行比较和评价，应该需要将多个评价准则的效用值合并为一个综合的效用分数，此时通常采用一些数学建模方法，我们称这些数学建模方法为多维效用合并方法。多维效用合并方法可以较好地解决现实生活中的一些多目标决策问题，尤其是解决序列型多层次目标准则体系问题。

在序列型多层次目标准则问题中，最低一层为准则层，各准则按照序列关系进行分类，准则的效用也按照序列关系进行分类。效用合并规则是从下层到上层逐层进行合并的，首先，将属于相同类的各准则按照某种规则进行合并，以此得到该类的合并结果；其次，将各类合并结果进行再次合并，以此得到上一层的合并结果；再次，按照相同操作，以此得到更上一层的合并结果；最后，在进行不断合并的情况下，可以进一步得到效用值的最终合并结果。在上述步骤结束之后，再依据效用值的最终合并结果就可以比较各方案的优劣，进而可以实现方案的排序择优。上述效用值的最终合并结果可以称为总效用值，由于总效用值可以较好地体现可行方案关于目标准则体系的整体特征，因此也被称为可行方案的满意度。为了更好地理解和说明上述合并过程，下面给出多维效用合并模型的表示方法。在介绍该方法之前，先给出一个序列型多层次目标准则体系图，具体见图 6—6。

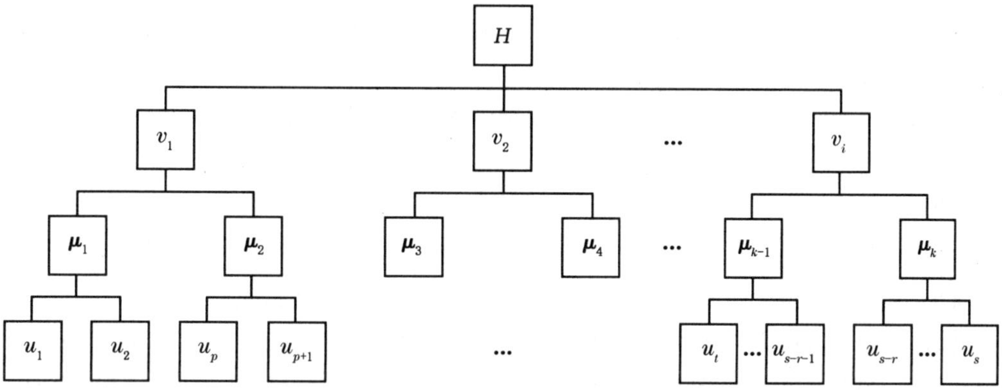

图 6—6　序列型多层次目标准则体系

在图 6—6 中，假设 H 表示可行方案的总效用值，即满意度；$v_1, v_2, \cdots, v_i$ 表示第二层子目标的效用值；如此类推，$\mu_1, \mu_2, \cdots, \mu_s$ 表示倒数第二层各子目标的效用值；$u_1, u_2, \cdots, u_s$ 表示最低一层各准则的效用值。符号"＊"表示按照某种规则进行的合并运算。效用合并过程从下到上逐层进行。其中，最低一层的各准则的效用，经过合并后可以得到：

$$\mu_1(a_i)=u_1(a_i)*u_2(a_i)*\cdots$$

$$\mu_2(a_i)=u_p(a_i)*u_{p+1}(a_i)*\cdots$$

…………

$$\mu_k(a_i)=u_{s-1}(a_i)*u_s(a_i)*\cdots$$

如此由下而上接着合并。第三层子目标的效用经过合并后得到第二层子目标的合并效用值为：

$$v_1(a_i), v_2(a_i), \cdots, v_l(a_i)$$

最后，可以得到可行方案的满意度：

$$H_i=H(a_i)=v_1(a_i)*v_2(a_i)*\cdots*v_l(a_i)\qquad(i=1,2,\cdots,m)$$

多维效用合并后的最满意方案为 a_{opt}，相应的满意度为：

$$H_{opt}=H(a_{opt})=\max H(a_i)$$

6.3.2　多维效用合并规则

多维效用合并规则的推导可以先从二维视角进行展开，即此时存在两个准则，存在相应的两个效用需要合并。下面先介绍二维效用函数的基本概念。

假设两个效用 u_1、u_2 分别是处于[0,1]区间，称二元连续函数 $U=U(u_1,u_2)$ 为二维效用函数。二维效用函数的定义域是坐标平面 u_1u_2 上的一个正方形，且该平面称为二维效用平面。值域是 U 轴上的区间[0,1]，曲面 $U=U(u_1,u_2)$ 称为二维效用曲面。

在多目标决策问题中，合并规则有很多种，通常需要根据实际情况来确定。下面介绍几种比较常见的合并规则。

1. 距离规则

二维效用的距离规则应该满足一些特点：第一，当两个效用同时达到最大值时，二者的合并效用才会达到最大值，即合并效用值取 1；第二，当两个效用同时达到最小值时，二者的合并效用才会达到最小值，即合并效用值取 0；第三，二维效用平面上其余各点效用值，同该点与合并效用最大值点的距离成正比。

设二维效用函数 $U=U(u_1,u_2)$，距离规则应该满足的条件如下：

(1)$U(1,1)=1$；

(2)$U(0,0)=0$；

(3)$0\leqslant U(1,u_2)\leqslant 1$ 且 $0\leqslant U(u_1,1)\leqslant 1$，其中 $u_1,u_2\in[0,1]$；

(4)$U(u_1,u_2)$取值与距离 $d=\sqrt{(1-u_1)^2+(1-u_2)^2}$ 呈正比例关系。

根据上述条件，可以直接推出二维效用函数的距离规则计算公式。假设效用最大值点为 $Q^+(1,1)$，效用最小值点为 $Q^-(0,0)$，此时有 $U(Q^+)=U(1,1)=1$ 和 $U(Q^-)=U(0,0)=0$。点 $Q^+(1,1)$和点 $Q^-(0,0)$之间的距离为$\sqrt{2}$，点 $Q(u_1,u_2)$和 $Q^+(1,1)$之间的距离为：

$$d=\sqrt{[(1-u_1)^2+(1-u_2)^2]}$$

因此，根据条件(4)可知：

$$\frac{U(Q^+)-U(Q)}{d}=\frac{U(Q^+)-U(Q^-)}{\sqrt{2}}$$

即：

$$\frac{1-U(u_1,u_2)}{\sqrt{(1-u_1)^2+(1-u_2)^2}}=\frac{1-0}{\sqrt{2}}$$

进一步化简得到：

$$U(u_1,u_2)=1-\sqrt{\frac{1}{2}[(1-u_1)^2+(1-u_2)^2]} \tag{6.3}$$

事实上，也可以将二维情形下的式(6.3)推广到多维情况。在多维情形下，n 维效用空间是一个由 2^n 个顶点构成的凸多面体。显然，一定存在唯一的最大值点 $Q^+(1,1,\cdots,1)$和唯一的最小值点 $Q^-(0,0,\cdots,0)$，即 $U(Q^+)=U(1,1,\cdots,1)=1$ 和 $U(Q^-)=U(0,0,\cdots,0)=0$，此时 n 维空间任何一点 $Q(u_1,u_2,\cdots,u_n)$和 $Q^+(1,1,\cdots,1)$之间的距离为：

$$d=\sqrt{\sum_{i=1}^{n}(1-u_i)^2}$$

最大值点 $Q^+(1,1,\cdots,1)$ 和最小值点 $Q^-(0,0,\cdots,0)$ 之间的距离为 $\sqrt{n}$，因此，类似地：

$$\frac{1-U(u_1,u_2,\cdots,u_n)}{d=\sqrt{\sum_{i=1}^{n}(1-u_i)^2}}=\frac{1-0}{\sqrt{n}}$$

进一步化简得到：

$$U(u_1,u_2,\cdots,u_n)=1-\sqrt{\frac{1}{n}\left[\sum_{i=1}^{n}(1-u_i)^2\right]} \tag{6.4}$$

上述距离规则对于解决一些现实生活中的决策问题很有帮助。例如，在成本效益分析问题中，成本效益分析的目的是寻求成本一定且效益最大的方案，或者是寻找效益一定且成本最小的方案。假设成本效用记为 u_c，效益效用记为 u_e。显然，成本效用是一条单调递减的曲线，效益效用是一条单调递增的曲线。假设最小成本和最大成本分别为 c^+、c^-，最大效益和最小效益分别为 e^+、e^-，则有 $u_c(c^+)=1$ 和 $u_c(c^-)=0$，且 $u_e(e^+)=1$ 和 $u_e(e^-)=0$。容易证明，该二维效用函数 $U=U(u_c,u_e)$ 满足如下条件：

(1) $U(u_c(c^+),u_e(e^+))=U(1,1)=1$；

(2) $U(u_c(c^-),u_e(e^-))=U(0,0)=0$；

(3) $0\leqslant U(1,u_e)\leqslant 1$ 且 $0\leqslant U(u_c,1)\leqslant 1$，其中 $u_e,u_c\in[0,1]$；

(4) $U(u_c,u_e)$ 取值与距离 $d=\sqrt{(1-u_c)^2+(1-u_e)^2}$ 呈正比例关系。

因此，对于上述成本效益分析问题，相应的合并效用函数为：

$$U(u_c,u_e)=1-\sqrt{\frac{1}{2}[(1-u_c)^2+(1-u_e)^2]}$$

2. 代换规则

二维效用的代换规则应该满足如下特点：两个效用对于决策主体具有相同重要性，而且两个目标之中只要存在一个效用取得最大值，则无论另外一个效用取任何值，合并之后的效用均为最大值。换言之，代换规则具有效用之间的"一好遮百丑"的特征。

设二维效用函数为 $U=U(u_1,u_2)$，代换规则应该满足的条件如下：

(1) $U(1,1)=1$；

(2) $U(0,0)=0$；

(3) $U(1,u_2)=1$ 且 $U(u_1,1)=1$，其中 $u_1,u_2\in[0,1]$。

根据上述条件，容易直接推出代换规则的合并效用函数为：

$$U(u_1,u_2)=1-(1-u_1)(1-u_2)=u_1+u_2-u_1u_2 \tag{6.5}$$

事实上，也容易将二维情形下的式(6.5)推广到多维情况。在 n 维效用空间下，除了点 $Q^-(0,0,\cdots,0)$ 的合并效用为 0 以外，其他 2^n-1 个顶点的效用值均为 1，n 维效用合并的代换规则计算公式为：

$$U(u_1,u_2,\cdots,u_n)=1-\prod_{i=1}^{n}(1-u_i) \tag{6.6}$$

上述代换规则对于解决一些现实生活中的决策问题也很有帮助。例如，在设备运行可靠性问题中，设备运行可靠性目标可以分解为设备自身可靠性和维修保养可靠性两个子目标，这两个子目标效用之间可以相互替代。只要设备自身可靠性好，就算维修保养可靠性差一点也没有关系，或者说只要维修保养可靠性好，设备自身可靠性差一点也没有关系。显然，这两个效用符合代换规则的情况。

3. 加法规则

二维效用的加法规则应该满足两个特点：第一，两个效用的变化具有相关性，并对合并后的效用无本质上的影响且可以互相线性地补偿，换言之，一个效用的减少可以通过另外一个效用的增加来补偿；第二，当且仅当两个效用取得最大值时，合并后的效用才为最大值；当且只有两个效用取得最小值时，合并后的效用才为最小值。换言之，加法规则具有效用之间的“好坏搭配”的特征。

设二维效用函数为 $U=U(u_1,u_2)$，加法规则应该满足的条件如下：

(1)$U(1,1)=1$；

(2)$U(0,0)=0$；

(3)$U(1,0)=\rho_1$，$U(0,1)=\rho_2$，并且 $\rho_1+\rho_2=1$。

根据上述条件，容易直接推出加法规则的合并效用函数为：

$$U(u_1,u_2)=\rho_1 u_1+\rho_2 u_2 \tag{6.7}$$

其中，$\rho_1,\rho_2\in[0,1]$，且被称为两个效用 u_1 和 u_2 的权重系数，表示为两个效用在合并过程中的相对重要程度。

将二维情形下的式(6.7)推广到多维情况。在 n 维效用空间下，除了 $U(Q^+)=1$ 和 $U(Q^-)=0$ 以外，其他 2^n-2 个顶点的效用值均在 0 和 1 之间，n 维效用合并的加法规则计算公式为：

$$U(u_1,u_2,\cdots,u_n)=\sum_{i=1}^{n}\rho_i u_i \tag{6.8}$$

其中，$\sum_{i=1}^{n}\rho_i=1, 0\leqslant\rho_i\leqslant 1, i=1,2,\cdots,n$，$\rho_i$ 表示为第 i 个目标效用的相对重要程度。

上述加法规则对于解决一些现实生活中的决策问题也是非常有效的。例如，测度居民的消费水平时，可以从吃和用两个角度来分解，其中当一个子目标效用值减少时，另外一个子目标效用值增加可以弥补合并后的总效用值，并且使得总效用值可以保持不变。换言之，吃和用这两个效用可以相互之间进行补充，并具有效用之间的“好坏搭配”的特征。因此，吃和用两个子目标效用适用于加法规则。

4. 乘法规则

二维效用的乘法规则应该满足两个特点：第一，两个效用对合并后的效用不具有同等重要性，相互之间完全不能替代；第二，当只要有一个目标的效用值为 0 时，那么合并后的效用值均为 0。换言之，乘法规则具有效用之间的“不可偏废”的特征。

设二维效用函数为 $U=U(u_1,u_2)$，乘法规则应该满足的条件如下：

(1)$U(1,1)=1$；

(2)$U(0,0)=0$；

(3)$U(1,0)=0$ 且 $U(0,1)=0$。

根据上述条件，容易直接推出乘法规则的合并效用函数为：

$$U(u_1,u_2)=u_1^{\rho_1}u_2^{\rho_2} \tag{6.9}$$

其中，ρ_1 和 ρ_2 为正常数。

将二维情形下的式(6.9)推广到多维情况。在 n 维效用空间下，除了 $U(Q^+)=1$ 以外，其他 2^n-1 个顶点的合并效用值均为 0，n 维效用合并的乘法规则计算公式为：

$$U(u_1,u_2,\cdots,u_n)=\sum_{i=1}^{n}(u_i)^{\rho_i} \tag{6.10}$$

其中，$\rho_i(i=1,2,\cdots,n)$为正常数。

上述乘法规则也可以解决一些现实生活中的决策问题。例如，测度某一管理信息系统的可靠性时，可以从多个子系统来进行分解，当只要其中一个子目标效用值为 0 时，则合并后的总效用值也为 0。换言之，多个系统的效用同等重要，不能进行替代和补充，并具有效用之间的“不可偏废”的特征。因此，多个系统的子目标效用可以适用于乘法规则。

5. 混合规则

二维效用的混合规则应该适用于各目标效用之间存在较为复杂的关系，是比代换、加法和乘法三种规则更为一般的情况。如果难以判断是否属于三种规则时，此时可以使用混合规则来运算。

混合规则的二维合并效用函数可以由代换规则的二维合并效用函数变化而来，可以用 c_1u_1、c_2u_2、γ 分别代替 u_1、u_2、-1，于是有：

$$U(u_1,u_2)=c_1u_1+c_2u_2+\gamma c_1u_1c_2u_2 \tag{6.11}$$

其中，$\gamma\geqslant-1$ 称为形式因子，γ 取不同值，分别表示上述三种规则之一。当形式因子 $\gamma\neq0$ 时，经过简单恒等变形，公式(6.11)可以进一步化为比较规范的形式，即：

$$1+\gamma U=(1+\gamma c_1u_1)(1+\gamma c_2u_2) \tag{6.12}$$

当形式因子 $\gamma=-1$ 且 $c_1=c_2=1$ 时，公式(6.11)化为代换规则形式，即：

$$U(u_1,u_2)=u_1+u_2-u_1u_2$$

当形式因子 $\gamma=0$ 且 $c_1+c_2=1$ 时，公式(6.11)化为加法规则形式，即：

$$U(u_1,u_2)=c_1u_1+c_2u_2$$

当形式因子 $\gamma\geqslant0$ 时，公式(6.11)近似于乘法规则形式，即：

$$U(u_1,u_2)\approx\gamma c_1u_1c_2u_2$$

推广到 n 维情形，n 维效用合并的混合规则计算公式为：

$$1+\gamma U=\prod_{i=1}^{n}(1+\gamma c_iu_i) \tag{6.13}$$

事实上，还存在一些其他的多维效用合并规则，如向量范数规则、向量距离规则、向量比例规则等，此处限于篇幅，不一一进行介绍。

为了更好地理解多维效用合并方法，下面引入西安交通大学系统工程研究所已经完成研究课题的一个实际案例。

【例 6.5】 当今世界，人们的活动和现存的生活环境密切相关。人口增长是否可以适应生态环境，人口增长是否可以协调经济发展，已经在不断地引起全世界的关注。社会经济的长远发展是我们面对未来必须注重的一个问题，也是一项十分艰巨的任务。控制我国总人口目标是为了我国经济的更好发展，也是为了社会的可持续发展。下面应用多维效用合并方法来分析复杂社会经济问题，以此来更好地控制我国总目标人口，为我国人口政策制定提供科学的依据。下面简要地介绍研究课题的相关内容。

(一)问题

通过统计学方法进行测算,我国人口发展周期的平均寿命为70年。在制定人口控制目标时,通常是选择以100年为时间范围,即测算在100年内我国人口控制最合理的目标是多少人。

(二)方案

假定我国总人口目标设定为2亿、3亿、4亿、5亿、6亿、7亿、8亿、9亿、10亿、11亿、12亿、13亿、14亿、15亿,且分别用a_1、a_2、a_3、a_4、a_5、a_6、a_7、a_8、a_9、a_{10}、a_{11}、a_{12}、a_{13}、a_{14}来表示这14个方案,相应的满意度分别为H_1、H_2、H_3、H_4、H_5、H_6、H_7、H_8、H_9、H_{10}、H_{11}、H_{12}、H_{13}、H_{14}。

(三)目标准则体系

该问题的目标准则体系为序列型多层次结构。为便于叙述,将该体系进行了简化处理,总共为5个层次,具体见图6—7。

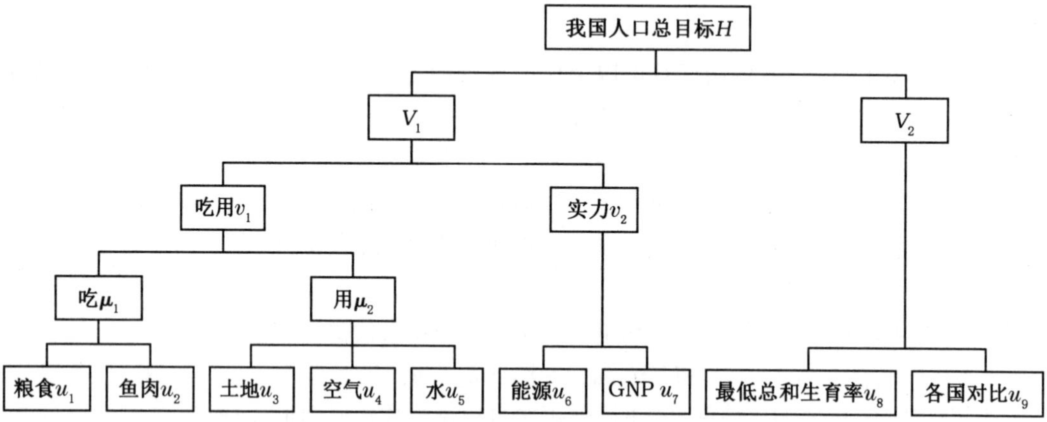

图6—7 我国人口控制的多层次目标准则体系

1. 总目标

100年内我国最适合的人口目标。

2. 分目标

总共设有四个分目标。

分目标1:根据我国相关资源和环境的约束,在相应的时间范围内,能够承受提供全国人民吃和住的能力,此处简记为"吃用"。

分目标2:根据我国国民经济的发展规划要求和中国人口目标相互匹配的经济实力,此处简记为"实力"。

分目标3:根据我国计划生育的政策要求,人民群众可以接受的最低总和生产率,即一对夫妇一生中平均生育的孩子的个数,此处简记为"β_{min}"。

分目标4:根据我国总人口增长和世界总人口增长的适应性要求,当一个国家人口过多时,会对社会经济发展造成沉重负担;当一个国家人口偏小时,也会对社会经济发展造成不利影响。可见,我国总人口应该位于一个合适的数字,因此可以用我国人口和世界人口的比值来表示,此处简记为"各国对比"。

在上述四个分目标中，当将“吃用”和“实力”进行合并时，可以得到合并效用值 V_1；当将“最低总和生育率”和“各国对比”进行合并时，可以得到合并效用值 V_2。

3. 子目标

分目标“吃用”和“实力”仍然难以采用一个唯一的准则来对比，因此还需要进行下一层的分解。

分目标“吃用”可以先分解为“吃”和“用”两个子目标。子目标“吃”和“用”仍然需要再次进行相应的分解，其中“吃”再一步分解为人均粮食需求和人均鱼肉需求两个更低一层的子目标，简记为“粮食”和“鱼肉”，这两个子目标都能够采用唯一的一个准则来对比，没有必要再进行进一步的分解；类似地，“用”再一步分解为人均土地需求、人均空气需求、人均用水需求三个更低一层的子目标，简记为“土地”、“空气”和“水”。在此情况之下，分目标“吃用”最后可以分解为 5 个最低一层的子目标，而且相应的评价效用值为 $u_i(1,2,\cdots,5)$。

分目标“实力”可以分解为人均能力需求和人均国民生产总值两个子目标，简记为“能源”和“GNP”，这两个子目标都能够采用唯一的一个准则来对比，没有必要再进行进一步的分解，相应的评价效用值为 u_6、u_7。

分目标“最低总和生产率 $\beta_{\min}$”和“各国对比”都能够采用唯一的一个准则来对比，没有必要再进行进一步分解，相应的评价效用值为 u_8、u_9。

（四）评价准则和效用

在我国总人口目标问题的目标准则体系中，最低一层共有 9 个子目标或分目标，换言之，总共有 9 个需要合并的效用，接下来需要分别计算这 9 个子目标的效用，此时需要知晓这 9 个准则的效用函数，下面仅选取子目标“粮食”、“土地”、“水”、“能源”、“$\beta_{\min}$”为例进行相应说明，其他子目标的效用值汇总于表 6.6。

1. 粮食

我国 1949 年粮食平均每亩产量为 137 斤，1979 年粮食平均每亩产量为 332.1～442.8 斤（按照耕地面积为 12 亿亩或 15 亿亩计算），平均每年的增长率为 0.03～0.0399，平均每年的增长量为 6.5～10.2。在世界其他各国 1979 年粮食产量水平中，日本年亩产量水平为每亩 740 斤，法国年亩产量水平为每亩 591 斤，美国年亩产量水平为每亩 486 斤。假设继续按照这个速度进行增长，那么预测 100 年后我国年亩产量水平为每亩 982.1～1 461.8 斤，相应的增长率为 0.8%～1.1%。根据该预测的结果可以计算出 14 个人口方案的人均粮食量。按照联合国粮农组织相关人均耗粮标准资料可以测算，总人口数 $N\leqslant 12.6$ 亿时，人均粮食需求量为最优值，取 $N^*=12.6$ 亿，效用值 $u_1(N^+)=1$；总人口数 $N\geqslant 64.8$ 亿时，人均粮食需求量为最劣值，取 $N^*=64.8$ 亿，效用值 $u_1(N^-)=0$。根据效用函数推导方法，可以得到“粮食”准则的效用函数 $u=u_1(N)$，具体见图 6－8。

在此基础上，可以计算出“粮食”准则下的 14 个方案的效用值，即：

$u_1(a_1)=u_1(a_2)=\cdots=u_1(a_{11})=1$

$u_1(a_{12})=0.99, u_1(a_{13})=0.97$

$u_1(a_{14})=0.95$

2. 土地

目前，我国的耕地大概有 20 亿亩，占全国总土地的 14%。然而，随着人们生活水平和社会经济的发展，人们存在不断占用耕地的现象，而且土地沙化的现象也是不断严重，这使

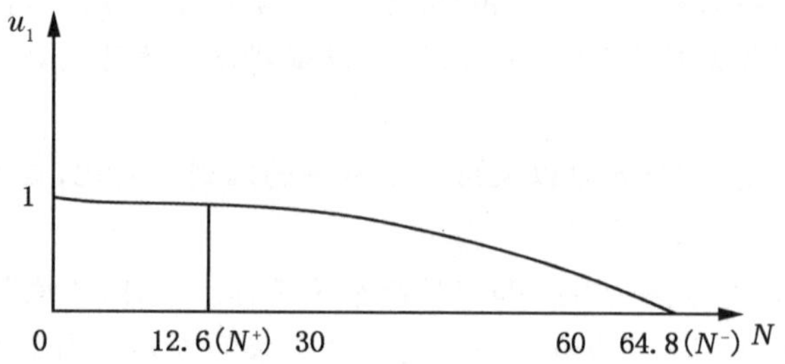

图 6—8 “粮食”准则的效用函数

得我国的耕地正在不断缩小。我国现有的森林面积占总面积的 12.7%，共有 18.3 亿亩，可耕荒地面积大概 15 亿亩。根据相关专家推断，考虑到我国耕地相关法律的不断完善、政府对耕地相关治理的改善，在 100 年后我国耕地面积可望实现占有全国面积的 24%。按照人均增长和人口总数增长的相关比例认定，当总人口数 $N \leqslant 10$ 亿时，人均土地占有量处于最优状态，此时取定 $N^+=10$ 亿；当总人口数 $N \geqslant 56.7$ 亿时，人均土地占有量处于最劣状态，此时取定 $N^-=56.7$ 亿。由此可见，可以推出“土地”准则的效用函数 $u=u_3(N)$，具体见图 6—9。

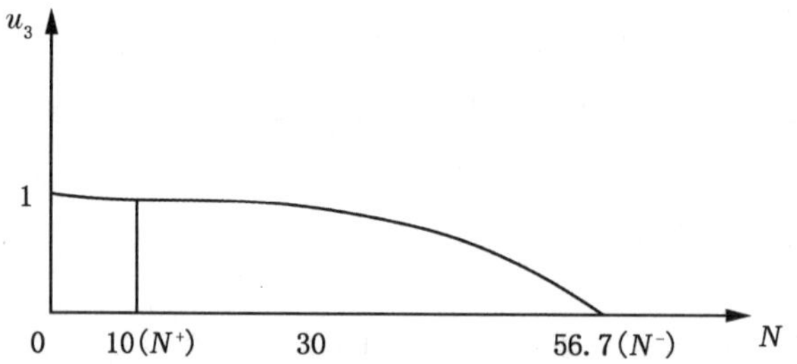

图 6—9 “土地”准则的效用函数

在此基础上，可以计算出“土地”准则下的 14 个方案的效用值，即：

$u_3(a_1)=u_3(a_2)=\cdots=u_3(a_9)=1$

$u_3(a_{10})=0.97, u_3(a_{11})=0.94$

$u_3(a_{12})=0.92, u_3(a_{13})=0.88$

$u_3(a_{14})=0.85$

3. 水

目前，我国的水资源也是比较缺乏的，尤其是针对北方的干旱地区，而且由于受到水资源的污染，使得水资源的缺乏问题日益严重。在 1979 年，我国工农业和生活的用水大概是每年每人在 400～500 吨，而在相同的时间，美国工农业和生活的用水大概是每年每人在 2 880 吨，日本工农业和生活的用水大概是每年每人在 789 吨。与一些发达国家相比，我国的用水量还相对较少。根据我国人口量的增加、工农业和生活的用水量增加、水资源开发利用等情况以及世界其他各国的用水情况的比较，我们认定，当总人口数 $N \leqslant 4.5$ 亿时，人均用水量需求函数的效用值为最优状态，此时取定 $N^+=4.5$ 亿；当总人口数 $N \geqslant 54$ 亿时，人均用水量需求函数的效用值处于最劣状态，此时取定 $N^-=54$ 亿。由此可见，可以容易推出“水”准则的效用函数 $u=u_5(N)$，具体可见图 6—10。

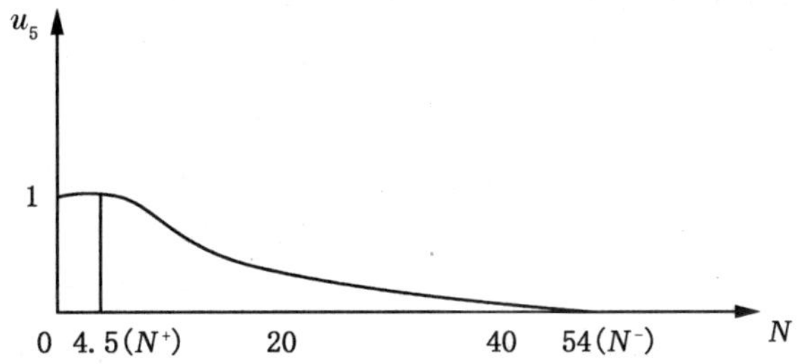

图 6—10　“水”准则的效用函数

在此基础上，可以计算出“水”准则下的 14 个方案的效用值，即：

$u_5(a_1)=u_5(a_2)=u_5(a_3)=1$

$u_5(a_4)=0.93, u_5(a_5)=0.85$

$u_5(a_6)=0.92, u_5(a_7)=0.70$

$u_5(a_8)=0.64, u_5(a_9)=0.59$

$u_5(a_{10})=0.54, u_5(a_{11})=0.50$

$u_5(a_{12})=0.46, u_5(a_{13})=0.43, u_5(a_{14})=0.4$

4. 能源

我国的能源也是比较缺乏的，主要以煤炭为主，其他能源还有水力、石油、天然气、太阳能、原子能等。在 1979 年，我国能源的使用大概是每年每人在 1.47～2.24 吨，而在相同的时间，美国能源的使用大概是每年每人在 11.574 吨。根据我国能源使用量的增加，按照世界各国能源的使用衡量标准，我们认定，当总人口数 $N\leqslant 11.5$ 亿时，人均能源使用量需求函数的效用值为最优状态，此时取定 $N^+=11.5$ 亿；当总人口数 $N\geqslant 11.5$ 亿时，人均能源使用量需求函数的效用值逐渐减少；当总人口数 $N\geqslant 50$ 亿时，其效用值逐渐接近于 0。由此可见，可以容易推出“能源”准则的效用函数 $u=u_6(N)$，具体可见图 6—11。

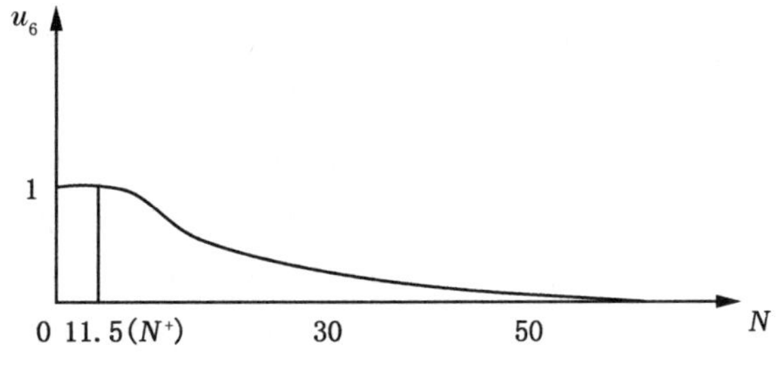

图 6—11　“能源”准则的效用函数

在此基础上，可以计算出“能源”准则下的 14 个方案的效用值，即：

$u_6(a_1)=u_6(a_2)=\cdots=u_6(a_{10})=1$

$u_6(a_{11})=0.98, u_6(a_{12})=0.95$

$u_6(a_{13})=0.91, u_6(a_{14})=0.87$

5. β_{min}

人民群众可以接受的最低总和生育率是一项人口控制目标的重要指标,该指标可以在一定程度上表征为一对夫妇在一生当中平均生育的孩子个数。在1979年,我国总和生育率的值为2.2,通过计算可知在近几年的总和生育率大约每年下降0.1,在当前的数据下,我国城市一胎率为90%,农村一胎率为40%,可以预知在100年后,我国的总人口数为6.03~7.77亿,这在很大程度上是可能的。因此,可以认定,当总人口数$N\geqslant 7$亿时,最低总和生育率的效用值为最优状态,此时取定$N^{+}=7$亿。假设在100年内一胎率达到100%,那么预测100年后总人口数为2.33~3.07亿,根据我国的国情是难以实现的。因此,可以进一步认定当总人口数$N\leqslant 3$亿时,最低总和生育率的效用值为最劣状态,此时取定$N^{-}=3$亿。由此可见,可以容易推出"β_{min}"准则的效用函数$u=u_8(N)$,具体可见图6—12。

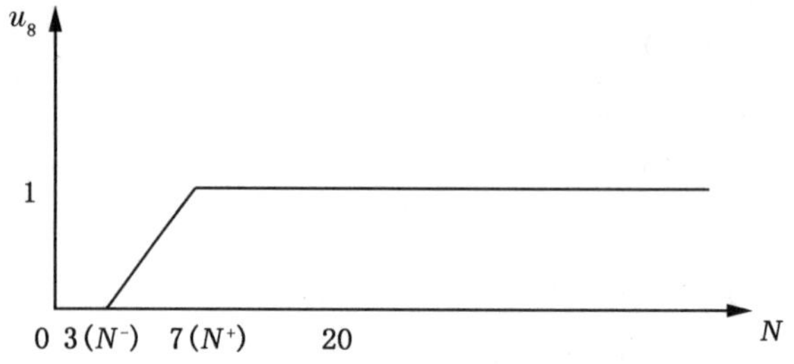

图6—12 "β_{min}"准则的效用函数

在此基础上,可以计算出"β_{min}"准则下的14个方案的效用值,即:

$u_8(a_1)=u_8(a_2)=0$

$u_8(a_3)=0.25, u_8(a_4)=0.50, u_8(a_5)=0.75$

$u_8(a_6)=u_8(a_7)=\cdots=u_8(a_{14})=1$

(五)多维效用合并过程

根据图6—7中我国人口控制的多层次目标准则体系,由下往上逐层将效用进行合并。

首先,将最低一层9个准则分成4类进行合并。

(1)u_1(粮食)、u_2(鱼肉)。这两个准则层属于强烈关联。针对解决"吃"的问题,"粮食"和"鱼肉"两者不能缺少其中一个。换言之,两种效用中的其中一个非常缺乏,而另外一个非常充足,也难以使得合并后的效用最佳。因此,这两种准则层比较适合采用乘法规则。

(2)u_3(土地)、u_4(空气)、u_5(水)。这三个准则层中,u_4(空气)和u_5(水)这两个准则层也是二者缺一不可,也是不能相互替代和补充的。因此,u_4(空气)和u_5(水)两种准则层比较适合采用乘法规则。在此基础上,将合并结果再次和u_3(土地)进行合并,显然,这也是属于二者不能相互替代和补充的情况。因此,u_4(空气)和u_5(水)的合并结果与u_3(土地)也比较适合采用乘法规则。

(3)u_6(能源)、u_7(GNP)。这两个准则层也是属于二者不能相互替代和补充。因此,u_6(能源)、u_7(GNP)两种准则层比较适合采用乘法规则。

(4)u_8(β_{min})、u_9(各国比较)。这两个准则层也是属于二者不能相互替代和补充。因此,u_8(β_{min})、u_9(各国比较)两种准则层比较适合采用乘法规则。

将上述准则进行合并,可以分别得到上一层目标的合并效用μ_1(吃)、μ_2(用)、v_2(实

力)、V_2,按照符合的乘法规则进行运算,可以分别得到效用值为:

$$\mu_1=u_1u_2$$

$$\mu_2=u_3u_4u_5$$

$$v_2=u_6u_7$$

$$V_2=u_8u_9$$

其次,继续进行倒数第二层的目标效用合并,显然 μ_1(吃)和 μ_2(用)两个效用可以线性地相互补充,因此 μ_1(吃)和 μ_2(用)比较适合采用加法规则。此处假定 μ_1(吃)和 μ_2(用)的两个效用的权重系数分别为 $\rho_1=2/3$、$\rho_2=1/3$,进而有:

$$v_1=\frac{2}{3}\mu_1+\frac{1}{3}\mu_2$$

类似地,v_1(吃用)和 v_2(实力)两个效用也可以线性地相互补充,因此,v_1(吃用)和 v_2(实力)也比较适合采用加法规则。此处假定 v_1(吃用)和 v_2(实力)的两个效用的权重系数分别为 $\rho_1=2/3$、$\rho_2=1/3$,于是有:

$$V_1=\frac{2}{3}v_1+\frac{1}{3}v_2$$

最后,将上述功效系数合并为最终的总效用值,即我国总人口方案的满意度 H。将上述各层次的目标效用值计算结果分别代入上述式子,可以计算满意度的计算公式为:

$$H=V_1V_2=\frac{2}{3}[(\frac{2}{3}u_1u_2+\frac{1}{3}u_3u_4u_5)+\frac{1}{3}u_6u_7]u_8u_9$$

在上述的基础上,进一步将 14 个方案的各目标效用值 $u_1\sim u_9$ 代入上式中,可以得到 14 个总人口方案的满意度,计算结果具体见表 6—6。

表 6—6　　总人口方案的满意度

方案		目标准则体系									方案满意度 H
		吃用					实力		β_{min} u_8	各国比较 u_9	
		吃		用			能源 u_6	GNP u_7			
序号	N(亿)	粮食 u_1	鱼肉 u_2	土地 u_3	空气 u_4	水 u_5					
a_1	2	1.00	1.00	1.00	1.00	1.00	1.00	1.00	0.00	0.00	0.00
a_2	3	1.00	0.99	1.00	1.00	1.00	1.00	1.00	0.00	0.00	0.00
a_3	4	1.00	0.98	1.00	1.00	1.00	1.00	1.00	0.25	0.00	0.00
a_4	5	1.00	0.98	1.00	1.00	0.93	1.00	1.00	0.50	0.28	0.14
a_5	6	1.00	0.97	1.00	1.00	0.85	1.00	1.00	0.75	0.68	0.49
a_6	7	1.00	0.97	1.00	1.00	0.77	1.00	0.95	1.00	0.91	0.83
a_7	8	1.00	0.96	1.00	1.00	0.70	1.00	0.91	1.00	0.94	0.83
a_8	9	1.00	0.96	1.00	1.00	0.64	1.00	0.85	1.00	0.98	0.83
a_9	10	1.00	0.95	1.00	1.00	0.59	1.00	0.81	1.00	1.00	0.82
a_{10}	11	1.00	0.95	0.97	1.00	0.54	1.00	0.77	1.00	1.00	0.79

续表

方案		目标准则体系									方案满意度 H
		吃用					实力		β_{min} u_8	各国比较 u_9	
		吃		用			能源 u_6	GNP u_7			
序号	N(亿)	粮食 u_1	鱼肉 u_2	土地 u_3	空气 u_4	水 u_5					
a_{11}	12	1.00	0.94	0.94	1.00	0.50	0.98	0.73	1.00	1.00	0.76
a_{12}	13	0.99	0.94	0.92	1.00	0.46	0.95	0.71	1.00	1.00	0.73
a_{13}	14	0.97	0.93	0.88	1.00	0.43	0.91	0.67	1.00	1.00	0.69
a_{14}	15	0.95	0.93	0.85	1.00	0.4	0.87	0.64	1.00	1.00	0.65

根据上述计算结果表明，我国总人口目标控制在 7 亿～10 亿时，相应的满意度相对比较高，均在 0.820 以上，其中最为满意的方案为 a_6(7 亿)，且满意度的值为 $H_6=0.83$；其次满意度的方案为 a_7(8 亿)、a_8(9 亿)、a_9(10 亿)，即 $a_6>a_7>a_8>a_9$。

具体地，各方案的满意度情况可以见图 6—13。

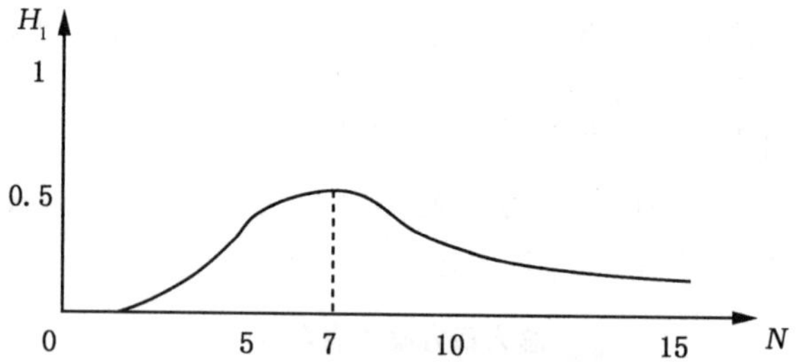

图 6—13 各方案满意度的变化情况

上述“我国总人口目标”的研究结论，能够给我国的管理人员在制定相关政策时提供重要的决策参考。例如，为了使得在 21 世纪中期我国的综合国力可以达到发达国家水平，将我国总人口控制为 7 亿～10 亿是比较合适的。

6.4 AHP 方法

层次分析法(Analytic Hierarchy Process，AHP)是美国运筹学专家、匹兹堡大学萨蒂(Satty)教授于 20 世纪 70 年代提出的一种定性和定量分析相结合的评价方法，该方法有时候又被称为多层次权重解析方法。该方法是一种力求避开复杂数学建模而进行复杂问题的决策方法，其本质是将复杂的问题逐层分解为若干元素，组成一个相互关联和具有隶属关系的层次结构模型，对各元素进行判断，以获得各元素的重要性。层次分析法可以分析目标准则体系层次间的非序列关系，能够处理综合测度决策者的判断。由于 AHP 方法具有系统、简洁、实用等特点，因此在社会、经济、管理等诸多领域得到了广泛应用。

6.4.1　AHP 方法的基本原理

1. 递阶层次模型

基于 AHP 方法来分析社会经济中的多目标决策问题，首先需要构建递阶层次模型，该模型能够将问题条理化和层次化，而且能够反映系统本质属性和内在联系。在递阶层次模型中，依据系统分析的结果，可以对系统和环境的关系更为熟悉，而且可以更加熟悉系统所包含的因素之间的关系和隶属度关系等。递阶层次模型将具有共同属性的元素归为一组，并视为该模型的一个层次，同一层元素不仅制约下一层的元素，还受到了上一层元素的制约。AHP 方法既可以处理序列型的层次结构，又可以处理非序列型的层次结构。在利用 AHP 方法时，通常可以将层次划分为三种类型：

第一种类型是最高层。该层仅包含一个元素，含义是指决策问题的总目标，因此也称为总目标层。

第二种类型是中间层。该层包含若干层元素，含义是指实现总目标所涉及的各个子目标，包括各种准则、约束、策略等，因此也称为目标层。

第三种类型是最低层。该层包含多个元素，含义是指各个决策目标的可行方案，因此也称为方案层。

为了更好地说明递阶层次模型，下面给出一个实际案例。

【例 6.6】　在现实生活中，高校老师通常会申请一些科研项目，影响科研项目的因素有很多，而且这些影响因素之间是错综复杂的。例如，成果贡献、人才培养、可行性、发展前景等都会影响科研项目的成功，而且这些因素又会受到一些子因素的影响，具体如下：

(1)实用价值。实用价值是指科研项目的研究成果可以较好地解决现实社会中的一些具体问题，并且会给社会带来一些价值。实用价值通常可以采用经济效益和社会效益来表征，而且实用价值还与成果贡献、人才培养和发展前景有一定的关系。

(2)科技水平。科技水平是指科研项目在学术上的理论价值和在同行中认可的领先水平。科技水平通常与成果贡献、人才培养、发展前景有一定的关系。

(3)优势发挥。优势发挥是指科研项目能够发挥出的学科人才优势。优势发挥通常与人才培养、课题可行性和发展前景有一定的关系。

(4)难易程度。难易程度是指科研项目在实施过程中存在困难的程度。难易程度通常也表示为科研项目受到的约束条件。难易程度通常与课题可行性、发展前景有一定的关系。

(5)研究周期。研究周期是指完成科研项目所需要的一个完整的时间长短。研究周期通常与课题可行性有一定的关系。

(6)财政支持。财政支持是指完成科研项目所需要花费的成本。财政支持通常与课题可行性、发展前景有一定的关系。

【解】 在确定科研项目是否可以成功立项时，主要依据上述影响因素，而这些影响因素在多目标决策分析问题中就构成了相应的目标和准则。基于此，可以建立科研项目的层次结构模型，具体如图 6－14 所示。

在图 6－14 中，该模型从上到下可以划分为四个层次：最上面的科研项目综合评价(A)是总目标层；第二层是目标层，包括成果贡献(B_1)、人才培养(B_2)、可行性(B_3)、发展前景(B_4)；第三层为子目标层，包括实用价值(C_1)、科技水平(C_2)、优势发挥(C_3)、难易程度

(C_4)、研究周期(C_5)、财政支持(C_6),其中实用价值(C_1)又进一步划分为经济效益(C_{11})和社会效益(C_{12})两个子目标;第四层为方案层,包括科研项目(O_1)和科研项目(O_2)两个方案。

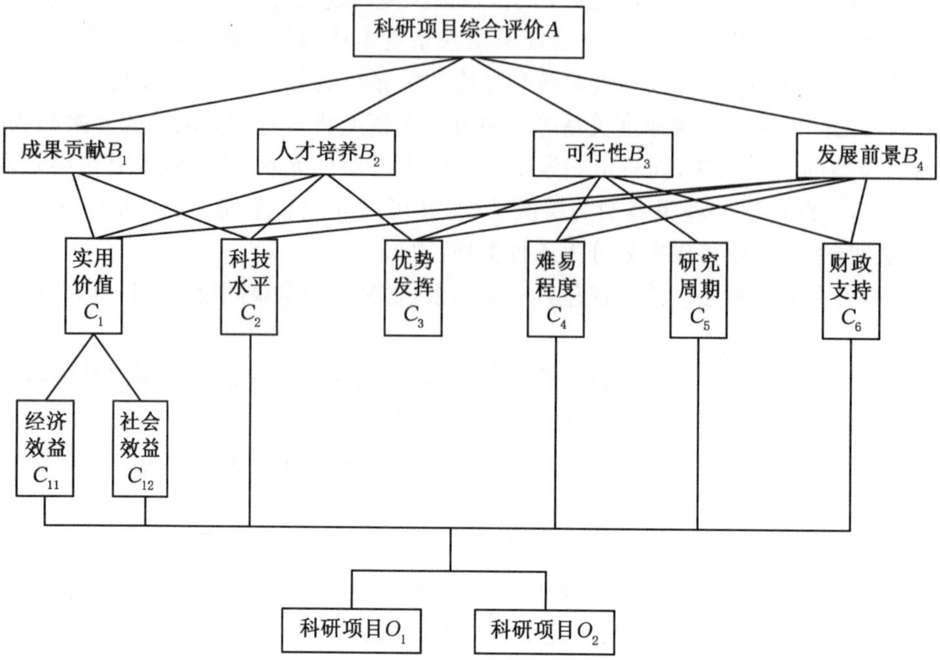

图 6－14　我国人口控制的多层次目标准则体系

2. 递阶层次模型

在确定层次结构模型之后,该问题就转换为具有层次结构的目标准则体系下的方案选择问题。一般而言,AHP 方法通常是基于优先权重来对方案进行排序择优的。优先权重作为一种相对度量数,表示为相对重要程度,且位于数值 0～1 之间。对于方案层的优先权重,是依据递阶层次由上到下逐层计算的,我们将这个过程称为递阶层次权重解析过程。显然,我们需要计算各层准则相应的优先权重,而优先权重是通过判断矩阵来计算的,判断矩阵是通过决策者将该层元素进行两两比较得到的。我们通常可以计算判断矩阵的最大特征值和该特征值所对应的特征向量,而该特征向量就是该层准则所对应的优先权重。在得到该层的优先权重后,再沿着递阶层次结构逐层进行,直到计算各方案关于整个目标准则体系的优先权重,这样就完成了整个递阶层次权重的解析。

下面通过一个物体测重的问题来说明递阶层次模型中的优先权重计算方法,并帮助理解 AHP 方法的基本原理。

假设有 m 个物体$\{A_1, A_2, \cdots, A_m\}$,相应的重量分别为$\{w_1, w_2, \cdots, w_m\}$,现将物体重量两两之间进行对比,具体见表 6－7。

表 6—7　　物体重量两两之间的对比

	A_1	A_2	…	A_n
A_1	w_1/w_1	w_1/w_2	…	w_1/w_m
A_2	w_2/w_1	w_2/w_2	…	w_2/w_m
…	…	…	…	…
A_n	w_m/w_1	w_m/w_2	…	w_m/w_m

下面给出矩阵形式的物体重量两两之间的对比。

$$A=\begin{bmatrix} w_1/w_1 & w_1/w_2 & \cdots & w_1/w_m \\ w_2/w_1 & w_2/w_2 & \cdots & w_2/w_m \\ \cdots & \cdots & \cdots & \cdots \\ w_m/w_1 & w_m/w_2 & \cdots & w_m/w_m \end{bmatrix}$$

上述矩阵 A 被称为判断矩阵。若取定重量向量 $W=(w_1,w_2,\cdots,w_m)^{\mathrm{T}}$，满足 $AW=mW$，显然有，W 为判断矩阵 A 的特征向量，m 为特征值。根据线性代数知识可知，m 为判断矩阵 A 的唯一非零且最大的特征值。

由此可见，如果需要测量一组物体的重量，在没有直接测量工具的情况下，可以通过它们两两物体重量之间的关系，得出两两物体重量的比值，在此基础上形成判断矩阵，再通过计算判断矩阵的最大特征值和最大特征值所对应的特征向量，这样就可以得到该组物体的重量了。类似地，在多准则决策问题中，只要通过合理的度量尺寸来构建判断矩阵，这样就可以计算每一个准则的相对重要性，进而为决策问题提供有效支撑。事实上，这也是 AHP 方法的基本思想，AHP 方法也是由此产生的。

上述物体测重问题反映了，一组物体的重量可以通过两两物体重量之间的对比值形成的判断矩阵来计算。类似地，对于一些现实的经济管理决策问题，我们也可以通过两两物体重要性之间的对比值形成的判断矩阵来计算。

对于判断矩阵 $A=(a_{ij})_{m\times m}$，$a_{ij}>0(i,j=1,2,\cdots,m)$，显然，满足如下式子：

(1)$a_{ii}=1(i=1,2,\cdots,m)$；

(2)$a_{ij}=1/a_{ij}(i,j=1,2,\cdots,m)$；

(3)$a_{ij}=a_{ik}/a_{jk}(i,j,k=1,2,\cdots,m)$。

6.4.2　判断矩阵

1. 判断矩阵的构造

设 m 个元素之间存在相对重要性，按照某种标度法则进行对比，第 i 个元素与其他元素两两进行对比，形成的相对重要度为 $a_{ij}(i,j=1,2,\cdots,m)$，在此基础上可以进一步构建 m 阶的判断矩阵，以此来求解每一个元素的相对重要性，即求解各准则的优先权重，记为：

$$A=(a_{ij})_{m\times m}=\begin{bmatrix} a_{11} & a_{12} & \cdots & a_{1m} \\ a_{21} & a_{22} & \cdots & a_{2m} \\ \cdots & \cdots & \ddots & \cdots \\ a_{m1} & a_{m2} & \cdots & a_{mm} \end{bmatrix}$$

判断矩阵的构造需要依据某种标度法则进行两两元素之间的对比，以此使得两两元素之间的相对重要性可以有效度量。为了有效地解决该问题，AHP 方法的设计者给出了 1～9 的标度方法，各级分数的含义见表 6－8。

表 6－8　　AHP 方法标度的各级分数含义

标　度	定　义	含　义
1	同样重要	两元素对某属性，一元素比另一元素同样重要
3	稍微重要	两元素对某属性，一元素比另一元素稍微重要
5	明显重要	两元素对某属性，一元素比另一元素明显重要
7	强烈重要	两元素对某属性，一元素比另一元素强烈重要
9	极端重要	两元素对某属性，一元素比另一元素极端重要
2、4、6、8	相邻标度中间值	表示相邻两个标度之间折中时的标度
上列标度倒数	反比较	元素对元素的标度为 a_{ij}，反之为 $1/a_{ij}$

1～9 级标度法可以较好地反映人的认识规律，可以有效地刻画决策者的偏好信息，进而能够使得决策结果更为贴近客观现实。需要指出的是，在专家对客观事物进行评估时，有时候会更擅长给出诸如相同重要、稍微重要、明显重要、强烈重要、极端重要等语言短语，这样可以更为巧妙地利用决策者的专业知识和丰富经验，进而使得评估效果更为合理，这也是 AHP 方法采用 1～9 级标度法的原因所在。在表 6.8 中，给出的语言短语信息可以用基于数值的标度来进行代替，进而可以辅助后面的运算得到判断矩阵，并计算出优先权重。

为了更好地理解判断矩阵，下面给出一个例子。

【例 6.7】 假设某准则下有 3 个元素，某专家给出第 1 个元素与其他元素的对比评分为：第 1 个元素比第 2 个元素稍微重要，第 1 个元素比第 3 个元素明显重要，第 2 个元素比第 3 个元素稍微重要，现在需要确定判断矩阵。

【解】 根据表 6.8 可知，稍微重要可以用数字“3”代替，于是有 $a_{12}=3$ 和 $a_{23}=3$，进而有 $a_{21}=1/3$ 和 $a_{32}=1/3$；类似地，明显重要可以用数字“5”，于是有 $a_{13}=5$，进而有 $a_{31}=1/5$。另外，判断矩阵的上对角线上元素均为 1，即 $a_{11}=a_{22}=a_{33}=1$。因此，该判断矩阵为：

$$A=(a_{ij})_{3\times 3}=\begin{bmatrix} 1 & 3 & 5 \\ 1/3 & 1 & 3 \\ 1/5 & 1/3 & 1 \end{bmatrix}$$

2. 判断矩阵的一致性检验

根据 1～9 级标度的判断矩阵 $A=(a_{ij})_{m\times m}$，$a_{ij}>0$，并且满足如下：

(1) $a_{ii}=1(i=1,2,\cdots,m)$；

(2) $a_{ij}=1/a_{ij}(i,j=1,2,\cdots,m)$；

(3) $a_{ij}=a_{ik}/a_{jk}(i,j,k=1,2,\cdots,m)$。

可见，判断矩阵 $A=(a_{ij})_{m\times m}$ 为互反矩阵。然而，由于客观事物的复杂性，以及人类认识的有限性和人类主观判断的多样性，因此决策者给出的同一准则下不同元素的相对重要性评分通常很难满足互反矩阵的一致性条件 $a_{ij}=a_{ik}/a_{jk}$。例如，在例 6.7 中，$a_{12}=3$ 且 $a_{13}/a_{23}=5/3$，显然，$a_{12}\neq a_{13}/a_{23}$。

上述不满足一致性条件的互反矩阵，称为不具有完全一致性的判断矩阵；反之，则称为具有完全一致性的判断矩阵。然而，按照线性代数知识，根据一致性正矩阵的性质，当且仅当判断矩阵 A 具有完全一致性时，才存在唯一非零的最大特征值且其余特征值均为 0，此时才能归结为计算判断矩阵 A 的最大特征值为 $\lambda_{max}=m$ 和 $W=(w_1,w_2,\cdots,w_m)^T$。

当判断矩阵不满足完全一致性时，此时判断矩阵仅为互反正矩阵，最大特征值 $\lambda_{max}>m$ 且其余特征值不是全部为 0。尽管如此，在现实生活中，当运用 AHP 方法时，我们还是希望 λ_{max} 尽可能略大于 m，其余特征值尽可能接近 0。只有在这种情况下，计算出的特征向量才会与优先权重很接近。因此，很有必要对判断矩阵的一致性进行检验，以此来达到满意的一致性标准。下面给出判断一致性标准的相关条件。

假设判断矩阵 A 的全部特征值分别为 $\lambda_1=\lambda_{max},\lambda_2,\cdots,\lambda_m$，由于 A 为正反正矩阵，$a_{ii}=1$，判断矩阵 A 的迹：

$$\mathrm{tr}(A)=\sum_{i=1}^{m}a_{ii}=m$$

于是有，判断矩阵 A 的全部特征值之和为：

$$\lambda_1+\lambda_2+\cdots+\lambda_m=\mathrm{tr}(A)=m$$

从而有：

$$\sum_{i=1}^{m}\lambda_i=\lambda_{max}-m$$

为了尽可能地实现一致性标准，即使得除了 λ_{max} 以外的其余特征值尽可能接近 0。此处取定 $m-1$ 个特征值之和的绝对值平均作为检验判断矩阵一致性标准的指标，即：

$$\frac{\left|\sum_{i=2}^{m}\lambda_i\right|}{m-1}=\frac{\lambda_{max}-m}{m-1}$$

该指标被称为判断矩阵的一致性指标，记为：

$$C\cdot I=\frac{\lambda_{max}-m}{m-1}\tag{6.14}$$

其中，m 为判断矩阵 A 的阶数，λ_{max} 为判断矩阵的最大特征值。一般而言，λ_{max} 的值越大，偏离一致性越大；反之，偏离一致性越小。另外，判断矩阵 A 的阶数 m 越大，由决策者主观性造成的偏差越大，偏离一致性也越大；反之，偏离一致性越小。特殊地，当阶数 $m=2$ 时，判断矩阵 A 具有完全的一致性。

由于不同阶数的判断矩阵会对偏离一致性产生影响，因此，下面引入平均随机一致性指标，记为 $R\cdot I$。$R\cdot I$ 指标会随着判断矩阵阶数的变化而变化，具体见表 6—9。

表 6—9　　AHP 方法的不同阶数判断矩阵的 $R\cdot I$ 值

阶数	1	2	3	4	5	6	7	8	9	10	11	12	13	14	15
$R\cdot I$	0	0	0.52	0.89	1.12	1.26	1.36	1.41	1.46	1.49	1.52	1.54	1.56	1.58	1.59

表 6.9 给出了 1 阶至 15 阶判断矩阵的平均随机一致性指标的数值。这些值都是通过随机方法形成判断矩阵模拟 500 次以上，求出所有的一致性指标，并计算它们的平均数得到的结果。

进一步地，将一致性指标 $C \cdot I$ 与同阶的平均随机一致性指标 $R \cdot I$ 的比值称为一致性比率，记为：

$$C \cdot R=\frac{C \cdot I}{R \cdot I} \tag{6.15}$$

最后，利用一致性比率 $C \cdot R$ 来检验判断矩阵的一致性。当 $C \cdot R$ 的值越小时，判断矩阵 A 的一致性越好；当 $C \cdot R$ 的值越大时，判断矩阵 A 的一致性越差。通常，当 $C \cdot R \leqslant 0.1$ 时，我们称判断矩阵 A 符合满意度的一致性条件；否则需要对判断矩阵 A 进行相应的修正，直到满足条件为止。

综合来看，判断矩阵一致性检验的基本步骤如下：

步骤 1　计算一致性指标。利用一致性指标的公式进行计算，即 $C \cdot I=\frac{\lambda_{\max}-m}{m-1}$。

步骤 2　查询平均随机一致性表格。查询平均随机一致性表格来确定 $R \cdot I$。

步骤 3　计算一致性比率。利用一致性比率公式 $C \cdot R=\frac{C \cdot I}{R \cdot I}$ 进行计算，当 $C \cdot R \leqslant 0.1$ 时，接受判断矩阵，否则修改判断矩阵。

6.4.3　递阶层次结构权重解析过程

1. 递阶权重解析公式

下面，进一步介绍如何利用 AHP 方法分析一般的非序列型目标准则体系问题，我们将该决策过程称为递阶层次结构权重解析过程，递阶层次结构模型具体如图 6－15 所示。在图 6－15 中，最上层为总目标 G；中间为 n 层子目标，其中第 1 层子目标记为 $g_1^{(1)}, g_2^{(1)}, \cdots, g_{n_1}^{(1)}$，第 2 层子目标记为 $g_1^{(2)}, g_2^{(2)}, \cdots, g_{n_2}^{(2)}$，第 n 层子目标记为 $g_1^{(n)}, g_2^{(n)}, \cdots, g_{n_n}^{(n)}$；倒数第 2 层为准则层，记为 $c_1, c_2, \cdots, c_s$；最后 1 层为方案层，记为 $a_1, a_2, \cdots, a_m$。如果相邻的两层元素之间存在一定关系，则用作用线来表示；如果相邻的两层元素之间不存在相关关系，则不用作用线来表示。

需要注意的是，不完全层次关系是一个容易出错的地方，这一点尤其需要注意。例如，在图 6－15 中，对于准则 c_1，方案层中方案 a_m 与准则 c_1 不存在关系；对于准则 c_2，方案层中方案 a_1 与准则 c_2 不存在关系。因此，在构造准则 c_1 的判断矩阵时，此时应该将方案 a_m 除去，得到的判断矩阵阶数为 $m-1$，得到的特征向量维数为 $m-1$；在构造准则 c_2 的判断矩阵时，此时应该将方案 a_1 除去，得到的判断矩阵阶数为 $m-1$，得到的特征向量维数为 $m-1$。换言之，在权重解析过程中，方案 a_m 关于准则 c_1 的权重为 0，方案 a_1 关于准则 c_2 的权重为 0。在此情况下，对于准则 c_1，将方案 a_m 的权重 0 补入至得到的 $m-1$ 阶判断矩阵中，可以得到准则 c_1 下仍为 m 阶的判断矩阵；对于准则 c_2，将方案 a_1 的权重 0 补入至得到的 $m-1$ 阶判断矩阵中，可以得到准则 c_2 下仍为 m 阶的判断矩阵。对于存在的类似的不完全层次关系，都应该采用这种方法进行处理。

AHP 方法的基本原理是，从上到下逐层之间不断求解优先权重，直到最后得到各方案对总目标的优先权重。AHP 方法的计算过程又被称为递阶权重解析，具体如下：

首先，对相邻两层之间的权重解析进行探讨。假设已经得到了第 $k-1$ 层子目标关于总目标 G 的优先权重，即：

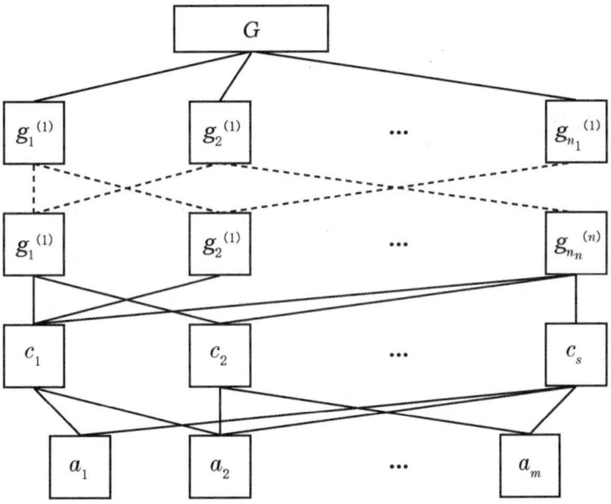

图 6—15　递阶层次结构模型

$$W^{(k-1)}=(w_1^{(k-1)},w_2^{(k-1)},\cdots,w_{n_{k-1}}^{(k-1)})^{\mathrm{T}}$$

对于第 $k-1$ 层子目标中的第 j 个元素，在以该元素作为准则下的第 k 层中 n_k 个元素所对应的优先权重为：

$$P_j^{(k)}=(p_{1j}^{(k)},p_{2j}^{(k)},\cdots,p_{n_kj}^{(k)})^{\mathrm{T}}$$

令

$$P^{(k)}=(P_1^{(k)},P_2^{(k)},\cdots,P_{n_{k-1}}^{(k)})$$

$P^{(k)}$是一个 $n_k\times n_{k-1}$ 矩阵，且表示以第 $k-1$ 层子目标中的 n_{k-1} 个元素为准则下的第 k 层中 n_k 个元素所对应的优先权重向量所构成的矩阵。因此，第 k 层子目标关于总目标 G 的组合优先权重为：

$$W^{(k)}=(w_1^{(k)},w_2^{(k)},\cdots,w_{n_k}^{(k)})$$

以分量形式可表示为：

$$w_i^{(k)}=\sum_{j=1}^{n_{k-1}}p_{ij}^{(k)}w_{ij}^{(k-1)}\quad(i=1,2,\cdots,n_k)$$

然后，利用公式将递阶权重解析过程进行表示，给出方案层关于总目标 G 的优先权重向量。为了方便叙述，按照图 6—15 的递阶层次结构，引入下面相关符号：

$W^{(1)}$表示第 1 层子目标量形式，可表示为关于总目标 G 的优先权重向量。$P_1^{(2)},P_2^{(2)},\cdots,P_{n_1}^{(2)}$ 分别表示为以第 1 层子目标中的 n_1 个元素为准则下的第 2 层中 n_2 个元素所对应的优先权重向量，$P^{(2)}=(P_1^{(2)},P_2^{(2)},\cdots,P_{n_1}^{(2)})$是一个 $n_2\times n_1$ 矩阵。$P_1^{(c)},P_2^{(c)},\cdots,P_{n_n}^{(c)}$ 分别表示为以第 n 层子目标中的 n_n 个元素为准则下的准则层中 s 个准则所对应的优先权重向量，$P^{(c)}=(P_1^{(c)},P_2^{(c)},\cdots,P_{n_n}^{(c)})$是一个 $s\times n_n$ 矩阵。$P_1^{(a)},P_2^{(a)},\cdots,P_s^{(a)}$ 分别表示为以准则层中 s 个准则为准则下的方案层中 m 个方案所对应的优先权重向量，$P^{(a)}=(P_1^{(a)},P_2^{(a)},\cdots,P_s^{(a)})$是一个 $m\times s$ 矩阵。

最后，计算方案层各方案关于总目标 G 的优先权重向量 $W^{(u)}=(w_1^{(a)},w_2^{(a)},\cdots,w_m^{(a)})^{\mathrm{T}}$，因此，$AHP$ 方法递阶权重解析过程的计算公式为：

$$W^{(a)}=P^{(a)}P^{(c)}P^{(n)}\cdots P^{(2)}W^{(1)} \tag{6.16}$$

上述公式(6.16)仅是递阶权重解析过程的理论公式，实际计算还需要依据判断矩阵的表格形式由上往下进行计算。

2. AHP 方法的基本步骤

步骤 1 构建层次结构模型。对于社会经济中的决策问题，通过调查研究手段将决策问题划分出目标层、准则层和方案层，目标层在最上面，准则层在中间，方案层在最下面，在此基础上构建递阶层次结构模型。采用不同的框图和相应的作用线来描述元素之间的从属关系，每一层中的元素不宜偏多。值得一提的是，AHP 方法能够同时适用序列型层次结构模型和非序列型层次结构模型。

步骤 2 构造判断矩阵。依据层次结构模型的基本原则，从最上层的目标层到第一个准则层逐层建立判断矩阵。判断矩阵中的各元素都是以上一层元素为准则，而且是按照 1～9 的标度方法对两两元素之间的相对重要程度进行评分的。需要指出的是，如果决策专家有固定的偏好，也可以采用其他标度方法进行相应的评估。

步骤 3 进行层次单排序和一致性检验。依据判断矩阵的递阶权重解析方法，利用数学方法计算判断矩阵的最大特征值和该特征值所对应的特征向量，再经过归一化处理就可以得到层次单排序的权重向量。需要说明的是，一方面，在运用递阶权重解析方法时，需要进行一致性检验，如果检验部不合格，则需要决策专家对判断矩阵中的评分进行相应的调整，一直到检验合格为止；另一方面，在利用数学方法计算判断矩阵的最大特征值和相应的特征向量时，可以利用 Matlab 软件进行求解，也可以利用一些 AHP 软件进行操作，这样可以更方便地得到层次单排序的权重向量。

步骤 4 进行层次总排序和一致性检验。依据 AHP 方法的基本原理，总排序是从目标层开始到第一个准则层，然后逐层进行到最后一个准则层，再由最后一个准则层到方案层，这样就实现了层次总排序。为了方便计算，也可以采用表格的方式进行操作。假设存在相邻的两个层次，其中上一层为 A 层，下一层为 B 层，A 层中存在元素$\{A_1,A_2,\cdots,A_m\}$，B 层中存在元素$\{B_1,B_2,\cdots,B_n\}$，A 层中各元素的层次总权重向量$\{w_1,w_2,\cdots,w_m\}^{\mathrm{T}}$，以 A 层中元素 A_j 为准则下的层次单排序权重向量为$\{p_{n1},p_{n2},\cdots,p_{nj}\}^{\mathrm{T}}$，则 B 层中各元素的层次总权重值(即层次 B 的总排序权重值)的计算可以见表 6－10。

表 6－10　层次 B 总排序权重值的计算

层次	A_1	A_2	$\cdots$	A_m	层次 B 总排序权重值
	w_1	w_2	$\cdots$	w_m	
B_1	p_{11}	p_{12}	$\cdots$	p_{1m}	$\sum_{j=1}^{m} w_j p_{1j}$
B_2	p_{21}	p_{22}	$\cdots$	p_{2m}	$\sum_{j=1}^{m} w_j p_{2j}$
$\vdots$	$\vdots$	$\vdots$	$\vdots$	$\vdots$	$\vdots$
B_n	p_{n1}	p_{n2}	$\cdots$	p_{nm}	$\sum_{j=1}^{m} w_j p_{nj}$

类似地，层次总排序也需要进行一致性检验，而且也是由上到下逐层进行的。假设以 A 层中元素 A_j 为准则下的 B 层元素的单排序一致性指标为 $C \cdot I_j$，相应的平均随机性指标为 $R \cdot I_j$，则层次 B 的总排序检验的一致性指标、平均随机性指标、一致性比率指标分别为：

$$C \cdot I = \sum_{j=1}^{m} w_j C \cdot I_j \tag{6.17}$$

$$R \cdot I = \sum_{j=1}^{m} w_j R \cdot I_j \tag{6.18}$$

$$C \cdot R = \frac{C \cdot I}{R \cdot I} = \frac{\sum_{j=1}^{m} w_j C \cdot I_j}{\sum_{j=1}^{m} w_j R \cdot I_j} \tag{6.19}$$

值得注意的是，在实际操作中，通常不进行总排序一致性检验。究其原因主要有两点：一是层次单排序通过检验会使得层次总排序检验不会有太多的偏差，这一点可以根据公式(6.17)～(6.19)明显看出；二是在实际构建判断矩阵时，通常很难再兼顾到整体一致性的检验。事实上，目前在利用 AHP 方法时，大多数情况都没有考虑整体一致性的检验。

为了更好地理解和掌握 AHP 方法的实际应用，下面给出一个实际例子。

【例 6.8】 假设在某城市的中心位置存在一座大型商场，该大型商场使得原本狭窄的路变得更为拥挤。为此，当地政府决定采取相应的解决方法。通过一些当地专家的讨论和交流，最后给出了 3 个可行方案，即在大型商场的附近修建一段很长的环形天桥(a_1)、在大型商场的附近修建一段很长的地下通道(a_2)、将大型商场搬迁到其他不拥堵的地方(a_3)。显然，在该决策问题中，总目标是为了改善市中心交通环境。此外，当地专家还拟定了 5 个子目标作为对可行方案的评价准则，即通车能力(c_1)、方便群众(c_2)、建设费用(c_3)、交通安全(c_4)、市容美观(c_5)。试对该大型城市改善市中心交通环境问题进行决策分析。

【解】 首先，构建层次结构模型。根据题意，可以建立该决策问题的层次结构模型，具体见图 6－16。显然，该决策问题属于序列型多层次结构，且总共分为 3 个层次，3 个层次元素之间均为完全层次关系。

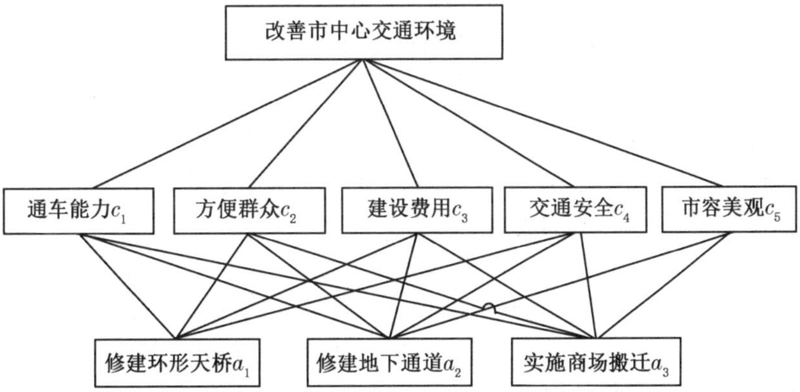

图 6－16　例 6.8 中的层次结构模型

其次，构造判断矩阵。假设决策专家选择 1～9 的标度方法，给出以总目标为准则下的 4 个准则层的判断矩阵为 B，以通车能力（c_1）为准则下的 3 个方案层的判断矩阵为 B_1，以方便群众（c_2）为准则下的 3 个方案层的判断矩阵为 B_2，以建设费用（c_3）为准则下的 3 个方案层的判断矩阵为 B_3，以交通安全（c_4）为准则下的 3 个方案层的判断矩阵为 B_4，以市容美观（c_5）为准则下的 3 个方案层的判断矩阵为 B_5，且有：

$$B=\begin{bmatrix}1 & 3 & 5 & 3 & 5\\ 1/3 & 1 & 3 & 1 & 3\\ 1/5 & 1/3 & 1 & 1/3 & 3\\ 1/3 & 1 & 3 & 1 & 3\\ 1/5 & 1/3 & 1/3 & 1/3 & 1\end{bmatrix}$$

$$B_1=\begin{bmatrix}1 & 1 & 5\\ 1 & 1 & 5\\ 1/5 & 1/5 & 1\end{bmatrix},B_2=\begin{bmatrix}1 & 3 & 5\\ 1/3 & 1 & 2\\ 1/5 & 1/2 & 1\end{bmatrix},$$

$$B_3=\begin{bmatrix}1 & 4 & 7\\ 1/4 & 1 & 4\\ 1/7 & 1/4 & 1\end{bmatrix},B_4=\begin{bmatrix}1 & 1/2 & 1/3\\ 2 & 1 & 1\\ 3 & 1 & 1\end{bmatrix},B_5=\begin{bmatrix}1 & 1/2 & 1/3\\ 2 & 1 & 1\\ 3 & 1 & 1\end{bmatrix}$$

再次，进行层次单排序和一致性检验。对于以总目标为准则下的 4 个准则层的判断矩阵 B，求出最大特征值 $\lambda_{\max}^{B}=5.206$，相应的特征向量 $w^{B}=(0.461,0.195,0.091,0.195,0.059)^{\mathrm{T}}$，且 $(C\cdot R)^{B}=0.046<0.1$；对于以通车能力（c_1）为准则下的 3 个方案层的判断矩阵 B_1，求出最大特征值 $\lambda_{\max}^{B_1}=3$，相应的特征向量 $w^{B_1}=(0.455,0.455,0.091)^{\mathrm{T}}$，且 $(C\cdot R)^{B_1}=0<0.1$；对于以方便群众（c_2）为准则下的 3 个方案层的判断矩阵 B_2，求出最大特征值 $\lambda_{\max}^{B_2}=3.005$，相应的特征向量 $w^{B_2}=(0.648,0.230,0.122)^{\mathrm{T}}$，且 $(C\cdot R)^{B_2}=0.004<0.1$；对于以建设费用（$c_3$）为准则下的 3 个方案层的判断矩阵 B_3，求出最大特征值 $\lambda_{\max}^{B_3}=3.079$，相应的特征向量 $w^{B_3}=(0.695,0.229,0.075)^{\mathrm{T}}$，且 $(C\cdot R)^{B_3}=0.068<0.1$；对于以交通安全（$c_4$）为准则下的 3 个方案层的判断矩阵 B_4，求出最大特征值 $\lambda_{\max}^{B_4}=3.018$，相应的特征向量 $w^{B_4}=(0.169,0.387,0.443)^{\mathrm{T}}$，且 $(C\cdot R)^{B_4}=0.016<0.1$；对于以市容美观（$c_5$）为准则下的 3 个方案层的判断矩阵 B_5，求出最大特征值 $\lambda_{\max}^{B_5}=3.018$，相应的特征向量 $w^{B_5}=(0.169,0.387,0.443)^{\mathrm{T}}$，且 $(C\cdot R)^{B_5}=0.016<0.1$。

最后，进行层次总排序和一致性检验。以 5 个准则通车能力（c_1）、方便群众（c_2）、建设费用（c_3）、交通安全（c_4）、市容美观（c_5）为准则下的 3 个方案层的优先权重向量（3 个可行方案对各准则的优先权重向量）所构成的矩阵为：

$$W=(w^{B_1},w^{B_2},w^{B_3},w^{B_4},w^{B_5})=\begin{bmatrix}0.455 & 0.648 & 0.695 & 0.169 & 0.169\\ 0.455 & 0.230 & 0.229 & 0.387 & 0.387\\ 0.091 & 0.122 & 0.075 & 0.443 & 0.443\end{bmatrix}$$

因此，各方案关于总目标的权重为：

$$W' = \begin{bmatrix} W_1 \\ W_2 \\ W_3 \end{bmatrix} = Ww^B = \begin{bmatrix} 0.455 & 0.648 & 0.695 & 0.169 & 0.169 \\ 0.455 & 0.230 & 0.229 & 0.387 & 0.387 \\ 0.091 & 0.122 & 0.075 & 0.443 & 0.443 \end{bmatrix} \cdot \begin{bmatrix} 0.461 \\ 0.195 \\ 0.091 \\ 0.195 \\ 0.059 \end{bmatrix}$$

$$= (0.442, 0.374, 0.185)^{\mathrm{T}}$$

这说明三个可行方案的排序结果为 $a_1 > a_2 > a_3$。

换言之，在该决策问题中，最优选择方案为在大型商场的附近修建一段很长的环形天桥，其次是在大型商场的附近修建一段很长的地下通道，最后是将大型商场搬迁到其他不拥堵的地方。值得一提的是，也可以利用 AHP 方法对例 6.5 中问题进行类似的分析，此处限于篇幅，不再进行相应的叙述。在实际应用中，可以使用 AHP 软件进行操作，以此来更方便地解决问题。

6.5 DEA 方法

数据包络分析方法（Data Envelopment Analysis，DEA）是由美国著名运筹学家查恩斯和库伯教授于 1978 年提出的一种定量分析方法，该方法是对多指标投入和多指标产出的相同类型部门进行相对有效性综合评价的一种方法，也是一种研究多投入多产出生产函数的有力工具。由于 DEA 方法的简洁性和普适性，因此在现实经济管理问题中得到了广泛的应用。例如，利用 DEA 方法处理经济效益评价问题、利用 DEA 方法处理企业技术创新评价问题、利用 DEA 方法处理企业投资项目评估问题等。接下来主要介绍 DEA 方法的 C^2R 模型的主要性质、DEA 有效性的经济意义。

6.5.1 DEA 的 C^2R 模型

1. DEA 模型概述

在经济管理问题中，经常会遇到需要对具有相同类型的部门或企业的相对效率进行评价，以及对不同时期的同一部门或同一企业的相对效率进行评价，这些部门或企业或时期可以称为决策单元。评价的依据是决策单元的一组投入指标数据和一组产出指标数据，其中投入指标是指决策单元在经济管理问题中需要消耗的经济量，产出指标是指决策单元在某种投入要素组合下经济活动产生成效的经济量。比较常见的投入指标有职工人数、占用土地、自筹技术开发资金、固定资产原值等，常见的产出指标有总产值、产品数量、利润总额、劳动生产率等。在获得投入指标和产出指标的数据后，就能够对决策单元的相对效率进行评价，即能够评价部门或企业或时期之间的相对有效性。DEA 方法就是一种评价多指标投入和产出的决策单元相对有效性的多目标决策方法。

在 1978 年，查恩斯和库伯教授提出了第一个 DEA 模型，并利用该方法来评估部门间的相对有效性，他们称该模型为 C^2R 模型。对于解决多投入多产出生产部门的规模有效性和技术有效性，C^2R 模型是非常有成效的。在 1985 年，查恩斯等人又设计了 C^2GS^2 模型。对于解决生产部门技术有效性，C^2GS^2 模型是非常有成效的。在 1986 年，查恩斯等国外学者和中国人民大学魏权龄教授进一步给出了 C^2W 模型，该模型可以解决无穷多个决策单元的多目标决策问题。在此之后，对于 DEA 方法的后续研究，相应的成果得到了不断涌现，DEA 方法正在得到不断完善。

在国外，DEA 方法已经被用于解决银行绩效评价、城市发展效率评价、医院工作效率评价、军事项目效率评估等实际问题，尤其是在处理具有竞争的私营企业效率评估问题中能够显示出明显的优越性。例如，在利用 DEA 方法对美国大银行效率进行评价时，取得了巨大的成功。应用 DEA 方法评价部门的相对有效性的优势地位，是其他方法所不能撼动的。在国内，DEA 方法在社会、经济和管理领域均得到了广泛的应用。例如，在纺织工业部门所属的棉纺企业效益评估问题中，利用工业普查资料对 177 个企业的综合经济效益进行了有效评估，并取得了较为满意的结果。另外，DEA 方法还在物流供应商选择、企业人才选拔、医疗设备采购问题中得到了较好的应用。

DEA 方法与相对效率密切相关，尤其是适用于解决多指标投入和多指标产出的决策单元的效率相对有效性评价问题。DEA 方法的优点在于：第一，DEA 模型的基本原理是依据最优化模型为工具，并以投入型的多个指标和产出型的多个指标为决策变量，在最优化模型的意义上进行评估，这样可以有效地避免在统计平均意义上需要确定的指标权重系数，这样具有一定的客观性；第二，在 DEA 方法的使用过程中不需要确定投入型指标和产出型指标之间存在的任何关系，对于一些比较复杂的问题也是可以适用，这说明该方法具有黑箱类型的研究特色。基于上述分析可知，DEA 方法对于解决社会经济系统多投入多产出相对有效性评价问题具有独特优势。

2. C^2R 模型及其性质

假设有 n 个部门或企业，此处称为 n 个决策单元，这些决策单元都有 m 种投入型经济指标和 p 种产出型经济指标。在这种情况下，就构成了由 n 个决策单元、m 种投入型经济指标、p 种产出型经济指标组成的评价系统，具体可见图 6－17。

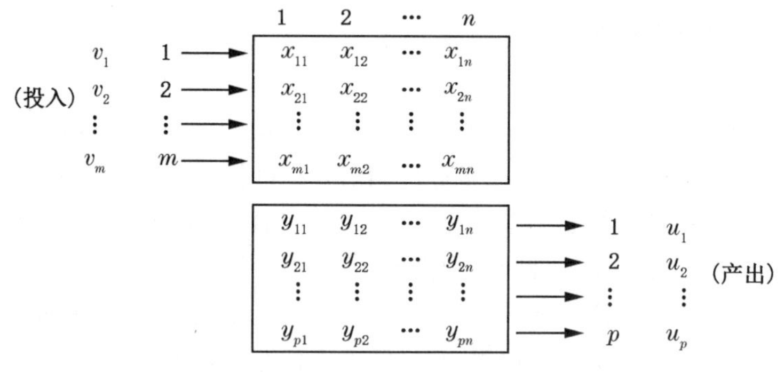

图 6－17 多指标投入多指标产出的评价系统

在图 6－17 中，x_{ij} 表示第 j 个决策单元第 i 种投入指标的投入量，$x_{ij}>0$；y_{rj} 表示第 j 个决策单元第 r 种产出指标的产出量，$y_{rj}>0$；v_i 表示第 i 种投入指标的权重系数，$v_i>0$；u_r 表示第 r 种产出指标的权重系数，$u_r>0$。x_{ij} 和 y_{rj} 是事先已经给出的数据，可以依据历史相关资料通过一定方法获取；v_i 和 u_r 是可以通过 DEA 方法来构建的数学模型计算得到。

在图 6－17 中，假设投入指标的权重系数向量为 $v=(v_1, v_2, \cdots, v_m)^{\mathrm{T}}$，产出指标的权重

系数向量为 $u=(u_1,u_2,\cdots,u_p)^{\mathrm{T}}$，则对于第 j 个决策单元，可以定义一个效率评价指标，即：

$$h_j=\frac{\sum_{r=1}^{p}u_r y_{rj}}{\sum_{i=1}^{m}v_i x_{ij}} \tag{6.20}$$

其中，效率指标 h_j 表示第 j 个决策单元多指标投入和多指标产出所获得的经济效率，可以选择合适的权重系数 v_i 和 u_r 来使得效率指标 $h_j\leqslant 1$。

在上述情况下，可以构建评价第 j_0 个决策单元相对有效性的 C^2R 模型，假设第 j_0 个决策单元的投入指标数值向量为 $x_0=(x_{1j_0},x_{2j_0},\cdots,x_{mj_0})^{\mathrm{T}}$，第 j_0 个决策单元的产出指标数值向量为 $y_0=(y_{1j_0},y_{2j_0},\cdots,y_{pj_0})^{\mathrm{T}}$，第 j_0 个决策单元的效率指标为 h_{j_0}（此处用 h_0 表示，即 $h_{j_0}=h_0$），在满足所有决策单元的效率指标 $h_j\leqslant 1(j=1,2,\cdots,n)$ 的约束条件下，确定权重系数 v_i 和 u_r，使得 h_{j_0} 达到最大值，即：

$$\begin{cases}\max h_0=\max\left(\dfrac{\sum_{r=1}^{p}u_r y_{rj_0}}{\sum_{i=1}^{m}v_i x_{ij_0}}\right)\\ s.t.\begin{cases}\dfrac{\sum_{r=1}^{p}u_r y_{rj}}{\sum_{i=1}^{m}v_i x_{ij}}\leqslant 1\\ u_r\geqslant 0,v_i\geqslant 0\end{cases}\end{cases} \tag{6.21}$$

上述模型被称为 C^2R 模型，也是一种最简单和最基本的 DEA 模型。由于 C^2R 模型在评估第 j_0 个决策单元的有效性时是相对其他决策单元来说的，因此 C^2R 模型有时也会被称为相对有效性的 DEA 模型。

式(6.21)也可以采用矩阵的方式来进行表达，即：

$$(\bar{P})\begin{cases}\max h_0=\max\left(\dfrac{\boldsymbol{u}^{\mathrm{T}}\boldsymbol{y}_0}{\boldsymbol{v}^{\mathrm{T}}\boldsymbol{x}_0}\right)\\ s.t.\begin{cases}\dfrac{\boldsymbol{u}^{\mathrm{T}}\boldsymbol{y}_j}{\boldsymbol{v}^{\mathrm{T}}\boldsymbol{x}_j}\leqslant 1\\ \boldsymbol{u}\geqslant 0,\boldsymbol{v}\geqslant 0\end{cases}\end{cases} \tag{6.22}$$

其中，$\boldsymbol{x}_j=(x_{1j},x_{2j},\cdots,x_{mj})^{\mathrm{T}}$、$\boldsymbol{y}_j=(y_{1j},y_{2j},\cdots,y_{pj})^{\mathrm{T}}$ 分别表示第 j 个决策单元的投入指标数据向量和第 j 个决策单元的产出指标数据向量。

式(6.22)中$(\bar{P})$是一个分式规划，进一步利用 Charnes-Cooper 变换可以将分式规划$(\bar{P})$转换为一个等价的线性规划。令 $t=1/\boldsymbol{v}^{T}\boldsymbol{x}_0$，$\boldsymbol{\omega}=t\boldsymbol{v}$，$\boldsymbol{\mu}=t\boldsymbol{u}$，则式(6.21)中$(\bar{P})$可以转换为线性规划$(P)$，即：

$$(P)\begin{cases}\max V_P=\max(\boldsymbol{u}^T\boldsymbol{y}_0)\\ s.t.\begin{cases}\boldsymbol{\omega}^T\boldsymbol{x}_j-\boldsymbol{\mu}^T\boldsymbol{y}_j\geqslant 0\\ \boldsymbol{\omega}^T\boldsymbol{x}_0=1\\ \boldsymbol{\omega}\geqslant 0,\boldsymbol{\mu}\geqslant 0\end{cases}\end{cases} \tag{6.23}$$

式(6.23)中的对偶规划问题为：

$$(D)\begin{cases}\min V_D=\min\theta\\ s.t.\begin{cases}\sum\limits_{j=1}^{n}\boldsymbol{x}_j\boldsymbol{\lambda}_j+\boldsymbol{s}^-=\theta\boldsymbol{x}_0\\ \sum\limits_{j=1}^{n}\boldsymbol{y}_j\boldsymbol{\lambda}_j-\boldsymbol{s}^+=\boldsymbol{y}_0\\ \boldsymbol{\lambda}_j\geqslant 0\\ \boldsymbol{s}^-\geqslant 0,\boldsymbol{s}^+\geqslant 0\end{cases}\end{cases} \tag{6.24}$$

其中，松弛变量 $\boldsymbol{s}^-=(s_1^-,s_2^-,\cdots,s_m^-)^{\mathrm{T}}$，松弛变量 $\boldsymbol{s}^+=(s_1^+,s_2^+,\cdots,s_m^+)^{\mathrm{T}}$。

为了更好地理解 C^2R 模型，下面给出一个实际例子。

【例 6.9】 假设决策单元有 4 个、投入指标有 3 个、产出指标有 2 个，评价系统的相关数据具体见图 6—18。试写出第 1 个决策单元的 C^2R 模型。

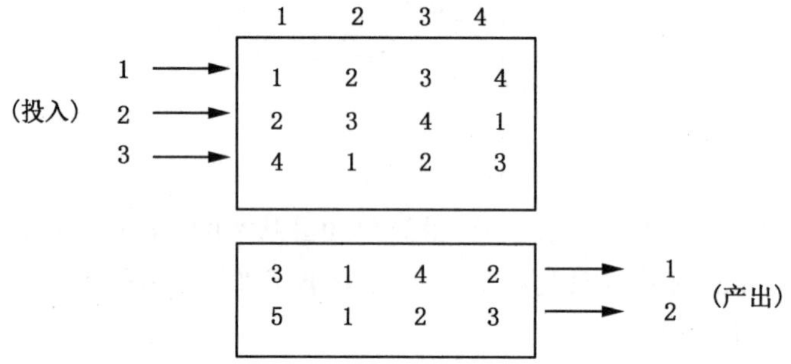

图 6—18 例 6.9 中的评价系统数据

【解】 先依据公式(6.22)确定第 1 个决策单元的 C^2R 模型中的线性规划(P)，再进一步依据公式(6.22)确定第 1 个决策单元的 C^2R 模型中的对偶规划(D)，两个结果分别为：

$$(P)\begin{cases}\max(3\mu_1+5\mu_2)\\ s.t.\begin{cases}\omega_1+2\omega_2+4\omega_3-3\mu_1-5\mu_2\geqslant 0\\ 2\omega_1+3\omega_2+\omega_3-\mu_1-\mu_2\geqslant 0\\ 3\omega_1+4\omega_2+2\omega_3-4\mu_1-2\mu_2\geqslant 0\\ 4\omega_1+\omega_2+3\omega_3-2\mu_1-3\mu_2\geqslant 0\\ \omega_1+2\omega_2+4\omega_3=1\\ \omega_1,\omega_2\geqslant 0;\mu_1,\mu_2\geqslant 0\end{cases}\end{cases}$$

和

$$
(D)\begin{cases}\min\theta \\ s.t.\begin{cases}\lambda_1+2\lambda_2+3\lambda_3+4\lambda_4+s_1^-=\theta \\ 2\lambda_1+3\lambda_2+4\lambda_3+\lambda_4+s_2^-=2\theta \\ 4\lambda_1+\lambda_2+2\lambda_3+3\lambda_4+s_3^-=4\theta \\ 3\lambda_1+\lambda_2+4\lambda_3+2\lambda_4-s_1^+=3 \\ 5\lambda_1+\lambda_2+2\lambda_3+3\lambda_4-s_2^+=5 \\ \lambda_1,\lambda_2,\lambda_3,\lambda_4\geqslant 0;s_1^-,s_2^-,s_3^-,s_1^+,s_2^+\geqslant 0\end{cases}\end{cases}
$$

3. 评价系统的 DEA 有效性

一般而言，可以依据 C^2R 模型中的线性规划(P)来定义决策单元的有效性。下面给出几个定义和定理：

定义 6.1　如果线性规划(P)的最优解 $\boldsymbol{\omega}^0$、$\boldsymbol{\mu}^0$ 满足条件 $\max((\boldsymbol{u}^0)^{\mathrm{T}}\boldsymbol{y}_0)=1$，则称决策单元 j_0 为弱 DEA 有效。

定义 6.2　如果线性规划(P)的最优解 $\boldsymbol{\omega}^0$、$\boldsymbol{\mu}^0$ 满足条件 $\max((\boldsymbol{u}^0)^{\mathrm{T}}\boldsymbol{y}_0)=1$，并且满足 $\boldsymbol{\omega}^0>0,\boldsymbol{\mu}^0>0$，则称决策单元 j_0 为 DEA 有效。

由于 DEA 有效的条件满足 DEA 弱有效的条件，因此 DEA 有效一定是 DEA 弱有效。另外，由于线性规划(P)和分式规划($\bar{P}$)是等价的，因此最优解 $\boldsymbol{\omega}^0$、$\boldsymbol{\mu}^0$ 满足线性规划(P)的同时，也满足分式规划($\bar{P}$)，并且两个等价问题的最优值满足 $V_P=h_0=1$。由此可见，评价系统 DEA 有效是指，决策单元 j_0 相对于其他决策单元，效率评价指标取得最优值，在多指标投入和多指标产出的情况下，取得最佳经济效率。

下面给出 C^2R 模型的几个基本性质，对于线性规划(P)和对偶规划(D)的最优解，存在如下几个定理：

定理 6.1　线性规划(P)和对偶规划(D)都有可行解，因此两者都存在最优解，并且最优值 $V_D=V_P\leqslant 1$。

根据线性规划的对偶理论，判定决策单元的 DEA 有效性也可以利用对偶规划(D)来进行决定。

定理 6.2　对于对偶规划(D)满足如下情况：

(1)如果对偶规划(D)的最优值 $V_D=1$，那么决策单元 j_0 为弱 DEA 有效，反之亦然。

(2)如果对偶规划(D)的最优值 $V_D=1$，并且每个最优解 $\lambda^0=(\lambda_1^0,\lambda_2^0,\cdots,\lambda_n^0)^{\mathrm{T}}$，$s^{0-}$，$s^{0+}$，$\theta^0$ 都满足条件 $s^{0-}=0$，$s^{0+}=0$，那么决策单元 j_0 为 DEA 有效，反之亦然。

在 C^2R 模型的实际操作过程中，评价系统的投入指标和产出指标可能存在不一样的量纲。对于最优效率指标和量纲的关系，给出下面的定理。

定理 6.3　决策单元的最优效率指标 V_P 与投入指标值 x_{ij}、产出指标值 y_{rj} 的量纲选取没有关系。

4. 评价系统有效性的判定

评价系统的决策单元是否 DEA 有效，假设依据线性规划(P)来判定，那么需要判断是否存在最优解 $\boldsymbol{\omega}^0$、$\boldsymbol{\mu}^0$ 满足 $V_P=(\boldsymbol{\mu}^0)^{\mathrm{T}}y_0=1$；假设依据对偶规划($D$)来判定，根据定义 6.3 可知，那么需要判断是否所有的最优解 λ^0，s^{0-}，s^{0+}，θ^0 都满足条件 $s^{0-}=0$，$s^{0+}=0$。

事实上，不管依据线性规划(P)来判定还是依据对偶规划(D)来判定，都不是一件非常容易的事情。为了使得判定 DEA 是否有效变得更为方便和快捷，查恩斯等人引入了非阿基米德无穷小量的概念，以此来使得其可以利用单纯形方法来求解线性规划问题。

假设 ε 是非阿基米德无穷小量，在广义的实数区域内，ε 表示一个小于任何正数且大于零的数，下面给出带有非阿基米德无穷小量 ε 的 C^2R 模型，即：

$$(P_\varepsilon)\begin{cases}\max V_{P_\varepsilon}=\max(\boldsymbol{u}^{\mathrm{T}}\boldsymbol{y}_0)\\ s.t.\begin{cases}\boldsymbol{\omega}^{\mathrm{T}}\boldsymbol{x}_j-\boldsymbol{\mu}^{\mathrm{T}}\boldsymbol{y}_j\geqslant 0\\ \boldsymbol{\omega}^{\mathrm{T}}\boldsymbol{x}_0=1\\ \boldsymbol{\omega}\geqslant\varepsilon\boldsymbol{e}^{\mathrm{T}},\boldsymbol{\mu}\geqslant\varepsilon\boldsymbol{e}'^{\mathrm{T}}\end{cases}\end{cases}\tag{6.25}$$

其中，$\boldsymbol{e}^{\mathrm{T}}=(1,1,\cdots,1)^{\mathrm{T}}$ 是一个元素均为 1 的 m 维向量，$\boldsymbol{e}'^{\mathrm{T}}=(1,1,\cdots,1)^{\mathrm{T}}$ 是一个元素均为 1 的 p 维向量。P_ε 的对偶规划为：

$$(D_\varepsilon)\begin{cases}\min V_{D_\varepsilon}=\min(\theta-\varepsilon(e^{\mathrm{T}}s^-+e'^{\mathrm{T}}s^+))\\ s.t.\begin{cases}\sum\limits_{j=1}^{n}\boldsymbol{x}_j\boldsymbol{\lambda}_j+\boldsymbol{s}^-=\theta\boldsymbol{x}_0\\ \sum\limits_{j=1}^{n}\boldsymbol{y}_j\boldsymbol{\lambda}_j-\boldsymbol{s}^+=\boldsymbol{y}_0\\ \boldsymbol{\lambda}_j\geqslant 0\\ \boldsymbol{s}^-\geqslant 0,\boldsymbol{s}^+\geqslant 0\end{cases}\end{cases}\tag{6.26}$$

上述带有 ε 的对偶规划 D_ε 相对更容易判断决策单元是否 DEA 有效。为此，进一步给出以下定理。

定理 6.4 设 ε 为非阿基米德无穷小量，线性规划的最优解为 $\boldsymbol{\lambda}^0,s^{0-},s^{0+},\theta^0$，则满足如下情况：

(1)如果 $\theta^0=1$，那么决策单元 j_0 为弱 DEA 有效。

(2)如果 $\theta^0=1$，并且 $s^{0-}=0,s^{0+}=0$，那么决策单元 j_0 为 DEA 有效。

由定理 6.4 可知，利用模型 D_ε 一次计算就可以判断决策单元是否 DEA 有效。在实际应用过程中，通常可以取定 $\varepsilon=10^{-6}$，并在此基础上利用单纯形法进行求解。为了更为方便地得到结果，也可以在计算机软件上进行求解。

为了更好地理解如何判断决策单元是否 DEA 有效，下面给出一个实际例子。

【例 6.10】 已知有 4 个决策单元、2 个投入指标、1 个产出指标，评价系统的相关数据具体见图 6—19。试利用模型 D_ε 来判定各决策单元是否 DEA 有效。

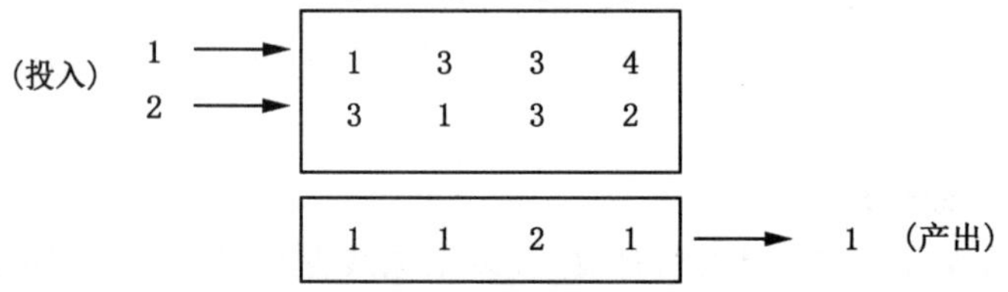

图 6—19 例 6.10 中的评价系统数据：

【解】 确定 $\varepsilon=10^{-6}$，第 1 个决策单元所对应的线性规划模型为：

$$\begin{cases}\min(\theta-0.000001(s_1^-+s_2^-+s_1^+))\\ \lambda_1+3\lambda_2+3\lambda_3+4\lambda_4+s_1^-=\theta\\ 3\lambda_1+\lambda_2+3\lambda_3+2\lambda_4+s_2^-=3\theta\\ \lambda_1+\lambda_2+2\lambda_3+\lambda_4-s_1^+=1\\ \lambda_1,\lambda_2,\lambda_3,\lambda_4\geqslant0;s_1^-,s_2^-,s_1^+\geqslant0\end{cases}$$

进一步依据单纯形法可以计算出最优解为 $\lambda^0=(1,0,0,0)^{\mathrm{T}},s_1^{0-}=s_2^{0-}=s_1^{0+}=0,\theta^0=1$。因此，第 1 个决策单元为 DEA 有效。

同样地，经过计算发现第 2 个决策单元的 DEA 有效，第 3 个决策单元的 DEA 也有效。

类似地，第 4 个决策单元所对应的线性规划模型为：

$$\begin{cases}\min(\theta-0.000001(s_1^-+s_2^-+s_1^+))\\ \lambda_1+3\lambda_2+3\lambda_3+4\lambda_4+s_1^-=4\theta\\ 3\lambda_1+\lambda_2+3\lambda_3+2\lambda_4+s_2^-=2\theta\\ \lambda_1+\lambda_2+2\lambda_3+\lambda_4-s_1^+=1\\ \lambda_1,\lambda_2,\lambda_3,\lambda_4\geqslant0;s_1^-,s_2^-,s_1^+\geqslant0\end{cases}$$

依据单纯形法可以计算出最优解为 $\lambda^0=(0,0.6,0.2,0)^{\mathrm{T}},s_1^{0-}=s_2^{0-}=s_1^{0+}=0,\theta^0=0.6$。由于 $\theta^0<1$，因此，第 4 个决策单元不是弱 DEA 有效，当然也不是 DEA 有效。

5. DEA 有效决策单元的构造

由于不是所有的决策单元都为 DEA 有效，因此需要对非 DEA 有效的决策单元进行适当的修改。为此，在对决策单元的 DEA 有效问题进行分析时，应该需要寻找造成非有效的原因。为了解决该问题，下面讨论决策单元在相对有效面上的"投影"。

如果第 j_0 个决策单元为 DEA 有效，那么线性规划(P)存在最优解 $\boldsymbol{\omega}^0$、$\boldsymbol{\mu}^0$，而且满足条件 $\boldsymbol{\omega}^0>\mathbf{0}$、$\boldsymbol{\mu}^0>\mathbf{0}$ 和 $V_P=(\boldsymbol{u}^0)^{\mathrm{T}}\boldsymbol{y}_0=1$。又由约束条件 $(\boldsymbol{\omega}^0)^{\mathrm{T}}\boldsymbol{x}_0=1$，进而有 $(\boldsymbol{\omega}^0)^{\mathrm{T}}\boldsymbol{x}_0=(\boldsymbol{u}^0)^{\mathrm{T}}\boldsymbol{y}_0$，于是点 (x_0,y_0) 在超平面 $\pi:(\boldsymbol{\omega}^0)^{\mathrm{T}}\boldsymbol{x}_0-(\boldsymbol{u}^0)^{\mathrm{T}}\boldsymbol{y}_0=0$ 上面。可以证明，超平面 π 上的其他点 (x,y) 所表示的决策单元也为 DEA 有效，超平面 π 被称为 DEA 的相对有效面或者 DEA 的有效生产前沿面。因此，可以用在相对有效面上"投影"的方法来改进非 DEA 有效的决策单元。

定义 6.3　假设 $\lambda^0,s^{0-},s^{0+},\theta^0$ 是线性规划(D_ε)的最优解，令 $\hat{x}_0=\theta^0x_0-s^{0-},\hat{y}_0=y_0+s^{0+}$，则称 $(\hat{x}_0,\hat{y}_0)$ 为第 j_0 个决策单元所对应的 (x_0,y_0) 在 DEA 的相对有效面上的"投影"。

第 j_0 个决策单元对应的 (x_0,y_0) 的"投影" $(\hat{x}_0,\hat{y}_0)$ 构成了一个新的决策单元。关于"投影" $(\hat{x}_0,\hat{y}_0)$ 是否 DEA 有效，下面给出定理 6.5。

定理 6.5　设 $(\hat{x}_0,\hat{y}_0)$ 是第 j_0 个决策单元对应的 (x_0,y_0) 在 DEA 相对有效面上的"投影"，则新的决策单元 $(\hat{x}_0,\hat{y}_0)$ 相对原来的 n 个决策单元来说是 DEA 有效的。

从定理 6.5 可知，针对一个非 DEA 有效的决策单元 j_0，其所对应的 (x_0,y_0) 在 DEA 相对有效面上的"投影" $(\hat{x}_0,\hat{y}_0)$ 是 DEA 有效的，进而在 DEA 相对有效面上的新决策单元

$(\hat{x}_0,\hat{y}_0)$给出了一个改进的非DEA有效决策单元，构造新的DEA有效决策单元。

【例6.11】 在例6.10中的系统评价问题中，求出非DEA有效决策单元在DEA相对有效面上的“投影”，并判定新决策单元的DEA有效性。

【解】 根据例6.10可知，仅有第4个决策单元为非DEA的有效决策单元，即需要求出第4个决策单元在DEA相对有效面上的“投影”。第4个决策单元对应的线性规划(D_ε)的最优解为$\lambda^0=(0,0.6,0.2,0)$，$s_1^{0-}=s_2^{0-}=s_1^{0+}=0$，$\theta^0=0.6$，令：

$$\hat{x}_0=\theta_0 x_0-s^{0-}=0.6(4,2)^{\mathrm{T}}-(0,0)^{\mathrm{T}}=(2.4,1.2)^{\mathrm{T}}$$

$$\hat{y}_0=y_0+s^{0+}=1+0=1$$

则$(\hat{x}_0,\hat{y}_0)$是第4个决策单元对应的(x_0,y_0)在DEA相对有效面上的“投影”，新决策单元$(\hat{x}_0,\hat{y}_0)$与原来的四个决策单元构成的新的评价系统，如图6—20所示。

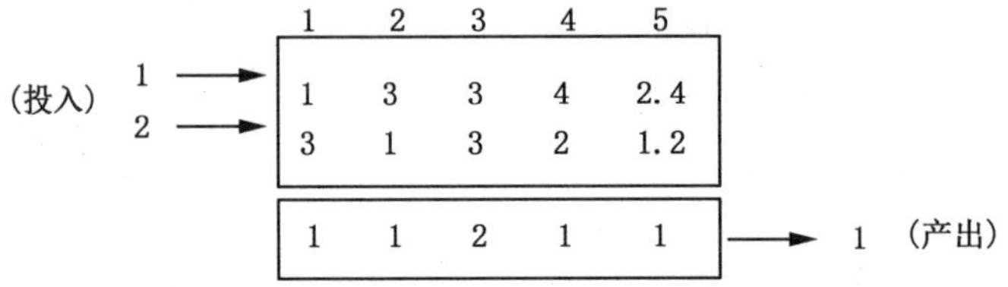

图6—20　例6.10中的新评价系统数据

在图6—20中，新决策单元$(\hat{x}_0,\hat{y}_0)$是新评价系统的第5个决策单元，对应的新的线性规划(D_ε)为：

$$\begin{cases}\min(\theta-0.000001(s_1^-+s_2^-+s_1^+))\\ \lambda_1+3\lambda_2+3\lambda_3+4\lambda_4+2.4\lambda_5+s_1^-=2.4\theta\\ 3\lambda_1+\lambda_2+3\lambda_3+2\lambda_4+1.2\lambda_5+s_2^-=2\theta\\ \lambda_1+\lambda_2+2\lambda_3+\lambda_4+\lambda_5-s_1^+=1\\ \lambda_1,\lambda_2,\lambda_3,\lambda_4,\lambda_5\geqslant 0;s_1^-,s_2^-,s_1^+\geqslant 0\end{cases}$$

依据单纯形法可以计算出最优解为$\lambda^0=(0,0.6,0.2,0,0)^{\mathrm{T}}$，$s_1^{0-}=s_2^{0-}=s_1^{0+}=0$，$\theta^0=1$。依据定理6.4可知，新的决策单元$(\hat{x}_0,\hat{y}_0)$对于原有的4个决策单元是DEA有效的。

根据例6.11可知，在原来的评价系统中，第4个决策单元为非DEA的有效决策单元，用DEA相对有效面上的“投影”方法构造了新的第5个决策单元$(\hat{x}_0,\hat{y}_0)$。而且，分析了第4个决策单元为非DEA有效决策单元的原因是投入指标量偏大，经过改进，只需要原来投入量的0.6(2.4/4=1.2/2=0.6)，产出量不变(1没有发生变化)，相对效率提高(0.6变为1)，转化为DEA有效的决策单元。

6.5.2　DEA有效性的经济意义

1. 生产函数和生产可能集

(1)生产函数

首先，介绍生产函数的相关概念，在单投入和单产出的情况下，生产函数$y=f(x)$表示理想的生产状态,即投入量 x 能够获得的最大产出量为 y。为此,生产函数曲线上的点 (x,y) 所对应的决策单元,从生产函数的角度来看,是处于技术有效的状态。生产函数的图形具体见图 6－21。

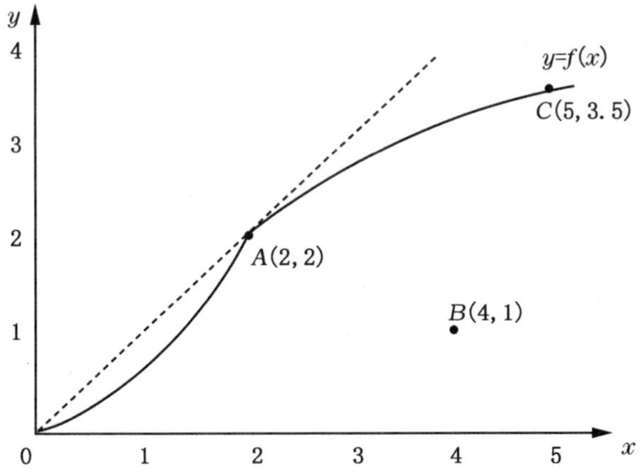

图 6－21　生产函数图

一般而言,生产函数为增函数。点 A 将生产函数 $y=f(x)$ 曲线划分为两个部分,在点 A 的左边,$y'>0$,$y''>0$,曲线是下凸的,位于生产函数的下凸区间,含义表示为增加投入量可以使得产出量的递增速度变得增加,此时可以称为规模收益递增;在点 A 的右边,$y'>0$,$y''<0$,曲线是上凸的,位于生产函数的上凸区间,含义表示为增加投入量只能使得产出量增加的速度减小,此时可以称为规模收益递减。在规模收益递增区间,厂商具有积极性的投资意愿;在规模收益递减区间,厂商不具有积极性的投资意愿。点 A 是生产函数 $y=f(x)$ 曲线的拐点,点 A 所对应的决策单元同时具有技术有效和规模有效,究其原因主要是在该点决策单元减少投入量或者增加投入量都不是最佳生产规模。点 C 在生产函数 $y=f(x)$ 曲线上,对应的决策单元具有技术有效,但不具有规模有效,究其原因主要是该点位于规模收益递减区间。点 B 不在生产函数曲线上,并位于规模收益递减区域,点 B 所对应的决策单元既不是技术有效,也不是规模有效。

(2)生产可能集

下面介绍生产可能集的相关概念。在多投入和多产出的情况下,生产活动可以用一组投入指标值和产出指标值来表示。决策单元 j 的一组投入指标值的向量形式称为该决策单元的投入向量,记为 $\boldsymbol{x}_j=(x_{1j},x_{2j},\cdots,x_{mj})^{\mathrm{T}}$;类似地,决策单元 j 的一组产出指标值的向量形式称为该决策单元的产出向量,记为 $\boldsymbol{y}_j=(y_{1j},y_{2j},\cdots,y_{mp})^{\mathrm{T}}$。因此,决策单元的生产活动用向量对 $(\boldsymbol{x}_j,\boldsymbol{y}_j)^{\mathrm{T}}$ 来表示。本章讨论的问题是,根据 n 个决策单元的生产活动 $(\boldsymbol{x}_j,\boldsymbol{y}_j)$ $(j=1,2,\cdots,n)$ 来确定生产集,并在此基础上依据这些数据来判定哪些决策单元的活动相对有效。在该生产活动中,将所有可能的生产活动构成的集合称为生产可能集,记为 $T=(\boldsymbol{x},\boldsymbol{y})$。由于 $(\boldsymbol{x}_j,\boldsymbol{y}_j)$ 是决策单元 j 的生产活动,进而有 $(\boldsymbol{x}_j,\boldsymbol{y}_j)\in T$。

在 C^2R 模型中,生产可能集应该满足下面 4 条公理。

公理 6.1(凸性)　对于任意 $(\boldsymbol{x}_1,\boldsymbol{y}_1)\in T$,$(\boldsymbol{x}_2,\boldsymbol{y}_2)\in T$,以及 $\lambda\in[0,1]$,均有:

$$\lambda(\boldsymbol{x}_1,\boldsymbol{y}_1)+(1-\lambda)(\boldsymbol{x}_2,\boldsymbol{y}_2)$$
$$=(\lambda\boldsymbol{x}_1+(1-\lambda)\boldsymbol{x}_2,\lambda\boldsymbol{y}_1+(1-\lambda)\boldsymbol{y}_2)\in T$$

换言之，若 $\boldsymbol{x}_1,\boldsymbol{x}_2$ 分别以 λ，$(1-\lambda)$ 加权和作为投入量，则 $\boldsymbol{y}_1,\boldsymbol{y}_2$ 以相同的加权和作为产出量。

公理 6.2（锥性）　对于任意 $(\boldsymbol{x},\boldsymbol{y})\in T$，以及任意正参数 $\lambda\in[0,+\infty]$，均有：

$$\lambda(\boldsymbol{x},\boldsymbol{y})$$
$$=(\lambda\boldsymbol{x},\lambda\boldsymbol{y})\in T$$

换言之，若以 x 的 λ 倍作为投入量，则产出量是 y 的相同倍数。

公理 6.3（无效性）　对于任意 $(\boldsymbol{x},\boldsymbol{y})\in T$，若有 $\hat{\boldsymbol{x}}\geqslant\boldsymbol{x}$，则均有 $(\hat{\boldsymbol{x}},\boldsymbol{y})\in T$；若有 $\hat{\boldsymbol{y}}\leqslant\boldsymbol{y}$，则均有 $(\boldsymbol{x},\hat{\boldsymbol{y}})\in T$。

换言之，在原生产活动中，仅仅增加投入量或者仅仅减少产出量，生产活动总是可能的。

公理 6.4（最小性）　生产可能集 T 是满足公理 6.1、6.2、6.3 的所有集合的交集。

由 n 个决策单元 (x_1,y_1) 的生产活动所描述的生产可能集，满足公理 6.1、6.2、6.3 是唯一确定的。这个生产可能集可以表示为：

$$T=\left\{(x,y)\mid\sum_{j=1}^{n}x_j\lambda_j\leqslant x,\sum_{j=1}^{n}y_j\lambda_j\geqslant y,\lambda_j\geqslant 0,j=1,2,\cdots,n\right\}\tag{6.27}$$

为了更好地理解生产可能集，下面给出一个实际例子。

【例 6.12】　已知存在一个单投入单产出的 3 个决策单元的评价系统，其数据具体见图 6—22。

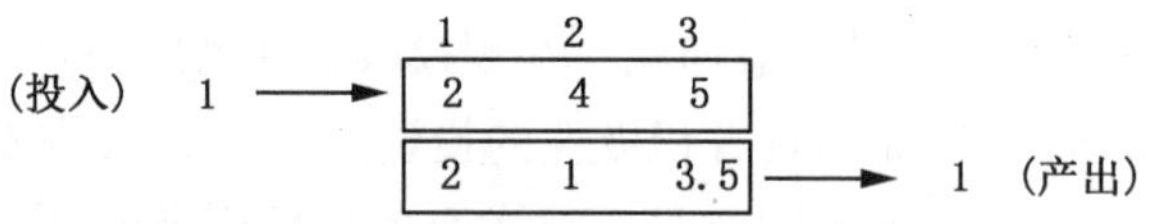

图 6—22　例 6.12 中的评价系统数据

【解】 生产可能集为：

$$T=\{(x,y)\mid 2\lambda_1+4\lambda_2+5\lambda_3\leqslant x,2\lambda_1+\lambda_2+3.5\lambda_3\geqslant y,\lambda_1,\lambda_2,\lambda_3\geqslant 0,j=1,2,\cdots,n\}$$

2. 论证 DEA 有效性的经济意义

下面我们讨论 C^2R 模型下 DEA 有效的经济含义。根据 n 个决策单元的生产活动 (x_j,y_j) 的数据，利用线性规划模型 (D_ε) 评价决策单元 j_0 的 DEA 有效性。模型

$$(D_\varepsilon)\begin{cases}\min V_{D_\varepsilon}=\min(\theta-\varepsilon(e^{\mathrm{T}}s^-+e'^{\mathrm{T}}s^+))\\ s.t.\begin{cases}\sum\limits_{j=1}^{n}\boldsymbol{x}_j\boldsymbol{\lambda}_j+\boldsymbol{s}^-=\theta\boldsymbol{x}_0\\ \sum\limits_{j=1}^{n}\boldsymbol{y}_j\boldsymbol{\lambda}_j-\boldsymbol{s}^+=\boldsymbol{y}_0\\ \boldsymbol{\lambda}_j\geqslant 0\\ \boldsymbol{s}^-\geqslant 0,\boldsymbol{s}^+\geqslant 0\end{cases}\end{cases}$$

由于 $(\boldsymbol{x}_0,\boldsymbol{y}_0)\in T$，因此 $(\boldsymbol{x}_0,\boldsymbol{y}_0)$ 满足条件：

$$\sum_{j=1}^{n} \boldsymbol{x}_j \boldsymbol{\lambda}_j \leqslant \boldsymbol{x}_0$$

$$\sum_{j=1}^{n} \boldsymbol{y}_j \boldsymbol{\lambda}_j \geqslant \boldsymbol{y}_0$$

为了方便看清楚，考虑不含松弛变量的线性规划模型

$$(D')\begin{cases} V_{D'} = \min\theta \\ s.t.\begin{cases} \sum_{j=1}^{n} \boldsymbol{x}_j \boldsymbol{\lambda}_j \leqslant \theta \boldsymbol{x}_0 \\ \sum_{j=1}^{n} \boldsymbol{y}_j \boldsymbol{\lambda}_j \geqslant \boldsymbol{y}_0 \\ \boldsymbol{\lambda}_j \geqslant 0 \end{cases} \end{cases}$$

由此可见，线性规划模型(D')表示，在生产可能集内，当产出 $\boldsymbol{y}_0$ 保持不变的情况下，尽量将投入量 $\boldsymbol{x}_0$ 不能按照相同的比例减少，即模型(D')的最优值 $V_{D'}=\theta^0=1$。在单投入和单产出的情况下，决策单元 j_0 同时具有技术有效和规模有效。如果投入量 $\boldsymbol{x}_0$ 能够按照相同比例减少，即模型(D')最优值 $V_{D'}=\theta^0<1$，决策单元 j_0 不具有技术有效或规模有效。

假设线性规划模型(D_ε)的最优解为 $\lambda^0, s^{0-}, s^{0+}, \theta^0$，下面分三种情况分别进行讨论。

(1)$\theta^0=1, s^{0-}=0, s^{0+}=0$。

决策单元 j_0 为 DEA 有效，经济意义表示为决策单元 j_0 的生产活动(x_0, y_0)同时为技术有效和规模有效。技术有效的含义表示为对于生产活动(x_0, y_0)，从技术角度来看，资源获得了充分利用，投入要素达到了最佳组合，取得了最大的产出效果，经济效率评价指标 $h_0=V_P=V_{D_\varepsilon}=V_D{'}=\theta^0=1$。生产活动$(x_0, y_0)$在可能情况下取得最大产出效果，此时模型$(D_\varepsilon)$的约束条件为：

$$\sum_{j=1}^{n} \boldsymbol{x}_j \boldsymbol{\lambda}_j = \boldsymbol{x}_0$$

$$\sum_{j=1}^{n} \boldsymbol{y}_j \boldsymbol{\lambda}_j = \boldsymbol{y}_0$$

上述约束条件表示，对于已经得到的可能生产的最大产出 y_0，生产活动(x_0, y_0)的各种投入 x_0 均未得到充分作用。总的来说，决策单元 j_0 的生产活动的技术效率最佳。

(2)$\theta^0=1$，但至少存在某一个 $s^{0-}=0$ 或者至少存在某一个 $s^{0+}=0$。

根据定理 6.4 可知，决策单元 j_0 为非 DEA 有效，经济意义表示为决策单元 j_0 的生产活动不具有技术有效和规模有效。某一个 $s^{0-}=0$ 表示第 i 种投入指标有 s_i^{0-} 没有充分发挥，某一个 $s^{0+}=0$ 表示第 r 种产出指标与最大产出值还有某一个 s_r^{0+} 的不足。总的来说，此时生产活动(x_0, y_0)不是同时达到技术效率最佳和规模收益最佳。

(3)$\theta^0<1$。

根据定理 6.4 可知，决策单元 j_0 为非 DEA 有效，经济意义表示为决策单元 j_0 的生产活动不具有技术有效和规模有效。例如，$\theta=0.9<1$，模型(D_ε)的约束条件为：

$$\sum_{j=1}^{n} \boldsymbol{x}_j \boldsymbol{\lambda}_j^0 + \boldsymbol{s}^{0-} = 0.9x_0$$

$$\sum_{j=1}^{n} \boldsymbol{y}_j \boldsymbol{\lambda}_j^0 - \boldsymbol{s}^{0+} = \boldsymbol{y}_0$$

这表示，得到产出量 y_0，至多只需要投入量 $0.9x_0$，即生产活动(x_0,y_0)的投入规模偏大，因此不是同时技术效率最佳和规模收益最佳。

【例 6.13】 讨论例 6.12 中评价系统各决策单元的 DEA 有效性。

【解】 根据图 6—22 可知，决策单元 1 的线性规划模型(D_1)为：

$$\begin{cases} \min(\theta - 0.000001(s_1^- + s_1^+)) \\ 2\lambda_1 + 4\lambda_2 + 5\lambda_3 + s_1^- = 2\theta \\ 2\lambda_1 + \lambda_2 + 3.5\lambda_3 - s_1^+ = 2 \\ \lambda_1, \lambda_2, \lambda_3 \geqslant 0; s_1^-, s_1^+ \geqslant 0 \end{cases}$$

依据单纯形法计算最优解为 $\lambda^0=(1,0,0)^{\mathrm{T}}, s_1^{0-}=s_1^{0+}=0, \theta^0=1$。决策单元 1 同时具有技术有效和规模有效。生产活动(2,2)在图 6—21 中对应点 A，表示同时取得最佳技术和最佳规模。

决策单元 2 的线性规划模型(D_2)为：

$$\begin{cases} \min(\theta - 0.000001(s_1^- + s_1^+)) \\ 2\lambda_1 + 4\lambda_2 + 5\lambda_3 + s_1^- = 4\theta \\ 2\lambda_1 + \lambda_2 + 3.5\lambda_3 - s_1^+ = 1 \\ \lambda_1, \lambda_2, \lambda_3 \geqslant 0; s_1^-, s_1^+ \geqslant 0 \end{cases}$$

依据单纯形法可以计算最优解为 $\lambda^0=(0.5,0,0)^{\mathrm{T}}, s_1^{0-}=s_1^{0+}=0, \theta^0=0.25<1$。决策单元 2 不是 DEA 有效。生产活动(4,1)在图 6—21 中对应点 B，表示既不是技术有效，也不是规模有效。

决策单元 3 的线性规划模型(D_3)为：

$$\begin{cases} \min(\theta - 0.000001(s_1^- + s_1^+)) \\ 2\lambda_1 + 4\lambda_2 + 5\lambda_3 + s_1^- = 5\theta \\ 2\lambda_1 + \lambda_2 + 3.5\lambda_3 - s_1^+ = 3.5 \\ \lambda_1, \lambda_2, \lambda_3 \geqslant 0; s_1^-, s_1^+ \geqslant 0 \end{cases}$$

依据单纯形法可以计算出最优解为 $\lambda^0=(1.75,0,0)^{\mathrm{T}}, s_1^{0-}=s_1^{0+}=0, \theta^0=0.7<1$。决策单元 3 不是 DEA 有效。生产活动(5,3.5)在图 6—21 中对应点 C，表示仅是技术有效，而不是规模有效。

3. 生产活动规模效应的判定

前面我们讨论了 C^2R 模型下 DEA 有效的经济含义，能够利用模型(D_ε)来判定生产活动是否同时技术和规模有效，下面我们还需要讨论生活活动的规模收益判定问题，判定准则依据下面定理确定。

定理 6.6 设线性规划模型(D_ε)的最优解为 $\lambda^0, s^{0-}, s^{0+}, \theta^0$。

(1) 若$\frac{1}{\theta^0}\sum_{j=1}^{n}\lambda_j^0=1$，则决策单元 j_0 规模收益不变。

(2) 若$\frac{1}{\theta^0}\sum_{j=1}^{n}\lambda_j^0<1$，则决策单元 j_0 规模收益递增。

(3) 若$\frac{1}{\theta^0}\sum_{j=1}^{n}\lambda_j^0>1$，则决策单元 j_0 规模收益递减。

【例 6.14】 已知存在一个单投入单产出的 5 个决策单元的评价系统，其数据具体见图 6—23，试讨论决策单元 1、2、5 的规模收益问题。

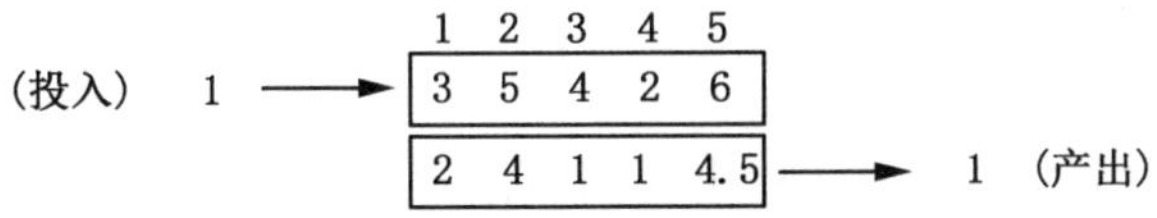

图 6—23　例 6.14 中的评价系统数据

【解】 根据图 6—23 可知，决策单元 1 的线性规划模型(D_1)为：

$$\begin{cases}\min(\theta-0.000001(s_1^-+s_1^+))\\3\lambda_1+5\lambda_2+4\lambda_3+2\lambda_4+6\lambda_5+s_1^-=3\theta\\2\lambda_1+4\lambda_2+\lambda_3+\lambda_4+4.5\lambda_5-s_1^+=2\\\lambda_1,\lambda_2,\lambda_3,\lambda_4,\lambda_5\geqslant0;s_1^-,s_1^+\geqslant0\end{cases}$$

依据单纯形法可以计算最优解为 $\lambda^0=(0,0.5,0,0,0)^{\mathrm{T}},s_1^{0-}=s_1^{0+}=0,\theta^0=0.833<1$。决策单元 1 不是 DEA 有效。

另外，由于 $\frac{1}{\theta^0}\sum_{j=1}^{5}\lambda_j^0=0.6<1$，因此决策单元 1 规模收益递增。

决策单元 2 的线性规划模型(D_2)为：

$$\begin{cases}\min(\theta-0.000001(s_1^-+s_1^+))\\3\lambda_1+5\lambda_2+4\lambda_3+2\lambda_4+6\lambda_5+s_1^-=5\theta\\2\lambda_1+4\lambda_2+\lambda_3+\lambda_4+4.5\lambda_5-s_1^+=4\\\lambda_1,\lambda_2,\lambda_3,\lambda_4,\lambda_5\geqslant0;s_1^-,s_1^+\geqslant0\end{cases}$$

可以计算最优解为 $\lambda^0=(0,1,0,0,0)^{\mathrm{T}},s_1^{0-}=s_1^{0+}=0,\theta^0=1$。决策单元 2 是 DEA 有效。

另外，由于 $\frac{1}{\theta^0}\sum_{j=1}^{5}\lambda_j^0=1$，因此决策单元 2 规模收益不变。

决策单元 5 的线性规划模型(D_5)为：

$$\begin{cases}\min(\theta-0.000001(s_1^-+s_1^+))\\3\lambda_1+5\lambda_2+4\lambda_3+2\lambda_4+6\lambda_5+s_1^-=6\theta\\2\lambda_1+4\lambda_2+\lambda_3+\lambda_4+4.5\lambda_5-s_1^+=4.5\\\lambda_1,\lambda_2,\lambda_3,\lambda_4,\lambda_5\geqslant0;s_1^-,s_1^+\geqslant0\end{cases}$$

可以计算最优解为 $\lambda^0=(0,1.125,0,0,0)^{\mathrm{T}},s_1^{0-}=s_1^{0+}=0,\theta^0=0.9375<1$。决策单元 5 不是 DEA 有效。

另外，由于 $\frac{1}{\theta^0}\sum_{j=1}^{5}\lambda_j^0=1.2>1$，因此决策单元 5 规模收益递减。

6.5.3　DEA 方法的决策步骤

应用 DEA 方法的决策步骤具体如下：

步骤 1　确定评价目标。

步骤 2　建立评价指标体系。

步骤 3　收集和整理数据。

步骤 4　建立 DEA 模型，计算分析。

步骤 5　作出评价，提出决策建议。

为了更好地了解 DEA 方法的实际应用，下面给出一个例子。

【例 6.15】　以全部独立核算企业为对象，对湖南、湖北、安徽、江西四省进行生产水平的评价，投入要素包括固定资产净值年平均余额（亿元）、流动资金年平均余额（亿元）、从业人员（万人），产出要素包括总产值（亿元）和利税总额（亿元）。相应的基础数据和评价结果见表 6－11。

表 6－11　　**例 6.15 中系统评价的基础数据和评价结果**

项目	湖南	湖北	安徽	江西
固定资产净值年平均余额（亿元）	936.84	1 306.56	932.66	583.08
流动资金年平均余额（亿元）	849.31	1 444.30	980.45	581.64
从业人员（万人）	443.20	461.00	401.80	294.20
总产值（亿元）	144.20	184.41	179.29	49.76
利税总额（亿元）	1 659.04	2 662.21	2 196.09	930.22
DEA 评价值	0.9285	1.000	1.000	0.7140
排序	2	1	1	3

【解】选择湖南省为例，将湖南省视为一个决策单元，构建相应的 DEA 模型为：

$$\begin{cases}\min V_D=\theta \\ 932.66\lambda_1+583.08\lambda_2+936.84\lambda_3+1\,306.56\lambda_4+s_1^-=936.84\theta \\ 980.45\lambda_1+581.64\lambda_2+849.31\lambda_3+1\,444.40\lambda_4+s_2^-=849.31\theta \\ 401.80\lambda_1+249.20\lambda_2+443.20\lambda_3+461.00\lambda_4+s_3^-=443.20\theta \\ 179.29\lambda_1+49.76\lambda_2+144.20\lambda_3+181.41\lambda_4-s_1^+=144.20 \\ 2\,196.09\lambda_1+930.22\lambda_2+1\,659.04\lambda_3+2\,662.21\lambda_4-s_2^+=1\,659.04 \\ \lambda_1,\lambda_2,\lambda_3,\lambda_4\geqslant 0;s_1^-,s_2^-,s_3^-,s_1^+,s_2^+\geqslant 0\end{cases}$$

依据单纯形法可以计算最优解为 $\lambda^0=(0.8043,0,0,0)^{\mathrm{T}}$，$s_1^{0-}=119.71$，$s_2^{0-}=0$，$s_3^{0-}=88.17$，$s_1^{0+}=0$，$s_2^{0+}=107.24$，$\theta^0=0.9285<1$。显然，该决策单元不是 DEA 有效。因此，需要对湖南省投入要素和产出要素进行相应的调整，即应该减少固定资产净值年平均余额 119.71 亿元，减少流动资金年平均余额 60.73 亿元，减少从业人口 88.17 万人，保持利税人

口不变，总产值增加 107.24 亿元，具体也可见表 6—12。

表 6—12　　　　例 6.15 中系统评价的基础数据调整情况

项目	输入调整前	输入调整后
固定资产净值年平均余额(亿元)	936.84	936.84×0.9285−119.71=750.15
流动资金年平均余额(亿元)	849.31	849.31×0.9285=788.58
从业人员(万人)	443.20	443.20×0.9285−119.71=323.34
总产值(亿元)	144.20	144.20
利税总额(亿元)	1 659.04	1 959.04+107.24=1 766.28

习题

1. 单层次目标准则体系、序列型目标准则体系和非序列型目标准则体系的区别是什么？试举例说明。

2. 用单纯形法求解下面的目标规划问题。

$$\min Z = P_1 \cdot d_1^- + P_2 \cdot (d_2^- + d_2^+) + P_3 \cdot d_3^-$$

$$s.t.\begin{cases} 6x_1 + 8x_2 \leqslant 610 \\ 2x_1 + 8x_2 \leqslant 230 \\ -x_1 + x_2 + d_1^- - d_1^+ = 0 \\ 5x_1 + 6x_2 + d_2^- - d_2^+ = 350 \\ 7x_1 + 11x_2 + d_3^- - d_3^+ = 630 \\ x_1, x_2, d_1^-, d_1^+, d_2^-, d_2^+, d_3^-, d_3^+ \geqslant 0 \end{cases}$$

3. 某科技公司生产两种类型的电脑，市场预测每年最大销售量分别为 8 000 台和 5 000 台，每台电脑的利润分别为 1 000 元和 2 000 元，电脑的显示器的采购是由某工厂按照合同供给，每年定额提供 9 000 台，超过定额提供二等品，科技公司的经营目标为：

一级目标：尽可能用完每年定额提供的 9 000 台显示器。

二级目标：多采购的显示器不超过 1 000 台。

三级目标：尽量保证生产两种类型电脑分别为 8 000 台和 5 000 台。

四级目标：保证质量，尽量减少二等品显示器的数量。

试对该科技公司电脑生产作出决策分析。

4. 利用多维效用合并方法对学生水平进行综合评价。目标准则体系、效用合并规则和权重系数见图 6—24，试写出学生水平满意度的计算公式。

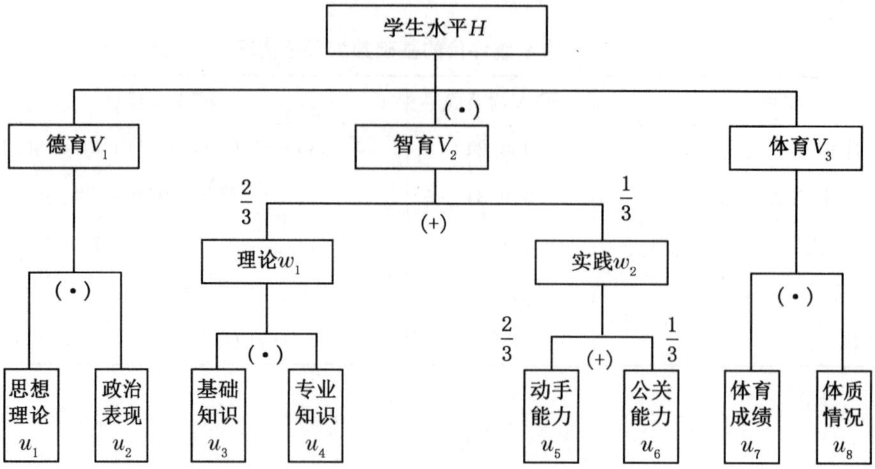

图 6—24 学生水平综合评价图

5. 已知判断矩阵

$$A=(a_{ij})_{3\times3}=\begin{bmatrix}1 & 3 & 7\\1/3 & 1 & 3\\1/7 & 1/3 & 1\end{bmatrix}$$

试计算 A 的最大特征值和对应的特征向量。

6. 某科技公司利润分配方案的 AHP 层次结构图见图 6—25。

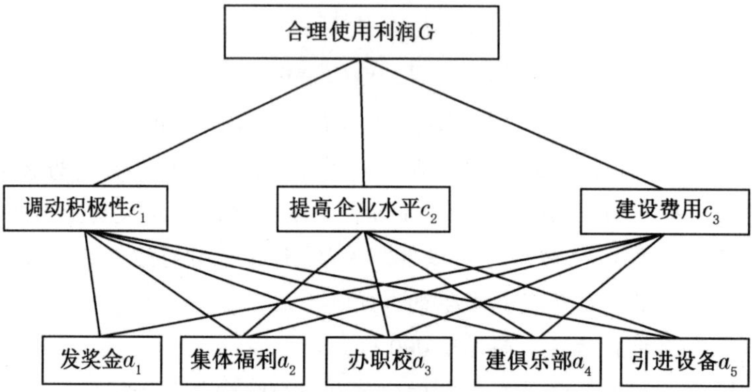

图 6—25 某科技公司利润分配方案的 AHP 层次结构图

并通过决策者构造了判断矩阵：

$$G-C_r$$

$$\begin{bmatrix}1 & 1/5 & 1/3\\5 & 1 & 3\\3 & 1/3 & 1\end{bmatrix}$$

$$C_1-a_i\begin{bmatrix}1 & 2 & 3 & 4 & 7\\ 1/2 & 1 & 3 & 2 & 5\\ 1/3 & 1/3 & 1 & 1/2 & 2\\ 1/4 & 1/2 & 2 & 1 & 3\\ 1/7 & 1/5 & 1/2 & 1/3 & 1\end{bmatrix},\quad C_2-a_i\begin{bmatrix}1 & 1/7 & 1/3 & 1/5\\ 7 & 1 & 5 & 3\\ 3 & 1/5 & 1 & 1/3\\ 5 & 1/3 & 3 & 1\end{bmatrix},\quad C_3-a_i\begin{bmatrix}1 & 1 & 3 & 3\\ 1 & 1 & 3 & 3\\ 1/3 & 1/3 & 1 & 3\\ 1/3 & 1/3 & 3 & 1\end{bmatrix}$$

试利用 AHP 方法进行决策分析。

7. 设有 4 个决策单元、3 个投入指标、2 个产出指标，评价系统的数据见图 6—26。

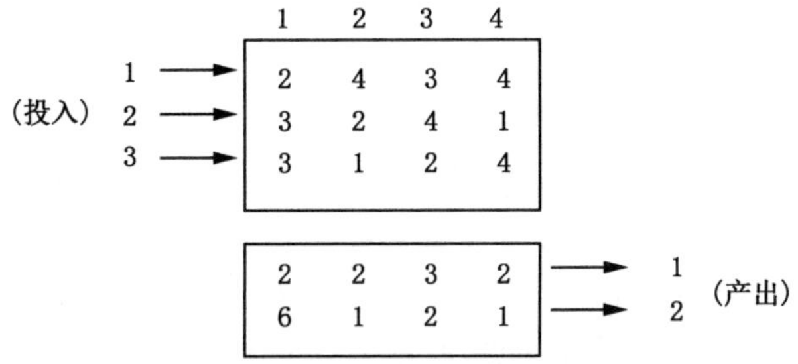

图 6—26 习题六中第 7 题的评价系统数据

试写出决策单元 3 的相对有效性的 DEA 模型(P_ε)和(D_ε)。

8. 第 7 题中评价系统 DEA 有效的决策单元有哪些？非 DEA 有效的决策单元在 DEA 相对面上的“投影”是什么？并分析非 DEA 有效的经济原因。

第七章

多属性决策分析

第六章讨论了多目标决策分析问题，给出了一些多目标决策分析方法，本章接下来介绍一些多属性决策分析方法。在社会经济管理过程中，一些决策问题往往涉及多个属性或指标，如何依据多个属性信息进行决策是一项重要的研究课题。多属性决策方法是指在考虑多个属性的情况下，利用已有的决策信息，通过一定的方式对若干个备选方案进行排序择优的过程。多属性决策分析方法是一种常见的决策分析方法，也是现代管理决策的一个重要组成部分。多属性决策通常存在两个特点：一是各指标之间可能具有不可公度性，即不同属性的量纲可能是不一样的，这样很难基于相同标准来度量；二是各指标之间可能存在一定的矛盾性，如果某方案的一个属性值增加了，那么该方案的另外一个属性值可能会降低。因此，多属性决策问题需要处理好上述两个特点，需要有效处理属性之间的不可公度性和矛盾性。也正是基于此，多属性决策问题的步骤通常是先对属性值进行规范化处理，再进行属性值的综合集结，以此得到最终的综合评价值，并在此基础上进行排序择优。

7.1 多属性决策指标体系

7.1.1 指标体系的基本概念

在现实生活中，影响客观事物的因素有很多，而不是仅仅有一个因素。例如，在企业人才选拔问题中，影响企业人才的因素有思想品德、专业知识、人格魅力等。在此背景之下，多属性决策问题应运而生。在多属性决策问题中，首先要解决的一个问题是如何构建一套科学合理的指标体系，指标体系的构建对于多属性决策问题中的方案选择影响非常大。如果指标体系的构建是不合理的，那么多属性决策的结果将会是不准确的。因此，指标体系的构建是非常重要的，对于解决多属性决策问题也是一个必不可少的环节。一般而言，多属性决策问题中的指标体系是指，由若干个相互联系、相互依存的评价指标按照一定层次结构排列的具有特定评价功能的有机整体。

在社会经济系统问题中，往往会涉及以下几种类型的评价指标：

(1)经济性指标。该类指标主要包括成本、利润、收入、产值、流动资金、建设周期、投资回报率、劳动生产率、固定资产、进出口额等。

(2)社会性指标。该类指标主要包括社会教育、社会福利、人员素质、就业机会、社会污染、生态环境、社会安定、社会环保、社会发展等。

(3)技术性指标。该类指标主要包括产品寿命、产品生产率、可靠性、工艺水平、产品性能、人员素质、安全性、管理水平等。

(4)资源性指标。该类指标主要包括水资源、电资源、矿产资源、燃气资源、土地资源、森林资源、人力资源等。

(5)政策性指标。该类指标主要包括国家政策、国家方针、地方政策、法律法规、战略、计划、措施等。

(6)基础性指标。该类指标主要包括交通、供电、供燃气、供暖、通信、医疗设备、供水等。

(7)其他指标。该类指标主要是指涉及特定决策支持系统的特有指标,如在投资决策问题中的净现值、净现值率等。

事实上,上述指标有时候还可以进一步分解为其他的子指标或者小类指标,经过逐层分解后可以形成指标树,并在此基础上构成多属性决策的指标体系。值得一提的是,对于同一个决策问题,在不同时间可能会出现评价指标体系不一样的情况,这是因为外界因素使得决策本质发生了一定的变化。

7.1.2　指标体系的基本原则

一般而言,多属性决策问题的指标体系构建需要满足下面几个原则:

(1)系统性原则。指标体系应该在整体上满足决策问题,应该能够反映决策方案的整体性能和综合水平,指标体系的整体评价性能要大于单个指标的评价性能。

(2)可比性原则。指标体系应该使得各项指标具有可比较性,可以通过指标的比较来达到方案的排序,指标体系中的指标数值对于不同方案而言是不相同的。

(3)科学性原则。指标体系应该以科学理论为指导,能够客观反映方案之间的差异,并依据定性和定量相结合的原则来正确反映客观事物的特征。

(4)实用性原则。指标体系中各指标的含义要明确、数据要口径一致,可以方便收集数据,具有较好的操作性,最好可以实现在计算机上操作。

7.2　指标数据的标准化方法

在多属性决策问题中,不同的指标可能存在不一样的单位。例如,在购买电脑时,考虑的指标有重量、性能、价格和外观等,其中价格的单位是元、重量的单位是千克,性能和外观可能是使用语言短语进行评价。因此,多属性决策问题首先要解决的问题是对指标数据进行规范化处理,以此来使得不同的指标可以实现量纲一样。上述过程通常也被称为决策指标的标准化处理。

假设决策指标有 n 个,第 j 个决策指标记为 A_j;备选方案有 m 个,第 i 个备选方案记为 O_i。n 个决策指标和 m 个备选方案的评价值构成的多属性决策矩阵为:

$$X=(x_{ij})_{m\times n}=\begin{bmatrix} x_{11} & x_{12} & \cdots & x_{1n} \\ x_{21} & x_{22} & \cdots & x_{2n} \\ \cdots & \cdots & \cdots & \cdots \\ x_{m1} & x_{m2} & \cdots & x_{mn} \end{bmatrix}$$

需要注意的是，在多属性决策问题中，有一些指标的数值越大，备选方案的效用越好，这些指标被称为效益型指标；有一些指标的数值越大，备选方案的效用越差，这些指标被称为成本型指标。在对指标数据进行标准化的过程中，应该要着重注意和区分各个指标的类型，即需要知道哪些指标是效益型指标和哪些指标是成本型指标，以便后续采用不一样的计算公式进行运算。

一般而言，多属性决策问题的标准化方法主要包括向量归一化方法、线性比例变化法、极差变化法、标准样本变换法、定性指标量化法等，对于具体应该选择哪种方法，要根据实际情况来确定。

7.2.1 向量归一化方法

在多属性矩阵 $X=(x_{ij})_{m\times n}$ 中，令

$$y_{ij}=\frac{x_{ij}}{\sqrt{\sum_{i=1}^{m}x_{ij}^{2}}}\quad (1\leqslant i\leqslant m;1\leqslant j\leqslant n)\tag{7.1}$$

称矩阵 $Y=(y_{ij})_{m\times n}$ 为经过向量归一化方法后的标准化矩阵。

在式(7.1)中，矩阵 Y 的列向量的模等于 1，即 $\sum_{i=1}^{m}y_{ij}^{2}=1$。

需要指出的是，经过向量归一化方法处理后，得到标准化后的指标值均满足 $0\leqslant y_{ij}\leqslant 1$，并且指标的方向没有发生变化，即效益型指标经过归一化方法处理后，仍为效益型指标；成本型指标经过归一化方法处理后，仍为成本型指标。

为了帮助理解向量归一化方法，下面给出例 7.1。

【例 7.1】 已知有 2 个指标 A_1 和 A_2，其中 A_1 为效益型指标，A_2 为成本型指标；存在 3 个备选方案，分别为 O_1、O_2、O_3。多属性矩阵的原始数据见图 7—1。

x_{ij}	A_1	A_2
O_1	1	5
O_2	2	10
O_3	8	20

图 7—1 例 7.1 中的原始多属性决策矩阵数据

【解】 根据向量归一化方法的运算公式(7.1)可知，计算过程为：

$$y_{11}=\frac{1}{\sqrt{1^2+2^2+8^2}}=\frac{1}{\sqrt{69}},y_{12}=\frac{5}{\sqrt{5^2+10^2+20^2}}=\frac{5}{\sqrt{525}}$$

$$y_{21}=\frac{2}{\sqrt{1^2+2^2+8^2}}=\frac{2}{\sqrt{69}},y_{22}=\frac{10}{\sqrt{5^2+10^2+20^2}}=\frac{10}{\sqrt{525}}$$

$$y_{31}=\frac{8}{\sqrt{1^2+2^2+8^2}}=\frac{8}{\sqrt{69}},y_{32}=\frac{20}{\sqrt{5^2+10^2+20^2}}=\frac{20}{\sqrt{525}}$$

因此，经过向量归一化方法后的标准化矩阵为：

y_{ij}	A_1	A_2
O_1	$1/\sqrt{69}$	$5/\sqrt{525}$
O_2	$2/\sqrt{69}$	$10/\sqrt{525}$
O_3	$8/\sqrt{69}$	$20/\sqrt{525}$

需要注意的是，经过向量归一化方法后的标准化矩阵中指标数据的方向没有变化。

7.2.2　线性比例变化法

在多属性矩阵 $X=(x_{ij})_{m\times n}$ 中，对于效益型指标 A_j，取 $x_j^*=\max\limits_{1\leqslant i\leqslant m}x_{ij}\neq 0$，则：

$$y_{ij}=\frac{x_{ij}}{x_j^*},\quad 1\leqslant i\leqslant m;1\leqslant j\leqslant n \tag{7.2}$$

对于成本型指标 A_j，取 $x_j^*=\min\limits_{1\leqslant i\leqslant m}x_{ij}$，且 $x_{ij}\neq 0$，则：

$$y_{ij}=\frac{x_j^*}{x_{ij}},\quad 1\leqslant i\leqslant m;1\leqslant j\leqslant n \tag{7.3}$$

称矩阵 $Y=(y_{ij})_{m\times n}$ 为经过线性比例变化法后的标准化矩阵。

需要注意的是，在式(7.2)和(7.3)中，经过线性比例变化法处理后，得到的标准化后的指标值满足 $0\leqslant y_{ij}\leqslant 1$，并且指标的方向已经发生变化，标准化后的指标均为效益型指标，即效益型指标经过归一化方法处理后，为效益型指标；成本型指标经过归一化方法处理后，也为效益型指标。另外，所有指标的最优值均为 1。

为了帮助理解向量归一化方法，下面给出例 7.2。

【例 7.2】　已知有 3 个指标 A_1、A_2、A_3，其中 A_1、A_2 为效益型指标，A_3 为成本型指标；存在 4 个备选方案，分别为 O_1、O_2、O_3、O_4。多属性矩阵的原始数据见图 7—2。

x_{ij}	A_1	A_2	A_3
O_1	1	100	9
O_2	4	50	6
O_3	6	20	3
O_4	8	10	1

图 7—2　例 7.2 中的原始多属性决策矩阵数据

【解】根据线性比例变化法的运算公式(7.2)和(7.3)可知，计算过程为：

$$y_{11}=\frac{1}{\max\{1,4,6,8\}}=\frac{1}{8},y_{12}=\frac{100}{\max\{100,50,20,10\}}=\frac{100}{100},y_{13}=\frac{\min\{9,6,3,1\}}{9}=\frac{1}{9}$$

$$y_{21}=\frac{4}{\max\{1,4,6,8\}}=\frac{4}{8},y_{22}=\frac{50}{\max\{100,50,20,10\}}=\frac{50}{100},y_{23}=\frac{\min\{9,6,3,1\}}{6}=\frac{1}{6}$$

$$y_{31}=\frac{6}{\max\{1,4,6,8\}}=\frac{6}{8},y_{32}=\frac{20}{\max\{100,50,20,10\}}=\frac{20}{100},y_{33}=\frac{\min\{9,6,3,1\}}{3}=\frac{1}{3}$$

$$y_{41}=\frac{8}{\max\{1,4,6,8\}}=\frac{8}{8},y_{42}=\frac{10}{\max\{100,50,20,10\}}=\frac{10}{100},y_{43}=\frac{\min\{9,6,3,1\}}{1}=\frac{1}{1}$$

因此，经过线性比例变化法后的标准化矩阵为：

y_{ij}	A_1	A_2	A_3
O_1	1/8	100/100	1/9
O_2	4/8	50/100	1/6
O_3	6/8	20/100	1/3
O_4	8/8	10/100	1/1

需要注意的是，经过线性比例变化法后的标准化矩阵的指标方向已经发生变化，且指标类型均为效益型指标，即经过线性比例变化法后的指标数据越大，方案的效果越优；经过线性比例变化法后的指标数据越小，方案的效果越劣。

7.2.3　极差变化法

在多属性矩阵 $X=(x_{ij})_{m\times n}$ 中，对于效益型指标 A_j，取 $x_j^*=\max\limits_{1\leqslant i\leqslant m}x_{ij}$，$x_j^o=\min\limits_{1\leqslant i\leqslant m}x_{ij}$，则：

$$y_{ij}=\frac{x_{ij}-x_j^o}{x_j^*-x_j^o},\quad 1\leqslant i\leqslant m;1\leqslant j\leqslant n \tag{7.4}$$

对于成本型指标 A_j，取 $x_j^*=\max\limits_{1\leqslant i\leqslant m}x_{ij}$，$x_j^o=\min\limits_{1\leqslant i\leqslant m}x_{ij}$，则：

$$y_{ij}=\frac{x_j^*-x_{ij}}{x_j^*-x_j^o},\quad 1\leqslant i\leqslant m;1\leqslant j\leqslant n \tag{7.5}$$

称矩阵 $Y=(y_{ij})_{m\times n}$ 为经过极差变化法后的标准化矩阵。

需要注意的是，在式(7.4)和(7.5)中，经过线性比例变化法处理后，得到的标准化后的指标值满足 $0\leqslant y_{ij}\leqslant 1$，且标准化后的各项指标一定有一个值为 0 和一定有一个值为 1，因此极差变化法又被称为 0—1 标准化方法。另外，标准化后的指标均为效益型指标，即指标数据越大，方案效果越优。

为了帮助理解极差变化法，下面给出例 7.3。

【例 7.3】　已知有 4 个指标 A_1、A_2、A_3、A_4，其中 A_1、A_2 为效益型指标，A_3、A_4 为成本型指标；存在 4 个备选方案，分别为 O_1、O_2、O_3、O_4。多属性矩阵的原始数据见图 7—3。

x_{ij}	A_1	A_2	A_3	A_4
O_1	1	10	80	9
O_2	2	50	60	8
O_3	4	20	40	5
O_4	6	30	10	2

图 7—3　例 7.3 中的原始多属性决策矩阵数据

【解】根据线性比例变化法的运算公式(7.4)和(7.5)可知，计算过程为：

$$y_{11}=\frac{1-\min\{1,2,4,6\}}{\max\{1,2,4,6\}-\min\{1,2,4,6\}}=\frac{0}{5}\quad y_{12}=\frac{10-\min\{10,50,20,30\}}{\max\{10,50,20,30\}-\min\{10,50,20,30\}}=\frac{0}{40}$$

$$y_{21}=\frac{2-\min\{1,2,4,6\}}{\max\{1,2,4,6\}-\min\{1,2,4,6\}}=\frac{1}{5}\quad y_{22}=\frac{50-\min\{10,50,20,30\}}{\max\{10,50,20,30\}-\min\{10,50,20,30\}}=\frac{40}{40}$$

和

$$y_{31}=\frac{4-\min\{1,2,4,6\}}{\max\{1,2,4,6\}-\min\{1,2,4,6\}}=\frac{3}{5}\quad y_{32}=\frac{20-\min\{10,50,20,30\}}{\max\{10,50,20,30\}-\min\{10,50,20,30\}}=\frac{10}{40}$$

$$y_{41}=\frac{6-\min\{1,2,4,6\}}{\max\{1,2,4,6\}-\min\{1,2,4,6\}}=\frac{5}{5}\quad y_{42}=\frac{30-\min\{10,50,20,30\}}{\max\{10,50,20,30\}-\min\{10,50,20,30\}}=\frac{20}{40}$$

且

$$y_{13}=\frac{\max\{80,60,40,10\}-80}{\max\{80,60,40,10\}-\min\{80,60,40,10\}}=\frac{0}{70}\quad y_{14}=\frac{\max\{9,8,5,2\}-9}{\max\{9,8,5,2\}-\min\{9,8,5,2\}}=\frac{0}{7}$$

$$y_{23}=\frac{\max\{80,60,40,10\}-60}{\max\{80,60,40,10\}-\min\{80,60,40,10\}}=\frac{20}{70}\quad y_{24}=\frac{\max\{9,8,5,2\}-8}{\max\{9,8,5,2\}-\min\{9,8,5,2\}}=\frac{1}{7}$$

和

$$y_{33}=\frac{\max\{80,60,40,10\}-40}{\max\{80,60,40,10\}-\min\{80,60,40,10\}}=\frac{40}{70}\quad y_{34}=\frac{\max\{9,8,5,2\}-5}{\max\{9,8,5,2\}-\min\{9,8,5,2\}}=\frac{4}{7}$$

$$y_{43}=\frac{\max\{80,60,40,10\}-10}{\max\{80,60,40,10\}-\min\{80,60,40,10\}}=\frac{70}{70}\quad y_{44}=\frac{\max\{9,8,5,2\}-2}{\max\{9,8,5,2\}-\min\{9,8,5,2\}}=\frac{7}{7}$$

因此，经过极差变化法后的标准化矩阵为：

y_{ij}	A_1	A_2	A_3	A_4
O_1	0/5	0/40	0/70	0/7
O_2	1/5	40/40	20/70	1/7
O_3	3/5	10/40	40/70	4/7
O_4	5/5	20/40	70/70	7/7

需要注意的是，经过极差变化法后的标准化矩阵的指标方向已经发生变化且均为效益型指标，同时标准化后的数值均处于[0,1]且标准化后的每一个指标数值均存在最大值 1 和最小值 0。

7.2.4　标准样本变换法

在多属性矩阵 $X=(x_{ij})_{m\times n}$ 中，令

$$y_{ij}=\frac{x_{ij}-\bar{x}_j}{s_j},\quad 1\leqslant i\leqslant m;1\leqslant j\leqslant n \tag{7.6}$$

其中，$\bar{x}_j$ 表示第 j 个指标的样本均值，s_j 表示第 j 个指标的样本方差，即：

$$\begin{cases}\bar{x}_j=\frac{1}{m}\sum_{i=1}^{m}x_{ij}\ \frac{x_{ij}-\bar{x}_j}{s_j}\\ s_j=\sqrt{\frac{1}{m-1}\sum_{i=1}^{m}(x_{ij}-\bar{x}_j)^2}\end{cases},\quad 1\leqslant i\leqslant m;1\leqslant j\leqslant n \tag{7.7}$$

称矩阵 $Y=(y_{ij})_{m\times n}$ 为标准样本变换法后的标准化矩阵。

需要注意的是，在式(7.6)和(7.7)中，经过标准样本变换法处理后，得到的标准化后的各个指标的均值都为 0，得到的标准化后的各个指标的方差都为 1，并且标准化后指标的方

向没有发生变化。

为了帮助理解标准样本变换法，下面给出例 7.4。

【例 7.4】 已知有 2 个指标 A_1、A_2，其中 A_1 为效益型指标，A_2 为成本型指标；存在 5 个备选方案，分别为 O_1、O_2、O_3、O_4、O_5。多属性矩阵的原始数据见图 7—4。

x_{ij}	A_1	A_2
O_1	1	6
O_2	2	5
O_3	3	4
O_4	4	3
O_5	5	2

图 7—4 例 7.4 中的原始多属性决策矩阵数据

【解】 按照标准样本变换法，依据公式(7.7)，计算指标 A_1 的样本均值和样本方差分别为：

$$\begin{cases}\bar{x}_1=\dfrac{1+2+3+4+5}{5}=3\\ s_1=\sqrt{\dfrac{1}{5-1}((1-3)^2+(2-3)^2+(3-3)^2+(4-3)^2+(5-3)^2)}=\sqrt{2.5}\end{cases}$$

类似地，计算指标 A_2 的样本均值和样本方差分别为：

$$\begin{cases}\bar{x}_2=\dfrac{6+5+4+3+2}{5}=4\\ s_2=\sqrt{\dfrac{1}{5-1}((6-4)^2+(5-4)^2+(4-4)^2+(3-4)^2+(2-4)^2)}=\sqrt{2.5}\end{cases}$$

在此基础上，进一步依据公式(7.6)，计算过程为：

$$y_{11}=\frac{1-3}{\sqrt{2.5}}=-\frac{2}{\sqrt{2.5}},y_{12}=\frac{2-4}{\sqrt{2.5}}=-\frac{2}{\sqrt{2.5}}$$

$$y_{21}=\frac{2-3}{\sqrt{2.5}}=-\frac{1}{\sqrt{2.5}},y_{22}=\frac{3-4}{\sqrt{2.5}}=-\frac{1}{\sqrt{2.5}}$$

$$y_{31}=\frac{3-3}{\sqrt{2.5}}=\frac{0}{\sqrt{2.5}},y_{32}=\frac{4-4}{\sqrt{2.5}}=\frac{0}{\sqrt{2.5}}$$

$$y_{41}=\frac{4-3}{\sqrt{2.5}}=\frac{1}{\sqrt{2.5}},y_{42}=\frac{5-4}{\sqrt{2.5}}=\frac{1}{\sqrt{2.5}}$$

$$y_{51}=\frac{5-3}{\sqrt{2.5}}=\frac{2}{\sqrt{2.5}},y_{52}=\frac{6-4}{\sqrt{2.5}}=\frac{2}{\sqrt{2.5}}$$

因此，经过标准样本变换法后的标准化矩阵为：

y_{ij}	A_1	A_2
O_1	$-2/\sqrt{2.5}$	$-2/\sqrt{2.5}$
O_2	$-1/\sqrt{2.5}$	$-1/\sqrt{2.5}$
O_3	$0/\sqrt{2.5}$	$0/\sqrt{2.5}$
O_4	$1/\sqrt{2.5}$	$1/\sqrt{2.5}$
O_5	$2/\sqrt{2.5}$	$2/\sqrt{2.5}$

需要注意的是，经过标准样本变换法后的指标方向没有发生变化且标准化后的每一个指标数值的均值为 0、方差为 1。

7.2.5 定性指标量化法

在多属性决策问题中，有些评价指标的信息为定性信息。例如，学生的学习成绩可能会给出诸如优秀、良好、及格和不及格等语言短语，产品的可靠性可能会给出诸如很强、强、一般、弱和很弱等语言短语，员工的素质可能会给出诸如很高、高、一般、低和很低等语言短语。为了处理这些语言短语的定性信息，最为简单的方法就是将这些语言短语划分为若干个级别，并采用级别的数值来直接代替该语言短语。例如，优秀、良好、及格和不及格分别用 8、6、4、2 来代替，很强、强、一般、弱和很弱分别用 9、7、5、3、1 来代替，很高、高、一般、低和很低分别用 9、7、5、3、1 来代替，美、一般、丑分别用 9、5、1 来代替。如果是成本型指标，则将分数的顺序进行调换。表 7—1 给出了一种定性指标量化法的情况。

表 7—1　　一种定性指标量化法的情况

指标类型	很高	高	一般	低	很低
效益型指标	9	7	5	3	1
成本型指标	1	3	5	7	9

下面给出一个例子，同时利用上述几种方法进行数据的标准化处理。

【例 7.5】 某航空公司在国际市场上购买飞机，按照 6 个评价指标对不同型号的飞机进行多属性决策，这 6 个指标分别是最大速度(A_1)、最大范围(A_2)、最大负载(A_3)、价格(A_4)、可靠性(A_5)和灵敏度(A_6)。现有 4 种型号的飞机(O_1、O_2、O_3、O_4)可供选择，具体的指标数值见表 7—2。试写出多属性决策矩阵，并进行标准化处理。

表 7—2　　四种型号的飞机的具体指标

	最大速度 A_1 (马赫)	最大范围 A_2 (千米)	最大负载 A_3 (千克)	价格 A_4 (百万元)	可靠性 A_5	灵敏度 A_6
O_1	2.0	1 500	20 000	5.5	一般	很高
O_2	2.5	2 700	18 000	6.5	低	一般
O_3	1.8	2 000	21 000	4.5	高	高
O_4	2.2	1 800	20 000	5.0	一般	一般

【解】 在多属性决策中，最大速度(A_1)、最大范围(A_2)、最大负载(A_3)是效益型指标，价格(A_4)是成本型指标，可靠性(A_5)和灵敏度(A_6)是定性指标，先将可靠性(A_5)和灵敏度(A_6)进行量化处理，可以得到多属性决策矩阵：

$$X=(x_{ij})_{4\times 6}=\begin{bmatrix} 2.0 & 1\,500 & 20\,000 & 5.5 & 5 & 9 \\ 2.5 & 2\,700 & 18\,000 & 6.5 & 3 & 5 \\ 1.8 & 2\,000 & 21\,000 & 4.5 & 7 & 7 \\ 2.2 & 1\,800 & 20\,000 & 5.0 & 5 & 5 \end{bmatrix}$$

下面根据不同的标准化方法进行处理。

按照向量归一化法进行计算，得到标准化后的矩阵为：

$$Y=(y_{ij})_{4\times 6}=\begin{bmatrix} 0.4671 & 0.3662 & 0.5056 & 0.5063 & 0.4811 & 0.6708 \\ 0.5839 & 0.6591 & 0.4550 & 0.5983 & 0.2887 & 0.3127 \\ 0.4204 & 0.4882 & 0.5308 & 0.4143 & 0.6736 & 0.5217 \\ 0.5139 & 0.4392 & 0.5056 & 0.4603 & 0.4811 & 0.3727 \end{bmatrix}$$

按照线性比例变换法进行计算，得到标准化后的矩阵为：

$$Y=(y_{ij})_{4\times 6}=\begin{bmatrix} 0.80 & 0.56 & 0.95 & 0.82 & 0.71 & 1.00 \\ 1.00 & 1.00 & 0.86 & 0.69 & 0.43 & 0.56 \\ 0.72 & 0.74 & 1.00 & 1.00 & 1.00 & 0.78 \\ 0.88 & 0.67 & 0.95 & 0.90 & 0.71 & 0.56 \end{bmatrix}$$

按照极差变换法进行计算，得到标准化后的矩阵为：

$$Y=(y_{ij})_{4\times 6}=\begin{bmatrix} 0.28 & 0 & 0.67 & 0.50 & 0.51 & 1.00 \\ 1.00 & 1.00 & 0 & 0 & 0 & 0 \\ 0 & 0.42 & 1.00 & 1.00 & 1.00 & 0.50 \\ 0.57 & 0.52 & 0.67 & 0.25 & 0.50 & 0 \end{bmatrix}$$

值得一提的是，此处不利用标准样本变换法进行标准化处理，究其原因，主要是该决策问题不适用于评价指标数据出现负数的情况，出现负数的备选方案评分比较是不太符合现实情况的。

7.3　指标权重确定方法

在多属性决策问题中，不同指标的重要性是不一样的。例如，当人们在购买手机时，虽然评价指标有价格、重量、性能和外观，但是人们对价格更为敏感。换言之，人们在考虑价格、重量、性能和外观的重要性时，会对价格更加看重，如果价格太贵，则不会考虑购买。因此，多属性决策中的指标权重确定问题对于决策结果影响非常大。综合来看，在多个指标的决策问题中，指标存在轻重，各指标之间存在相对重要性。需要指出的是，为了保证各个指标的集结结果更为可观且合理，各指标的数值相加求和应该为 1。目前，指标权重的确定方法有多种，但大体可归纳为主观赋权法、客观赋权法、组合赋权法，其中组合赋权法是通过一个组合的方式来将多种指标权重结果进行结合，其本质还是需要其他方法来得到指标权重结果。因此，本文仅介绍若干种主观赋权的指标权重确定方法和若干种客观赋权的指标权重确定方法。下面介绍的主观赋权法包括相对比较法、连环比率法、序关系分析法和 DE-

MATEL 方法，客观赋权法包括熵权法。

7.3.1 相对比较法

相对比较法是一种主观赋权法，该方法将所有指标分别按照行和列构成一个正方形的表，先根据三级比例标度，将两两指标之间进行比较，并将其计入表格中相应的位置；然后将各指标评分值按照行的和进行相加，以此得到各指标的评分总和；最后将各指标的评分总和进行归一化处理，以此得到最终的指标权重。

假设有 n 个评价指标，记为$\{A_1,A_2,\cdots,A_n\}$，按照三级比例标度：

$$a_{kl}=\begin{cases}1 & \text{当 } A_k \text{ 比 } A_l \text{ 重要时}\\ 0.5 & \text{当 } A_k \text{ 与 } A_l \text{ 相同重要时}\\ 0 & \text{当 } A_l \text{ 比 } A_k \text{ 重要时}\end{cases}$$

进行两两对比，两两比较后的评分值为 a_{kl}。在此基础上，可以构成评价矩阵 $W=(w_{kl})_{n\times n}$，显然，主对角线上的元素 $a_{ii}=0.5$，且满足 $a_{kl}+a_{lk}=1$。因此，第 j 个指标 A_j 的权重为：

$$w_j=\frac{\sum_{l=1}^{n}w_{jl}}{\sum_{k=1}^{n}\sum_{l=1}^{n}w_{kl}} \tag{7.8}$$

需要注意的是，相对比较法的使用条件是任意两个指标之间具有可比较性，而且在比较时要有传递性，即如果指标 A_j 比指标 A_k 重要且 A_k 比指标 A_l 重要，那么指标 A_j 要比指标 A_l 重要。如果发现部分指标之间不具有传递性，则应该将平分进行适当调整。

为了更好地理解相对比较法，下面给出例 7.6。

【例 7.6】 在例 7.5 中的航空公司购买飞机问题中，利用相对比较法来确定 6 个评价指标的权重。

【解】 按照三级比例标度将两两指标进行对比，给出比较的评分值，在此基础上依据公式(7.8)可以计算各指标的权重，具体结果见表 7—3。

表 7—3 相对比较法的购买飞机指标评分

指标	最大速度 A_1	最大范围 A_2	最大负载 A_3	价格 A_4	可靠性 A_5	灵敏度 A_6	评分总计	权重 w_i
最大速度 A_1	0.5	1	1	1	0.5	0	4	0.22
最大范围 A_2	0	0.5	0.5	0.5	0	0	1.5	0.08
最大负载 A_3	0	0.5	0.5	0.5	0	0	1.5	0.08
价格 A_4	0	0.5	0.5	0.5	0	0	1.5	0.08
可靠性 A_5	0.5	1	1	1	0.5	0	4	0.22
灵敏度 A_6	1	1	1	1	1	0.5	5.5	0.31

7.3.2 连环比率法

连环比率法也是一种主观赋权法，该方法先将所有指标按照任意顺序进行排列，再赋予相邻两个指标之间的相对重要性(前面一个指标对后面一个指标的相对重要性),并赋予最后一个指标的分值为1,在此基础上按照比率值依次求出各指标的修正评分值,最后通过归一化处理得到指标权重。

假设有 n 个评价指标,记为$\{A_1,A_2,\cdots,A_n\}$,连环比率法的基本步骤如下:

步骤1 将 n 个评价指标按照任意顺序进行排列,不妨设为 $A_1,A_2,\cdots,A_n$。

步骤2 从前到后,依次赋予前面一个指标对后面一个指标的相对重要比率(表示为前面一个指标是后面一个指标的重要性倍数),假设赋予指标 A_j 对指标 A_{j+1} 的相对重要比率为 r_j。相对重要比率的评分按照三级标度赋值,即:

$$r_j=\begin{cases}3 & \text{当 } A_k \text{ 比 } A_l \text{ 重要时}\\ 2 & \text{当 } A_k \text{ 比 } A_l \text{ 较为重要时}\\ 1 & \text{当 } A_k \text{ 比 } A_l \text{ 同样重要时}\end{cases}$$

显然,可以赋予 $r_{ii}=1$。

步骤3 计算各指标的修正评分值。赋予评价指标 A_n 的修正评分值为 $k_n=1$,根据相对重要比率 r_j 计算各指标的修正评分值 $k_j=r_jk_{j+1}$。

步骤4 对各指标的修正评分值进行归一化处理,以此得到各指标权重,即:

$$w_j=\frac{k_j}{\sum_{j=1}^{n}k_j} \tag{7.9}$$

为了更好地理解连环比率法,下面给出例7.7。

【例7.7】 在例7.5中的航空公司购买飞机问题中,利用连环比率法来确定6个评价指标的权重。

【解】 按照连环比率法的四个步骤,依次将计算结果列入表7—4。在表7—4中,第2列表示相邻两个指标之间的相对重要比率 r_j,第3列表示各指标的修正评分值 k_j,第4列表示各指标的权重 w_j。

表7—4 连环比率法的购买飞机指标评分

指标 A_i	相对重要比率 r_j	修正评分值 k_j	权重 w_i
最大速度 A_1	3	1/2	0.20
最大范围 A_2	1	1/6	0.07
最大负载 A_3	1	1/6	0.07
价格 A_4	1/3	1/6	0.07
可靠性 A_5	1/2	1/2	0.20
灵敏度 A_6	1	1	0.39
$\sum$		2.5	1.00

7.3.3 序关系分析法

序关系分析法也是一种主观赋权法,该方法先将所有指标按照重要性顺序进行排列,在此基础上赋予相邻两个指标之间的相对重要性(前面一个指标对后面一个指标的相对重要性），再通过相关数学公式计算指标权重。

假设有 n 个评价指标，记为$\{A_1, A_2, \cdots, A_n\}$，序关系分析法的基本步骤如下：

步骤 1　将 n 个评价指标按照重要性顺序进行排列，不妨设为 $A_1 > A_2 > \cdots > A_n$。

步骤 2　依次赋予前面一个指标对后面一个指标的相对重要性程度比值，假设赋予指标 A_j 对指标 A_{j+1} 的相对重要性程度比值为 r_j，即 $w_{j-1}/w_j = r_j$。相对重要性程度比值的评分按照五级标度赋值，即：

$$r_j=\begin{cases}1.0 & \text{当 } A_k \text{ 和 } A_l \text{ 具有相同重要性时}\\ 1.2 & \text{当 } A_k \text{ 比 } A_l \text{ 稍微重要时}\\ 1.4 & \text{当 } A_k \text{ 比 } A_l \text{ 明显重要时}\\ 1.6 & \text{当 } A_k \text{ 比 } A_l \text{ 强烈重要时}\\ 1.8 & \text{当 } A_k \text{ 比 } A_l \text{ 极端重要时}\end{cases}$$

步骤 3　计算各指标权重，即：

$$w_j = \frac{1}{1 + \sum_{l=2}^{n} \prod_{k=l}^{n} r_k} \tag{7.10}$$

为了更好地理解连环比率法，下面给出例 7.8。

【例 7.8】　已知某评价问题中存在 4 个指标$\{A_1, A_2, A_3, A_4\}$，决策专家认为 4 个指标的重要性排序为 $A_2 > A_1 > A_4 > A_3$，记为 $A_2 > A_1 > A_4 > A_3 \Rightarrow A_1^* > A_2^* > A_3^* > A_4^*$，且给出的相对重要性程度比值评分为：

$$r_2 = \frac{w_1^*}{w_2^*} = 1.4, r_3 = \frac{w_2^*}{w_3^*} = 1.2, r_4 = \frac{w_3^*}{w_4^*} = 1.6$$

【解】 $r_2 r_3 r_4 = 2.688, r_3 r_4 = 1.920, r_4 = 1.6, r_2 r_3 r_4 + r_3 r_4 + r_4 = 6.208$

于是有：

$$w_4^* = \frac{1}{1+6.208} = 0.1387, w_3^* = w_4^* r_4 = 0.1387 \times 1.6 = 0.2220$$

$$w_2^* = w_3^* r_3 = 0.2220 \times 1.2 = 0.2664, w_1^* = w_2^* r_2 = 0.2664 \times 1.4 = 0.3729$$

因此，$w_1 = w_2^* = 0.2664, w_2 = w_1^* = 0.3729, w_3 = w_4^* = 0.1387, w_4 = w_3^* = 0.2220$。

7.3.4　DEMATEL 方法

决策试验和评价实验法（Decision Making Trial and Evaluation Laboratory，DEMATEL）是一种面向复杂系统因素分析的方法。该方法先通过决策专家对各指标之间的相互影响程度评分来构建初始直接影响矩阵，再计算规范化影响矩阵和综合影响矩阵，在此基础上计算各指标的原因度和中心度，最后计算各指标的权重。基于 DEMATEL 的指标权重确定方法的基本步骤如下：

步骤 1　构建初始直接影响矩阵 $\boldsymbol{G}$。邀请决策专家对指标之间的相互影响程度进行评估，设 g_{ij} 表示为指标 A_i 对指标 A_j 的直接影响程度，g_{ij} 取值 0、1、2、3，分别表示为无影响、影响弱、影响一般、影响强，并规定主对角线上元素 $g_{ii}=0$，在此基础上构成初始直接影响矩阵 $\boldsymbol{G}$：

$$G=(g_{ij})_{n\times n}=\begin{bmatrix} g_{11} & g_{12} & \cdots & g_{1n} \\ g_{21} & g_{22} & \cdots & g_{2n} \\ \vdots & \vdots & \ddots & \vdots \\ g_{n1} & g_{n2} & \cdots & g_{nn} \end{bmatrix} \tag{7.11}$$

步骤 2　计算规范化影响矩阵 P。对直接影响矩阵 G 进行规范化处理,计算公式为:

$$P=G/\max\left(\max_{1<i<n}\sum_{j=1}^{n}g_{ij},\max_{1<j<n}\sum_{i=1}^{n}g_{ij}\right) \tag{7.12}$$

步骤 3　计算综合影响矩阵 T。计算公式为:

$$T=(t_{ij})_{n\times n}=\lim_{h\to\infty}(P^1+P^2+\cdots+P^h)=P(I-P)^{-1} \tag{7.13}$$

其中,I 为主对角线上元素均为 1、其余元素均为 0 的单位矩阵,且当 $h\to\infty$ 时,满足 $P^h=0$。

步骤 4　计算各指标的中心度和原因度。设矩阵 T 的每行之和为 r_i(称为影响度),每列之和为 d_j(称为被影响度),计算公式为:

$$r_i=\sum_{j=1}^{n}t_{ij},d_j=\sum_{i=1}^{n}t_{ij} \tag{7.14}$$

其中,令 $i=j$,则指标 X_j 的中心度为 r_j+d_j(表征为指标 X_j 在整个系统中的相对重要程度),原因度为 r_j-d_j(表征为指标 X_j 与其他指标间的因果逻辑关系强度)。

步骤 5　计算各指标的权重。计算公式为:

$$w_j=\frac{\sqrt{(r_j+d_j)^2+(r_j-d_j)^2}}{\sum_{j=1}^{n}\sqrt{(r_j+d_j)^2+(r_j-d_j)^2}} \tag{7.15}$$

其中,r_j+d_j 和 r_j-d_j 分别为指标 X_j 的中心度和原因度。

为了更好地理解 DEMATEL 方法,下面给出例 7.9。

【例 7.9】　当前,越来越多的大学生在毕业后选择自主创业,大学生自主创业在一定程度上缓解了就业压力。经过市场调研发现,大学生创业的多属性决策问题主要涉及 6 个评价指标,即市场开放性(A_1)、政策对创业的扶持程度(A_2)、个人技能(A_3)、资金情况(A_4)、基建普及度(A_5)、数字技术发展水平(A_6)。试利用 DEMATEL 方法来确定各指标权重。

【解】 首先,邀请专家对指标之间的相互影响程度进行评估,以此得到初始直接影响矩阵,结果见表 7—5。

表 7—5　　**大学生自主创业的初始直接影响矩阵**

	A_1	A_2	A_3	A_4	A_5	A_6
A_1	0.00	1.50	1.00	1.75	1.75	3.50
A_2	2.25	0.00	0.25	3.00	1.75	3.75
A_3	1.00	0.75	0.00	3.25	0.25	3.25
A_4	0.75	1.25	0.75	0.00	1.50	3.50
A_5	2.50	1.75	0.00	0.50	0.00	2.00
A_6	0.00	0.00	0.00	0.50	0.00	0.00

其次,计算规范化影响矩阵,结果见表 7—6。

表 7—6　大学生自主创业的规范化影响矩阵

	A_1	A_2	A_3	A_4	A_5	A_6
A_1	0.00	0.09	0.06	0.11	0.11	0.22
A_2	0.14	0.00	0.02	0.19	0.11	0.23
A_3	0.06	0.05	0.00	0.20	0.02	0.20
A_4	0.05	0.08	0.05	0.00	0.09	0.22
A_5	0.16	0.11	0.00	0.03	0.00	0.13
A_6	0.00	0.00	0.00	0.03	0.00	0.00

再次，计算综合影响矩阵，结果见表 7—7。

表 7—7　大学生自主创业的综合影响矩阵

	A_1	A_2	A_3	A_4	A_5	A_6
A_1	0.05	0.13	0.08	0.17	0.15	0.33
A_2	0.19	0.06	0.04	0.24	0.16	0.37
A_3	0.10	0.08	0.02	0.24	0.06	0.31
A_4	0.09	0.11	0.06	0.05	0.12	0.30
A_5	0.19	0.14	0.02	0.09	0.04	0.23
A_6	0.00	0.00	0.00	0.03	0.00	0.01

随后，计算各指标的原因度分别为 1.53、1.57、1.02、1.56、1.24、1.60，结果度分别为 −0.30、−0.54、−0.60、0.11、−0.18、1.49。

最后，计算各指标的权重分别为 0.1658、0.1765、0.1258、0.1663、0.1332、0.2324。

7.3.5　熵权法

熵权法是一种客观赋权法，目前在现实经济管理问题中已经得到了广泛的应用。熵权法的基本原理是，利用信息论中用熵来表示事物出现的不确定性，并在此基础上依据差异驱动的原理来确定指标权重。下面给出基于熵权法的指标权重确定方法的基本步骤：

步骤 1　构建原始的多属性决策矩阵 $X=(x_{ij})_{m\times n}$，并利用适当的方法计算标准化后的多属性决策矩阵 $R=(r_{ij})_{m\times n}$。

步骤 2　计算归一化后的多属性决策矩阵 $R=(r_{ij})_{m\times n}$，计算公式为：

$$\hat{r}_{ij}=\frac{r_{ij}}{\sum_{i=1}^{m} r_{ij}} \tag{7.16}$$

其中，$\hat{r}_{ij}$ 为归一化后的方案 O_i 关于指标 A_j 的指标数据。

步骤 3　计算各指标的信息熵，计算公式为：

$$E_j=-\frac{1}{\ln m}\sum_{i=1}^{m}\hat{r}_{ij}\ln\hat{r}_{ij} \tag{7.17}$$

其中，E_j 为指标 A_j 的信息熵。

步骤 4　计算各指标的权重，计算公式为：

$$w_j = \frac{1-E_j}{\sum_{k=1}^{m}(1-E_k)} \tag{7.18}$$

为了更好地理解熵权法，下面给出例 7.10。

【例 7.10】　现需要购买一架战斗机，有 4 种备选战斗机可以选择，决策者根据战斗机的性能和费用考虑了 6 项评价指标，即最大速度、飞行范围、最大负载、购买费用、可靠性、灵敏度。4 种备选战斗机的各项指标值见表 7—8。

表 7—8　　4 种备选战斗机的各项指标值

	最大速度 (A_1)	飞行范围 (A_2)	最大负载 (A_3)	购买费用 (A_4)	可靠性 (A_5)	灵敏度 (A_6)
战斗机(O_1)	2	1.5	2.0	5.5	5	9
战斗机(O_2)	2.5	2.7	1.8	6.5	3	5
战斗机(O_3)	1.8	2	2.1	4.5	7	7
战斗机(O_4)	2.2	1.8	2	5	5	5

【解】 首先，将各评价指标数据进行规范化处理。上述 6 项评价指标中，除了购买费用(A_4)为成本型指标外，其余均为效益型指标。此处利用线性比例方法进行计算，得到规范化后的矩阵，见表 7—9。

表 7—9　　4 种备选战斗机规范化后的各项指标值（线性比例方法）

	最大速度 (A_1)	飞行范围 (A_2)	最大负载 (A_3)	购买费用 (A_4)	可靠性 (A_5)	灵敏度 (A_6)
战斗机(O_1)	0.800	0.556	0.952	0.818	0.714	1.000
战斗机(O_2)	1.000	1.000	0.857	0.692	0.429	0.556
战斗机(O_3)	0.720	0.741	1.000	1.000	1.000	0.778
战斗机(O_4)	0.880	0.667	0.952	0.900	0.714	0.556

其次，计算归一化后的多属性决策矩阵，结果为：

$$\hat{R} = \begin{pmatrix} 0.235 & 0.188 & 0.253 & 0.240 & 0.250 & 0.346 \\ 0.294 & 0.337 & 0.228 & 0.203 & 0.150 & 0.192 \\ 0.212 & 0.250 & 0.266 & 0.293 & 0.350 & 0.269 \\ 0.259 & 0.225 & 0.253 & 0.264 & 0.250 & 0.192 \end{pmatrix}$$

再次，计算各指标的信息熵，结果为：

$E_1=0.9947, E_2=0.9832, E_3=0.9989, E_4=0.9936, E_5=0.9703, E_6=0.9768$

最后，计算各指标的权重，结果为：

$w=(0.0642, 0.2036, 0.0133, 0.0766, 0.3600, 0.2812)^T$

7.4 多指标信息集结方法

7.4.1 简单线性加权法

简单线性加权法是一种非常经典的多指标综合评价方法,现有的多指标综合评价问题大多是采用简单线性加权法。简单线性加权的基本原理是,先计算各评价指标的权重,再将原始的多属性决策矩阵数据进行规范化处理,在此基础上利用加权算术平均数对规范化后的多属性决策数据进行综合集结。下面给出简单线性加权法的基本步骤:

步骤 1 利用适当的方法确定各评价指标的权重,假设权重向量为 $w=(w_1,w_2,\cdots,w_n)^T$。

步骤 2 利用适当的方法将原始的多属性决策矩阵进行规范化处理,假设原始的多属性决策矩阵为 $X=(x_{ij})_{m\times n}$,规范化后的多属性决策矩阵为 $R=(r_{ij})_{m\times n}$。

步骤 3 利用指标权重和规范化后的多属性决策数据计算各方案的线性加权指标值,计算公式为:

$$y_i=\sum_{j=1}^{n}w_j r_{ij} \tag{7.19}$$

步骤 4 利用线性加权指标值对各方案进行排序择优,若 O_3 的值越大,则方案 O_i 的排序越靠前。

为了更好地理解简单线性加权法,下面给出例 7.11。

【例 7.11】 利用简单线性加权法对例 7.10 中的战斗机决策问题进行分析。

【解】 首先,假设利用适当方法确定战斗机的 6 项评价指标的权重分别为 $w_1=0.2$,$w_2=0.1$,$w_3=0.1$,$w_4=0.1$,$w_5=0.2$,$w_6=0.3$。

其次,利用线性比例变换法将原始的多属性决策矩阵数据进行规范化处理,结果见表 7.9。

最后,计算各方案的线性加权指标值 $y_1=0.835$,$y_2=0.709$,$y_3=0.853$,$y_4=0.738$。因此,4 种备选战斗机的排序为 $O_3\succ O_1\succ O_4\succ O_2$,$O_3$ 为最优方案。

7.4.2 TOPSIS 方法

逼近理想点方法(Technique for Order Preference by Similarity to an Ideal Solution,TOPSIS)是一种常见的多属性决策方法,该方法通常又被简称为理想点法。TOPSIS 方法是依据备选方案与理想方案的接近程度来进行排序,该方法存在两个核心的概念,即“正理想解”和“负理想解”。TOPSIS 方法的基本原理是,先将多指标决策数据进行一系列的归一化处理,再寻找各个指标下的正理想点和负理想点,在此基础上确定最优方案和最劣方案,最后分别计算各备选方案与最优方案和最劣方案之间的距离,并求得各方案的相对贴近度,以此来进行备选方案的排序择优。基于 TOPSIS 的多指标信息集结方法的基本步骤具体如下:

步骤 1 利用适当的方法确定各评价指标的权重,假设权重向量为 $w=(w_1,w_2,\cdots,w_n)^T$。

步骤 2 利用适当的方法将原始的多属性决策矩阵进行规范化处理，假设原始的多属性决策矩阵为 $X=(x_{ij})_{m\times n}$，规范化后的多属性决策矩阵为 $R=(r_{ij})_{m\times n}$。

步骤 3 利用指标权重和规范化后的多属性决策数据计算加权的规范化决策矩阵 $V=(v_{ij})_{m\times n}$，计算公式为 $v_{ij}=w_j r_{ij}$，即：

$$V=(v_{ij})_{m\times n}=\begin{bmatrix} v_{11} & v_{12} & \cdots & v_{1n} \\ v_{21} & v_{22} & \cdots & v_{2n} \\ \cdots & \cdots & \cdots & \cdots \\ v_{m1} & v_{m2} & \cdots & v_{mn} \end{bmatrix}=\begin{bmatrix} w_1 r_{11} & w_2 r_{12} & \cdots & w_m r_{1n} \\ w_1 r_{21} & w_2 r_{22} & \cdots & w_m r_{2n} \\ \cdots & \cdots & \cdots & \cdots \\ w_1 r_{m1} & w_2 r_{m2} & \cdots & w_m r_{mn} \end{bmatrix} \tag{7.20}$$

步骤 4 确定正理想解和负理想解，正理想解的计算公式为：

$$\begin{aligned} &\text{效益型指标}\begin{cases} v_j^+=\max\limits_i(v_{ij}) \quad i=1,2,\cdots,m;j=1,2,\cdots,n \\ V^+=(v_1^+,v_2^+,\cdots,v_n^+) \end{cases} \\ &\text{成本型指标}\begin{cases} v_j^+=\min\limits_i(v_{ij}) \quad i=1,2,\cdots,m;j=1,2,\cdots,n \\ V^+=(v_1^+,v_2^+,\cdots,v_n^+) \end{cases} \end{aligned} \tag{7.21}$$

负理想解的计算公式为：

$$\begin{aligned} &\text{效益型指标}\begin{cases} v_j^-=\min\limits_i(v_{ij}) \quad i=1,2,\cdots,m;j=1,2,\cdots,n \\ V^-=(v_1^-,v_2^-,\cdots,v_n^-) \end{cases} \\ &\text{成本型指标}\begin{cases} v_j^-=\max\limits_i(v_{ij}) \quad i=1,2,\cdots,m;j=1,2,\cdots,n \\ V^-=(v_1^-,v_2^-,\cdots,v_n^-) \end{cases} \end{aligned} \tag{7.22}$$

步骤 5 计算各方案到正理想解和负理想解的距离。各方案到正理想解的距离为：

$$d_i^+=\sqrt{\sum_{j=1}^{n}(v_{ij}-v_j^+)^2} \tag{7.23}$$

各方案到负理想解的距离为：

$$d_i^-=\sqrt{\sum_{j=1}^{n}(v_{ij}-v_j^-)^2} \tag{7.24}$$

步骤 6 计算各方案的相对贴进度，计算公式为：

$$c_i=\frac{d_i^-}{d_i^-+d_i^+} \tag{7.25}$$

其中，c_i 为方案 O_i 的相对贴近度且满足 $c_i\in[0,1]$，c_i 的值越大，方案 O_i 的排序越靠前。

为了更好地理解 TOPSIS 方法，下面给出例 7.12。

【例 7.12】 利用简单线性加权法对例 7.10 中的战斗机决策问题进行分析。

【解】 首先，假设利用适当方法确定战斗机的 6 项评价指标的权重分别为 $w_1=0.2$，$w_2=0.1$，$w_3=0.1$，$w_4=0.1$，$w_5=0.2$，$w_6=0.3$。

其次，利用向量归一化法将原始的多属性决策矩阵数据进行规范化处理，其结果见表 7—10。

表 7—10　　4 种备选战斗机规范化后的各项指标值(向量归一化法)

	最大速度(A_1)	飞行范围(A_2)	最大负载(A_3)	购买费用(A_4)	可靠性(A_5)	灵敏度(A_6)
战斗机(O_1)	0.4671	0.3662	0.5056	0.5063	0.4811	0.6708
战斗机(O_2)	0.5839	0.6591	0.4550	0.5983	0.2887	0.3727
战斗机(O_3)	0.4204	0.4882	0.5308	0.4143	0.6736	0.5217
战斗机(O_4)	0.5139	0.4392	0.5056	0.4603	0.4811	0.3727

其次，计算加权的规范化决策矩阵，结果见表 7—11。

表 7—11　　4 种备选战斗机加权规范化后的各项指标值(向量归一化法)

	最大速度(A_1)	飞行范围(A_2)	最大负载(A_3)	购买费用(A_4)	可靠性(A_5)	灵敏度(A_6)
战斗机(O_1)	0.0934	0.0366	0.0506	0.0506	0.0962	0.2012
战斗机(O_2)	0.1168	0.0659	0.0455	0.0598	0.0577	0.1118
战斗机(O_3)	0.0841	0.0488	0.0531	0.0414	0.1347	0.1565
战斗机(O_4)	0.1029	0.0439	0.0506	0.0460	0.0962	0.1118

再次，确定正理想解为：

$$V^+=(v_1^+,v_2^+,v_3^+,,v_4^+,v_5^+,v_6^+)$$

$$=(0.1168,0.0659,0.0531,0.0414,0.1347,0.2012)$$

确定负理想解为：

$$V^-=(v_1^-,v_2^-,v_3^-,,v_4^-,v_5^-,v_6^-)$$

$$=(0.1168,0.0659,0.0531,0.0414,0.1347,0.2012)$$

随后，计算各方案到正理想解的距离分别为 $d_1^+=0.0545$，$d_2^+=0.1197$，$d_3^+=0.0580$，$d_4^+=0.1009$，各方案到负理想解的距离分别为 $d_1^-=0.0983$，$d_2^-=0.0439$，$d_3^-=0.0920$，$d_4^-=0.0458$。

最后，计算各方案的相对贴进度分别为 $c_1=0.643$，$c_2=0.268$，$c_3=0.613$，$c_4=0.312$。因此，4 种备选战斗机的排序为 $O_1 \succ O_3 \succ O_4 \succ O_2$，$O_1$ 为最优方案。

7.4.3　VIKOR 方法

多准则妥协解排序方法(ViseKriterijumska Optimizacija I Kompromisno Resenje，VIKOR)是由 Opricovic 和 Tzeng 共同提出的一种基于理想点解的折中型多准则决策方法。VIKOR 方法的基本原理是，先确定各指标的正理想点和负理想点，再根据各方案指标值与正理想点的接近程度，在可接受优势和决策过程稳定的条件下对方案进行排序。VIKOR 方法考虑了指标间的相互让步情况，能够有效避免个别较差指标的消极影响被其他指标中和，因此所得到的评价结果相对更为合理。基于 VIKOR 方法的多指标信息集结方法的基本步骤具体如下：

步骤 1　利用适当的方法确定各评价指标的权重，假设权重向量为 $w=(w_1,w_2,\cdots,$

$w_m)^T$。

步骤2　利用适当的方法将原始的多属性决策矩阵进行规范化处理，假设原始的多属性决策矩阵为 $X=(x_{ij})_{m\times n}$，规范化后的多属性决策矩阵为 $R=(r_{ij})_{m\times n}$。

步骤3　确定正理想解和负理想解，正理想解的计算公式为：

$$\text{效益型指标}\begin{cases}v_j^+=\max\limits_i(v_{ij}) \quad i=1,2,\cdots,m;j=1,2,\cdots,n\\V^+=(v_1^+,v_2^+,\cdots,v_n^+)\end{cases}$$
$$\text{成本型指标}\begin{cases}v_j^+=\min\limits_i(v_{ij}) \quad i=1,2,\cdots,m;j=1,2,\cdots,n\\V^+=(v_1^+,v_2^+,\cdots,v_n^+)\end{cases} \tag{7.26}$$

负理想解的计算公式为：

$$\text{效益型指标}\begin{cases}v_j^-=\min\limits_i(v_{ij}) \quad i=1,2,\cdots,m;j=1,2,\cdots,n\\V^-=(v_1^-,v_2^-,\cdots,v_n^-)\end{cases}$$
$$\text{成本型指标}\begin{cases}v_j^-=\max\limits_i(v_{ij}) \quad i=1,2,\cdots,m;j=1,2,\cdots,n\\V^-=(v_1^-,v_2^-,\cdots,v_n^-)\end{cases} \tag{7.27}$$

步骤4　计算各方案的群体效益值，各方案的群体效益值计算公式为：

$$S_i=\sum_{j=1}^{n}\frac{w_j(v_j^+-r_{ij})}{(v_j^+-v_j^-)} \tag{7.28}$$

各方案的个体遗憾值计算公式为：

$$R_i=\max_j\left(\frac{w_j(v_j^+-r_{ij})}{(v_j^+-v_j^-)}\right) \tag{7.29}$$

步骤5　计算各方案的利益比率值，计算公式为：

$$Q_i=v\frac{(S_i-\min\limits_i S_i)}{(\max\limits_i S_i-\min\limits_i S_i)}+(1-v)\frac{(R_i-\min\limits_i R_i)}{(\max\limits_i R_i-\min\limits_i R_i)} \tag{7.30}$$

其中，v 是决策机制系数(此处 v 取值为0.5，表明采用均衡折中方式，这样可以使得群体效用最大化和负面影响最小化)。

步骤6　根据 Q_i、S_i 和 R_i 的值对各方案进行排序。当满足以下两个条件时，可根据 Q_i 的值进行排序，Q_i 的值越小，方案 O_i 的排序越靠前。

条件1：$Q(k^{(2)})-Q(k^{(1)})\geqslant 1/(m-1)$，其中 $k^{(1)}$ 是 Q 排序中的最优方案，$k^{(2)}$ 是 Q 排序中的次优方案，m 为方案的总个数。

条件2：$k^{(1)}$ 是 S 或 R 的排在前面的方案。

如果条件2不满足，$k^{(1)}$ 和 $k^{(2)}$ 均是折中解；如果条件1不满足，方案 $k^{(1)},k^{(2)},\cdots,k^{(t)}$ 是折中解，其中 $k^{(t)}$ 满足 $Q(k^{(t)})-Q(k^{(1)})\geqslant 1/(m-1)$。

为了更好地理解VIKOP方法，下面给出例7.13。

【例7.13】　某汽车制造商需要从7个零部件供应商中选择一个合作伙伴，并且从交货提前期、产品质量、交货可靠性、产品成本4个指标来考虑，相应的多属性决策数据见表7—12。试用VIKOP方法进行决策分析。

表 7—12　　7 个零部件供应商的各项指标值

	交货提前期(A_1)	产品质量(A_2)	交货可靠性(A_3)	产品成本(A_4)
供应商(O_1)	19	0.92	0.94	225
供应商(O_2)	20	0.98	0.96	208
供应商(O_3)	22	0.90	0.80	200
供应商(O_4)	24	0.99	0.88	235
供应商(O_5)	23	0.87	0.98	215
供应商(O_6)	21	0.86	0.85	212
供应商(O_7)	24	0.94	0.90	205

【解】 首先，假设利用适当方法确定零部件供应商的 4 项评价指标的权重分别为 $w_1=0.42$，$w_2=0.16$，$w_3=0.26$，$w_4=0.16$。

其次，将零部件供应商的各项指标值进行规范化处理。为方便起见，此处先取定交货提前期和产品成本 2 个指标的倒数来将成本型指标转化为效益型指标，并在此基础上利用向量归一化法进行规范化处理，结果见表 7—13。

表 7—13　　7 个零部件供应商规范化后的各项指标值（向量归一化法）

	交货提前期(A_1)	产品质量(A_2)	交货可靠性(A_3)	产品成本(A_4)
供应商(O_1)	0.4302	0.3763	0.3933	0.3585
供应商(O_2)	0.4087	0.4008	0.4017	0.3879
供应商(O_3)	0.3716	0.3681	0.3347	0.4034
供应商(O_4)	0.3406	0.4049	0.3682	0.3433
供应商(O_5)	0.3554	0.3559	0.4100	0.3752
供应商(O_6)	0.3892	0.3518	0.3556	0.3805
供应商(O_7)	0.3406	0.3845	0.3766	0.3925

再次，确定正理想解为：

$$V^+=(v_1^+,v_2^+,v_3^+,v_4^+)$$
$$=(0.4302,0.4049,0.4100,0.4034)$$

负理想解为：

$$V^-=(v_1^-,v_2^-,v_3^-,v_4^-)$$
$$=(0.3406,0.3518,0.3347,0.3433)$$

随后，计算各方案的群体效益值和个体遗憾值，结果见表 7—14。

表 7—14　　各方案的群体效益值、个体遗憾值、利益比率值和排序

	群体效益值(S_i)	个体遗憾值(R_i)	利益比率值(Q_i)	排序
供应商(O_1)	0.2633	0.1194	0.1030	2

续表

	群体效益值(S_i)	个体遗憾值(R_i)	利益比率值(Q_i)	排序
供应商(O_2)	0.1833	0.1008	0.0000	1
供应商(O_3)	0.6457	0.2749	0.6999	4
供应商(O_4)	0.7244	0.4200	1.0000	7
供应商(O_5)	0.5733	0.3506	0.7516	5
供应商(O_6)	0.6006	0.1920	0.5284	3
供应商(O_7)	0.6233	0.4200	0.9065	6

最后，计算各方案的利益比率值以及各方案的排序，结果见表7—14。因此，7个零部件供应商的排序为$O_2 \succ O_1 \succ O_6 \succ O_3 \succ O_5 \succ O_7 \succ O_4$，$O_2$为最优方案。

7.4.4　幂平均算子

在多属性决策评价问题中，部分指标值会处于异常的情况，此时若采用一般的指标信息集结方法，则会对综合评价值产生不利影响，进而会影响到最终决策。为了有效地解决该问题，下面引入幂平均算子，以此来消除指标异常值给综合评价结果带来的不利影响。基于幂平均算子的指标信息集结方法的基本步骤具体如下：

步骤1　利用适当的方法确定各评价指标的权重，假设权重向量为$w=(w_1,w_2,\cdots,w_n)^T$。

步骤2　利用极差变化法将原始的多属性决策矩阵进行规范化处理，假设原始的多属性决策矩阵为$X=(x_{ij})_{m\times n}$，规范化后的多属性决策矩阵为$R=(r_{ij})_{m\times n}$。

步骤3　利用支撑度公式计算各指标数据的支撑度，计算公式为：

$$T(r_{ij})=\sum_{k=1,k\neq j}^{n} sup(r_{ij},r_{ik})=\sum_{k=1,k\neq j}^{n}(1-|r_{ij}-r_{ik}|) \tag{7.31}$$

步骤4　确定方案的综合评价值，计算公式为：

$$y_i=\sum_{j=1}^{m}\frac{(1+T(r_{ij}))w_j}{\sum_{j=1}^{m}(1+T(r_{ij}))w_j}r_{ij} \tag{7.32}$$

为了更好地理解幂平均算子，下面给出例7.14。

【例7.14】　已知有3个方案和3个指标(均为效益型指标)，多属性决策矩阵为：

$$X=(x_{ij})_{3\times 3}=\begin{bmatrix}1 & 2 & 8\\2 & 4 & 7\\5 & 7 & 4\end{bmatrix}$$

试利用幂平均算子进行决策。

【解】假设3个指标的权重分别为0.3、0.3、0.4。

首先，利用极差变化法计算规范化后的多属性决策矩阵为：

$$R=(r_{ij})_{3\times 3}=\begin{bmatrix}0 & 0 & 1\\0.25 & 0.4 & 0.75\\1 & 1 & 0\end{bmatrix}$$

其次，计算各指标数据的支撑度，结果为：

$$T(r_{ij})_{3\times3}=\begin{bmatrix}1 & 1 & 0\\ 1.35 & 1.5 & 1.15\\ 1 & 1 & 0\end{bmatrix}$$

最后，计算各方案的综合评价值分别为 0.0000、0.4933、1.000。

7.4.5 Heronian 平均算子

Heronian 平均算子是一种基于积性法则来捕捉数据关联性的信息集结算子，其能够在一定程度上减轻多属性决策问题中指标间存在相关性的不利影响。基于 Heronian 平均算子的指标信息集结方法的基本步骤具体如下：

步骤 1 利用适当的方法确定各评价指标的权重，假设权重向量为 $w=(w_1,w_2,\cdots,w_n)^{\mathrm{T}}$。

步骤 2 利用极差变化法将原始的多属性决策矩阵进行规范化处理，假设原始的多属性决策矩阵为 $X=(x_{ij})_{m\times n}$，规范化后的多属性决策矩阵为 $R=(r_{ij})_{m\times n}$。

步骤 3 确定各方案的综合评价值，计算公式为：

$$y_i=\left(\frac{\sum_{j=1}^{m}\sum_{k=j}^{m}(w_jr_{ij})^p(w_kr_{ik})^p}{\sum_{j=1}^{m}\sum_{k=j}^{m}(w_j)^p(w_k)^p}\right)^{\frac{1}{p+q}} \tag{7.33}$$

其中，y_i 为方案 O_i 的综合评价值。一般而言，p 和 q 可取值为 $p=q=1$，在此情况下，式(7.33)可简化为：

$$y_i=\sqrt{\frac{\sum_{j=1}^{m}\sum_{k=j}^{m}w_jr_{ij}w_kr_{ik}}{\sum_{j=1}^{m}\sum_{k=j}^{m}w_jw_k}} \tag{7.34}$$

为了更好地理解 Heronian 平均算子，下面给出例 7.15。

【例 7.15】 已知有 4 个方案和 5 个指标(均为效益型指标)，多属性决策矩阵为：

$$X=(x_{ij})_{4\times5}=\begin{bmatrix}1 & 20 & 800 & 1\,000 & 0.4\\ 2 & 30 & 600 & 2\,000 & 0.6\\ 4 & 50 & 500 & 3\,000 & 0.8\\ 6 & 100 & 300 & 2\,500 & 0.3\end{bmatrix}$$

试利用 Heronian 平均算子进行决策。

【解】 假设 5 个指标的权重分别为 0.1、0.1、0.3、0.3、0.2。

先利用极差变化法计算规范化后的多属性决策矩阵为：

$$R=(r_{ij})_{4\times5}=\begin{bmatrix}0.0 & 0.000 & 1.0 & 0.00 & 0.2\\ 0.2 & 0.125 & 0.6 & 0.50 & 0.6\\ 0.6 & 0.375 & 0.4 & 1.00 & 1.0\\ 1.0 & 1.000 & 0.0 & 0.75 & 0.0\end{bmatrix}$$

再令 $p=q=1$，进一步计算各方案的综合评价值，其中：

$$\sum_{j=1}^{5}\sum_{k=j}^{5}w_jw_k = w_1w_1 + w_1w_2 + w_1w_3 + w_1w_4 + w_1w_5 + w_2w_2 + w_2w_3 + w_2w_4 + w_2w_5 + w_3w_3 + w_3w_4 + w_3w_5 + w_4w_4 + w_4w_5 + w_5w_5 = 0.62$$

$$\sum_{j=1}^{m}\sum_{k=j}^{m}w_jr_{1j}w_kr_{1k} = 0.1036,\ \sum_{j=1}^{m}\sum_{k=j}^{m}w_jr_{2j}w_kr_{2k} = 0.1513$$

$$\sum_{j=1}^{m}\sum_{k=j}^{m}w_jr_{3j}w_kr_{3k} = 0.3321,\ \sum_{j=1}^{m}\sum_{k=j}^{m}w_jr_{4j}w_kr_{4k} = 0.1256$$

因此，各方案的综合评价值分别为 0.4088、0.4940、0.7319、0.4501。

7.5　其他多属性决策方法

7.5.1　主成分分析法

在多属性决策问题中，通常会遇到多个指标之间存在较强的相关性，这会使得决策过程更为复杂，而且可能还会影响到决策结果。为了有效地解决上述问题，主成分分析法被提出。主成分分析法的主要作用是将多维变量转化为少数几个变量，而且能够使得相关性强的变量转变为相互独立的变量。由于主成分分析法可以解决指标间相关性较强的多属性决策问题，因此在经济、医疗、化学等众多领域均得到了广泛的应用。

1. 主成分的相关概念

在多属性决策问题中，为了方便起见，将多个指标采用随机向量来表示。下面先介绍随机向量和协方差矩阵的相关概念。

假设存在 n 维随机向量 $\boldsymbol{X}=(X_1,X_2,\cdots,X_n)^{\mathrm{T}}$，$\boldsymbol{X}$ 存在均值向量 $E(\boldsymbol{X})=(EX_1,EX_2,\cdots,EX_n)^{\mathrm{T}}$ 和协方差矩阵Σ。$\boldsymbol{X}$ 的协方差矩阵为：

$$\Sigma=\mathrm{Cov}(\boldsymbol{X},\boldsymbol{X})=E(\boldsymbol{X}-E\boldsymbol{X})(\boldsymbol{X}-E\boldsymbol{X})$$
$$=\begin{bmatrix}\mathrm{Cov}(X_1,X_1) & \mathrm{Cov}(X_1,X_2) & \cdots & \mathrm{Cov}(X_1,X_n)\\ \mathrm{Cov}(X_2,X_1) & \mathrm{Cov}(X_2,X_2) & \cdots & \mathrm{Cov}(X_2,X_n)\\ \cdots & \cdots & \cdots & \cdots\\ \mathrm{Cov}(X_n,X_1) & \mathrm{Cov}(X_n,X_2) & \cdots & \mathrm{Cov}(X_n,X_n)\end{bmatrix}=(\sigma_{ij})_{n\times n}$$

其中，$\mathrm{Cov}(X_i,X_j)=E(X_i-EX_i)(X_j-EX_j)=\sigma_{ij}$ 称为 $\boldsymbol{X}$ 的第 i 个分量 X_i 和第 j 个分量 X_j 的协方差。由于 $\sigma_{ij}=\sigma_{ji}$，因此协方差矩阵Σ为对称矩阵，即$\Sigma=\Sigma^{\mathrm{T}}$。

随机变量 X_i 和 X_j 的相关系数为：

$$r_{ij}=\frac{\sigma_{ij}}{\sqrt{\sigma_i}\sqrt{\sigma_j}}$$

由相关系数形成的矩阵称为相关矩阵，相关矩阵 $\boldsymbol{R}=(r_{ij})_{m\times n}$ 也是对称矩阵，即 $\boldsymbol{R}=\boldsymbol{R}^{\mathrm{T}}$。

显然，可以证明协方差矩阵Σ和相关矩阵 $\boldsymbol{R}$ 均为非负定矩阵。

考虑到主成分通常是指标的线性组合表示形式，下面进一步给出随机变量线性组合的表示方法。

假设有 n 个 n 维实向量：

$$\boldsymbol{L}_i=(L_{1i},L_{2i},\cdots,L_{ni})^{\mathrm{T}} \qquad (i=1,2,\cdots,n)$$

随机向量 $\boldsymbol{X}=(X_1,X_2,\cdots,X_n)^{\mathrm{T}}$ 分量的线性组合

$$\begin{cases} Z_1=\boldsymbol{L}_1^{\mathrm{T}}\boldsymbol{X}=\sum\limits_{i=1}^{n} l_{i1}X_i \\ Z_2=\boldsymbol{L}_2^{\mathrm{T}}\boldsymbol{X}=\sum\limits_{i=1}^{n} l_{i2}X_i \\ \cdots\cdots\cdots\cdots \\ Z_n=\boldsymbol{L}_n^{\mathrm{T}}\boldsymbol{X}=\sum\limits_{i=1}^{n} l_{in}X_i \end{cases} \tag{7.35}$$

仍为随机向量，它们的期望、协方差和方差为：

$$\begin{cases} EZ_i=E(\boldsymbol{L}_i^{\mathrm{T}}\boldsymbol{X})=\sum\limits_{k=1}^{n} l_{ki}E(X_k) \\ \mathrm{Cov}(Z_i,Z_j)=\mathrm{Cov}(\boldsymbol{L}_i^{\mathrm{T}}\boldsymbol{X},\boldsymbol{L}_j^{\mathrm{T}}\boldsymbol{X})=\boldsymbol{L}_i^{\mathrm{T}}\mathrm{Cov}(\boldsymbol{X},\boldsymbol{X})=\boldsymbol{L}_i^{\mathrm{T}}\sum L_j \\ D(Z_i)=\mathrm{Cov}(Z_i,Z_i)=\boldsymbol{L}_i^{\mathrm{T}}\sum L_i \end{cases}$$

并记随机向量 $\boldsymbol{Z}=(Z_1,Z_2,\cdots,Z_n)^{\mathrm{T}}$，$\boldsymbol{Z}$ 的协方差矩阵为：

$$\mathrm{Cov}(\boldsymbol{Z},\boldsymbol{Z})=(\boldsymbol{L}_i^{\mathrm{T}}\Sigma\boldsymbol{L}_j)_{n\times n}$$

矩阵 $\boldsymbol{Z}$ 中元素可以依据 $\boldsymbol{X}$ 的协方差矩阵 Σ 来计算。

在 n 维实向量空间 $\boldsymbol{R}^n$ 中，全体长度为 1 的单位向量集合表示为：

$$\boldsymbol{y}=\{\boldsymbol{L}\,|\,\boldsymbol{L}^{\mathrm{T}}\boldsymbol{L}=1,\boldsymbol{L}\in\boldsymbol{R}^n\}$$

在主成分分析中，随机变量的方差可以表示为指标信息量的大小。鉴于此，下面讨论主成分的定义和求法。

定义 7.1　设 $\boldsymbol{X}=(X_1,X_2,\cdots,X_n)^{\mathrm{T}}$ 为 n 维随机向量，Σ 为 $\boldsymbol{X}$ 的协方差矩阵。在单位向量 $\boldsymbol{y}$ 中选取 n 个不同的实向量 $\{\boldsymbol{L}_1,\boldsymbol{L}_2,\cdots,\boldsymbol{L}_n\}$，使得新向量

$$\boldsymbol{Z}_i=\boldsymbol{L}_i^{\mathrm{T}}\boldsymbol{X} \qquad (i=1,2,\cdots,n)$$

(1)若满足条件

$$D(Z_i)=\max_{L\in y}\{D(Z)\,|\,Z=L^{\mathrm{T}}X\}$$

则称 $\boldsymbol{Z}_1=\boldsymbol{L}_1^{\mathrm{T}}\boldsymbol{X}$ 为 $\boldsymbol{X}$ 的第 1 个主成分。

(2)若满足条件

$$D(Z_2)=\max_{L\in y}\{D(Z)\,|\,Z=L^{\mathrm{T}}X,\mathrm{Cov}(Z_1,Z)=0\}$$

则称 $\boldsymbol{Z}_2=\boldsymbol{L}_2^{\mathrm{T}}\boldsymbol{X}$ 为 $\boldsymbol{X}$ 的第 2 个主成分。

(3)若满足条件

$$D(Z_k)=\max_{L\in y}\{D(Z)\,|\,Z=L^{\mathrm{T}}X,\mathrm{Cov}(Z_i,Z)=0,i=1,2,\cdots,k-1\}$$

则称 $\boldsymbol{Z}_k=\boldsymbol{L}_k^{\mathrm{T}}\boldsymbol{X}$ 为 $\boldsymbol{X}$ 的第 k 个主成分，$k=3,4,\cdots,n$，并且称 $\boldsymbol{Z}=(Z_1,Z_2,\cdots,Z_n)^{\mathrm{T}}$ 为 $\boldsymbol{X}$ 的主成分向量。

根据定义 7.1 可知，计算 n 个不同的系数实向量 $\{\boldsymbol{L}_1,\boldsymbol{L}_2,\cdots,\boldsymbol{L}_n\}^{\mathrm{T}}$ 是确定 $\boldsymbol{X}$ 主成分的

关键。下面进一步给出系数实向量$\{\boldsymbol{L}_1,\boldsymbol{L}_2,\cdots,\boldsymbol{L}_n\}$的计算方法，具体见定理7.1。

定理7.1　设$\boldsymbol{X}=(X_1,X_2,\cdots,X_n)^{\mathrm{T}}$为$n$维随机向量，$E(\boldsymbol{X})=0$，协方差矩阵为$\Sigma$。若$\Sigma$的$n$个特征值为$\lambda_1\geqslant\lambda_2\geqslant\cdots\geqslant\lambda_n\geqslant 0$，则$\boldsymbol{X}$的第$i$个主成分$\boldsymbol{Z}_i$的系数向量$\boldsymbol{L}_i$是特征值$\lambda_i$所对应的单位特征向量。

定理7.1给出了$\boldsymbol{X}$主成分的计算方法，即主成分的系数向量是协方差矩阵的单位特征向量，并按照特征值由大到小的顺序进行排列，第i个主成分的系数向量恰好为第i大的特征值所对应的单位特征向量。

2. 主成分的主要性质

设随机变量$\boldsymbol{X}$的主成分记为：

$$\begin{cases}\boldsymbol{Z}_i=\boldsymbol{L}_i^{\mathrm{T}}\boldsymbol{X} \qquad (i=1,2,\cdots,n)\\ \boldsymbol{L}_i=(L_{1i},L_{2i},\cdots,L_{ni})\\ \boldsymbol{L}_i\boldsymbol{L}_i^{\mathrm{T}}=1\\ \boldsymbol{L}=(\boldsymbol{L}_1,\boldsymbol{L}_2,\cdots,\boldsymbol{L}_n)\end{cases}$$

则主成分向量$\boldsymbol{Z}=\boldsymbol{L}^{\mathrm{T}}\boldsymbol{X}$，并且$\boldsymbol{L}\boldsymbol{L}^{\mathrm{T}}=1$(即$\boldsymbol{L}$为$n$阶正交矩阵)。主成分有如下性质：

(1)主成分向量Z的协方差阵是对角阵，即：

$$\mathrm{Cov}(\boldsymbol{Z},\boldsymbol{Z})=\begin{bmatrix}\lambda_1 & & & \\ & \lambda_2 & & \\ & & \ddots & \\ & & & \lambda_n\end{bmatrix} \tag{7.36}$$

(2)$\boldsymbol{X}$各分量方差之和等于主成分的方差之和，即属性决策问题中，为了方便起见，将多个指标采用随机向量来表示。下面先介绍随机向量和协方差矩阵的相关概念。

$$\sum_{i=1}^{n}\sigma_{ii}=\sum_{i=1}^{n}\lambda_i \tag{7.37}$$

定义7.2　设随机变量$\boldsymbol{X}=(X_1,X_2,\cdots,X_n)^{\mathrm{T}}$，则定义$\lambda_k\left(\sum_{i=1}^{n}\lambda_i\right)^{-1}$为第$k$个主成分$\boldsymbol{Z}_k$的方差贡献率(简称为贡献率)，定义$\left(\sum_{i=1}^{k}\lambda_i\right)\left(\sum_{i=1}^{n}\lambda_i\right)^{-1}$为前$k$个主成分的累积方差贡献率(简称为累积贡献率)。

定义7.3　设随机变量$\boldsymbol{X}=(X_1,X_2,\cdots,X_n)^{\mathrm{T}}$的第$k$个主成分为$\boldsymbol{Z}_k$，则定义$\boldsymbol{Z}_k$和$\boldsymbol{X}_i$的相关系数$\rho(\boldsymbol{Z}_k,\boldsymbol{X}_i)$为主成分$\boldsymbol{Z}_k$在变量$\boldsymbol{X}_i$的负荷量。

对于负荷量$\rho(\boldsymbol{Z}_k,\boldsymbol{X}_i)$，存在如下性质：

$$\rho(\boldsymbol{Z}_k,\boldsymbol{X}_i)=\frac{\sqrt{\lambda_k}\,l_{ik}}{\sqrt{\sigma_{ii}}} \tag{7.38}$$

$$\sum_{i=1}^{n}\rho(\boldsymbol{Z}_k,\boldsymbol{X}_i)\sigma_{ii}=\lambda_k \tag{7.39}$$

在实际应用中，还需要进行指标的无量纲化处理，此处采用标准样本变换法进行计算，即：

$$Y_i=\frac{X_i-E(X_i)}{\sqrt{D(X_i)}}$$

标准化矩阵 $\boldsymbol{Y}=(Y_1,Y_2,\cdots,Y_n)^{\mathrm{T}}$ 的协方差阵恰好等于 $\boldsymbol{X}$ 的相关矩阵 $\boldsymbol{R}$，究其原因在于：

$$E(Y_i)=0$$

$$\mathrm{Cov}(Y_i,Y_j)=E(Y_iY_j)=\frac{E(X_i-E(X_i))(X_j-E(X_j))}{\sqrt{D(X_i)D(X_j)}}=\frac{\sigma_{ii}}{\sqrt{\sigma_{ii}}\sqrt{\sigma_{ij}}}=r_{ij}$$

因此，根据 $\boldsymbol{X}$ 的相关矩阵 $\boldsymbol{R}$ 来计算特征值和单位特征向量，所得到的主成分也存在类似性质。

3. 样本主成分

设随机变量 $\boldsymbol{X}=(X_1,X_2,\cdots,X_n)^{\mathrm{T}}$，通常 $\boldsymbol{X}$ 的分布、协方差阵、相关矩阵均是未知的，因此需要通过样本来确定 $\boldsymbol{X}$ 的主成分。用矩阵形式来表达 $\boldsymbol{X}$ 的 m 个随机样本数据，记为：

$$\begin{bmatrix} x_{11} & x_{12} & \cdots & x_{1n} \\ x_{21} & x_{22} & \cdots & x_{2n} \\ \cdots & \cdots & \cdots & \cdots \\ x_{m1} & x_{m2} & \cdots & x_{mn} \end{bmatrix}$$

记

$$\begin{cases} \bar{x}_i=\dfrac{1}{m}\displaystyle\sum_{k=1}^{m}x_{ki} \\ s_{ij}=\dfrac{1}{m-1}\displaystyle\sum_{k=1}^{m}(x_{ki}-\bar{x}_i) \\ r_{ij}=\dfrac{s_{ij}}{\sqrt{s_{ii}}\sqrt{s_{jj}}} \end{cases}$$

则称 $\boldsymbol{R}=(r_{ij})_{n\times n}$ 为样本相关矩阵。可以证明，样本相关矩阵 $\boldsymbol{R}$ 是总体相关矩阵的无偏估计。

类似地，也可以计算样本相关矩阵 $\boldsymbol{R}=(r_{ij})_{n\times n}$ 的特征值和特征值所对应的特征向量：

$$\lambda_1\geqslant\lambda_2\geqslant\cdots\geqslant\lambda_n\geqslant 0$$

$$L_1,L_2,\cdots,L_n$$

并建立 n 个线性组合：

$$Z_i=\boldsymbol{L}_i^{\mathrm{T}}\boldsymbol{X}$$

$$\boldsymbol{Z}=(Z_1,Z_2,\cdots,Z_n)^{\mathrm{T}}$$

则称 $\boldsymbol{Z}$ 为样本主成分向量，$\boldsymbol{Z}_i$ 为第 i 个主成分。

类似地，也可以推出样本主成分向量的协方差阵为：

$$\mathrm{Cov}(\boldsymbol{Z},\boldsymbol{Z})=\begin{bmatrix} \lambda_1 & & & \\ & \lambda_2 & & \\ & & \ddots & \\ & & & \lambda_n \end{bmatrix}$$

基于上述分析，下面给出基于主成分分析法的基本步骤：

步骤 1　对样本数据进行标准化处理。假设有 n 个样本和 m 个指标，样本数据矩阵为 $\boldsymbol{X}=(x_{ij})_{m\times n}$，其中 x_{ij} 表示第 i 个样本关于第 j 个指标的原始数据，则标准化后的矩阵为

$\boldsymbol{Y}=(y_{ij})_{m\times n}$，计算式为：

$$\begin{cases} y_{ij}=\dfrac{x_{ij}-\bar{x}_j}{s_j} \\ \bar{x}_j=\dfrac{1}{m}\sum\limits_{i=1}^{m}x_{ij} \\ s_j=\sqrt{\dfrac{1}{m-1}\sum\limits_{i=1}^{m}(x_{ij}-\bar{x}_j)} \end{cases} \tag{7.40}$$

标准化后的每一个指标的均值均为 0 且方差均为 1。

步骤 2 构建相关系数矩阵。计算标准化后的矩阵 $\boldsymbol{Y}=(\boldsymbol{Y}_1,\boldsymbol{Y}_2,\cdots,\boldsymbol{Y}_n)(y_{ij})_{m\times n}$ 的各指标之间的相关性(即各列元素之间的相关系数)，在此基础上形成相关系数矩阵 $\boldsymbol{R}=(r_{ij})_{n\times n}$，计算式为：

$$r_{ij}=\frac{E(y_iy_j)-E(y_i)E(y_j)}{s(y_i)s(y_j)}=E(y_iy_j)=\frac{1}{m-1}\sum_{t=1}^{m}y_{ti}y_{tj} \tag{7.41}$$

其中，$E(y_iy_j)$为标准化后第 i 个指标与第 j 个指标相乘的期望，$s(y_i)$、$s(y_j)$分别表示为标准化第 i 个指标和第 j 个指标的样本方差。显然，相关系数矩阵 $\boldsymbol{R}=(r_{ij})_{n\times n}$ 为对称矩阵且主对角线上元素均为 1[即 $r_{ij}=1(\forall i=j)$]。

步骤 3 计算相关系数矩阵的特征值和对应的特征向量。计算相关系数矩阵 $\boldsymbol{R}=(r_{ij})_{n\times n}$ 的特征值$\lambda_h(h=1,2,\cdots,n)$和对应的特征向量 $\boldsymbol{L}_h(h=1,2,\cdots,n)$，其中 λ_h 是$\boldsymbol{R}$ 矩阵所有特征值中第 h 大的值(即满足 $\lambda_1\geqslant\lambda_2\geqslant\cdots\geqslant\lambda_h$)，$\boldsymbol{L}_h$ 是 λ_h 所对应的特征向量，计算式为：

$$(\boldsymbol{R}-\lambda\boldsymbol{I})\boldsymbol{L}=\boldsymbol{0} \tag{7.42}$$

其中，$\boldsymbol{I}$ 为 n 维的主对角线上元素均为 1 且其余元素均为 0 的单位矩阵。根据式(7.42)可以计算 n 个特征值和 n 个特征向量，此时特征向量记为 $\boldsymbol{L}_h=(L_{1h},L_{2h},\cdots,L_{nh})^{\mathrm{T}}$。

步骤 4 按照累积贡献率准则提取主成分。当第 k 个特征值的累积贡献率大于或等于 85%时，则认为前面 k 个特征值所对应的成分为主成分。即当

$$\left(\sum_{h=1}^{k}\lambda_i\right)\left(\sum_{h=1}^{n}\lambda_h\right)^{-1}\geqslant 85\% \tag{7.43}$$

时，第 h 个主成分为：

$$\boldsymbol{Z}_h=\sum_{i=1}^{n}l_{ih}\boldsymbol{Y}_j \qquad (h=1,2,\cdots,k) \tag{7.44}$$

其中，$\boldsymbol{Y}_j(j=1,2,\cdots,n)$为标准化后矩阵 $\boldsymbol{Y}$ 中的第 j 个指标向量。进一步地，下面给出分量形式的主成分表示方法，即：

$$z_{ih}=\sum_{i=1}^{n}l_{ih}y_{ij} \qquad (i=1,2,\cdots,n;j=1,2,\cdots,n;h=1,2,\cdots,k) \tag{7.45}$$

其中，z_{ih} 为第 h 个主成分的分量形式，即第 i 个样本第 h 个主成分的分值。

步骤 5 利用主成分进行综合评价。取定各主成分的贡献率为该主成分的权重系数，并在此基础上利用线性加权方法计算样本的综合评价值，即：

$$y_i=\sum_{h=1}^{k}\left(\frac{\lambda_h}{\sum\limits_{h=1}^{k}\lambda_h}\right)z_{ih} \tag{7.46}$$

其中，y_i 为第 i 个样本的综合评价值。

为了更好地理解主成分分析法，下面给出例 7.16。

【例 7.16】 在某企业经济效益评价问题中，选取了净产值利润率(%)、固定资产利润率(%)、总产值利润率(%)、销售收入利润率(%)、产品成本利润率(%)、物耗利润率(%)、人均利润率(千元/人)、流动资金利润率(%)8 个评价指标[$A_j(j=1,2,\cdots,8)$]，现需要对 14 家企业[$O_i(i=1,2,\cdots,14)$]进行综合评价，相应的多属性决策矩阵数据见表 7—15。

表 7—15　　企业经济效益评价的多属性决策矩阵

	A_1	A_2	A_3	A_4	A_5	A_6	A_7	A_8
O_1	40.4	24.7	7.2	6.1	8.3	8.7	2.442	20.0
O_2	25.0	12.7	11.2	11.0	12.9	20.2	3.542	9.1
O_3	13.2	3.3	3.9	4.3	4.4	5.5	0.578	3.6
O_4	22.3	6.7	5.6	3.7	6.0	7.4	0.716	7.3
O_5	34.3	11.8	7.1	7.1	8.0	8.9	1.726	27.5
O_6	35.6	12.5	16.4	16.7	22.8	29.3	3.017	26.6
O_7	22.0	7.8	9.9	10.2	12.6	17.6	0.847	10.6
O_8	48.4	13.4	10.9	9.9	10.9	13.9	1.772	17.8
O_9	40.6	17.1	19.8	19.0	29.7	39.6	2.449	35.8
O_{10}	24.8	8.0	9.8	8.9	11.9	16.2	0.789	13.7
O_{11}	12.5	9.7	4.2	4.2	4.6	6.5	0.874	3.9
O_{12}	1.8	0.6	0.7	0.7	0.8	1.1	0.056	1.0
O_{13}	32.3	13.9	9.4	8.3	9.8	13.3	2.126	17.1
O_{14}	38.5	9.1	11.3	9.5	12.23	16.4	1.327	11.6

试利用主成分分析法进行决策。

【解】 首先，依据公式(7.40)计算标准化后的多属性决策矩阵，具体结果见表 7—16。其次，依据公式(7.41)计算相关系数矩阵，即：

$$R=(r_{ij})_{8\times 8}=\begin{pmatrix}1.0000 & 0.7612 & 0.7076 & 0.6428 & 0.5964 & 0.5443 & 0.6312 & 0.7729\\ 0.7612 & 1.0000 & 0.5149 & 0.4754 & 0.4666 & 0.4195 & 0.7408 & 0.6802\\ 0.7076 & 0.5149 & 1.0000 & 0.9879 & 0.9777 & 0.9741 & 0.6842 & 0.7802\\ 0.6428 & 0.4754 & 0.9879 & 1.0000 & 0.9807 & 0.9798 & 0.6881 & 0.7731\\ 0.5964 & 0.4666 & 0.9777 & 0.9807 & 1.0000 & 0.9924 & 0.6265 & 0.7870\\ 0.5443 & 0.4195 & 0.9741 & 0.9798 & 0.9924 & 1.0000 & 0.6290 & 0.7245\\ 0.6312 & 0.7408 & 0.6842 & 0.6881 & 0.6265 & 0.6290 & 1.0000 & 0.6196\\ 0.7729 & 0.6802 & 0.7802 & 0.7731 & 0.7870 & 0.7245 & 0.6196 & 1.0000\end{pmatrix}$$

表 7—16　　企业经济效益评价的标准化多属性决策矩阵

	A_1	A_2	A_3	A_4	A_5	A_6	A_7	A_8
O_1	0.0738	0.3971	−0.0765	−0.1000	−0.0494	−0.0574	0.8164	0.0517
O_2	−0.0177	0.0541	0.0845	0.1006	0.0327	0.0542	1.8705	−0.0544
O_3	−0.0878	−0.2146	−0.2093	−0.1737	−0.1189	−0.0885	−0.9698	−0.1079
O_4	−0.0337	−0.1174	−0.1409	−0.1983	−0.0904	−0.0700	−0.8376	−0.0719
O_5	0.0376	0.0284	−0.0805	−0.0591	−0.0547	−0.0555	0.1303	0.1248
O_6	0.0453	0.0484	0.2938	0.3340	0.2093	0.1426	1.3674	0.1160
O_7	−0.0355	−0.0860	0.0322	0.0679	0.0274	0.0290	−0.7121	−0.0398
O_8	0.1213	0.0741	0.0725	0.0556	−0.0030	−0.0069	0.1743	0.0303
O_9	0.0750	0.1799	0.4307	0.4282	0.3324	0.2425	0.8231	0.2056
O_{10}	−0.0189	−0.0802	0.0282	0.0146	0.0149	0.0154	−0.7677	−0.0096
O_{11}	−0.0920	−0.0316	−0.1972	−0.1778	−0.1154	−0.0788	−0.6862	−0.1050
O_{12}	−0.1555	−0.2918	−0.3381	−0.3211	−0.1832	−0.1312	−1.4701	−0.1332
O_{13}	0.0257	0.0884	0.0121	−0.0099	−0.0226	−0.0128	0.5136	0.0235
O_{14}	0.0625	−0.0488	0.0886	0.0392	0.0208	0.0173	−0.2521	−0.0300

再次，依据公式(7.42)计算相关系数矩阵的特征值和所对应的特征向量，具体结果见表 7—17。

表 7—17　　企业经济效益评价的特征值和特征向量

	L_{1j}	L_{2j}	L_{3j}	L_{4j}	L_{5j}	L_{6j}	L_{7j}	L_{8j}	贡献率
$\lambda_1=6.0912$	0.3237	0.2839	0.3905	0.3856	0.3804	0.3716	0.3221	0.3563	0.7614
$\lambda_2=1.1056$	0.3979	0.6214	−0.2240	−0.2730	−0.3120	−0.3630	0.2883	0.1356	0.1382
$\lambda_3=0.4332$	0.4596	−0.1070	0.0230	−0.0530	0.0204	−0.0950	−0.7470	0.4536	0.0541
$\lambda_4=0.2120$	−0.6620	0.2812	−0.2390	−0.1010	0.1295	0.0459	−0.0700	0.6257	0.0265
$\lambda_5=0.1420$	0.1174	−0.6520	−0.0990	0.0150	−0.1830	−0.2160	0.4812	0.4896	0.0178
$\lambda_6=0.0117$	−0.1180	0.1191	−0.1050	0.8570	−0.3250	−0.3240	−0.1230	−0.0030	0.0015
$\lambda_7=0.0030$	0.1501	−0.0500	−0.5530	0.1268	0.7323	−0.3110	0.0524	−0.1330	0.0004
$\lambda_8=0.0013$	−0.1930	0.0296	0.6426	−0.1130	0.2564	−0.6860	0.0042	0.0077	0.0002

随后，按照累积贡献率准则提取主成分。依据公式(7.43)～(7.45)，由于前面 2 个特征值分别为 6.0912 和 1.1056，且相应的贡献率分别为 76.14%、13.82%，此时第 2 个特征值的累积贡献率为 89.96%，因此取定 $k=2$，即取定 2 个主成分就可以满足累积贡献率准则（大于或等于 85%）。通过计算可以得到 2 个主成分为：

$$Z_1=0.3237Y_1+0.2839Y_2+0.3905Y_3+0.3856Y_4+0.3804Y_5+0.3716Y_6+0.3221Y_7+0.3563Y_8$$

$$Z_2 = 0.3979Y_1 + 0.6241Y_2 - 0.244Y_3 - 0.273Y_4 - 0.312Y_5 - 0.363Y_6 + 0.2883Y_7 + 0.1356Y_8$$

进一步可以计算 2 个主成分的分值，具体结果见表 7－18。

表 7－18　　企业经济效益评价的结果

	主成分 1	主成分 2	综合评价值
O_1	0.7356	2.6992	1.0373
O_2	1.0895	0.0774	0.9340
O_3	−2.8488	−0.6040	−2.5039
O_4	−2.0477	−0.0572	−1.7419
O_5	0.0645	1.0097	0.2097
O_6	3.4824	−0.8192	2.8216
O_7	−0.2922	−1.0618	−0.4105
O_8	1.0131	0.8683	0.9909
O_9	5.1459	−1.1556	4.1778
O_{10}	−0.3182	−0.7743	−0.3882
O_{11}	−2.3927	0.0824	−2.0125
O_{12}	−4.3944	−0.7693	−3.8375
O_{13}	0.4022	0.7407	0.4542
O_{14}	0.3607	−0.2363	0.2690

最后，利用主成分进行综合评价。依据公式(7.46)计算各样本的综合评价值，具体结果见表 7－18。

7.5.2　物元决策方法

1. 物元分析和矛盾问题

在现实生活中，有些事情难以直接完成，而需要进行相应的转变才能够实施，究其原因，主要是因为实现的目标和给定的约束存在一定矛盾。例如，需要修建一座大型水库，但是仅拥有少量资金；存在一个靠左行驶的系统，同时也存在一个靠右行驶的系统，但是需要将两个公路系统共同连接成一个大系统。一般而言，上述问题可以被称为矛盾问题。矛盾问题在我们的日常生活中几乎无处不在，我们每一天都要处理这些矛盾问题。

事实上，许多矛盾问题并不是没有解决方法，而是存在多种途径，这就是人们通常所说的“出点子，想办法”。因此，我们应该对矛盾进行剖析，寻找一些有效的解决方法，以此来将难以解决的矛盾问题转化为方便解决的相容问题。例如，我们所熟悉的“曹冲称象”事件，这就是一件典型的矛盾转化事件。在该事件中，利用普通秤来测量大象的重量，这个条件约束和拟定目标存在一定矛盾，如果直接进行是无法完成的，曹冲将该事件进行了相应的转化，利用载重船吃水线刻度的方式等价转化为测石头的方式，这样可以利用测量石头的方式来达到测量大象的体重，巧妙地将矛盾问题转化为相容问题。为了有效地解决一些矛盾问题，广东工业大学的蔡文研究员建立了一套处理矛盾问题的理论体系，在此基础上构建了物元分析理论。物元分析理论为解决矛盾问题提供了有效的支撑，进一步丰富和发展了决策理论与方法，这为决策理论的发展开创了一条新的途径。

物元分析理论研究的是一种解决矛盾问题的方法。物元分析理论体系主要包括物元理论和可拓集合理论。物元分析理论采用物元来表示客观世界的问题，物元分析理论的构建得到了来自国内外重要专家和学者的高度认可，而且在经济管理、社会管理、文化管理等众多领域均得到了广泛的应用。

可拓集合理论是物元分析理论的数学基础，它的诞生不是随机和偶然的，而是建立在一定基础之上，同时也是人们客观世界发展的必然结果。

经典集合理论是数学的研究基础。在经典集合理论中，一个元素与一个集合的关系，或者是属于或者是不属于它，二者必居其一。经典集合理论分析了确定的事物，分析了确定事物的非此即彼属性。一般而言，可以用 1 和 0 来表示元素与集合的这种"是"、"非"的属性，其数学表达形式是特征函数。从思维形式来看，经典集合论满足形式逻辑的三大定律，即同一律、排中律和矛盾律。

模糊集合理论是模糊数学的基础。在模糊集合理论中，一个元素与一个集合的关系，或者属于或者不属于，或者在一定程度上属于它，三者必居其一。模糊集合理论分析了模糊的事物，分析了事物的模糊性。一般而言，可以用[0,1]上的数来表示事物具有某种属性的程度，其数学表现形式是隶属函数。模糊集合理论不受排中律的限制，通常模糊逻辑作为思维推理的依据。

集合是描述思维对客观事物的识别和分类的数学方法。客观事物是复杂、多变和不断运动的，思维对客观事物的识别和分类也不是只有一种模式。经典集合理论不能描述事物及其性质的可变性，经典集合理论能够为人们描述事物的变化。

矛盾问题的解决需要分析"非"与"是"之间的转化。在"曹冲称象"事件中，大象不属于可以直接称重的物体集合，然而，将问题转变后，大象变成了等重的石块，石块属于可以直接称重的物体集合，这样问题就得到了解决。可拓集合能够描述事物的可变性，研究不属于某集合而又能够转化为属于该集合的元素及其变换性质，是解决矛盾问题数学方法的基础。在可拓集合理论中，利用$(-\infty,+\infty)$中的数来表示元素与集合的可变属性，数学表达形式是关联函数。关联函数将逻辑值域从$\{0,1\}$扩展到整个实数域，可以充分描述事物在可变性上的不同层次关系。从思维形式来看，可拓集合理论不仅突破了排中律，还突破了矛盾律。对于形式逻辑中的矛盾律，是从固定范畴来看，A 不是非 A，同一事物不能断言"它是 A，又是非 A"。在可拓集合理论中，是从辩证范畴来看，A 有条件转化为非 A，A 又是非 A，这是现实世界辩证矛盾在形式思维中的表现。因此，可拓集合理论是以辩证逻辑和形式逻辑相结合的可拓逻辑为推理基础的。

物元分析是研究和提示解决矛盾问题理论与方法的新学科，阐述了可变事物的基本结构和变换机理，是质量与环境的统一体。限于篇幅，下面仅介绍物元决策模型的简单概念。

2. 物元和可拓集合的基本概念

在物元分析理论中，人、事和物统称事物。事物存在不同特征，事物的特征又由相应的量值所规定，事物的名称、特征和量值构成了事物的三要素。为此，下面给出物元的定义。

定义 7.4 设事物的名称为 N，关于特征 c 的量值为 v，则定义三元有序组 $R=(N,c,v)$为事物的基本元，简称物元，其中 N、c、v 定义为物元 R 的三要素。

若事物存在多个特征，假设有 n 个特征，记为 $c_1,c_2,\cdots,c_n$，相应的量值记为 $v_1,v_2,\cdots,v_n$，则物元记为：

$$R=\begin{bmatrix} N & c_1 & v_1 \\ & c_2 & v_2 \\ & \vdots & \vdots \\ & c_n & v_n \end{bmatrix}=\begin{bmatrix} R_1 \\ R_2 \\ \vdots \\ R_n \end{bmatrix}$$

R 被称为 n 维物元，简记为 $R=(N,c,v)$，其中：

$$C=\begin{bmatrix} c_1 \\ c_2 \\ \vdots \\ c_n \end{bmatrix},V=\begin{bmatrix} v_1 \\ v_2 \\ \vdots \\ v_n \end{bmatrix}$$

定义 7.5(物元变换) 将物元 $R_0=(N_0,c_0,v_0)$ 变换为物元 $R=(N,c,v)$ 或者若干个物元 $R_i=(N_i,c_i,v_i)(i=1,2,\cdots,n)$，这被称为物元 R_0 的变换，记为 $TR_0=R$ 或 $TR_0=\{R_1,R_2,\cdots,R_n\}$。

物元变换可以对事物的特征、量值或者它们的组合进行变换。假设存在物元 R_1,R_2,R_3，下面给出物元变换的基本法则：

(1)积变换。若 $T_1R_1=R_2,T_2R_2=R_3$，则将 R_1 转变为 R_3 的变换则定义为变换 T_2 与 T_1 的积变换，记为 $T=T_2T_1$。

(2)逆变换。若 $T_1R_1=R_2$，则将 R_2 转变为 R_1 的变换则定义为 T 的逆变换，记为 T^{-1}，满足 $T^{-1}(T_{R1})=T^{-1}R_2=R_1$。

(3)或变换。若 $T_1R_1=R_2,T_2R_1=R_3$，则将 R_1 转变为 R_2 或 R_3 的变换则定义为 T_1 与 T_2 的或变换，记为 $T=T_1\vee T_2$。

(4)与变换。若 $T_1R_1=R_2,T_2R_1=R_3$，则将 R_1 转变为 R_2 和 R_3 的变换则定义为 T_1 与 T_2 的与变换，记为 $T=T_1\wedge T_2$。

定义 7.6(可拓子集) 设 $\widetilde{A}$ 为论域 U 上的一个可拓子集，对任意 $u\in U$ 都对应一个实数 $K_{\widetilde{A}}(u)\in(-\infty,+\infty)$，则定义 $K_{\widetilde{A}}(u)$ 为元素 u 对 $\widetilde{A}$ 的关联度。实数函数

$$K_{\widetilde{A}}(u):U\to(-\infty,+\infty)$$
$$u\to K_{\widetilde{A}}(u)$$

定义为可拓子集 $\widetilde{A}$ 的关联函数，简记为 $K(u)$。定义

$$A=\{u\mid u\in U,K(u)\geqslant 0\}$$

为可拓子集 $\widetilde{A}$ 的经典域。定义

$$\underset{\cdot}{A}=\{u\mid u\in U,-1\leqslant K(u)<0\}$$

为可拓子集 $\widetilde{A}$ 的可拓域。定义

$$\dot{A}=\{u\mid u\in U,K(u)\leqslant -1\}$$

为可拓子集 $\widetilde{A}$ 的非域。

可拓子集是对经典集合的进一步丰富和发展。在经典集合中，论域 U 上的子集 A，元素属于 A，就一定属于 $\bar{A}$。然而，$\bar{A}$ 常由两类本质不同的元素构成。例如，某车床加工工件的规格是 Φ50－0.1～Φ50＋0.1，经检验加工工件可分为合格品、不合格品两类。然而，在

不合格品中，存在两类性质不同的工件：一是直径 $d \geqslant 50.1$ 的工件；二是直径 $d \leqslant 49.5$ 的工件。前者可以通过重新加工转变为合格品，后者则无法通过加工转变为合格品。因此，前者工件可以称为可返工品，后者工件可以称为废品。可拓子集是这一类实际问题的数学表示。合格品、可返工品、废品集合分别为可拓子集的经典域、可拓域和非域。

定义 7.7　点 x_0 与区间 $X=[a,b]$ 的距离定义为点与区间的距，记为：

$$p(x_0,X)=p(x_0,[a,b])=\left|x_0-\frac{1}{2}(a+b)\right|-\frac{1}{2}(b-a)$$

需要注意的是，点与区间的距对于开区间和半开半闭区间均可适用。

定理 7.2　假设 X_0、X 为实数域上的两个区间，$X_0 \subset X$，且无公共端点，令关联函数为：

$$K(x)=\frac{p(x,X_0)}{p(x,X)-p(x,X_0)} \tag{7.47}$$

则 $x \in X_0$ 的充要条件是 $K(x) \geqslant 0$，$x \in X-X_0$ 的充要条件是 $-1 \leqslant K(x)<0$，$x \in X$ 的充要条件是 $K(x)<1$。

定义 7.8（节域）　设有物元 $R=(N,c,v)$，事物 N 关于特征 c 的允许范围为 V，子集 $V_0 \subset V$。如果在某种限制条件下，对任意 $x \in V_0$，$y \in V_0$，x 变为 y，事物 N 不变；而对任意 $x \in V_0$，$y \bar{\in} V_0$，x 变为 y，事物 N 变为超出限制条件的另一事物，则定义 V_0 为在该限制条件下 N 关于特征 c 的节域。

定义 7.9（问题）　给定物元 R 和实现它的条件物元 r，则定义它们构成问题为 p，记为 $p=R*r$。

定义 7.10（相容问题）　给定问题 $p=R*r$，$r=(N,c,v)$，$K(x)$ 是 N 关于 C 取值范围 V 上的关联函数。如果物元 R 要实现，N 关于 C 必须取值 $V_0(R)$，则定义 $K(V_0(R))$ 为问题 $p=R*r$ 的相容度，简记为 $K_r(R)$。当 $K_r(R) \geqslant 0$ 时，问题 $p=R*r$ 为相容问题，否则为不相容问题。

上面介绍了一些关于物元分析的基本概念，下面进一步讨论物元决策的相关应用。

在产品设计问题中，影响产品质量的因素主要有技术、经济和社会等，具体可以采用产品性能、安全性、可靠性、生产性、社会效益、经济效益等进行多属性决策，而且这些属性存在不相容性和可变性，这会给多属性决策结果造成一些困扰。物元决策分析方法恰好可以解决这类问题，而且得到的决策结果相对更为客观合理。

下面进一步给出物元决策方法的基本步骤：

步骤 1　建立物元矩阵。

依据产品生产和产品销售储存的相关资料，选择产品质量指标和相应的变化范围，确定评价产品质量的经典域物元矩阵、节域物元矩阵和待评产品物元矩阵。

（1）确定经典域物元矩阵，表达式为：

$$R_0=(N_0,c_0,v_0)=\begin{pmatrix} N_0 & c_1 & X_{01} \\ & c_2 & X_{02} \\ & \vdots & \vdots \\ & c_n & X_{0n} \end{pmatrix}$$

其中，N_0 表示标准产品，$c_i(i=1,2,\cdots,n)$ 表示产品的指标，$X_{0i}=[a_{0i},b_{0i}]_i(i=1,2,\cdots,n)$ 表示标准产品指标的经典域。

（2）确定节域物元矩阵，表达式为：

$$R=(N,c,v)=\begin{pmatrix} N & c_1 & X_{p1} \\ & c_2 & X_{p2} \\ & \vdots & \vdots \\ & c_n & X_{pn} \end{pmatrix}$$

其中，N 表示节域产品，即包括标准产品和可拓性产品，可拓性产品是指能转化为标准产品的产品。$X_{pi}=[a_{pi},b_{pi}](i=1,2,\cdots,n)$表示产品指标的节域。

（3）确定待评产品物元矩阵，表达式为：

$$R_B=(N_B,c,v_B)=\begin{pmatrix} N_B & c_1 & x_1 \\ & c_2 & x_2 \\ & \vdots & \vdots \\ & c_n & x_n \end{pmatrix}$$

其中，N_B 表示待评产品，x_i 表示待评产品关于指标 $x_i(i=1,2,\cdots,n)$的指标值。

步骤 2　建立关联函数。

在产品质量物元决策模型中，关联函数的确定需要满足下面的条件：

（1）经典域 X_{oi} 和节域 X_{pi} 存在公共右端点，即 $b_{oi}=b_{pi}(i=1,2,\cdots,n)$。

（2）$K(a_{pi})=-1,K(a_{oi})=1$。

（3）$K(x)$为线性或非线性的增函数。例如，选择线性的关联函数，取定：

$$K_i(x)=\frac{x-a_{io}}{a_{io}-a_{pi}} \qquad (i=1,2,\cdots,n)$$

综合关系函数

$$K(x)=\sum_{i=1}^{n} d_i K_i(x)$$

其中，d_i 表示各指标的权系数。

步骤 3　依据评价标准判断是否可行。

可以依据下面条件进行判断：

（1）当 $K(x)\geqslant 0$ 时，此时待评产品符合标准产品条件。

（2）当 $K(x)<-1$ 时，此时待评产品不符合标准产品条件，且不能转化为标准产品。

（3）当$-1\leqslant K(x)<0$ 时，此时待评产品不符合标准产品条件，但属于可拓性产品，可转化为标准产品。

为了更好地理解物元决策法，下面给出例 7.17。

【例 7.17】　在某产品的质量评价问题中，存在 4 个评价指标，即产品功能(c_1)、工艺性(c_2)、维修性(c_3)和成本(c_4)，各指标依据专家采用 10 分制评分给出，评价标准具体见表 7—19。

表 7—19　　**某产品质量评价标准**

评价等级	评价标准	评分	评价等级
一	满足用户要求	10	一
二	基本满足用户要求	8	二

试利用物元决策方法进行分析。

【解】 产品的经典域物元矩阵为：

$$R_0=\begin{pmatrix} N_0 & c_1 & [8,10] \\ & c_2 & [7,10] \\ & c_3 & [7,10] \\ & c_4 & [8,10] \end{pmatrix}$$

产品的节域物元矩阵为：

$$R=\begin{pmatrix} N & c_1 & [7,10] \\ & c_2 & [6,10] \\ & c_3 & [6.5,10] \\ & c_4 & [7.5,10] \end{pmatrix}$$

假设有 2 个产品，其待评物元矩阵分别是：

$$R_A=\begin{pmatrix} N_A & c_1 & 9 \\ & c_2 & 8.5 \\ & c_3 & 6.5 \\ & c_4 & 7 \end{pmatrix},R_B=\begin{pmatrix} N_B & c_1 & 8 \\ & c_2 & 6 \\ & c_3 & 7 \\ & c_4 & 9 \end{pmatrix}$$

假设评价指标权重系数分别取 $d_1=0.4,d_2=0.2,d_3=0.1,d_4=0.3$。计算 2 个产品的综合关联函数值分别是：

$$K(v_A)=\sum_{i=1}^{4}d_iK_i(v_A)=0.25,K(v_B)=\sum_{i=1}^{4}d_iK_i(v_B)=-0.05$$

按照物元决策模型评价标准，产品 A 的关联度 $K(v_A)>0$，符合标准产品要求。产品 B 的关联度满足条件 $-1<K(v_A)<0$，不符合标准产品的要求，但属于可拓性产品。

习题

1. 已知 5 个备案方案 $\{O_1,O_2,\cdots,O_5\}$ 需要被评价，选择了 4 个评价指标 $\{A_1,A_2,\cdots,A_4\}$。其中 A_1、A_2、A_3 为效益型指标，A_4 为成本型指标，相应的多属性决策矩阵为：

$$X=(x_{ij})_{5\times4}=\begin{pmatrix} 12 & 5 & 9 & 9 \\ 8 & 4 & 8 & 6 \\ 8 & 2 & 18 & 3 \\ 14 & 10 & 15 & 4 \\ 10 & 2 & 20 & 1 \end{pmatrix}$$

试分别用向量归一化法、线性比例变换法、极差变换法对多属性决策矩阵进行规范化处理。

2. 某大学生毕业后欲购买一套住房，可以选择的有 4 套住宅，考虑的属性为价格(A_1)、使用面积(A_2)、距离工作单位的路程(A_3)、设备(A_4)、环境(A_5)，其中设备(A_4)和环境(A_5)为定性指标。4 套住宅的多属性决策矩阵数据见表 7—20。

表 7—20　　购买住宅的多属性决策矩阵数据

	价格(A_1)	使用面积(A_2)	距离工作单位的路程(A_3)	设备(A_4)	环境(A_5)
住房 O_1	3.0 万元	100 平方米	10 千米	7	7
住房 O_2	2.5 万元	80 平方米	8 千米	3	5
住房 O_3	1.8 万元	50 平方米	20 千米	5	9
住房 O_4	2.2 万元	70 平方米	12 千米	5	9

试分别用向量归一化法、线性比例变换法、极差变换法对多属性决策矩阵进行规范化处理。

3. 试举例子利用相对比较法、连环比率法来计算指标权重。

4. 试举例子利用序关系分析法和 DEMATEL 方法来计算指标权重。

5. 假设在第 1 题中，4 个评价指标的权重分别为 0.1、0.2、0.3、0.4，试利用简单线性加权法、TOPSIS 方法进行决策。

6. 某公司职员欲购买一个手机，备选方案有 8 种($\{O_1, O_2, \cdots, O_8\}$)，考虑的评价指标有价格($A_1$)、重量($A_2$)、性能($A_3$)、外观($A_4$)，其中价格($A_1$)和重量($A_2$)为成本型指标，性能($A_3$)和外观($A_4$)为定性指标，假设 4 个评价指标的权重分别为 0.6、0.1、0.2、0.1。相应的多属性决策矩阵数据见表 7—21。

表 7—21　　购买手机的多属性决策矩阵数据

	价格(A_1)	重量(A_2)	性能(A_3)	外观(A_4)
手机 O_1	800 元	200 克	很弱	丑
手机 O_2	1 000 元	180 克	弱	丑
手机 O_3	2 000 元	125 克	一般	丑
手机 O_4	8 000 元	80 克	很强	美
手机 O_5	6 000 元	90 克	很强	美
手机 O_6	3 000 元	150 克	强	一般
手机 O_7	3 200 元	140 克	强	一般
手机 O_8	5 000 元	100 克	很强	美

试利用 VIKOR 方法、幂平均算子、Heronian 平均算子对多属性决策矩阵进行决策。

7. 假设 10 个学生 3 门课程的成绩如表 7—22 所示，按照累积贡献率 85%，用主成分分析法对此问题进行决策。

表 7—22　　10 个学生 3 门课程的成绩

	学生 1	学生 2	学生 3	学生 4	学生 5	学生 6	学生 7	学生 8	学生 9	学生 10
课程 1 成绩	100	90	70	70	85	55	55	45	100	95
课程 2 成绩	65	85	70	90	65	45	55	65	65	98
课程 3 成绩	100	90	70	70	85	55	55	45	100	80

8. 设某高科技产品的强度性能有 4 个评价指标，即基体强度(C_1)、焊缝强度(C_2)、断裂韧度(C_3)、延伸率(C_4)。根据该产品试验数据和专家评审意见，合格品的经典域物元矩阵和节域物元矩阵分别为：

$$R_0=\begin{pmatrix} N_0 & c_1 & [83.5,87.5] \\ & c_2 & [81.5,85] \\ & c_3 & [105,115] \\ & c_4 & [0.04,0.05] \end{pmatrix},R=\begin{pmatrix} N & c_1 & [80,87.5] \\ & c_2 & [77.5,85] \\ & c_3 & [95,115] \\ & c_4 & [0.035,0.05] \end{pmatrix}$$

现有一新生产的产品，测得 4 个评价指标的平均值为 85.5、81、113、0.045，取评价指标的权系数分别为 0.2、0.3，试利用物元决策方法对该产品进行分析。

第八章

序贯决策分析

第七章讨论了一些多属性决策方法,但这些方法大多是相对静态的,换言之,决策者仅作出一次决策就结束了。事实上,现实生活中的决策问题有时候是相对动态的,决策者可能需要作出多次行动,决策才会结束。该类决策问题涉及多个阶段的数据,整个过程相对更为复杂,我们称该类决策问题为序贯决策或者动态决策。本章主要介绍多阶段决策、马尔科夫决策和动态群体决策等内容。

8.1 多阶段决策

8.1.1 多阶段决策问题

在社会经济问题中,决策有时候可以分为多个阶段的动态过程,此时决策者往往需要对多个阶段分别作出决策,这些不同阶段的决策过程会相互影响、相互联系,上一阶段的决策结果会影响到下一阶段的决策实施,下一阶段的决策制定又需要参考上一阶段的决策结果。在此情况下,决策者不仅要关心单个阶段的决策结果,更要关注多个阶段的动态综合决策结果。例如,一个大型工程项目需要关注多个阶段的工程,需要综合考虑各阶段作出的决策。

在决策问题中,如果决策者需要在多个阶段进行决策,而且多个阶段的决策相互联系、相互衔接才能完成,那么该决策问题被称为多阶段决策。

8.1.2 序贯决策的应用

多阶段决策首先要解决的问题主要包括以下几点:如何划分阶段,如何确定各阶段的状态变量,如何获取各阶段决策之间的关系,如何综合考虑多阶段的决策结果。对于多阶段决策问题,在制定各个阶段的静态决策时,仍可以采用单阶段决策方法。

为了更好地理解多阶段决策,下面给出几个例子。

【例 8.1】 某研发公司欲采购某科技产品的专利,采购费用为 1 万元,若购买专利成功,则可以采取三种方案,即大批量生产(a_1)、中批量生产(a_2)和小批量生产(a_3)。科技产品的市场销售状态可能有三种情况,即景气(θ_1)、一般(θ_2)和不景气(θ_3),且相应的概率分别为 0.6、0.3、0.1。根据该研发公司的历史销售资料可知,若科技产品进入市场,则研发公

司的销售收益矩阵(单位:万元)为:

$$Q=(q_{ij})_{3\times3}=\begin{bmatrix}4 & 2 & -3\\3 & 3 & -2\\1 & 1 & 1\end{bmatrix}$$

为了对市场的销售情况更加熟悉,该研发公司打算进行市场调研,调研费用为5 000元。市场调研的结果有三种情况,即该科技产品非常受欢迎(H_1)、一般受欢迎(H_2)和不受欢迎(H_3)。由于市场调研仍存在一定的局限性,因此调研结果的可靠性有限。已知市场调研该科技产品的似然分布矩阵,见表8—1。

表8—1　　　　**某研发公司市场调研新产品的似然分布矩阵**

$P(H_i\mid\theta_j)$	θ_1	θ_2	θ_3
H_1	0.6	0.2	0.2
H_2	0.3	0.6	0.3
H_3	0.1	0.2	0.5

另外,若不购买该科技产品的专利,则购置费用1万元投资其他项目可以收益1.1万元,试对下面三个问题进行决策:

(1)是否需要购买该科技产品的专利?

(2)购买该科技产品的专利后是否需要进行市场调研?

(3)在市场调研或不市场调研的前提下,如何确定该研发公司的批量生产计划?

【解】 该决策问题涉及三个阶段决策,先画出该决策问题的决策树,具体结果见图8—1。

根据图8—1可知,从前向后,决策过程分为三个阶段,分别注明第一阶段、第二阶段、第三阶段。S_1、S_2分别表示第二阶段、第三阶段决策树状态点的位置,A_1、A_2、A_3分别表示第一阶段、第二阶段、第三阶段决策点的位置,按照逆序归纳法,从后到前,依次分阶段逐步进行。

先从第三阶段开始,计算出市场调研前提下的相关后验概率:

$$P(H_1)=\sum_{j=1}^{3}P(H_1\mid\theta_j)P(\theta_1)=0.6\times0.6+0.2\times0.3+0.2\times0.1=0.44$$

$$P(\theta_1\mid H_1)=\frac{p(H_1\mid\theta_1)}{p(H_1)}=\frac{0.6\times0.6}{0.44}=0.181$$

$$P(\theta_2\mid H_1)=\frac{p(H_1\mid\theta_2)P(\theta_1)}{p(H_1)}=\frac{0.2\times0.3}{0.44}=0.136$$

$$P(\theta_3\mid H_1)=\frac{P(H_1\mid\theta_3)P(\theta_3)}{P(H_1)}=\frac{0.2\times0.1}{0.44}=0.046$$

类似地,可以计算:

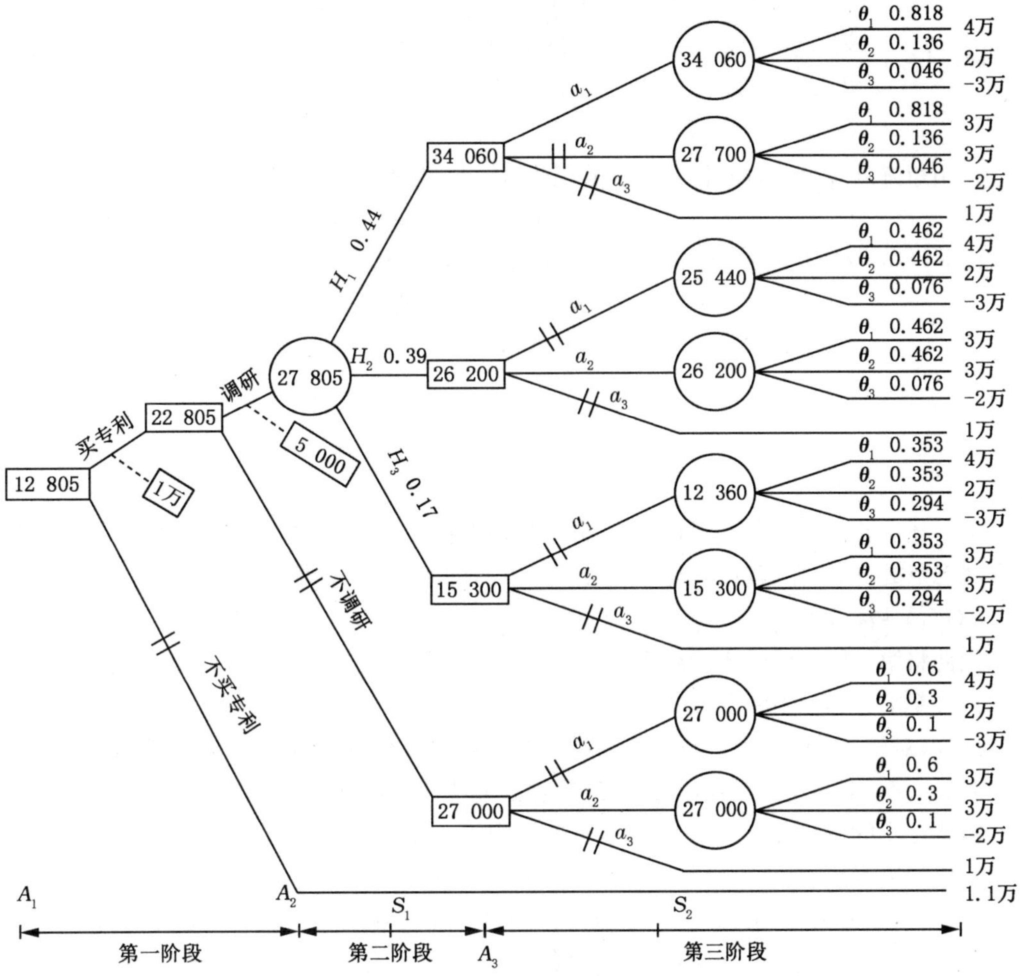

图 8—1 某科技公司购买专利的决策树

$P(H_2)=0.39$

$P(\theta_1|H_2)=0.462$

$P(\theta_2|H_2)=0$

$P(\theta_3|H_2)=0.076$

$P(H_3)=0$

$P(\theta_1|H_3)=0$

$P(\theta_2|H_3)=0$

$P(\theta_3|H_3)=0$

因此,后验概率矩阵为:

$$P(\theta|H)=\begin{array}{c} \\ \theta_1 \\ \theta_2 \\ \theta_3 \end{array}\begin{array}{c} \begin{array}{ccc} H_1 & H_2 & H_3 \end{array} \\ \begin{pmatrix} 0.181 & 0.462 & 0.353 \\ 0.136 & 0.462 & 0.353 \\ 0.046 & 0.076 & 0.294 \end{pmatrix} \end{array}$$

再用矩阵计算第三阶段各状态点的期望收益值，后验行动方案的期望收益值矩阵为：

$$Q(a|H)=QP(\theta|H)=\begin{pmatrix} 40\,000 & 20\,000 & -30\,000 \\ 30\,000 & 30\,000 & -20\,000 \\ 10\,000 & 10\,000 & 10\,000 \end{pmatrix}\begin{pmatrix} 0.818 & 0.462 & 0.353 \\ 0.136 & 0.462 & 0.353 \\ 0.046 & 0.076 & 0.294 \end{pmatrix}$$

$$=\begin{array}{c} \\ a_1 \\ a_2 \\ a_3 \end{array}\begin{array}{c} \begin{array}{ccc} H_1 & H_2 & H_3 \end{array} \\ \begin{pmatrix} 34\,060 & 25\,440 & 12\,360 \\ 27\,700 & 26\,200 & 15\,300 \\ 10\,000 & 10\,000 & 10\,000 \end{pmatrix} \end{array}$$

将上述后验概率值和期望收益值，分别标注在图 8－1 决策树第三阶段 S_2 上的各状态枝和状态点处，由于在市场调研值 $H_i(i=1,2,3)$的条件下，最满意方案分别是：

$a(H_1)=a_1, a(H_2)=a_2, a(H_3)=a_2$

因此将第三阶段后验各最满意方案的期望收益值标注在 A_3 上各决策点处，并在各非最满意方案的方案枝上标上截枝符号。

同样，对第二阶段和第一阶段进行类似的计算和分析，将结果标注在决策树 S_1 处的状态点和 A_1、A_2 上的决策点处，截去非最满意方案枝，即不进行市场调研方案。

需要注意的是，在图 8－1 中，需要同时画出不市场调研方案的决策树分枝，以及相应的第三阶段的决策点、状态点和状态枝，并按照期望值准则同步完成第三阶段决策过程。另外，在市场调研方案中，第二阶段中最满意方案期望收益值需要减去 5 000 元的市场调研费用，第一阶段需要减去 1 万元的购买专利费用。

由第三阶段决策进入第二阶段决策，最后在第一阶段完成决策。三阶段分段决策完成后，该问题的决策过程才全部结束。图 8－1 可以呈现清楚决策的全部过程。

综上所述，该决策问题的最满意方案是购买专利并进行市场调研，若市场调研结果为非常受欢迎(H_1)，则应该选择大批量生产(a_1)；若市场调研结果为一般受欢迎(H_2)或者不受欢迎(H_3)，则应该选择中批量生产(a_2)，上述决策过程的期望收增值 EMV＝12 805(元)。若不购买专利，则根据题意可知，获利 11 000(元)＜12 805(元)，因此不应该采取此方案。

下面，再讨论一个与抽样相关的多阶段决策问题。

【例 8.2】 某厂家的产品装箱出厂，每箱有产品 1 000 件，产品的次品率存在三种可能性，即分别为 0.01、0.40、0.90，相应的概率分别为 0.2、0.6、0.2。对产品的检验有两种方案：方案 1 为整箱检验(a_1)，检验费用为 100 元；方案 2 是不作整箱检验(a_2)，可先从任意一箱中随机地抽取一件产品作为样品，依据检验结果再决定采取方案 a_1 或 a_2，抽样成本为 4.20 元。试对下面两个问题进行决策：

(1)是否应该选择抽样？

(2)在抽样或不抽样的前提下，如何进行检验？

【解】 该决策问题涉及两个阶段决策。设 a_1、a_2 分别表示为整箱检验和不整箱检验方案，θ_1、θ_2、θ_3 分别表示产品次品率为 0.01、0.4、0.9 三种状态。对于抽样检验一件产品，$X=1$ 和 $X=0$ 分别表示样品为次品和合格品两个状况。经过简单计算，可以得到该问题的收益矩阵为：

$$Q=(q_{ij})_{2\times 3}=\begin{pmatrix}-100 & -100 & -100\\ -2.5 & -100 & -225\end{pmatrix}$$

相应的损失矩阵为：

$$R=(r_{ij})_{2\times 3}=\begin{pmatrix}97.5 & 0 & 0\\ 0 & 0 & 125\end{pmatrix}$$

计算各有关概率值：

$$P(X=0)=\sum_{j=1}^{3}P(X=0\mid\theta_j)P(\theta_j)=0.99\times 0.2+0.60\times 0.6+0.10\times 0.2=0.578$$

$$P(\theta_1|X=0)=\frac{P(X=0|\theta_1)P(\theta_1)}{P(X=0)}=\frac{0.99\times 0.2}{0.578}=0.3426$$

$$P(\theta_2|X=0)=\frac{P(X=0|\theta_2)P(\theta_2)}{P(X=0)}=\frac{0.60\times 0.6}{0.578}=0.6228$$

$$P(\theta_3|X=0)=\frac{P(X=0|\theta_3)P(\theta_3)}{P(X=0)}=\frac{0.10\times 0.2}{0.578}=0.0346$$

$$P(X=1)=\sum_{j=1}^{3}P(X=1\mid\theta_j)P(\theta_j)=0.01\times 0.2+0.40\times 0.6+0.90\times 0.2=0.422$$

$$P(\theta_1|X=1)=\frac{P(X=1|\theta_1)P(\theta_1)}{P(X=1)}=\frac{0.01\times 0.2}{0.422}=0.0047$$

$$P(\theta_2|X=1)=\frac{P(X=1|\theta_2)P(\theta_2)}{P(X=1)}=\frac{0.40\times 0.6}{0.422}=0.568$$

$$P(\theta_3|X=1)=\frac{P(X=1|\theta_3)P(\theta_3)}{P(X=1)}=\frac{0.90\times 0.2}{0.422}=0.4265$$

将上述各后验概率值标注在决策树图 8－2 第二阶段 S_2 处的状态枝上，于是，后验概率矩阵为：

$$P(\theta|X)=\begin{matrix}\theta_1\\ \theta_2\\ \theta_3\end{matrix}\overset{\begin{matrix}X=0 & \quad X=1\end{matrix}}{\begin{bmatrix}0.3426 & 0.0047\\ 0.6228 & 0.5687\\ 0.0346 & 0.4265\end{bmatrix}}$$

后验行动方案的期望损失值矩阵为：

$$\boldsymbol{R}(a|X)=\boldsymbol{RP}(\theta|X)=\begin{pmatrix}97.5 & 0 & 0\\ 0 & 0 & 125\end{pmatrix}\begin{pmatrix}0.3426 & 0.0047\\ 0.6228 & 0.5687\\ 0.0346 & 0.4265\end{pmatrix}=\begin{matrix}a_1\\ a_2\end{matrix}\overset{\begin{matrix}X=0 & \quad X=1\end{matrix}}{\begin{bmatrix}33.40 & 0.4580\\ 4.321 & 53.31\end{bmatrix}}$$

将抽样后各方案的期望损失值标注在图 8－2 决策树第二阶段 S_2 上相应状态点处，并截去非最满意方案，这样就完成了第二阶段的决策分析。同时，将各满意方案的期望损失值填入第二阶段 A_2 上的决策点处。

最后，进行第一阶段的决策分析。计算第一阶段 S_1 上各状态点（这里仅有一个点）的期望损失值，将第一阶段的最满意方案的期望损失值填入 A_1 上的决策点处，此处期望损失值 6.89(元)还包括了抽样一件产品的费用 4.20(元)。至此,完成该问题决策分析全过程。

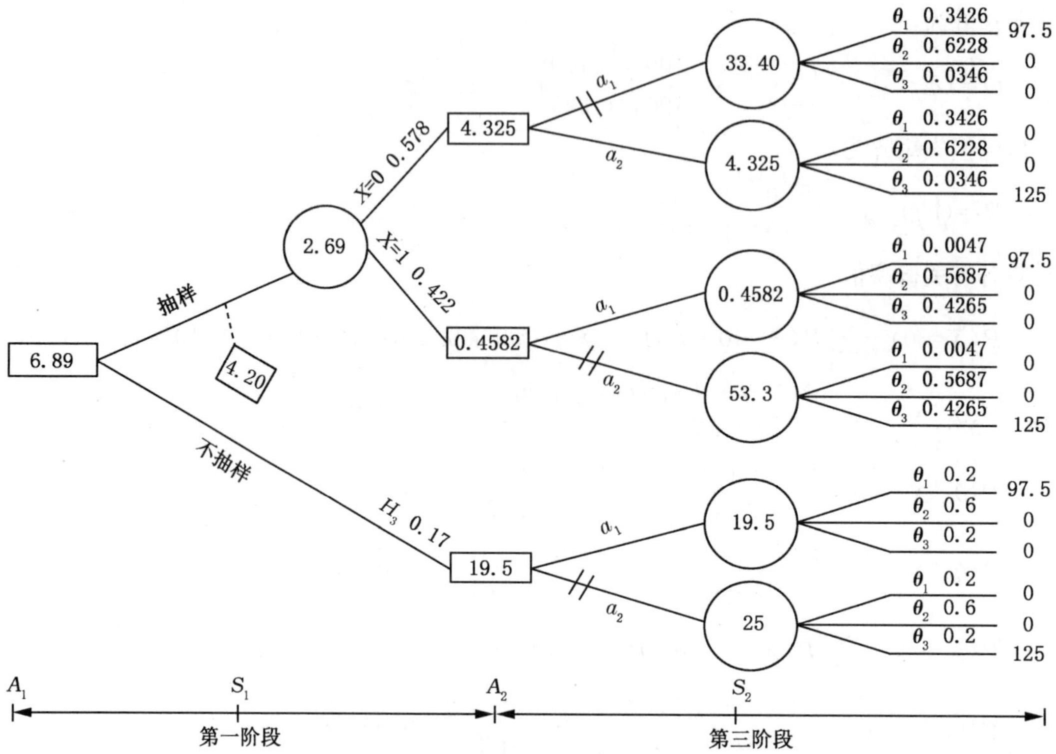

图 8—2 某厂家产品装箱出厂的决策树

根据图 8—2 可知,最满意方案是抽取一件产品作样品检验,若为正品,则无须检验整箱产品;若为次品,则需要整箱检验。该问题的期望损失值为 6.89(元),其中包含抽样费用。

在现实生活中,一些多阶段决策问题中的阶段数可能是不明确的,而且决策的次数和结束的阶段数在事先也没有说明,此时决策的阶段划分次数依赖于决策过程中出现的特殊情况,对于这类决策问题,应该要将向后归纳法和向前归纳法进行结合使用,下面通过一个具体的例子来进行说明。

【例 8.3】 在例 8.2 中,若进行第一次抽样后,继续进行第二次、第三次等若干次抽样,每次抽样成本均为 4.2 元,样本容量均为 1,试进行序列决策,并画出决策树图。

【解】 该序列决策树图无法一次绘制成功,而是随着决策过程序列的延伸和终止依次进行。下面,结果值均用期望损失值来表示,同时,为了简化图形,行动方案 a_1 和 a_2 可能出现的状态及其对应的损失值均在图中略去,仅在方案枝末端标注期望损失值。

先进行第一阶段决策分析,将图 8—2 中第一阶段计算的结果,各期望损失值标注在图 8—3 中 A_1、A_2 上决策点的相应位置。在 A_1 上决策点处,由于不抽样行动方案 a_1、a_2 的期望损失值分别为 19.5、25,均大于抽样费用 4.20,因此需要进行第一次抽样 S_1,同时修去 a_1 和 a_2 方案枝,用 $X_1=0$ 和 $X_1=1$ 分别表示任意抽取一个样品为正品和次品。

在 A_2 上 $X_1=1$ 的决策点处,由于行动方案 a_1 的期望损失值 0.4582 已小于抽样费用 4.20,因此第二次抽样分枝 S_2 在此处被截断,决策序列在该分枝上终止。而在 $X_1=1$ 的决策点处，由于行动方案 a_1 和 a_2 的期望损失值分别为 33.40 和 4.324，均大于抽样费用 4.20。因此，在此分枝上，可进行第二次抽样，抽样结果用 X_2 来表示，同样 $X_2=0$ 和 $X_2=1$ 分别表示第二次抽样抽取一个样品为正品和次品。第二次抽样的后验概率计算，依题意应该将第一次抽样的后验概率作为先验概率来看待，计算方法和一次抽样的情形相似，其计算过程为：

$$
\begin{aligned}
P(X_2=0) &= \sum_{j=1}^{3} P(X_2=0|\theta_j)P(\theta_j \mid X_1=0) \\
&= 0.99 \times 0.3426 + 0.6 \times 0.6228 + 0.10 \times 0.0346 \\
&= 0.7163
\end{aligned}
$$

$$P(\theta_1 \mid X_2=0) = \frac{P(X_2=0|\theta_1)P(\theta_1|X_1=0)}{P(X_2=0)} = \frac{0.99 \times 0.3426}{0.7163} = 0.4735$$

$$P(\theta_2 \mid X_2=0) = \frac{P(X_2=0|\theta_2)P(\theta_2|X_1=0)}{P(X_2=0)} = \frac{0.60 \times 0.6228}{0.7163} = 0.5217$$

$$P(\theta_3 \mid X_2=0) = \frac{P(X_2=0|\theta_3)P(\theta_3|X_1=0)}{P(X_2=0)} = \frac{0.10 \times 0.346}{0.7163} = 0.00483$$

$$
\begin{aligned}
P(X_2=1) &= \sum_{j=1}^{3} P(X_2=1|\theta_j)P(\theta_j \mid X_1=0) \\
&= 0.01 \times 0.3426 + 0.40 \times 0.6288 + 0.90 \times 0.0346 \\
&= 0.2837
\end{aligned}
$$

$$P(\theta_1 \mid X_2=1) = \frac{P(X_2=1|\theta_1)P(\theta_1|X_1=0)}{P(X_2=1)} = \frac{0.40 \times 0.6228}{0.2837} = 0.01208$$

$$P(\theta_2 \mid X_2=1) = \frac{P(X_2=1|\theta_2)P(\theta_2|X_1=0)}{P(X_2=1)} = \frac{0.40 \times 0.6228}{0.2837} = 0.8782$$

$$P(\theta_3 \mid X_2=1) = \frac{P(X_2=1|\theta_3)P(\theta_3|X_1=0)}{P(X_2=1)} = \frac{0.90 \times 0.0346}{0.2837} = 0.1098$$

因此，第二次抽样的后验概率矩阵为：

$$
P=(\theta_2|X_2)=
\begin{array}{c}
\\ \theta_1 \\ \theta_2 \\ \theta_3
\end{array}
\begin{array}{c}
\begin{array}{cc} X_2=0 & X_2=1 \end{array} \\
\begin{pmatrix}
0.4735 & 0.01208 \\
0.5217 & 0.8782 \\
0.00483 & 0.1098
\end{pmatrix}
\end{array}
$$

在 A_3 上相应的决策点处，后验行动方案 a_1 和 a_2 的期望损失值矩阵为：

$$
\boldsymbol{R}(a|X_2)=\boldsymbol{RP}(\theta_2|X_2)=
\begin{pmatrix}
97.5 & 0 & 0 \\
0 & 0 & 125
\end{pmatrix}
\begin{pmatrix}
0.4735 & 0.01208 \\
0.5217 & 0.8782 \\
0.00483 & 0.1098
\end{pmatrix}
=
\begin{array}{c} \\ a_1 \\ a_2 \end{array}
\begin{array}{c}
\begin{array}{cc} X_2=0 & X_2=1 \end{array} \\
\begin{pmatrix}
46.17 & 1.1778 \\
0.6038 & 17.73
\end{pmatrix}
\end{array}
$$

这表示，对应于 $X_2=0$ 的决策点处，方案 a_2 的期望损失值 0.6038 已小于抽样费用 4.20，则序列决策的这一分枝应该终止。类似地，对于 $X_2=1$ 的决策点处。由于方案 a_1 的期望损失值 1.1778 也小于抽样费用，则这一分枝也应终止。因此，至此决策序列全终止。

下面，根据图 8－3 用逆序归纳法进行决策分析。

在 A_3 上 $X_2=0$ 的决策点处，最满意行动方案为 a_2，截去 a_1 和 S_3；在 $X_2=1$ 的决策处，最满意行动方案为 a_1，截去 a_2 和 S_3，在 S_2 上状态点处，期望损失值为：

0.6038×0.7163+1.1778×0.2837=0.7666(元)

在 A_2 上 $X_1=0$ 的决策点处，最满意方案为 a_2，截去 a_1 和 S_1；在 $X_1=1$ 的决策点处，最满意行动方案为 a_1，截去 a_2 和 S_2，在 S_1 上状态点处，期望损失值为：

4.325×0.578+0.4582×0.422=2.69(元)

截去 a_1 和 a_2。

综上所述，决策结果是，应该进行抽样检验。若为正品，则采取行动方案 a_2，即整箱产品不予检验；若为次品，则采取行动方案 a_1，即整箱产品予以检验。序列决策过程也可以用简化决策树图 8－3 来表示。

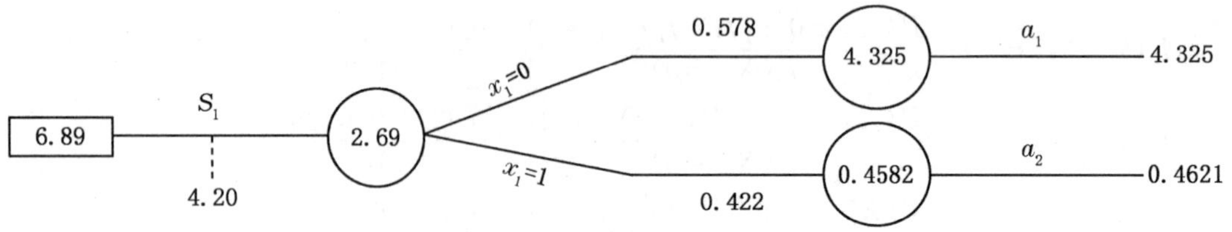

图 8－3 某厂家产品装箱出厂的序列决策树

8.2 马尔可夫决策

8.2.1 马尔可夫随机决策问题

在客观世界中存在着一类决策问题，虽然采取的行动已经确定，但是实施这个行动的过程划分为多个阶段，而且多个阶段的系统状态是不一样的。在系统状态的变化过程中，每一个状态发生的概率会受到前面所属状态的影响。因此，这一类决策问题可能是一阶决策问题，也有可能是多阶决策问题，甚至是序列决策问题。在上述问题中，最简单、最基本的一种情形是，每一时期状态参数的概率分布只与多个阶段中的前一阶段所处的状态有关，而且与更早的其他阶段所处的状态没有关系，这就是所谓的马尔可夫链。利用马氏过程来分析系统当前状态并预测未来状态的决策方法就是马尔可夫决策。

8.2.2 正规随机矩阵

1. 随机矩阵、概率向量及其性质

定义 8.1 设 $U=(u_1,u_2,\cdots,u_n)^{\mathrm{T}}$，若

$$u_i \geqslant 0(i=1,2,\cdots,n)$$

且

$$\sum_{i=1}^{n} u_i = 1$$

则定义 n 维向量 U 为概率向量。若 n 阶矩阵 A 的每一行都是 n 维概率向量，则定义 A 为随机矩阵。

随机矩阵 A 和概率向量 U 具有如下性质：

性质 8.1　若 $\boldsymbol{U}\in\boldsymbol{R}^n$ 为一概率向量，$\boldsymbol{A}=(a_{ij})_{n\times n}$ 为随机矩阵，则 $\boldsymbol{Y}=\boldsymbol{A}^{\mathrm{T}}\boldsymbol{U}$ 仍为概率向量。

证明：由于

$$\boldsymbol{Y}^{\mathrm{T}}=\boldsymbol{U}^{\mathrm{T}}\boldsymbol{A}=\left(\sum_{i=1}^{n}u_ia_{i1},\sum_{i=1}^{n}u_ia_{i2},\cdots,\sum_{i=1}^{n}u_ia_{in}\right),u_i\geqslant 0,a_{ij}\geqslant 0\quad(i,j=1,2,\cdots,n)$$

于是 $\boldsymbol{Y}^{\mathrm{T}}$ 的分量，即 $\boldsymbol{Y}$ 的分量 $y_j\geqslant 0(j=1,2,\cdots,n)$，又因为

$$\sum_{j=1}^{n}a_{ij}=1\quad(j=1,2,\cdots,n)$$

所以：

$$\sum_{j=1}^{n}y_j=\sum_{j=1}^{n}\sum_{i=1}^{n}u_ia_{ij}=\sum_{i=1}^{n}\sum_{j=1}^{n}u_ia_{ij}=\sum_{i=1}^{n}u_i\left(\sum_{j=1}^{n}a_{ij}\right)=\sum_{i=1}^{n}u_i=1$$

即 $\boldsymbol{Y}=\boldsymbol{A}^{\mathrm{T}}\boldsymbol{U}$ 为一概率向量。

性质 8.2　若 $\boldsymbol{A}=(a_{ij})_{n\times n}$，$\boldsymbol{B}=(b_{ij})_{n\times n}$ 为两个随机矩阵，则 $\boldsymbol{AB}$ 仍为随机矩阵。

证明：设 A_i 为 $\boldsymbol{A}$ 的 i 行 n 维向量，根据性质 8.1 可知，$\boldsymbol{B}^{\mathrm{T}}\boldsymbol{A}_i^{\mathrm{T}}$ 为概率向量，且 $\boldsymbol{AB}=(\boldsymbol{B}^{\mathrm{T}}\boldsymbol{A}_i^{\mathrm{T}})$ 也为概率向量，进而有：

$$\boldsymbol{AB}=\begin{bmatrix}\boldsymbol{A}_1\\ \boldsymbol{A}_2\\ \vdots\\ \boldsymbol{A}_n\end{bmatrix},\boldsymbol{B}=\begin{bmatrix}\boldsymbol{A}_1\boldsymbol{B}\\ \boldsymbol{A}_2\boldsymbol{B}\\ \vdots\\ \boldsymbol{A}_n\boldsymbol{B}\end{bmatrix}$$

的任一行 $\boldsymbol{A}_i\boldsymbol{B}(i=1,2,\cdots,n)$ 均为概率向量，因此，根据定义可知，$\boldsymbol{AB}$ 为随机矩阵。

2. 正规随机矩阵

定义 8.2　设 $\boldsymbol{A}=(a_{ij})_{n\times n}$ 为随机矩阵，若存在正整数 k，使得 A^k 的每一个元素均为正数，则定义 $\boldsymbol{A}$ 为正规随机矩阵。

为了更好地理解正规随机矩阵，下面给出例 8.4。

【例 8.4】　设随机矩阵

$$\boldsymbol{A}=\begin{bmatrix}0 & 1\\ \frac{1}{2} & \frac{1}{2}\end{bmatrix},\boldsymbol{B}=\begin{bmatrix}1 & 0\\ \frac{1}{2} & \frac{1}{2}\end{bmatrix}$$

试判定 $\boldsymbol{A}$、$\boldsymbol{B}$ 是否为正规随机矩阵。

【解】 由于存在 $k=2$，使得：

$$\boldsymbol{A}^2=\begin{bmatrix}\frac{1}{2} & \frac{1}{2}\\ \frac{1}{4} & \frac{3}{4}\end{bmatrix}$$

于是 $\boldsymbol{A}$ 为正规随机矩阵，而当 $k=1,2,\cdots,n$ 有：

$$\boldsymbol{B}=\begin{bmatrix}1 & 0\\ \frac{1}{2} & \frac{1}{2}\end{bmatrix},\boldsymbol{B}^2=\begin{bmatrix}1 & 0\\ \frac{3}{4} & \frac{1}{4}\end{bmatrix},\boldsymbol{B}^3=\begin{bmatrix}1 & 0\\ \frac{7}{8} & \frac{1}{8}\end{bmatrix},\cdots,\boldsymbol{B}^n=\begin{bmatrix}1 & 0\\ 1-\frac{1}{2^n} & \frac{1}{2^n}\end{bmatrix},\cdots$$

根据归纳法可知，不存在 $k=1,2,\cdots,n$ 使 B^k 中的每个元素均为正数，因此 $\boldsymbol{B}$ 不是正规随机矩阵。

下面进一步给出正规随机矩阵的一个重要性质，以此来更好地说明马氏决策。

3. 正规随机矩阵的重要性质

性质 8.3 设 $\boldsymbol{A}=(a_{ij})_{n\times n}$ 为正规随机矩阵，则满足如下性质：

(1)存在 n 维概率向量 $\boldsymbol{X}$，使得：

$$\boldsymbol{A}^{\mathrm{T}}\boldsymbol{X}=\boldsymbol{X}$$

其中，$\boldsymbol{X}=(x_1,x_2,\cdots,x_n)^{\mathrm{T}}$，$x_j>0(j=1,2,\cdots,n)$。

(2)当 $k\to+\infty$ 时，$\boldsymbol{A}^k\to\boldsymbol{B}$，其中 $\boldsymbol{B}$ 的每一行都相同且均为 $\boldsymbol{X}$。

(3)对于任一 n 维概率向量 $\boldsymbol{U}$，当 $k\to+\infty$ 时，恒有 $(\boldsymbol{A}^k)^{\mathrm{T}}\boldsymbol{U}\to\boldsymbol{X}$，其中 X 为 n 维概率向量。

8.2.3 马尔可夫链

下面进一步给出马尔可夫链的相关概念。

定义 8.3 设 ξ_m 为随机变量，则定义随机变量序列点 $\{\xi_m\}(m=1,2,\cdots)$ 或 $\{\xi_m\}(m=1,2,\cdots)$ 为链，并定义由 $\{\xi_m\}(m=1,2,\cdots)$ 的全体状态构成的有限集为该链的状态集，记为：

$$N=\{N_1,N_2,\cdots,N_n\}$$

定义 8.4 设链 $\{\xi_m\}(m=1,2,\cdots)$，其状态为 $N=\{N_1,N_2,\cdots,N_n\}$，若对于任意正整数 k 及 $i_1,i_2,\cdots,i_k,i_{k+1}(i_1,i_2,\cdots,i_{k+1}\leqslant n)$，条件概率等式

$$P(\xi_{k+1}=N_{i_{k+1}}|\xi_1=N_{i_1},\xi_2=N_{i_2},\cdots,\xi_k=N_{i_k})=P(\xi_{k+1}=N_{i_{k+1}}|\xi_k=N_{i_k})$$

成立，则定义随机变量序列(即链)$\{\xi_m\}(m=1,2,\cdots)$ 为马尔可夫链，简称为马氏链。

定义 8.4 表明，马尔可夫链 $\{\xi_m\}(m=1,2,\cdots)$ 中任一随机变量 ξ_{k+1} 所处某一状态 $N_{i_{k+1}}$ 的概率仅与前面相邻的 ξ_k 所处状态 N_{i_k} 有关，而与前面其他随机变量 $\xi_{k-1},\xi_{k-2},\cdots,\xi_1$ 所处的状态 $N_{i_{k-1}},N_{i_{k-2}},N_{i_1}$ 无关，通常称这种性质为马氏链的无后效性。

例如，销售某种商品，如果选择一个月为一个阶段，链 $\{\xi_m\}(m=1,2,\cdots)$ 表示从某一个月开始该商品的月销售状况，销售状态 $N=\{N_1,N_2,\cdots,N_n\}$ 分别表示畅销、一般和滞销，通常某月的销售状况仅与前月的销售状况有关，而与再前面月的销售状况无关。因此，该商品销售状况所构成的链 $\{\xi_m\}(m=1,2,\cdots)$ 为马氏链，且 i,j,k 为正整数，状态集 $N=\{N_1,N_2,\cdots,N_n\}$，若对于任意正整数 s，条件概率等式

$$P(\xi_{s+k}=N_j|\xi_s=N_j)=P(\xi_{k+1}=N_j|\xi_1=N_i) \tag{8.1}$$

成立，则称马氏链 $\{\xi_m\}(m=1,2,\cdots)$ 为齐次马尔可夫链，简称齐次马氏链。

公式(8.1)表明，齐次马氏链的条件概率 $P(\xi_{s+k}=N_j|\xi_s=N_j)$ 与 s 无关。

下面进一步探讨齐次马氏链。

定义 8.5 设齐次马氏链 $\{\xi_m\}(m=1,2,\cdots)$，则定义其所对应的条件概率

$$P_{ij}=P(\xi_{s+1}=N_j|\xi_s=N_i)\quad(i,j=1,2,\cdots,n;s\text{ 为任意正整数})$$

为从状态 N_i 到 N_j 转移概率，定义所对应的矩阵

$$\boldsymbol{P}=\begin{pmatrix} p_{11} & p_{12} & \cdots & p_{1n} \\ p_{21} & p_{22} & \cdots & p_{2n} \\ \vdots & \vdots & & \vdots \\ p_{n1} & p_{n2} & \cdots & p_{nn} \end{pmatrix} \tag{8.2}$$

为转移概率矩阵，简称转移矩阵。

显然，转移矩阵 $\boldsymbol{P}$ 满足如下性质：

(1) $p_{ij} \geqslant 0$，$(i, j=1,2,\cdots,n)$。

(2) $\sum\limits_{j=1}^{n} p_{ij}=1 (i=1,2,\cdots,n)$。

定义 8.6　设齐次马氏链 $\{\xi_m\}(m=1,2,\cdots)$，对于正整数 k，定义条件概率

$$P_{ij}(k)=P(\xi_{s+k}=N_j \mid \xi_s=N_i) \quad (i,j=1,2,\cdots,n;s\ 为任意正整数)$$

从状态 N_i 经过 k 个时期转移到状态 N_j 的 k 步转移概率，简称 k 步转移概率，定义对应的矩阵

$$\boldsymbol{P}(k)=\begin{pmatrix} p_{11}(k) & p_{12}(k) & \cdots & p_{1n}(k) \\ p_{21}(k) & p_{22}(k) & \cdots & p_{2n}(k) \\ \vdots & \vdots & & \vdots \\ p_{n1}(k) & p_{n2}(k) & \cdots & p_{nn}(k) \end{pmatrix}$$

为 k 步转移概率矩阵。

同样地，矩阵 $\boldsymbol{P}(k)$ 满足如下性质：

(1) $p_{ij}(k) \geqslant 0 (i,j=1,2,\cdots,n)$。

(2) $\sum\limits_{j=1}^{n} p_{ij}(k)=1 (i=1,2,\cdots,n)$。

为了帮助理解，下面给出一个实际例子。

【例 8.5】　某商场对第一天、第二天分别购买商品 A、商品 B、商品 C 的 100 名顾客进行统计对比，相应的结果见表 8—2，试求某顾客第一天购买商品 A 而第三天购买商品 B 的概率。

表 8—2　　**某商场顾客购买商品的统计对比数据**

	第二天 A	第二天 B	第二天 C
第一天 A	20	50	30
第一天 B	20	70	10
第一天 C	30	30	40

【解】假设顾客当天所购买的商品仅与前一天所购买的商品有关，用 $N=\{\}$ 表示顾客第 m 天所购买的商品，则 $\{\xi_m\}(m=1,2,\cdots)$ 为一马氏链。

令状态集 $N=\{N_1,N_2,N_3\}=\{A,B,C\}$，该问题所求的是二步转移概率 $P_{12}(2)$，根据题意可知，转移矩阵为：

$$\boldsymbol{P}=\begin{pmatrix} 0.2 & 0.5 & 0.3 \\ 0.2 & 0.7 & 0.1 \\ 0.3 & 0.3 & 0.4 \end{pmatrix}$$

因此，顾客第一天购买 A 商品，而第二天购买商品 A、商品 B、商品 C 的概率分别是：

$P_{11}=0.2, p_{12}=0.7, p_{13}=0.3$

第二天购买商品 A、商品 B、商品 C，而第三天购买商品 B 的概率分别是：

$P_{12}=0.5, p_{22}=0.7, p_{32}=0.3$

因此，第一天购买商品 A 而第三天购买商品 B 的概率为：

$$P_{12}(2)=p_{11}p_{12}+p_{12}p_{22}+p_{13}p_{32}=p_{12}=(0,2,0.5,0.3)\begin{pmatrix}0.5\\0.7\\0.3\end{pmatrix}=0.54$$

上述计算过程也可以用图 8—4 来详细表示。

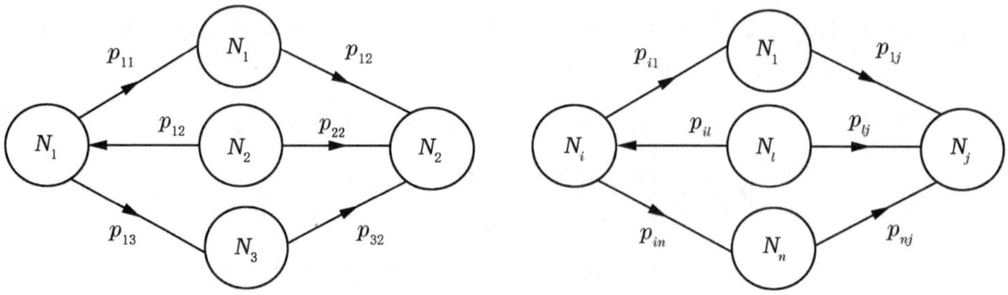

图 8—4　某商场顾客购买商品的转移图

根据例 8.5，我们总结出计算 k 步转移概率的一般方法，二步转移概率为：

$$P_{ij}(2)=\sum_{l=1}^{n}p_{il}p_{lj}$$

对应的二步转移矩阵为：

$$\boldsymbol{P}(2)=\boldsymbol{PP}=\boldsymbol{P}^2$$

一般地，k 步转移概率为：

$$P_{ij}(k)=\sum_{l=1}^{n}p_{il}(k-1)p_{ij}$$

对应的 k 转移矩阵为：

$$\boldsymbol{P}(k)=\boldsymbol{P}(k-1)\boldsymbol{P}=\boldsymbol{P}^k$$

定义 8.7　设第 k 个时期(或第 k 步)随机变量 ξ_k 所处状态 N_i 的概率为 $S_i(k)$，则定义概率向量

$$\boldsymbol{S}(k)=(s_1(k),s_2(k),\cdots,s_n(k))^{\mathrm{T}} \tag{8.3}$$

为第 k 个时期(或第 k 步)的状态概率向量，称 $\boldsymbol{S}(0)$ 为初始状态的概率向量。

一般而言，当 $\boldsymbol{S}(0)$ 和 $\boldsymbol{P}$ 确定之后，就可以求出任一时期任一状态的概率，即马氏链完全确定。具体计算如下：

第一个时期 ξ_1 状态概率向量 $\boldsymbol{S}(1)$ 可由矩阵 $\boldsymbol{P}$ 和 $\boldsymbol{S}(0)$ 计算得到，即：

$$\boldsymbol{S}(1)=\boldsymbol{P}^{\mathrm{T}}\boldsymbol{S}(0) \tag{8.4}$$

其中，$S_i(1)=\sum_{l=1}^{n}p_{li}S_l(0)$。

第 k 个时期的状态概率向量为：

$$\boldsymbol{S}(k)=(\boldsymbol{P}^k)^{\mathrm{T}}\boldsymbol{S}(0) \tag{8.5}$$

其中，$S_i(k)=\sum_{l=1}^{n}p_{li}(k)S_l(0)$。

同样，第 $k+m$ 个时期 ξ_{k+m} 的状态概率向量为：

$$\boldsymbol{S}(k+m)=(\boldsymbol{P}^k)^{\mathrm{T}}\boldsymbol{S}(m) \tag{8.6}$$

【例 8.6】 某市场有商品 A、商品 B、商品 C 相互竞争，市场占有率分别为 $S_1(0)=0.45$，$S_2(0)=0.35$，$S_3(0)=0.25$。根据各月的统计资料表明，商品 A、商品 B、商品 C 的转移概率矩阵为：

$$\boldsymbol{P}=\begin{pmatrix}0.90 & 0.05 & 0.05\\ 0.10 & 0.80 & 0.10\\ 0.10 & 0.15 & 0.75\end{pmatrix}$$

试求商品 A、商品 B、商品 C 在第三个月的市场占有率。

【解】 该问题已知 $\boldsymbol{S}(0)$ 和 $\boldsymbol{P}$，要求计算 $\boldsymbol{S}(3)$，设 $\{\xi_m\}(m=1,2,\cdots)$ 表示顾客第 m 个月购买该类商品的状况，$\{\xi_m\}(m=1,2,\cdots)$ 为一马氏链，其状态集 $N=\{N_1,N_2,N_3\}=\{A,B,C\}$，根据公式(8.4)可以计算，第一个月商品 A、商品 B、商品 C 的市场占有率为：

$$\boldsymbol{S}(1)=\boldsymbol{P}^{\mathrm{T}}\boldsymbol{S}(0)=\begin{pmatrix}0.90 & 0.10 & 0.10\\ 0.05 & 0.80 & 0.15\\ 0.05 & 0.10 & 0.75\end{pmatrix}\begin{pmatrix}0.45\\ 0.35\\ 0.25\end{pmatrix}=(0.4600,0.3325,0.2075)^{\mathrm{T}}$$

进一步根据公式(8.6)可以计算，第三个月商品 A、商品 B、商品 C 的市场占有率为：

$$\boldsymbol{S}(3)=(\boldsymbol{P}^2)^{\mathrm{T}}\boldsymbol{S}(1)=\left(\begin{pmatrix}0.90 & 0.05 & 0.05\\ 0.10 & 0.80 & 0.10\\ 0.10 & 0.15 & 0.75\end{pmatrix}^2\right)^{\mathrm{T}}\begin{pmatrix}0.4600\\ 0.3325\\ 0.2075\end{pmatrix}=(0.4744,0.0311,0.2143)^{\mathrm{T}}$$

定义 8.8 设有齐次马氏链 $\{\xi_m\}(m=1,2,\cdots)$，若对于一切状态 N，存在不依赖于 i 的常数 π_j，对于状态 N_j，恒有

$$\lim_{k\to\infty}p_{ij}(k)=\pi_j \quad (j=1,2,\cdots,n) \tag{8.7}$$

成立，则称该齐次马氏链具有遍历性，常数 π 称为状态 N_i 的稳定状态概率，向量 $\pi=(\pi_1,\pi_2,\cdots,\pi_n)^{\mathrm{T}}$ 称为稳定状态概率向量。

下面给出公式(8.7)等价的一种极限形式。

若 $\{\xi_m\}(m=1,2,\cdots)$ 具有遍历性，根据公式(8.5)可知：

$$\lim_{x\to+\infty}S_i(k)=\lim_{x\to\infty}\sum_{i=1}^{n}p_{li}S_l(0)=\sum_{i=1}^{n}\pi_iS_l(0)=\pi_i\sum_{i=1}^{n}S_l(0)=\pi_i \tag{8.8}$$

综合来看，齐次马氏链具体如下性质：

(1)转移矩阵 $\boldsymbol{P}$ 为随机矩阵。

(2)k 步转移矩阵等于转移矩阵的 k 次幂，即：

$$\boldsymbol{P}(k)=\boldsymbol{P}^k$$

(3)第 k 个时期的状态概率向量与 $\boldsymbol{P}$ 和 $\boldsymbol{S}(0)$ 的关系是：

$$\boldsymbol{S}(k)=(\boldsymbol{P}^k)^{\mathrm{T}}\boldsymbol{S}(0)$$

(4)若 $\boldsymbol{P}$ 为正规随机矩阵，对应的马氏链具有遍历性，且其状态概率向量为 π，则根据定义 8.8 可知：

①$\boldsymbol{P\pi}=\boldsymbol{\pi}$；

②$\boldsymbol{P}(k)\to B$(当 $k\to+\infty$ 时)，其中 B 的每一行向量均相同，均为 $\boldsymbol{\pi}^{\mathrm{T}}$；

③$S(k)\to\boldsymbol{\pi}$(当 $k\to+\infty$ 时)，即 $\lim\limits_{X\to\infty}P(\xi_k=N_j)=\pi_j$。

这意味着，齐次马氏链经历一定时间的状态转移，最后达到与初始状态完全无关的稳定

状态。

【例 8.7】 试计算例 8.6 中马氏链的稳定状态概率向量。

【解】 设稳定状态概率向量 $\pi=(\pi_1,\pi_2,\pi_3)^{\mathrm{T}}$，此处分量 $\pi_j(j=1,2,3)$ 分别对应商品 A、商品 B、商品 C。由上述性质④可知，$\boldsymbol{P\pi}=\boldsymbol{\pi}$，即：

$$\begin{pmatrix}0.90 & 0.10 & 0.10\\0.05 & 0.80 & 0.15\\0.05 & 0.10 & 0.75\end{pmatrix}\begin{pmatrix}\pi_1\\\pi_2\\\pi_3\end{pmatrix}=\begin{pmatrix}\pi_1\\\pi_2\\\pi_3\end{pmatrix}$$

此方程组的三个方程并非相互独立，用补充方程 $\pi_1+\pi_2+\pi_3=1$，方程组中前两个方程联立，即有：

$$\begin{cases}0.90\alpha_1+0.1\pi_2+0.1x_3=\pi_1\\0.05\pi_1+0.8\pi_2+0.15x_3=\pi_2\\\pi_1+\pi_2+\pi_3=1\end{cases}$$

求解该方程组可得：

$$\pi=(\pi_1,\pi_2,\pi_3)^{\mathrm{T}}=(0.5,0.2857,0.2143)^{\mathrm{T}}$$

8.2.4　马尔可夫决策的应用

为了更好地理解马尔可夫决策，下面进一步给出 3 个实例。

【例 8.8】 某厂家开发了新产品 A，现有市场上存在同类产品 B 和 C 与其竞争，厂家打算采取如下三种方案：发放有奖债券、开展广告宣传、优质售后服务。三种方案分别采取后，经统计调查可知，这三种产品的市场占有率的转移矩阵分别为：

$$P_1=\begin{pmatrix}0.95 & 0.025 & 0.025\\0.10 & 0.80 & 0.10\\0.10 & 0.15 & 0.75\end{pmatrix},P_2=\begin{pmatrix}0.90 & 0.05 & 0.05\\0.15 & 0.75 & 0.10\\0.10 & 0.15 & 0.75\end{pmatrix},P_3=\begin{pmatrix}0.90 & 0.05 & 0.05\\0.10 & 0.80 & 0.10\\0.15 & 0.15 & 0.70\end{pmatrix}$$

采取三种方案的成本费用分别为 150 万元、40 万元、30 万元。另外，通过市场调查可知，新产品 A、同类产品 B、同类产品 C 在市场上的总销售量为 1 000 万件，每销售一件新产品 A 可以获得利润 1 元。为了使得在后面的长期经营中可以获得最大利润，该厂家在生产新产品 A 时应该选择哪种方案？

【解】 该问题属于长期经营不变策略问题，应该采用马氏决策。

首先，计算转移矩阵的稳定状态概率向量 $\boldsymbol{\pi}^i=(\pi_1{}^i,\pi_2{}^i,\pi_3{}^i)^{\mathrm{T}}$，容易计算三种方案转移矩阵的稳定状态概率向量分别为：

$$\boldsymbol{\pi}^1=(\pi_1^1,\pi_2^1,\pi_3^1)^{\mathrm{T}}=(0.667,0.190,0.143)^{\mathrm{T}}$$

$$\boldsymbol{\pi}^2=(\pi_1^2,\pi_2^2,\pi_3^2)^{\mathrm{T}}=(0.559,0.235,0.206)^{\mathrm{T}}$$

$$\boldsymbol{\pi}^3=(\pi_1^3,\pi_2^3,\pi_3^3)^{\mathrm{T}}=(0.545,0.273,0.182)^{\mathrm{T}}$$

其次，计算该厂家针对新产品 A，采取三种方案所获得的期望利润值，具体结果见表 8—3。

表 8—3　　某厂家对于新产品 *A* 采取三种方案的收益情况

	市场占有率	毛利期望值(万元)	方案成本费用(万元)	纯利润期望值(万元)
方案一	0.667	667	150	517
方案二	0.559	559	40	519
方案三	0.545	545	30	515

最后,确定决策结果。对表 8—3 中三个方案的纯期望利润值进行比较,可见,方案二是该厂家针对新产品 *A* 应该采取的长期策略。

【例 8.9】 某商品在国际市场上的销售存在畅销、滞销两种情况,在畅销时能够获得每年利润 100 万元,在滞销时能够获得每年利润 30 万元,假设以一年为一期,且不采取广告策略与采取广告策略的状态转移矩阵分别为:

$$P_1=\begin{pmatrix}0.8 & 0.2\\0.4 & 0.6\end{pmatrix},P_2=\begin{pmatrix}0.9 & 0.1\\0.7 & 0.3\end{pmatrix}$$

采取广告策略和不采取广告策略的成本费用为 15 万元、0 万元。另外,通过资料可知,上一年的销售为畅销情况,为了保证未来三年内所获得的利润总和最大,针对该商品应该采取哪种方案?

【解】 该问题属于短期经营不变策略问题,但与例 8.8 不同,不能采用计算稳定状态概率的方法来求解,而是应该先计算三年中每年的期望利润值,再比较两种促销策略的三年期望利润总和,在此基础上选择出最优的决策。

首先,计算不采取广告策略时的三年期望利润值。在不采取广告策略时,第二年、第三年的转移矩阵分别为:

$$P_1(2)=P_1^2=\begin{pmatrix}0.8 & 0.2\\0.4 & 0.6\end{pmatrix}^2=\begin{pmatrix}0.72 & 0.28\\0.56 & 0.44\end{pmatrix}$$

$$P_1(3)=P_1^3=P_1^2P_1=\begin{pmatrix}0.72 & 0.28\\0.56 & 0.44\end{pmatrix}\begin{pmatrix}0.8 & 0.2\\0.4 & 0.6\end{pmatrix}=\begin{pmatrix}0.688 & 0.312\\0.624 & 0.376\end{pmatrix}$$

对于第一年,由于上一年畅销,因此不采取广告策略时,第一年畅销和滞销的概率分别为 0.8、0.2。对于第二年和第三年,根据上面计算结果可知,第二年的畅销和滞销的概率分别为 0.72、0.28,第三年的畅销和滞销的概率分别为 0.688、0.312。因此,所获得的三年期望利润值总和为:

$$\begin{aligned}L_1&=(100\times0.8+30\times0.2)+(100\times0.72+30\times0.28)+(100\times0.688+30\times0.312)\\&=244.56(\text{万元})\end{aligned}$$

其次,计算采取广告策略时的三年期望利润值。在采取广告策略时,第二年、第三年的转移矩阵分别为:

$$P_2(2)=P_2^2=\begin{pmatrix}0.9 & 0.1\\0.7 & 0.3\end{pmatrix}^2=\begin{pmatrix}0.88 & 0.12\\0.84 & 0.16\end{pmatrix}$$

$$P_1(3)=P_1^3=P_1^2P_1=\begin{pmatrix}0.88 & 0.12\\0.84 & 0.16\end{pmatrix}\begin{pmatrix}0.9 & 0.1\\0.7 & 0.3\end{pmatrix}=\begin{pmatrix}0.876 & 0.124\\0.868 & 0.132\end{pmatrix}$$

对于第一年,由于上一年畅销,因此采取广告策略时,第一年畅销和滞销的概率分别为

0.9、0.1。对于第二年和第三年，根据上面计算结果可知，第二年的畅销和滞销的概率分别为0.88、0.12，第三年的畅销和滞销的概率分别为0.876、0.124。因此，所获得的三年期望利润值总和为：

$$L_2=(100\times 0.90+30\times 0.1)+(100\times 0.88+30\times 0.12)+(100\times 0.876+30\times 0.124)-3\times 5=230.92(\text{万元})$$

最后，比较两个方案的三年期望利润值总和的大小，因此，应该选择不采取广告策略，此时所获得的三年期望利润值总和为244.56万元。

【例8.10】 若在例8.9中是依据上一年经营情况来确定每年是否采取广告策略，则应该怎么进行决策？

【解】 该问题属于短期经营可变策略问题，三年内的每一年都需要依据上一年经营情况来进行一次决策，总共进行三次决策，可见该问题是一个三阶段决策问题。下面采用决策树图进行分析，为了简化决策树图，根据马氏链的性质，每一年的状态概率仅与该年的前一年状态概率有关，因此仅需画出相邻两年的决策树，其一为前一年取定畅销状态，其二为前一年取定滞销状态。

设 x_0、y_0 分别表示初始取定畅销和滞销状态的期望利润值总和，x_i，y_i 分别表示第 $i-1$ 年为畅销和滞销状态的期望利润值总和，即从第 i 年起及以后各年均采取最优策略的期望利润值总和，根据题意，画出相邻两年的决策树，具体结果见图8—5。

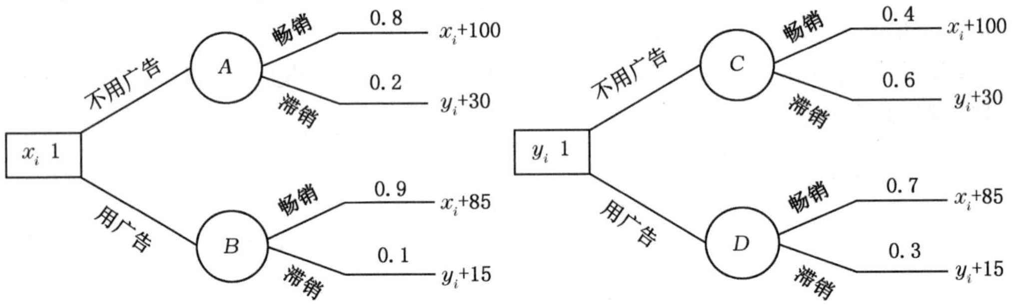

图8—5 相邻两年的决策树图

根据图8—5可以计算状态点 A、B、C、D 的期望收益值分别为：

$A\quad 0.8(x_i+100)+0.2(y_i+30)=0.8x_i+0.2y_i+86$

$B\quad 0.9(x_i+85)+0.1(y_i+15)=0.9x_i+0.1y_i+78$

$C\quad 0.4(x_i+100)+0.6(y_i+30)=0.4x_i+0.6y_i+58$

$D\quad 0.7(x_i+85)+0.3(y_i+15)=0.7x_i+0.3y_i+64$

进而，x_{i-1}、y_{i-1} 的递推关系基本公式为：

$$\begin{cases}x_{i-1}=\max(0.8x_i+0.2y_i+86,0.9x_i+0.1y_i+78)\\ y_{i-1}=\max(0.4x_i+0.6y_i+58,0.7x_i+0.3y_i+64)\end{cases}$$

下面利用逆序归纳法进行分析，在 x_{i-1}、y_{i-1} 的递推关系基本公式中，令 $x_3=y_3=0$，于是有：

$x_2 = \max(86, 78) = 86$

$y_2 = \max(58, 64) = 64$

这说明，若第二年为畅销，则第三年不用广告；若第二年滞销，则第三年要用广告。

同理，令 $i=2$，代入 $x_2=86$，$y_2=64$，于是有：

$$x_1 = \max(0.8\times 86 + 0.2\times 64 + 86, 0.9\times 86 + 0.1\times 64 + 78)$$
$$= \max(167.6, 161.8) = 167.6$$

$$y_1 = \max(0.4\times 86 + 0.6\times 64 + 58, 0.7\times 86 + 0.3\times 64 + 64)$$
$$= \max(130.8, 143.4) = 143.4$$

这说明，若第一年为畅销，则第二年无需采用广告；若第一年为滞销，则第二年需要采用广告。

进一步地，在 x_{i-1}、y_{i-1} 的递推关系基本公式中，令 $x_1=167.6$，$y_1=143.4$，于是有：

$$x_0 = \max(0.8\times 167.6 + 0.2\times 143.4 + 86, 0.9\times 167.6 + 0.1\times 143.4 + 78)$$
$$= \max(248.76, 243.18) = 248.76$$

$$y_0 = \max(0.4\times 167.6 + 0.6\times 143.4 + 58, 0.7\times 167.6 + 0.3\times 143.4 + 64)$$
$$= \max(211.08, 224.34) = 224.34$$

这说明，若初始年为畅销，则第一年无需采用广告；若初始年为滞销，则第二年需要采用广告。

综合来看，应该采取的结果为，若前一年(含初始状态)为畅销状态，则该年无需采用广告；若前一年(含初始状态)为滞销状态，则该年需要采取广告策略。另外，三年期望利润值总和为 248.76 万元。

8.3 动态群体决策

在社会经济系统评价问题中，有时候还会出现一种情况，即参与的决策者是一群专家，被评价对象为若干个方案，在此情况下，依据一群专家对若干个方案的评价信息进行决策，这被称为群体决策。另外，决策者在对各方案进行评估时，可能需要对自己过去的意见进行相应的修正，以此来调整自己过去的不成熟意见，这就形成了多阶段的动态群体决策。一般而言，动态群体决策可以划分为无反馈式的动态群体决策和交互式的动态群体决策，二者的区别在于各决策者在动态评估过程是否会相互参考其他决策者的意见。交互式的动态群体决策问题相对比较复杂，本文仅探讨无反馈式的动态群体决策。为了叙述方便，下面将无反馈式的动态群体决策直接简称为动态群体决策。另外，值得一提的是，在决策者对各方案进行评估时，可能还会针对多个属性进行具体给分，这被称为动态多属性群体决策，该类问题也较为复杂，本文仅探讨不考虑属性的动态群体决策问题。

在动态群体决策问题中，通常需要进行三个步骤：第一步是对各阶段的静态群体意见进行集结，第二步是确定阶段权重，第三步是对多个阶段的群体综合意见进行集结。下面分别介绍一些简单的静态群体意见集结方法、阶段权重确定方法、动态群体意见集结方法。

8.3.1 静态群体意见集结方法

在对各阶段的静态群体意见进行集结时，通常需要考虑群体意见的共识度。为此，下面给出一种基于密度算子的静态群体意见集结方法。下面先介绍密度算子的相关概念。

定义 8.9　设有数据集 $A_1,A_2,A_3,\cdots,A_r$ 为 $\boldsymbol{A}$ 的非空子集合，若满足

$$\begin{cases}A_i \cap A_j \neq \Phi \quad i,j=1,2,\cdots,r \\ A_1 \cup A_2 \cup \cdots \cup A_r=\boldsymbol{A}\end{cases} \tag{8.9}$$

则定义 $A_1,A_2,A_3,\cdots,A_r$ 为 $\boldsymbol{A}$ 的一个分组。

为了更好地说明聚类问题，下面给出例 8.11。

【例 8.11】　若一个一维数据集 $\boldsymbol{A}=\{1.1,2.2,5.4,6.6,8.9,9.9,10\}$，一维数据集 $\boldsymbol{A}$ 的 3 个非空子集合为 $A_1=\{1.1,2.2\}$、$A_2=\{5.4,6.8\}$、$A_3=\{8.9,9.9,10\}$，试判断 A_1,A_2,A_3 是否为 A 的一个划分？

【解】由于满足 $A_1 \cap A_2 \neq \Phi, A_1 \cap A_3 \neq \Phi, A_2 \cap A_3 \neq \Phi$ 且 $A_1 \cup A_2 \cup A_3=\boldsymbol{A}$，因此，$A_1,A_2,A_3$ 是 $\boldsymbol{A}$ 的一个分组。

定义 8.10　对一维数据集 $\boldsymbol{A}=(a_1,a_2,\cdots,a_n)$，将一维数据集 $\boldsymbol{A}$ 中的元素按照从大到小的顺序进行排序，记为 $\boldsymbol{A}'=(a_1',a_2',\cdots,a_n')$，则定义 $\Delta_t=a_t'-a_{t+1}'$ 为 $\boldsymbol{A}$ 的第 t 个有序增量，$\Delta=\{\Delta_1,\Delta_2,\cdots,\Delta_{n-1}\}$ 为 $\boldsymbol{A}$ 的有序增量集。

为了更好地说明有序增量集，下面给出例 8.12。

【例 8.12】　试计算例 8.11 中一维数据集 $\boldsymbol{A}=\{1.1,2.2,5.4,6.6,8.9,9.9,10\}$ 的有序增量集。

【解】由于一维数据集 $\boldsymbol{A}$ 中的元素按照从大到小的顺序进行排序为 10、9.9、8.9、6.6、5.4、2.2、1.1，于是有：

$A'=(10,9.9,8.9,6.6,5.4,2.2,1.1)$

进而有：

$\Delta_1=10-9.9=0.1, \Delta_2=9.9-8.9=1, \Delta_3=8.9-6.6=2.3,$

$\Delta_4=6.6-5.4=1.2, \Delta_5=5.4-2.2=3.2, \Delta_6=2.2-1.1=1.1$

因此，有序增量集 $\Delta=(0.1,1,2.3,1.2,3.2,1.1)$。

下面给出一种一维数据的聚类方法——有序增量分割法，具体步骤如下：

步骤 1　对于一维数据集 $\boldsymbol{A}$，按照定义 8.10 计算 $\boldsymbol{A}$ 的有序增量集。

步骤 2　假定聚类的个数(组数)为 r，取定有序增量集 Δ 中排序前 $r-1$ 名的元素，且仍按这 $r-1$ 个元素在有序增量集 Δ 中的前后顺序进行编排，记为 $\Delta_{s_1},\Delta_{s_1},\cdots,\Delta_{s_r}$，则分别在 $a_1',a_2',\cdots,a_n'$ 中的第 $s_1,s_2,\cdots,s_r$ 个位置后将数据进行分开，这样即可得到一维数据集 $\boldsymbol{A}$ 的分组结果。

为了更好地说明有序增量分割法，下面给出例 8.13。

【例 8.13】　试利用有序增量分割法对例 8.11 中一维数据集 $\boldsymbol{A}=\{1.1,2.2,5.4,6.6,8.9,9.9,10\}$ 进行划分。

【解】根据例 8.12 可知，$\boldsymbol{A}$ 的有序增量集 $\Delta=(0.1,1,2.3,1.2,3.2,1.1)$，假定聚类的个数为 3，取定有序增量集 Δ 中排序前 2 名的元素为 3.1 和 3.2，且仍按这两个元素在有序增量集 Δ 中的前后顺序进行编排，由于是 $\Delta_3=3.1$ 和 $\Delta_5=3.2$，于是有 $s_1=3$ 和 $s_2=5$，进而需要分别在 9.9,8.9,6.6,5.4,2.2,1.1 中的第 3 和第 5 个位置后将数据进行分开，因此，一维数据集 $\boldsymbol{A}$ 的分组结果为{10,9.9,8.9}、{6.6,5.4}、{2.2,1.1}。

需要注意的是，如果出现若干个有序增量 Δ_t 相等的情况，当决策者偏好中间数据时，则

选择离中位数较远的位置进行分割；当决策者偏好中间两端数据时，则选择离中位数较近的位置进行分割。

在有序分割法的基础上，下面给出密度算子的定义。

定义 8.11　对一维数据集 $\mathbf{A}=(a_1,a_2,\cdots,a_n)$，相应的权重向量为 $\mathbf{W}=(w_1,w_2,\cdots,w_n)^{\mathrm{T}}$，设 $\mathbf{DWA}:\mathbf{R}^n\to\boldsymbol{R}$，若

$$\mathbf{DWA}_{\Lambda,\xi,w}(a_1,a_2,\cdots,a_n)=\sum_{k=1}^{r}\xi_k\Lambda(A_k) \tag{8.10}$$

则定义函数 **DWA** 为密度加权平均(density weighted averaging,DWA)算子。

式(8.10)中，$A_1,A_2,\cdots,A_r$ 为 $\mathbf{A}$ 的一个分组，$\xi_1,\xi_2,\cdots,\xi_r$ 为 $A_1,A_2,\cdots,A_r$ 的相对权重，称 $\xi=(\xi_1,\xi_2,\cdots,\xi_r)^{\mathrm{T}}$ 为密度权重向量，Λ 为某一信息集结算子。

特殊地，当 Λ 为加权算术平均算子(weighted arithmetic averaging,WAA)算子时，式(8.10)的表达式为：

$$\mathbf{DWA}_{\mathbf{WAA},\xi,w}(a_1,a_2,\cdots,a_n)=\sum_{k=1}^{r}\xi_k\mathbf{WAA}(A_k)=\sum_{k=1}^{r}\xi_k\sum_{j=1}^{n_k}w_j^k a_j^k \tag{8.11}$$

则定义函数 $\mathbf{DWA_{WAA}}$ 为密度加权算术平均算子。式(8.10)中，a_j^k 为集合 A_k 中的第 j 个元素，w_j^k 为 a_j^k 所对应的权重(可通过对原权重 w_j 进行归一化处理而求得，即 $w_j^k=w_j/\sum_{j=1}^{n_k}w_j$)，$n_k$ 为集合 A_k 中所有元素的个数。

另外，在式(8.10)和式(8.11)中，密度权重的计算公式通常为：

$$\xi_k=(n_k/n)^{\alpha+1}/\sum_{k=1}^{r}(n_k/n)^{\alpha+1} \tag{8.12}$$

其中，当 $\alpha=0$ 时，表示决策者无特殊偏好；当 $\alpha>0$ 时，表示决策者强调主体信息或群体共识；当 $\alpha<0$ 时，表示决策者强调极端信息或个别意见。在群体决策问题中，一般需要考虑群体共识度，此时 α 通常取值为 1，此时密度权重的计算公式为：

$$\xi_k=(n_k/n)^2/\sum_{k=1}^{r}(n_k/n)^2 \tag{8.13}$$

为了方便叙述，下面的表达中将密度加权算术平均算子简称为密度算子。

为了更好地理解密度算子，下面给出例 8.14。

【例 8.14】　试利用密度算子对例 8.11 中一维数据集 $\mathbf{A}=\{1.1,2.2,5.4,6.6,8.9,9.9,10\}$ 进行集结，此处假设相应的权重向量为 $\mathbf{W}=(0.1,0.1,0.2,0.2,0.2,0.1,0.1)^{\mathrm{T}}$。

【解】 首先，不妨假设将一维数据集 $\mathbf{A}=\{1.1,2.2,5.4,6.6,8.9,9.9,10\}$ 划分为 3 组，则根据例 8.13 可知，一维数据集 $\mathbf{A}=\{1.1,2.2,5.4,6.6,8.9,9.9,10\}$ 的分组结果为 $\{10,9.9,8.9\}$、$\{6.6,5.4\}$、$\{2.2,1.1\}$，此时的密度权重分别为：

$$\begin{cases}\xi_1=(3/7)^2/((3/7)^2+(2/7)^2+(2/7)^2)=\dfrac{9}{17}\\[2ex] \xi_2=(2/7)^2/((3/7)^2+(2/7)^2+(2/7)^2)=\dfrac{4}{17}\\[2ex] \xi_3=(2/7)^2/((3/7)^2+(2/7)^2+(2/7)^2)=\dfrac{4}{17}\end{cases}$$

然后，通过归一化方法计算各元素在集合 A_k 内的权重，即：

$$\begin{cases} w_1^1 = w(10)/(w(10)+w(9.9)+w(8.9)) = 0.2/(0.2+0.1+0.1) = \dfrac{1}{4} \\ w_2^1 = w(9.9)/(w(10)+w(9.9)+w(8.9)) = 0.1/(0.2+0.1+0.1) = \dfrac{1}{4} \\ w_3^1 = w(8.9)/(w(10)+w(9.9)+w(8.9)) = 0.1/(0.2+0.1+0.1) = \dfrac{1}{2} \end{cases}$$

$$\begin{cases} w_1^2 = w(6.6)/(w(6.6)+w(5.4)) = 0.2/(0.2+0.1) = \dfrac{2}{3} \\ w_2^2 = w(5.4)/(w(6.6)+w(5.4)) = 0.1/(0.2+0.1) = \dfrac{1}{3} \end{cases}$$

$$\begin{cases} w_1^3 = w(2.2)/(w(2.2)+w(1.1)) = 0.1/(0.1+0.1) = \dfrac{1}{2} \\ w_2^3 = w(1.1)/(w(2.2)+w(1.1)) = 0.1/(0.1+0.1) = \dfrac{1}{2} \end{cases}$$

最后，计算最终的集结结果，即：

$$\begin{aligned} \hat{a} &= (10\times\frac{1}{4}+9.9\times\frac{1}{4}+8.9\times\frac{1}{2})\times\frac{9}{17}+(6.6\times\frac{2}{3}+5.4\times\frac{1}{3}) \\ &\quad \times\frac{4}{17}+(2.2\times\frac{1}{2}+1.1\times\frac{1}{2})\times\frac{4}{17} \\ &= 6.8368 \end{aligned}$$

因此，一维数据集 $\mathbf{A}=\{1.1,2.2,5.4,6.6,8.9,9.9,10\}$ 的最终集结结果为 6.8368。值得一提的是，如果采用简单线性加权法，则得到的集结结果为 6.5。两种方法集结结果不一样的原因主要是，密度算子体现了数据的疏密程度，强调了主体信息，考虑了群体共识度。

8.3.2　阶段权重确定方法

在动态群体决策问题中，随着决策的不断进行，决策者在后面的阶段掌握的信息相对要更多，此时应该赋予该阶段的群体意见更多的权重，这也体现了厚今薄古的思想。因此，在对多阶段的群体意见进行集结时，应该对后面阶段的群体意见赋权越大，对前面阶段的群体意见赋权越小。另外，为了体现决策结果的全面性和民主性，应该要充分考虑各阶段的群体意见，即在赋予阶段权重时，应该尽可能地使得各阶段的权重偏差最小。

为了尽可能地重视后面阶段的群体意见，以及尽可能地挖掘各阶段的群体意见，下面给出一种基于时间度和最大熵的阶段权重确定方法。

假设 $\omega=(\omega_1,\omega_2,\cdots,\omega_l)^{\mathrm{T}}$ 为阶段权重向量，其中 ω_t 为第 t 个阶段的群体意见权重，则依据下面非线性规划模型可以计算各阶段的群体意见权重：

$$\begin{cases} \max(-\sum\limits_{t=1}^{l}\omega_t \ln\omega_t) \\ \sum\limits_{t=1}^{l}\dfrac{l-t}{l-1}\omega_t = \lambda \\ \omega_t \in [0,1] \\ \sum\limits_{t=1}^{l}\omega_t = 1 \end{cases} \tag{8.14}$$

其中，λ 为时间度，取值方法和对应的含义见表 8—4。在动态群体决策问题中，为了体现厚今薄古的思想，应该使得 $\lambda\in[0,0.5)$。

表 8—4　时间度取值和对应的含义

λ	说　明
0.1	非常重视后面阶段的群体意见
0.3	比较重视后面阶段的群体意见
0.5	同时重视各阶段的群体意见
0.7	比较重视前面阶段的群体意见
0.9	非常重视前面阶段的群体意见
0.2、0.4、0.6、0.8、1	对应以上两相邻判断的中间情况

为了更好地理解基于时间度和最大熵的阶段权重确定方法，下面给出例 8.15。

【例 8.15】 试计算动态群体决策问题中当阶段数为 6 时的各阶段群体意见权重。

【解】 假设该决策问题非常重视后面阶段的群体意见，此时取定 $\lambda=0.1$，进一步依据公式(8.14)，可以得到：

$$\begin{cases}\max(-\omega_1\ln\omega_1-\omega_2\ln\omega_2-\omega_3\ln\omega_3-\omega_4\ln\omega_4-\omega_5\ln\omega_5-\omega_6\ln\omega_6)\\ \omega_1+\frac{4}{5}\omega_2+\frac{3}{5}\omega_3+\frac{2}{5}\omega_4+\frac{1}{5}\omega_5=0.1\\ \omega_t\in[0,1]\\ \omega_1+\omega_2+\omega_3+\omega_4+\omega_5+\omega_6=1\end{cases}$$

利用 Lingo 软件可以计算各阶段群体意见权重分别为 0.0029、0.0086、0.0255、0.0755、0.2238、0.6637。

8.3.3　动态群体意见集结方法

在对各阶段的静态群体意见集结以后，可以得到各阶段的静态群体综合意见，在此基础上应该进一步结合阶段权重，以此来对各阶段的静态群体综合意见进行集结，并得到最终的动态群体综合意见。为了更有效地对各阶段的静态群体综合意见进行集结，下面给出一种基于改进 TOPSIS 的动态群体意见集结方法。

假设被评价对象集为 $\boldsymbol{O}=(O_1,O_2,\cdots,O_m)^{\mathrm{T}}$，决策者集为 $\boldsymbol{D}=(D_1,D_2,\cdots,D_n)^{\mathrm{T}}$，第 t 个阶段的静态群体综合意见为 $\boldsymbol{y}^t=(y_1^t,y_2^t,\cdots,y_m^t)^{\mathrm{T}}$，第 t 个阶段的群体意见权重为 ω_t，则基于改进 TOPSIS 的动态群体意见集结方法的基本步骤如下：

步骤 1　确定正理想解和负理想解，计算公式为：

$$\begin{cases}\boldsymbol{y}^+=(y^{1+},y^{2+},\cdots,y^{t+},\cdots,y^{l+})\\ \boldsymbol{y}^-=(y^{1-},y^{2-},\cdots,y^{t-},\cdots,y^{l-})\end{cases}\tag{8.15}$$

其中：

$$\begin{cases}y^{t+}=\max(\max\limits_{i=1,2,\cdots,n}y_i^1,\max\limits_{i=1,2,\cdots,n}y_i^2,\cdots,\max\limits_{i=1,2,\cdots,n}y_i^t)\\ y^{t-}=\min(\min\limits_{i=1,2,\cdots,n}y_i^1,\min\limits_{i=1,2,\cdots,n}y_i^2,\cdots,\min\limits_{i=1,2,\cdots,n}y_i^t)\end{cases}\tag{8.16}$$

步骤 2　确定被评价对象到正理想解和负理想解的距离，计算公式为：

$$\begin{cases} d_i^+ = \sqrt{\sum_{t=1}^{l} \omega^t (y_i^t - y^{t+})^2} \\ d_i^- = \sqrt{\sum_{t=1}^{l} \omega^t (y_i^t - y^{t-})^2} \end{cases} \tag{8.17}$$

其中，d_i^+、d_i^+ 分别为被评价对象 O_i 到正理想解 $\boldsymbol{y}^+$ 和负理想解 $\boldsymbol{y}^-$ 的距离。

步骤 3　计算被评价对象的相对贴进度，计算公式为：

$$c_i = \frac{d_i^-}{d_i^- + d_i^+} \tag{8.18}$$

其中，c_i 为被评价对象 O_i 的相对贴进度，满足 $c_i \in [0,1]$ 且 c_i 的值越大，被评价对象 O_i 的排序越靠前；反之，则越靠后。

为了更好地理解基于改进 TOPSIS 的动态群体意见集结方法，下面给出例 8.16。

【例 8.16】　假设对 4 个被评价对象进行动态群体决策，6 个阶段的静态群体综合意见为：

	$t=1$	$t=2$	$t=3$	$t=4$	$t=5$	$t=6$
O_1	0.2	0.3	0.4	0.6	1.0	0.8
O_2	0.4	0.5	0.5	0.5	0.6	0.7
O_3	0.6	0.7	0.6	0.4	0.5	0.6
O_4	0.8	0.9	0.7	0.3	0.4	0.1

试利用基于改进 TOPSIS 的动态群体意见集结方法进行决策。

【解】假设基于时间度和最大熵的阶段权重确定方法且取定 $\lambda=0.1$，根据例 8.15 可知，各阶段群体意见权重分别为 0.0029、0.0086、0.0255、0.0755、0.2238、0.6637。在此基础上，利用基于改进 TOPSIS 的动态群体意见集结方法进行决策。

首先，确定正理想解和负理想解，结果为：

$$\begin{cases} \boldsymbol{y}^+ = (0.8, 0.9, 0.9, 0.9, 1.0, 1.0) \\ \boldsymbol{y}^- = (0.2, 0.2, 0.2, 0.2, 0.2, 0.1) \end{cases}$$

其次，计算被评价对象到正理想解和负理想解的距离，结果分别为：

$$\begin{cases} d_1^+ = 0.2094, d_2^+ = 0.3370, d_3^+ = 0.4287, d_4^+ = 0.8040 \\ d_1^- = 0.6940, d_2^- = 0.5336, d_3^- = 0.4425, d_4^- = 0.1461 \end{cases}$$

最后，计算被评价对象的相对贴进度，结果分别为 0.7682、0.6129、0.5079、0.1538。因此，被评价对象的排序为 $O_1 \succ O_2 \succ O_3 \succ O_4$。

8.3.4　动态群体决策的应用

为了更好地理解动态群体决策，下面进一步给出 1 个实例。

【例 8.17】　某高校欲招聘一位新教师，现有 4 位博士投了招聘简历，该高校邀请了 10 位资深教授对这四位博士进行面试，假设共进行了 6 轮评价，且各阶段的评价结果分别为：

$$X^1=\begin{bmatrix}72&90&92&91&93&90&73&97&74&96\\72&73&74&75&76&80&81&83&99&98\\87&88&89&90&76&77&78&91&98&99\\92&93&92&93&88&87&88&93&75&76\end{bmatrix}$$

$$X^2=\begin{bmatrix}72&90&92&91&93&90&73&98&74&99\\72&73&74&75&76&80&81&83&88&89\\87&88&89&90&76&77&78&91&82&83\\92&93&92&94&88&87&88&95&80&81\end{bmatrix}$$

$$X^3=\begin{bmatrix}72&91&92&91&93&90&73&98&74&99\\72&73&73&74&75&80&81&83&88&89\\87&88&89&90&66&67&68&91&82&83\\92&92&92&93&88&87&88&93&80&81\end{bmatrix}$$

$$X^4=\begin{bmatrix}72&94&92&91&93&90&73&98&74&99\\72&73&73&74&75&80&81&83&88&89\\87&88&89&90&66&67&68&91&82&83\\92&92&92&93&88&87&88&93&80&81\end{bmatrix}$$

$$X^5=\begin{bmatrix}72&94&92&92&93&90&73&98&74&99\\72&73&73&74&75&80&81&83&88&89\\87&88&89&90&66&67&68&91&82&83\\92&92&92&93&88&87&88&93&80&81\end{bmatrix}$$

$$X^6=\begin{bmatrix}72&94&92&92&95&90&73&98&74&99\\72&73&73&74&75&80&81&83&88&89\\87&88&89&90&66&67&68&91&82&83\\92&92&92&93&88&87&88&93&80&81\end{bmatrix}$$

试利用上述 3 种方法进行动态群体决策分析。

【解】首先，利用基于密度算子的静态群体意见集结方法计算各阶段的静态群体综合意见。先计算被评价对象 O_1 的静态群体综合意见，假设分为 3 类，有序增量分割法的分类结果为{(97,96),(93,92,91,90,90),(74,73,72)}，不妨假设 10 位教授的权重均为 0.1，则可以计算被评价对象 O_1 的静态群体综合意见为：

$$y_1^1=(97\times\frac{1}{2}+96\times\frac{1}{2})\times\frac{4}{38}+(93\times\frac{1}{5}+92\times\frac{1}{5}+91\times\frac{1}{5}+90\times\frac{1}{5}+90\times\frac{1}{5})\times\frac{25}{38}$$
$$+(74\times\frac{1}{3}+73\times\frac{1}{3}+72\times\frac{1}{3})\times\frac{9}{38}=87.4472$$

类似地，可以计算被评价对象 O_2、被评价对象 O_3、被评价对象 O_4 的静态群体综合意见分别为 78.2367、87.1577、89.5524。

同样，也可以进一步计算其他阶段各被评价对象的静态群体综合意见。6 个阶段的静态群体综合意见汇总可以得到：

	$t=1$	$t=2$	$t=3$	$t=4$	$t=5$	$t=6$
O_1	87.4472	87.6577	87.7893	88.1840	87.4472	87.4472
O_2	78.2367	77.2630	76.8682	76.8682	76.8682	76.8682
O_3	87.1577	86.3156	83.1051	83.1051	83.1051	83.1051
O_4	89.5524	90.5524	90.0261	90.0261	90.0261	90.0261

然后，利用基于时间度和最大熵的阶段权重确定方法来计算各阶段的权重，根据例8.15可知，各阶段群体意见权重分别为0.0029、0.0086、0.0255、0.0755、0.2238、0.6637。

最后，利用基于改进TOPSIS的动态群体意见集结方法计算最终的动态群体综合意见。先确定正理想解和负理想解，结果为：

$$\begin{cases} \boldsymbol{y}^{+}=(89.5524,90.5524,90.5524,90.5524,90.5524,90.5524) \\ \boldsymbol{y}^{-}=(78.2367,77.2630,76.8682,76.8682,76.8682,76.8682) \end{cases}$$

然后，计算被评价对象到正理想解和负理想解的距离，结果分别为：

$$\begin{cases} d_1^{+}=0.2094, d_2^{+}=0.3370, d_3^{+}=0.4287, d_4^{+}=0.8040 \\ d_1^{-}=0.6940, d_2^{-}=0.5336, d_3^{-}=0.4425, d_4^{-}=0.1461 \end{cases}$$

最后，计算被评价对象的相对贴进度，结果分别为0.8466、0.0000、0.4584、0.9617。因此，被评价对象的排序为$O_4 \succ O_1 \succ O_3 \succ O_2$。

习题

1. 解释下列名词：

①多阶段决策　②序列决策　③马尔可夫决策　④动态群体决策

2. 某研发公司欲生产某科技产品，如果投入生产，那么经营成功可以产生利润25万元，否则经营失败将产生损失5万元，经营成功和经营失败的概念分别为0.3、0.7。为了稳妥起见，该研发公司欲进行两种方案：第一种方案是进行小批量生产试销，该情况会产生试销成本1万元，且不管实际经营是否成功，试销给出的准确信息的概率为0.9；第二种方案是进行市场调研，所对应的调研费用为0.5万元，且不管实际经营是否成功，调研给出的准确信息的概率为0.8。试问：该研发公司应该怎么样进行决策，是否会选择小批量生产试销或者市场调研，采取措施后应该怎么样进行生产科技产品，不采取措施后又应该怎么样进行生产科技产品？

3. 某工厂使用的元件需要从其他工厂进行购买，考虑从甲厂或者乙厂进行采购，若从甲厂进行采购，则可以每一箱获得利润500元；若从乙厂进行采购，则每一箱获得利润需要根据次品率来判断。乙厂次品率有0.05、0.10、0.15三种情况，概率分别为0.5、0.3、0.2，相应的利润分别为800元、400元、300元。在选择乙厂采购的情况下，可以从一箱中抽取2个元件进行检验，若均为合格，则每一箱元件加价10元；若一件合格且另一件不合格，则每一箱元件降价14元；若均为不合格，则每一箱元件降价40元。如果一旦选择抽样，则无论结果如何都得采购。试问该工厂应从甲厂采购还是乙厂采购？若从乙厂采取，则是否选择抽样调查？

4. 某公司的某种产品，销售状态分别畅销和滞销，若畅销则可以每年获利90万元，若滞销则每年将损失70万元。以一年为一阶段，若不采取特殊措施，畅销的状态转移矩阵为：

$$\begin{pmatrix} 0.8 & 0.2 \\ 0.3 & 0.7 \end{pmatrix}$$

若采取特殊措施，畅销的状态转移矩阵为：

$$\begin{pmatrix} 0.9 & 0.1 \\ 0.6 & 0.4 \end{pmatrix}$$

但采取特殊措施需要每一年支付20万元的费用。

假定上一阶段为滞销，为了获得最大利润，该公司应该怎么行动？

(1)只经营2年，各年的措施不变；

(2)只经营2年，各年的措施可以不同；

(3)长期经营，各年的措施不变；

(4)长期经营，各年的措施可以不同。

5. 试利用密度加权算术平均算子对{60,11,15,19,20,23,28,34,50,54}进行集结。

6. 试利用基于时间度和最大熵的阶段权重确定方法计算动态群体决策中10个阶段权重。

7. 假设各阶段的静态群体综合意见矩阵为：

$$\begin{pmatrix} 11 & 6 & 11 & 19 \\ 9 & 8 & 7 & 26 \\ 8 & 9 & 14 & 35 \\ 12 & 11 & 12 & 40 \\ 12 & 20 & 11 & 18 \end{pmatrix}$$

试利用基于改进TOPSIS的动态群体意见集结方法对各阶段的静态群体综合意见进行集结。

8. 在某公司职员面试问题中，假设决策者为8位公司高层管理人员，被面试的人员有6位，且进行的是动态群体决策，相对的评价信息为：

$$X^1 = \begin{bmatrix} 88 & 89 & 86 & 84 & 83 & 91 & 92 & 90 \\ 78 & 79 & 89 & 90 & 80 & 87 & 86 & 85 \\ 90 & 91 & 92 & 93 & 87 & 86 & 76 & 75 \\ 78 & 79 & 80 & 81 & 90 & 91 & 89 & 69 \\ 99 & 98 & 77 & 75 & 82 & 81 & 80 & 78 \end{bmatrix}$$

$$X^2 = \begin{bmatrix} 85 & 89 & 85 & 84 & 83 & 91 & 92 & 90 \\ 73 & 79 & 89 & 90 & 80 & 87 & 86 & 85 \\ 86 & 88 & 92 & 89 & 87 & 86 & 76 & 75 \\ 76 & 89 & 80 & 81 & 89 & 91 & 75 & 69 \\ 78 & 80 & 77 & 75 & 89 & 81 & 80 & 75 \end{bmatrix}$$

$$X^3=\begin{bmatrix}80&77&85&84&83&91&92&77\\73&77&89&90&80&87&86&85\\86&77&80&89&87&86&77&75\\76&77&80&81&89&91&75&69\\78&77&77&75&80&81&80&75\end{bmatrix}$$

$$X^4=\begin{bmatrix}80&89&85&84&83&91&89&77\\73&89&89&90&80&87&89&85\\86&81&80&89&87&89&77&75\\76&77&89&81&89&91&75&69\\78&81&77&75&80&81&80&75\end{bmatrix}$$

$$X^5=\begin{bmatrix}80&89&73&84&83&91&89&77\\73&89&89&90&89&87&89&85\\86&73&80&89&87&89&77&75\\76&73&89&81&89&91&75&69\\89&81&73&75&80&81&80&89\end{bmatrix}$$

$$X^6=\begin{bmatrix}81&89&77&84&83&91&88&79\\73&82&87&90&89&87&88&85\\86&73&88&89&87&89&77&75\\76&78&89&84&89&91&75&69\\88&81&73&75&85&81&80&89\end{bmatrix}$$

试利用本章介绍方法进行动态群体决策分析。

第九章

模糊决策和灰色决策分析

前面几章讨论了贝叶斯决策、多目标决策、多属性决策、序贯决策等，这些方法大多是考虑决策系统运行机制清楚、决策信息完全、决策目标明确且易于量化。即使出现状态主体具有不确定性的情况，这也是由于事件发生的条件难以控制而导致的。但是事件本身具有明确的含义，这种不确定性，用统计方法能够取得较为满意的结果。然而，在社会、经济、生态等方面的决策，可能还存在大量运行机制不清楚、行为信息不完全、决策目标有模糊性且难以量化的问题。传统的决策方法难以解决这些问题，在此情况下，模糊决策和灰色决策应运而生。本章主要讨论模糊综合评价、灰色局势决策、灰色层次决策等内容。

9.1 模糊决策

9.1.1 模糊子集、模糊关系及其简单性质

在现实生活中存在着大量的模糊性，尤其是在社会管理问题中比较常见。例如，“年轻”的定义，其外延就不明确，很难回答怎么样是年轻，40 岁到底是不是年轻。还有其他类似高质量发展、高经济增长、优质的营商环境、紧俏的商品等概念都具有一定的模糊性。这些没有明确外延的概念，被称为模糊概念。从集合的观点来看，导致模糊概念的原因是普通集合的排中律受到破坏。一个元素与普通集合的关系是，或者属于该集合或者不属于该集合，非此即彼。而对于 40 岁的人和“年轻人”集合的关系就不具备非此即彼性质，而是仅仅在一定程度上属于该集合。普通集合难以描述模糊概念。为此，在 1965 年，美国加利福尼亚大学控制论专家扎德(L. A. Zadeh)教授定义了模糊集合的概念，进而开创了模糊数学这个崭新的数学分支。下面，我们先讨论模糊集合的相关概念。

1. 模糊子集的基本概念

设 U 表示一些对象的集合，定义 U 为论域。论域 U 上的普通子集 A 有明确的范围，对于任意元素 $u\in U$，u 或者属于 A 或者不属于 A，二者必居其一，普通子集 A 可以用特征函数来表示。令

$$v_A(u)=\begin{cases}1 & u\in A\\ 0 & u\notin A\end{cases}$$

函数 $v_A(u)$ 定义在论域 U 上,仅取值{0,1},定义为普通子集 A 的特征函数。特征函数明确地描述了论域中的元素 u 与普通子集 A 的关系,$v_A(u)=1$ 表示 u 是 A 的元素,$v_A(u)=0$ 表示 u 不是 A 的元素。

论域 U 上的模糊子集用 A 表示,A 没有明确的范围,为了表示论城中的元素 u 与 $\widetilde{A}$ 的关系,扎德提出隶属度的概念,这是处理模糊概念的关键。下面给出模糊子集定义。

定义 9.1 设 $\widetilde{A}$ 是论域 U 上的一个模糊子集,对任意 $u\in U$,都对应一个数 $\mu_{\widetilde{A}}(u)\in[0,1]$,这定义为元素 u 对 $\widetilde{A}$ 的隶属度。实值函数

$$\mu_{\widetilde{A}}:U\rightarrow[0,1]$$
$$u\rightarrow\mu_{\widetilde{A}}(u)$$

称为 $\widetilde{A}$ 的隶属函数。

模糊子集 $\widetilde{A}$ 完全由其隶属函数 $\mu_{\widetilde{A}}$ 描述,论域 U 中元素 u 与 $\widetilde{A}$ 的关系由隶属度 $\mu_{\widetilde{A}}(u)$ 给出。u 与 $\widetilde{A}$ 的关系已不是简单地属于 $\widetilde{A}$ 或不属于 $\widetilde{A}$,而是在多大程度上属于 $\widetilde{A}$。当 $\mu_{\widetilde{A}}(u)=1$ 时,表示 u 属于 $\widetilde{A}$;当 $\mu_{\widetilde{A}}(u)=0$ 时,表示 u 不属于 $\widetilde{A}$;当 $0<\mu_{\widetilde{A}}(u)<1$ 时,表示 u 在程度 $\mu_{\widetilde{A}}(u)$ 上属于 $\widetilde{A}$。这样,在 u 属于 $\widetilde{A}$ 和 u 不属于 $\widetilde{A}$ 之间出现中间过渡状态,表示了模糊子集范围不明确的变化层次,从而有效地描述了概念的模糊性。下面用"年轻"这个模糊子集的例子加以说明。

【例 9.1】 以年龄为论域,$U=[0,100]$,以 $\widetilde{A}$ 表示模糊子集"年轻"。一般认为 25 岁以下的人为年轻,超过 25 岁的人"年轻"程度逐年下降。$\widetilde{A}$ 的隶属函数为:

$$\mu_{\widetilde{A}}(u)=\begin{cases}1 & 0\leqslant u\leqslant 25\\ \left[1+\left(\dfrac{u-25}{5}\right)^{2}\right]^{-1} & 25<u\leqslant 100\end{cases}$$

其图形如图 9—1 所示。

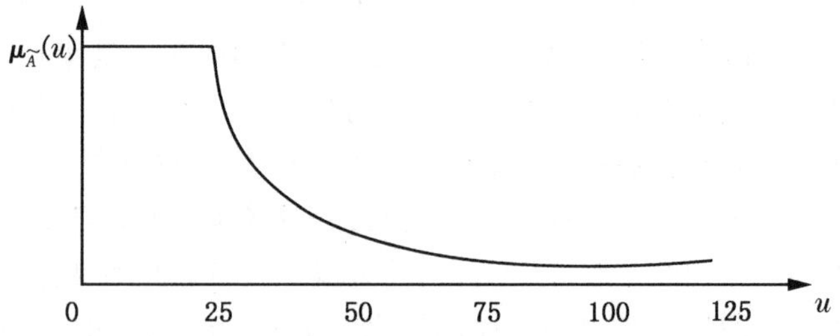

图 9—1 模糊子集"年轻"的隶属函数图

30 岁的人在多大程度上属于"年轻"这个范畴,容易计算 $\mu_{\widetilde{A}}(30)=0.5$,即 30 岁的人隶属"年轻"集合的组合为 0.5。

当模糊子集的隶属函数 $\mu_{\widetilde{A}}(u)=0$ 或 $\mu_{\widetilde{A}}(u)=1$ 时,模糊子集就退化为普通子集,隶属函数就变为特征函数。因此,普通子集是模糊子集的特例。

引入隶属度之后,模糊子集可以用隶属度来表示。当论域 U 为有限集时,模糊子集 $\widetilde{A}$ 表示为:

$$\widetilde{A}=\mu_{\widetilde{A}}(u_1)/u_1+\mu_{\widetilde{A}}(u_2)/u_2+\cdots+\mu_{\widetilde{A}}(u_n)/u_n$$
$$=\sum_{i=1}^{n}\mu_{\widetilde{A}}(u_i)/u_i\quad(u_i\in U,i=1,2,\cdots,n)$$

其中,"$\sum$"不表示数字和,$\mu_A(u_i)/u_i$ 也不表示分数,而是借用此符号表示模糊集中的元素 u_i 及其对应的隶属度 $\mu_{\widetilde{A}}(u_i)$。同样,当论域 U 为无限集时,模糊子集 $\widetilde{A}$ 表示为:

$$\widetilde{A}=\int_U\mu_{\widetilde{A}}(u)/u\quad(u\in U)$$

其中,符号"$\int$"也是借用,并不表示积分。有限集论域 U 上的模糊集也可能表示为模糊向量 $\widetilde{\boldsymbol{A}}=(\mu_{\widetilde{A}}(u_1),\mu_{\widetilde{A}}(u_2),\cdots,\mu_{\widetilde{A}}(u_n))^{\mathrm{T}}$。

2. 模糊子集的基本概念

隶属函数在模糊数学中的作用和概率分布函数在概率统计学中的作用是一样重要的。隶属函数的确定具有一定的经验型和主观性。下面给出三种常见的隶属函数类型。

(1)偏小型(戒上型)

$$\mu(u)=\begin{cases}[1+[a(u-c)b]]-1 & u>c\\ 1 & u\leqslant c\end{cases}$$

其中,$c\in U$ 是任一点,参数 $a>0,b>0$。图形见图 9—2,例 9.1 中模糊子集"年轻"的隶属函数就是这种类型。

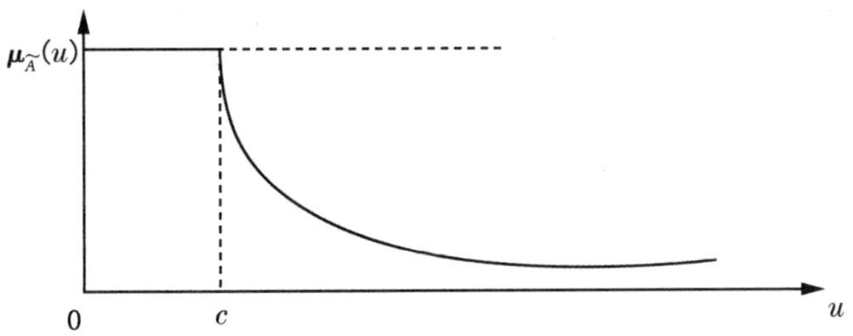

图 9—2　偏小型的隶属函数图

(2)偏大型(戒大型)

$$\mu(u)=\begin{cases}0 & u<c\\ [1+[a(u-c)-b]]-1 & u\geqslant c\end{cases}$$

其中,$c\in U$ 是任一点,参数 $a>0,b>0$,图形见图 9—3。

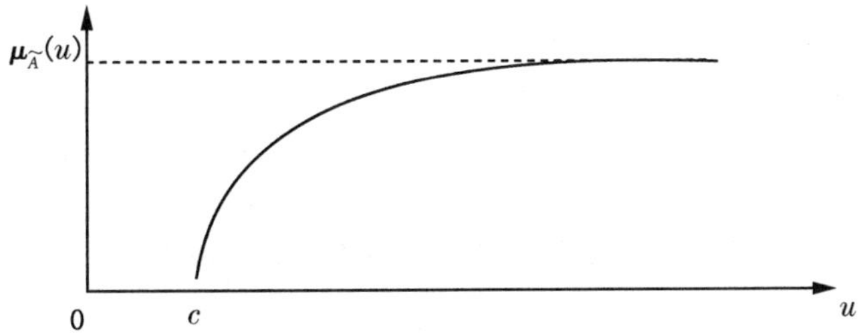

图 9—3　偏大型的隶属函数图

(3)中间型(正态型)

$$\mu(u)=e^{a(u-c)^2}$$

其中,$c\in U$ 是任一点,参数 $a>0$,图形见图 9—4,表示充分接近元素 c 的模糊集。

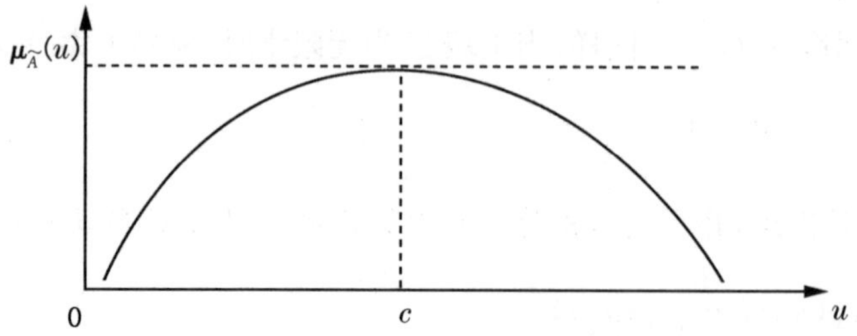

图 9—4 中间型的隶属函数图

隶属函数的确定对于模糊集是十分重要的,具体工作中可以根据实际情况,参照上述常见类型来确定隶属函数,也可以采用模糊统计法和其他方法,此处不再赘述。

3. 模糊子集的运算

由于模糊子集是普通子集的推广,普通集合的运算法则可以推广到模糊子集。我们用隶属函数给出模糊子集的运算法则,设 $\tilde{A}$、$\tilde{B}$ 为论域 U 上的模糊子集,模糊子集的主要运算法则如下:

(1)相等。若 $\tilde{A}=\tilde{B}$,则 $\mu_{\tilde{A}}(u)=\mu_{\tilde{B}}(u)$。

(2)包含。若 $\tilde{A}\supseteq\tilde{B}$,则 $\mu_{\tilde{A}}(u)\geqslant\mu_{\tilde{B}}(u)$。

(3)余集。若 $\tilde{A}$ 的余集还是 $\tilde{A}$,则有 $\mu_{\tilde{A}}(u)\geqslant 1-\mu_{\tilde{B}}(u)$。

(4)并集。若 $\tilde{A}$、$\tilde{B}$ 的并集是 $\tilde{A}\cup\tilde{B}$,则 $\mu_{\tilde{A}\cup\tilde{B}}(u)=\max[\mu_{\tilde{A}}(u),\mu_{\tilde{B}}(u)]=\mu_{\tilde{A}}(u)\vee\mu_{\tilde{B}}(u)$。其中,符号"$\vee$"表示取大运算。

(5)交集。若 $\tilde{A}$、$\tilde{B}$ 的并集是 $\tilde{A}\cap\tilde{B}$,则 $\mu_{\tilde{A}\cap\tilde{B}}(u)=\min[\mu_{\tilde{A}}(u),\mu_{\tilde{B}}(u)]=\mu_{\tilde{A}}(u)\wedge\mu_{\tilde{B}}(u)$。其中,符号"$\wedge$"表示取小运算。

模糊子集的并集 $\tilde{A}\cup\tilde{B}$ 和交集 $\tilde{A}\cap\tilde{B}$,可以用 $\tilde{A}$、$\tilde{B}$ 的隶属函数 $\mu_{\tilde{A}}(u)$、$\mu_{\tilde{B}}(u)$ 的图形直观表示出来。在图 9—5 中,$\mu_{\tilde{A}\cup\tilde{B}}(u)$ 由曲线 1、2 表示,$\mu_{\tilde{A}\cap\tilde{B}}(u)$ 由曲线 3、4 表示。

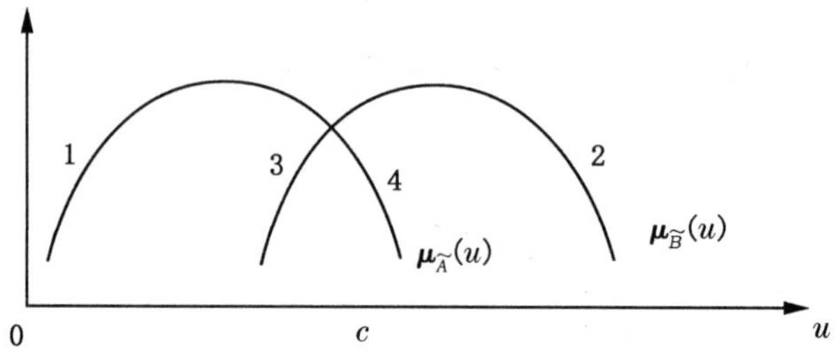

图 9—5 模糊子集的并集和交集的隶属函数图

【例 9.2】 设 $U=\{u_1,u_2,u_3,u_4,u_5\}$,$\tilde{A}=0.9/u_1+0.7/u_2+0.4/u_3+0.1/u_4$,$\tilde{B}=$

$0.2/u_1+0.5/u_2+0.8/u_3+0.3/u_4+0.1/u_5$。

【解】

$$\tilde{A}\cup\tilde{B}=\frac{0.9\vee0.2}{u_1}+\frac{0.7\vee0.5}{u_2}+\frac{0.4\vee0.8}{u_3}+\frac{0.1\vee0.3}{u_4}+\frac{0\vee0.1}{u_5}$$
$$=0.9/u_1+0.7/u_2+0.8/u_3+0.3/u_4+0.3/u_5$$

$$\tilde{A}\cap\tilde{B}=\frac{0.9\vee0.2}{u_1}+\frac{0.7\vee0.5}{u_2}+\frac{0.4\vee0.8}{u_3}+\frac{0.1\vee0.3}{u_4}+\frac{0\vee0.1}{u_5}$$
$$=0.2/u_1+0.5/u_2+0.4/u_3+0.1/u_4$$

与普通集合运算律类似，模糊子集交、并、余集满足下列运算律：

(1)交换律。$\tilde{A}\cup\tilde{B}=\tilde{A}\cup\tilde{B}$，$\tilde{A}\cap\tilde{B}=\tilde{A}\cap\tilde{B}$。

(2)结合律。$\tilde{A}\cup(\tilde{B}\cup\tilde{C})=(\tilde{A}\cup\tilde{B})\cup\tilde{C}$，$\tilde{A}\cap(\tilde{B}\cap\tilde{C})=(\tilde{A}\cap\tilde{B})\cap\tilde{C}$。

(3)分配律。$\tilde{A}\cup(\tilde{B}\cap\tilde{C})=(\tilde{A}\cup\tilde{B})\cap(\tilde{B}\cup\tilde{C})$，$\tilde{A}\cap(\tilde{B}\cup\tilde{C})=(\tilde{A}\cap(\tilde{B}\cup(\tilde{B}\cap\tilde{C})$。

(4)吸收律。$\tilde{A}\cup(\tilde{A}\cap\tilde{B})=\tilde{A}$，$\tilde{A}\cap(\tilde{A}\cup\tilde{B})=\tilde{A}$。

(5)对偶律。$\overline{\tilde{A}\cup\tilde{B}}=\overline{\tilde{A}}\cap\overline{\tilde{B}}$，$\overline{\tilde{A}\cap\tilde{B}}=\overline{\tilde{A}}\cup\overline{\tilde{B}}$。

4. 模糊子集和普通子集的转化

模糊子集是通过隶属函数定义的，普通子集是模糊子集的特例。为了利用普通集合论的方法讨论模糊子集问题，希望转化模糊子集为普通子集问题。为此，引入截集的相关概念，并进一步给出模糊集合论中的分解定理。

定义 9.2　设 $\tilde{A}$ 为论域 U 上的模糊子集，任意取 $\lambda\in[0,1]$，集合

$$A_\lambda=\{u\,|\,\mu_{\tilde{A}}(u)\geqslant\lambda,u\in U\}$$

则定义 A_λ 为模糊子集 $\tilde{A}$ 的 λ 截集，其中 λ 称为阈值或置信水平。

需要说明的是，A_λ 是论域 U 上的一个普通集，其特征函数为：

$$\mu_{A_\lambda}(u)=\begin{cases}1 & \mu_{\tilde{A}}\geqslant\lambda\\0 & \mu_{\tilde{A}}<\lambda\end{cases}$$

模糊子集 $\tilde{A}$ 和相应的 λ 截集的关系见图 9—6。

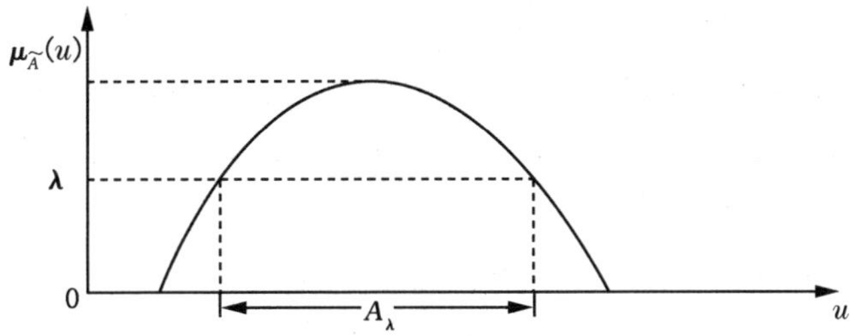

图 9—6　模糊子集 $\tilde{A}$ 和相应的 λ 截集的关系

根据截集的定义，可以推出截集满足如下性质：

(1)$(\tilde{A}\cup\tilde{B})_\lambda=A_\lambda\cup B_\lambda$。

(2)$(\tilde{A}\cap\tilde{B})_\lambda=A_\lambda\cap B_\lambda$。

(3)若 $\lambda_1,\lambda_2\in[0,1]$且 $\lambda_1\leqslant\lambda_2$,则 $A_{\lambda_1}\supseteq A_{\lambda_2}$。

性质(3)表明,λ 越小,A_λ 的范围越大,反之亦然。

下面给出模糊子集 $\tilde{A}$ 的几个特殊截集。当 $\lambda=1$ 时,截集 A_1 的范围最小,称为模糊子集 $\tilde{A}$ 的核;当 $\lambda\to0^+$ 时,得到范围最大的截集,称为 $\tilde{A}$ 的支集,记为 $\mathrm{Supp}\tilde{A}=\{u\mid\mu_A(u)>0,u\in U\}$。

由此可见,模糊子集的核是由隶属度为 1 的元素构成的。随着 λ 从 1 逐渐减小,截集 A_λ 的范围逐渐扩大,最后达到支集 $\mathrm{Supp}\tilde{A}$。进而,将模糊子集 $\tilde{A}$ 转化为一系列普通子集讨论,具体见图 9—7。

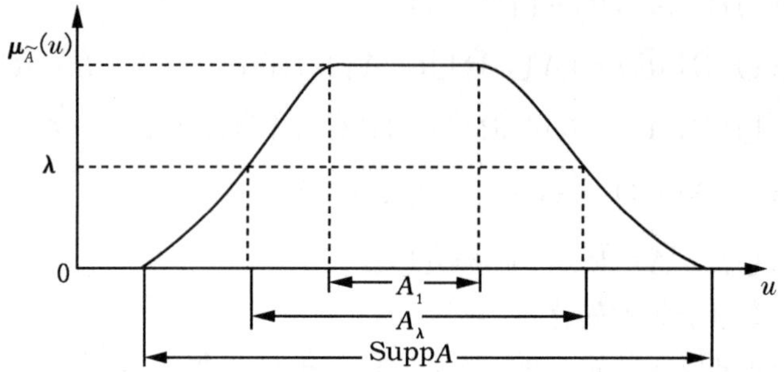

图 9—7　模糊子集 $\tilde{A}$ 转化后的一系列普通子集

通过截集表达了模糊子集和普通子集的转化,我们将进一步讨论模糊子集的分解。为此,先引进一个符号。

定义 9.3　设 A 是 U 上的普通子集,$\lambda\in[0,1]$,λA 是一个模糊子集,其隶属函数为:

$$\mu_{\lambda A}(u)=\begin{cases}\lambda & u\in A\\ 0 & u\notin A\end{cases}$$

λA 称为 λ 和 A 的积。

由定义 9.3 可知 λ 与截集 A_λ 的积的一个模糊子集。下面给出分解定理(证明略)。

定理 9.1　设 A 是 U 上的模糊子集,$\lambda\in[0,1]$,则:

$$\tilde{A}=\bigcup_{\lambda\in[0,1]}\lambda A_\lambda$$

分解定理表明,模糊子集可以表示为各个置信水平 λ 与相应水平截集 A_λ 积的并集。

【例 9.3】　设 $U=\{u_1,u_2,u_3,u_4\}$,$A=0.7/u_1+0.8/u_2+0.2/u_3+1/u_4$。

【解】 根据分解定理可以得到:

$$\begin{aligned}\tilde{A}&=\bigcup_{\lambda\in[0,1]}\lambda A_\lambda=0.2A_{0.2}\cup0.7A_{0.7}\cup0.8A_{0.8}\cup1A_1\\&=0.2(1/u_1+1/u_2+1/u_3+1/u_4)\cup0.7(1/u_1+1/u_2+1/u_4)\\&\quad\cup0.8(1/u_2+1/u_4)\cup1(1/u_4)\\&=0.7/u_1+0.8/u_2+0.2/u_3+1/u_4\end{aligned}$$

5. 模糊关系和模糊矩阵

关系是集合论最基本的概念之一,模糊关系是普通关系的拓广,在模糊集合中占有重要地位。

设U、V为论域，U和V中任意元素构成的元素对(u,v)的集合，称为笛卡儿积，记为：

$$U\times V=\{(u,v)\mid u\in U,v\in V\}$$

如果给元素对的构成附加某种条件，就表示了U和V之间的某种关系。因此，从U到V的一个关系是$U\times V$的普通子集，而$U\times V$上的模糊子集就定义了一个模糊关系。

定义 9.4 $U\times V$上的一个模糊子集，称为U到V的一个模糊关系，记为$\widetilde{R}$，即：

$$R=\{(u,v)\mid u\in U,v\in V;0\leqslant\mu_{\widetilde{R}}(u,v)\leqslant 1\}$$

其中：

$$\mu_{\widetilde{R}}(u,v):U\times V\rightarrow[0,1];(u,v)\rightarrow\mu_{\widetilde{R}}(u,v)$$

定义 9.4 中的隶属度$\mu_{\widetilde{R}}(u,v)$表示元素u对v有关系$\widetilde{R}$的程度。当$U=V$时，$\widetilde{R}$称为U上的二元模糊关系。

【例 9.4】 设论域$U=\{140,150,160,170,180\}$(单位：厘米)表示身高，$V=\{40,50,60,70,80\}$(单位：千克)表示体重。用公式体重(千克)＝身高－100(厘米)表示体重与身高关系是不标准的，用U到V的模糊关系来表示比较符合实际情况。隶属函数可以用表 9—1 表示。

表 9—1 **体重和身高的隶属函数**

(u,v)	40	50	60	70	80
140	1	0.8	0.2	0.1	0
150	0.8	1	0.8	0.2	0.1
160	0.2	0.8	1	0.8	0.2
170	0.1	0.2	0.8	1	0.8
180	0	0.1	0.2	0.8	1

需要说明的是，模糊关系$\widetilde{R}$与论域U、V的顺序有关。如果隶属函数$\mu_{\widetilde{R}}(u,v)$只取 0 和 1，则$\widetilde{R}$是$U\times V$上的普通子集，模糊关系便转变为普通关系。

当论域U、V均为有限集时，$U=\{u_1,u_2,\cdots,u_n\}$，$V=\{v_1,v_2,\cdots,v_n\}$，U到V上的模糊关系$\widetilde{R}$可以用一个$n\times m$的矩阵表示，即：

$$\widetilde{\boldsymbol{R}}=(r_{ij})_{n\times m}$$

其中，$r_{ij}=\mu_{\widetilde{R}}(u_i,v_j)(i=1,2,\cdots,n;j=1,2,\cdots,m)$。矩阵$\widetilde{\boldsymbol{R}}$称为模糊矩阵，显然有$0\leqslant r_{ij}\leqslant 1$。

下面，讨论模糊矩阵的主要运算法则：

(1)相等。设$\widetilde{\boldsymbol{R}}=(r_{ij})_{n\times m}$，$\widetilde{\boldsymbol{S}}=(s_{ij})_{n\times m}$，若$r_{ij}=s_{ij}(1\leqslant i\leqslant n;1\leqslant j\leqslant m)$，则$\widetilde{\boldsymbol{R}}=\widetilde{\boldsymbol{S}}$。

(2)包含。设$\widetilde{\boldsymbol{R}}=(r_{ij})_{n\times m}$，$\widetilde{\boldsymbol{S}}=(s_{ij})_{n\times m}$，若$r_{ij}\leqslant s_{ij}(1\leqslant i\leqslant n;1\leqslant j\leqslant m)$，则$\widetilde{\boldsymbol{R}}\subseteq\widetilde{\boldsymbol{S}}$。

(3)并。设$\widetilde{\boldsymbol{R}}=(r_{ij})_{n\times m}$，$\widetilde{\boldsymbol{S}}=(s_{ij})_{n\times m}$，若$t_{ij}=r_{ij}\vee s_{ij}(1\leqslant i\leqslant n;1\leqslant j\leqslant m)$，则$\widetilde{\boldsymbol{T}}=(t_{ij})_{n\times m}=\widetilde{\boldsymbol{R}}\cup\widetilde{\boldsymbol{S}}$。

(4)交。设$\widetilde{\boldsymbol{R}}=(r_{ij})_{n\times m}$，$\widetilde{\boldsymbol{S}}=(s_{ij})_{n\times m}$，若$t_{ij}=r_{ij}\wedge s_{ij}(1\leqslant i\leqslant n;1\leqslant j\leqslant m)$，则$\widetilde{\boldsymbol{T}}=$

$(t_{ij})_{n\times m}=\widetilde{\boldsymbol{R}}\cap\widetilde{\boldsymbol{S}}$。

(5)余。设 $\widetilde{\boldsymbol{R}}=(r_{ij})_{n\times m}$,则 $\widetilde{\boldsymbol{R}}$ 的余矩阵 $\widetilde{\boldsymbol{R}}^c=(1-r_{ij})_{n\times m}$。

(6)合成。设 $\widetilde{\boldsymbol{R}}=(r_{ij})_{n\times m}$,$\widetilde{\boldsymbol{S}}=(s_{ij})_{n\times m}$,若 $t_{ik}=\bigvee_{j=1}^{m}[r_{ij}\Lambda s_{jk}](1\leqslant i\leqslant n;1\leqslant j\leqslant m)$,则 $\widetilde{\boldsymbol{T}}=(t_{ik})_{n\times p}$ 称为 $\widetilde{\boldsymbol{R}}$ 对 $\widetilde{\boldsymbol{S}}$ 的合成矩阵,记为 $\widetilde{\boldsymbol{T}}=\widetilde{\boldsymbol{R}}\circ\widetilde{\boldsymbol{S}}$。

【例 9.5】 设模糊矩阵

$$\widetilde{\boldsymbol{R}}=\begin{pmatrix}1 & 0.2 & 0.5 & 0.1\\ 0.1 & 0.4 & 0.1 & 0\\ 0.3 & 0.9 & 0 & 0.4\end{pmatrix},\widetilde{\boldsymbol{S}}=\begin{pmatrix}1 & 0.2 & 0.5 & 0.1\\ 0.1 & 0.4 & 0.1 & 0\\ 0.3 & 0.9 & 0 & 0.4\end{pmatrix}$$

【解】 $\widetilde{\boldsymbol{R}}$ 对 $\widetilde{\boldsymbol{S}}$ 的合成矩阵为:

$$\widetilde{\boldsymbol{T}}=\widetilde{\boldsymbol{R}}\circ\widetilde{\boldsymbol{S}}=\begin{pmatrix}0.4 & 0.9\\ 0.4 & 0.4\\ 0.7 & 0.9\end{pmatrix}$$

其中,$t_{11}=(1\wedge 0.4)\vee(0.2\wedge 0.7)\vee(0.5\wedge 0.1)(0.1\wedge 0.2)=0.4$,其余元素按照相同方法进行计算。

由此可见,模糊矩阵的合成运算与普通矩阵的乘法十分相似,只不过将乘法运算“·”改为取小运算“∧”,将加法运算“+”改为取大运算“∨”。

模糊矩阵运算法则满足如下性质:

(1)若 $\widetilde{\boldsymbol{R}}\subseteq\widetilde{\boldsymbol{S}}$,则对任何模糊矩阵 $\widetilde{\boldsymbol{T}}$,均存在 $\widetilde{\boldsymbol{R}}\circ\widetilde{\boldsymbol{T}}\subseteq\widetilde{\boldsymbol{S}}\circ\widetilde{\boldsymbol{T}}$,$\widetilde{\boldsymbol{T}}\circ\widetilde{\boldsymbol{R}}\subseteq\widetilde{\boldsymbol{T}}\circ\widetilde{\boldsymbol{S}}$。

(2)结合律。即 $(\widetilde{\boldsymbol{R}}\circ\widetilde{\boldsymbol{S}})\circ\widetilde{\boldsymbol{T}}=\widetilde{\boldsymbol{R}}\circ(\widetilde{\boldsymbol{S}}\circ\widetilde{\boldsymbol{T}})$。

(3)分配律。即 $(\widetilde{\boldsymbol{R}}\cup\widetilde{\boldsymbol{S}})\circ\widetilde{\boldsymbol{T}}=(\widetilde{\boldsymbol{R}}\circ\widetilde{\boldsymbol{T}})\cup(\widetilde{\boldsymbol{S}}\circ\widetilde{\boldsymbol{T}})$,$\widetilde{\boldsymbol{T}}\circ(\widetilde{\boldsymbol{R}}\cup\widetilde{\boldsymbol{S}})=(\widetilde{\boldsymbol{T}}\circ\widetilde{\boldsymbol{R}})\cup(\widetilde{\boldsymbol{T}}\circ\widetilde{\boldsymbol{S}})$。

6. 模糊变换

模糊变换是一种将论域 U 上的模糊子集变换为论域 V 上的模糊子集的方法,是模糊综合评判的理论工具。

设论域 U、V 均为有限集,$U=\{u_1,u_2,\cdots,u_n\}$,$V=\{v_1,v_2,\cdots,v_n\}$。U 上的模糊子集可以表示为 n 维模糊向量,即:

$$\widetilde{\boldsymbol{A}}=(\mu_{\widetilde{A}}(u_1),\mu_{\widetilde{A}}(u_2),\cdots,\mu_{\widetilde{A}}(u_n))=(a_1,a_2,\cdots,a_n)$$

同样,V 上的模糊子集也可以表示为 m 维向量:

$$\widetilde{\boldsymbol{B}}=(\mu_{\widetilde{B}}(v_1),\mu_{\widetilde{B}}(v_2),\cdots,\mu_{\widetilde{B}}(v_m))=(b_1,b_2,\cdots,b_m)$$

设 U 到 V 的一个模糊关系为 $\widetilde{R}$,其模糊矩阵为:

$$\widetilde{\boldsymbol{R}}=(r_{ij})_{n\times m}=\begin{bmatrix}r_{11} & r_{12} & \cdots & r_{1m}\\ r_{21} & r_{22} & \cdots & r_{2m}\\ \vdots & \vdots & \vdots & \vdots\\ r_{n1} & r_{n2} & \cdots & r_{nm}\end{bmatrix}$$

根据模糊矩阵的合成运算,模糊关系 $\widetilde{R}$ 确定了一个变换,根据这个变换,对 U 上任意一个模糊子集 $\widetilde{\boldsymbol{A}}$,有 V 上的一个模糊子集 $\widetilde{\boldsymbol{B}}$ 与之对应,即:

$$\widetilde{\boldsymbol{B}}=\widetilde{\boldsymbol{A}}\circ\widetilde{\boldsymbol{R}}$$

则称 $\widetilde{R}$ 导出了从 U 到 V 的模糊变换。

上面介绍了模糊子集、模糊关系和模糊变换的相关概念，下面进一步探讨如何利用模糊综合评价方法解决管理决策分析问题。

9.1.2　模糊综合评价方法

在社会系统问题中，客观事物的评价通常涉及多个评价指标，需要根据多个评价指标来综合考虑，这就构成了多指标综合评价。尤其是面对一些复杂的现实决策问题时，此时更是需要利用多指标综合评价方法进行分析。在第七章中，我们介绍了一些常见的多指标综合评价方法，例如，简单线性加权法、TOPSIS 方法、VIKOR 方法等。然而，由于客观事物的复杂性和人类认识的有限性，有时候一些评价指标难以进行量化，有的评价指标具有一定的模糊性，此时一些传统的多指标综合评价方法往往难以解决。在此情况下，模糊综合评价方法应运而生，模糊综合评价方法可以较好地解决该类问题。

1. 模糊综合评价方法的基本步骤

设指标集合为 $U=\{u_1,u_2,\cdots,u_n\}$，评语集合为 $V=\{v_1,v_2,\cdots,v_n\}$，其中评语 $v_j(j=1,2,\cdots,m)$ 表示对各种指标作出的评价等级，各个指标的模糊评价就是 V 上的一个模糊子集。设第 i 个指标的单指标模型评价为 $\widetilde{R}_i=(r_{i1},r_{i2},\cdots,r_{im})(i=1,2,\cdots,n)$，其中 r_{ij} 表示第 i 个指标对第 j 个评语的隶属度。n 个模糊向量 $\widetilde{R}_1,\widetilde{R}_2,\cdots,\widetilde{R}_n$ 构成从 U 到 V 的模糊关系，模糊矩阵

$$\widetilde{\boldsymbol{R}}=\begin{pmatrix}\widetilde{\boldsymbol{R}}_1\\ \widetilde{\boldsymbol{R}}_2\\ \vdots\\ \widetilde{\boldsymbol{R}}_n\end{pmatrix}=\begin{pmatrix}r_{11} & r_{12} & \cdots & r_{1m}\\ r_{21} & r_{22} & \cdots & r_{2m}\\ \vdots & \vdots & \vdots & \vdots\\ r_{n1} & r_{n2} & \cdots & r_{nm}\end{pmatrix}$$

称为综合评判矩阵。

指标集 U 上的模糊子集可以用模糊向量 $\widetilde{A}=(a_1,a_2,\cdots,a_n)$ 表示，隶属度 $a_i(i=1,2,\cdots,n)$ 表示各指标在综合测评中的分量，可以取 a_i 为关于各指标的权重，满足 $a_1+a_2+\cdots+a_n=1$。

给定 $\widetilde{A}$，$\widetilde{R}$ 之后，通过模糊变换将 U 上的模糊向量 $\widetilde{A}$ 变为 V 上的模糊向量 $\widetilde{\boldsymbol{B}}$，即：

$$\widetilde{\boldsymbol{B}}=\widetilde{\boldsymbol{A}}\circ\widetilde{\boldsymbol{R}}=(b_1,b_2,\cdots,b_m)$$

其中，$\widetilde{\boldsymbol{B}}$ 称为综合评价向量，“○”称为综合评价合成算子。需要注意的是，算子“○”可以根据实际情况选取不同的类型。下面介绍几种常用的合成算子。

(1)$M(\wedge,\vee)$型

按照该合成算子有：

$$\begin{aligned}b_j&=\bigvee_{i=1}^{n}(a_i\wedge r_{ij})\\&=\max\{\min(a_1,r_{1j}),\min(a_2,r_{2j}),\cdots,\min(a_n,r_{nj})\}\quad(j=1,2,\cdots,m)\end{aligned}$$

算子 $M(\wedge,\vee)$ 与模糊矩阵合成运算法则一致，其意义是，各指标的第 j 个等级评语 v_j 的单指标评价隶属度 r_{ij} 被修正为 $r_{ij}^*=a_i\wedge r_{ij}$，即不超过 a_i，再选取 r_{ij}^* 最大的主要指标而

不考虑其他指标。因此，该模型被称为主指标决定型。

(2)$M(\cdot,\vee)$型

按照该合成算子有：

$$b_j=\bigvee_{i=1}^{n}(a_i\wedge r_{ij})=\max\{a_1r_{1j},a_2r_{2j},\cdots,a_nr_{nj}\}\quad(j=1,2,\cdots,m)$$

算子$M(\cdot,\vee)$中的"·"表示实数乘法。其意义是，单指标第j个评语的隶属度r_{ij}被修正为$r_{ij}^*=a_ir_{ij}$，与算子$M(\wedge,\vee)$略有不同，然后再选取起主要作用的指标。这也是一种主指标决定型。容易看出，这两种模型突出了主要指标，也失去过多决策信息，显得有些粗略。

(3)$M(\cdot,+)$型

按照该合成算子有：

$$b_j=\sum_{i=1}^{n}a_i$$

算子$M(\cdot,+)$中的"·"、"+"分别表示实数乘法和加法运算。此算子称为加权平均型，在综合评价中充分注意而又有区别地考虑到各指标的作用。应该注意，向量$\widetilde{A}$要进行归一化处理，a_i表示指标u_i的权重。

综合评价的结果得到一个模糊向量$\widetilde{\boldsymbol{B}}=(b_1,b_2,\cdots,b_m)$，$b_j(j=1,2,\cdots,m)$表示被评价事物对第$j$个评语的隶属度。在实际工作中，对评价结果的分析处理方法很多，例如最大隶属度判别准则、隶属度对比系数法等。此处介绍一种模糊向量单值化方法。根据实际情况赋予不同等级评语v_j规定值β_j，以隶属度b_j为权数，被评价对象的综合评价分值为：

$$\beta=\sum_{j=1}^{m}b_k^k\beta_j/\sum_{j=1}^{m}b_j^k$$

其中，通常可以令$k=1,2$。

综上所述，模糊综合评价方法的基本步骤具体如下：

步骤1　确定被评价对象的指标集合$U=\{u_1,u_2,\cdots,u_n\}$。

步骤2　确定评语等级集合$V=\{v_1,v_2,\cdots,v_n\}$。

步骤3　建立单指标评价的模糊综合评判矩阵$\widetilde{\boldsymbol{R}}$。

步骤4　确定指标权重向量$\widetilde{\boldsymbol{A}}$。

步骤5　选择综合评价合成算子来计算综合评价向量$\widetilde{\boldsymbol{B}}=\widetilde{\boldsymbol{A}}\circ\widetilde{\boldsymbol{R}}$，并在此基础上进行决策。

2. 多层次模糊综合评价

在现实生活中，还存在一类特别复杂的多指标综合评价问题，在该问题中，评价指标的个数特别多，并已经按照相关规则划分为若干层，此时需要先进行低层次的多指标综合评价，然后再进行更高一层的多指标综合评价，在此基础上不断进行逐层的多指标综合评价，接下来介绍多层次模糊综合评价方法。

多层次模糊综合评价方法的基本步骤如下：

步骤1　将指标集合U按照属性划分为若干子集。设$U=\{u_1,u_2,\cdots,u_n\}$，划分$U=\{U_1,U_2,\cdots,U_k\}$。划分应当满足$U_1\cup U_2\cup\cdots\cup U_k=U$且$U_i\cap U_j=\Phi$。第二层次指标子集$U_i$所包含元素为$U_i=\{u_{i1},u_{i2},\cdots,u_{in_i}\}$，$U_i$中含有$n_i$个元素，并且$n_1+n_2+\cdots+n_k=n$。

步骤 2　将第二层次每个 U_i 的 n_i 个因素进行综合评价。设评语集为 $V=\{v_1,v_2,\cdots,v_n\}$，U_i 中各指标的权重向量为 $\widetilde{A}_i=(a_{i1},a_{i2},\cdots,a_{im_i})$，综合评价矩阵为 $\widetilde{\boldsymbol{R}}_i$，于是综合评价向量为：

$$\widetilde{\boldsymbol{B}}_i=\widetilde{\boldsymbol{A}}_i\circ\widetilde{\boldsymbol{R}}_i=(b_{i1},b_{i2},\cdots,b_{im})$$

步骤 3　建立进行第一层次各子集的综合评价。在第一层次将子集 U_i 当作一个指标，第二层次综合评价向量 $\widetilde{B}_i$ 作为 U_i 的单指标评价，设各子集的权重向量为 $\widetilde{\boldsymbol{A}}=(a_1,a_2,\cdots,a_n)$，综合评价矩阵为：

$$\widetilde{\boldsymbol{R}}=\begin{pmatrix}\widetilde{\boldsymbol{B}}_1\\\widetilde{\boldsymbol{B}}_2\\\vdots\\\widetilde{\boldsymbol{B}}_n\end{pmatrix}=(b_{ij})_{k\times m}$$

因此，总的综合评价向量为：

$$\widetilde{\boldsymbol{B}}=\widetilde{\boldsymbol{A}}\circ\widetilde{\boldsymbol{R}}=(b_1,b_2,\cdots,b_m)$$

上述方法是关于二层次结构的，称为二层次综合评价模型。如果第二层次各指标子集 U_i 所含元素仍然过多，还可以进一步划分为三层次甚至更多层次综合评价。

9.1.3　模糊综合评价的应用

为了更好地理解模糊综合评价方法，下面给出 2 个应用例子。

【例 9.6】　某大学生欲购买一件衣服，在购买衣服时考虑的影响因素比较多，在此情况下，大学生构建了一个多指标综合评价问题，假设评价指标集为 $U=\{u_1,u_2,u_3,u_4,u_5,u_6\}$，其中 u_1 为款式、u_2 为面料、u_3 为耐穿程度、u_4 为流行性、u_5 为商标、u_6 为价格。另外，对衣服的这些指标进行评价时，采用的是语言信息，假设评语集为 $V=\{v_1,v_2,v_3,v_4\}$，其中 v_1 为非常欢迎，v_2 为比较欢迎，v_3 为一般，v_4 为不欢迎。

现该大学生利用市场调查法对各评价指标逐个进行单指标评价。在此情况下得到，款式非常欢迎的占 55%，比较欢迎的占 34%，一般的占 10%，不欢迎的占 1%，于是有模糊向量

$$\widetilde{R}_1=(0.55,0.34,0.10,0.01)$$

进而可以得到综合评价矩阵

$$\widetilde{R}=\begin{pmatrix}0.55&0.34&0.1&0.01\\0.60&0.15&0.25&0\\0.25&0.40&0.15&0.20\\0.80&0.12&0.08&0\\0.50&0.38&0.12&0\\0.21&0.17&0.44&0.18\end{pmatrix}$$

假设消费者对评价指标重视的程度表示为模糊向量

$$\widetilde{A}=(0.75,0.60,0.12,0.65,0.80,0.25)$$

按照合成算子 $M(\wedge,\vee)$，可以计算综合评价向量

$\widetilde{\boldsymbol{B}}=\widetilde{\boldsymbol{A}}\circ\widetilde{\boldsymbol{R}}=(0.65,0.38,0.28,0.18)$

对评价向量 $\widetilde{\boldsymbol{B}}$ 进行单值化处理。如果给各等级评语 v_1、v_2、v_3、v_4 分别规定分值 1、0.8、0.5、0，并且对 $\widetilde{\boldsymbol{B}}$ 进行归一化处理，得到权重向量 $(0.45,0.26,0.17,0.12)^{\mathrm{T}}$。进一步地，假设取定 $k=1$，该品牌服装总评分值为：

$$\beta=\sum_{j=1}^{4}b_j^k\beta_j/\sum_{j=1}^{4}b_j^k=0.45\times1+0.26\times0.8+0.17\times0.5+0.12\times0=0.74$$

【例 9.7】 在企业信用等级评价问题中，需要对企业资金信用程度、资金周转情况、企业经济效益和发展前景进行考核。因此，在调查研究的基础上，设计了多层次的企业信用等级评估指标体系，具体见图 9—8。指标体系划分为三个层次，第一层综合评价总指标 A，第二层结构性指标 B_1、B_2、B_3、B_4，第三层分析指标从 C_1 到 C_{12}，第三层分析指标是由第二层结构指标分解得到，其中，$C_1\sim C_8$ 为定量指标，$C_9\sim C_{12}$ 为定性指标。

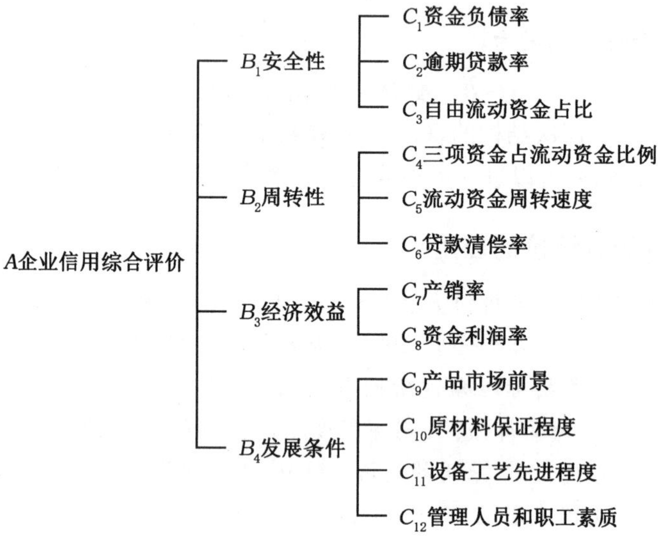

图 9—8　企业信用评级指标体系

【解】 该综合评价问题的过程可以划分为两部分。第一步，用 AHP 方法分别在指标层 $B_k(k=1,2,3,4)$ 和 $C_l(l=1,2,\cdots,12)$ 上，按照指标的递阶结构，计算出权重向量：

$\boldsymbol{A}=(0.4,0.25,0.25,010)$

$\boldsymbol{A}_1=(0.375,0.250,0.375)$

$\boldsymbol{A}_2=(0.4,0.4,0.2)$

$\boldsymbol{A}_3=(0.4,0.6)$

$\boldsymbol{A}_4=(0.4,0.2,0.2,0.2)$

第二步，用二层次综合评价模型，计算结构性指标 $B_k(k=1,2,3,4)$ 的综合评价向量。评语集 $V=\{v_1,v_2,v_3,v_4,v_5\}$，$v_1$ 表示好，v_2 表示较好，v_3 表示一般，v_4 表示较差，v_5 表示差。定量指标分为效益型和成本型两类，建立相应的分段直线型隶属函数，按照信贷部门有关规定，确定各指标分级取范围。

设某企业经过测评，各指标实测值为：

$c_1=52\%, c_2=1.8\%, c_3=21\%, c_4=58\%, c_5=1.5\%, c_6=90\%, c_7=81\%, c_8=5\%$

经过专家评估和计算，指标层 B_k 上的综合评价向量为：

$\boldsymbol{R}_1=(0,0,0.109,0.616,0.275)$

$\boldsymbol{R}_2=(0,0,0.4,0.284,0.316)$

$\boldsymbol{R}_3=(0,0.3,0.3,0.32,0.08)$

$\boldsymbol{R}_4=(0,0,0,0.82,0.185)$

企业信用综合评价向量为：

$\boldsymbol{R}=(0,0.075,0.219,0.479,0.227)$

进一步地，取定评语 $v_j(j=1,2,3,4,5)$ 相应分值为 45、55、70、87.5、97.5，并取定 $k=1$，该企业信用综合评分值为 $\beta=83.5$。按照信贷部门规定，95 分以上为特级，85～95 分为一级，60～80 分为二级，60 分以下为三级，该企业信用综合评价结果为一级。

9.2　灰色决策

在现实生活中，客观事物都处在不断变化之中，事物之间存在一定的关联性，同样也会相互制约。因此，要真正地了解客观事物，不应该彼此割裂，而应该把握事物的整体性，这就是所谓的系统观点。一般而言，系统是指由相互关联、相互制约的若干部分构成的具有某种特定功能的整体。一个国家的经济状况、一个地区的营商环境、一个学校的教学氛围均可以视为一个系统。任何一个系统都是由若干个子系统构成，同时也是其他系统组成的一个部分。在社会经济系统问题中，存在着许许多多的不确定型和随机性，尤其是在社会、经济、医学、化学等领域，更是充满着诸多的不确定型和随机性。客观世界不仅是物质的世界，同时还是信息的世界，社会上几乎所有的活动都离不开信息。由于社会经济充满着复杂性和不确定性，因此对社会经济问题的研究经常会涉及信息不完备的情况。在 1945 年，美国控制论专家维纳(N. Wiener)曾用“黑箱”称呼内部信息未知的对象，从此，人们常用颜色深浅来表示信息的完备程度，同时将研究的系统划分为三类，其中信息完全明确的系统称为白色系统，信息完全不明确的系统称为黑色系统，信息处于明确和不明确之间的系统称为灰色系统，例如，管理系统、生态系统等都是灰色系统。在 1982 年，华中工学院(现华中科技大学)邓聚龙教授发表奠基性论文“灰色系统的控制问题”，创立了灰色系统理论。灰色系统理论提供了在信息不完备情况下研究社会经济系统的新途径，目前已经受到了学术界的广泛关注，越来越多的人利用灰色系统理论解决现实决策问题。灰色系统理论已经在现实经济管理问题中得到了大量的应用。

9.2.1　灰色系统的基本概念

用系统论的观点研究系统，要对系统进行观测，获取系统的有关信息，建立恰当的系统模型，描述和掌握系统的变化规律。灰色系统是信息不完备的系统，建立灰色系统模型需要某种特定方法对不完备信息加以描述，为此，引入灰元、灰色变量、灰色方程、灰色矩阵的概念及其表示方法。

定义 9.5　在灰色系统中，信息不完备的元素称为灰色元素，简称灰元或灰数，记作 $\otimes$。灰元的变化区域称为灰域，记为 $D(\otimes)$，$\otimes \in D(\otimes)$。对应于灰元的变量称为灰色变量，记

为 $x(\otimes)$，灰色变量 $x(\otimes)\subset R$，其中$\otimes\in[a,b]$为实数集。

由定义 9.5 可知，灰元不是一个确定的数，而是一个数集或者一个区间。例如，某企业在市场竞争中，今年将取得的盈利额就是一个灰元$\otimes\in[20,30]$(单位:万)。需要说明的是，一个系统或一个元素是灰色的还是白色的，往往与观测的层次有关。同一个系统或元素，从宏观层次上观测，可能信息充分是白色的，而从微观层次分析，信息可能不完全是灰色的。因此，宏观与微观、白色与灰色都是相对的。为了增加模型的适应性和可调性，模型中存在灰元更能反映实际，这样“灰”往往比“白”好。而在求解模型中，对某些灰元采取技术处理，使“灰”变“白”，这就是“灰”与“白”的辩证关系。

灰元的确定值称为白化值，记作$\widetilde{\otimes}$。例如，通过补充信息，确定了某企业今年盈利额为 22 万元，即白化值$\widetilde{\otimes}=22$(万元)。

含有灰元的矩阵称为灰色矩阵，例如：

$$A=\begin{pmatrix} 3 & 2 & \otimes_1 \\ 2 & 3 & 6 \\ \otimes_2 & \otimes_3 & 3 \end{pmatrix}$$

其中，灰元$\otimes_1\in[a,b]$，$\otimes_2\in\{p_1,p_2,\cdots,p_n\}$，$\otimes_3\in[c,+\infty)$。一般地，灰色矩阵可以表示为：

$$\otimes(A)=(\otimes_{ij})_{m\times n}=\begin{bmatrix} \otimes_{11} & \otimes_{12} & \cdots & \otimes_{1n} \\ \otimes_{21} & \otimes_{22} & \cdots & \otimes_{2n} \\ \vdots & \vdots & & \vdots \\ \otimes_{m1} & \otimes_{m2} & \cdots & \otimes_{mn} \end{bmatrix}$$

如果灰色矩阵$\otimes(A)$的灰元都取白化值$\widetilde{\otimes}_{ij}=a_{ij}$，灰色矩阵则白化为普通矩阵$\widetilde{\otimes}(\boldsymbol{A})=\boldsymbol{A}=(a_{ij})_{m\times n}$。

含有灰元的方程称为灰色方程，例如，$\otimes x+1=0$，$\otimes\in\{1,2,3\}$是灰色代数方程，表示灰元取不同白化的方程集合。同样，方程

$$\otimes\frac{\mathrm{d}x}{\mathrm{d}t}+2x=u,\otimes\in[a,b]$$

是灰色微分方程，表示灰元$\otimes\in[a,b]$全部白化系数的微分方程集合。

由于灰色系统模型描述的是信息不完全、准则多样的系统，因此模型的解不是单一的，而是一个集合，从而能够从多方面、多角度反映系统的整体性，这就是灰色系统的特点。

9.2.2 关联系数和关联度

系统内部以及系统与环境都要进行物质、能量和信息的交流，这种交流在数量上表现为一系列有序结构的量。分析系统结构和功能，要对这些流量进行因素分析。通常用统计方法处理，要求有较大的样本容量，灰色系统是贫信息的系统，统计方法难以奏效。关联度分析是灰色系统分析的基本方法。关联度是表征两个有序结构量，即序列的关联程度的数值，例如，三个因素的时间序列：

$$X_1(t)=\{x_1(1),x_1(2),\cdots,x_1(n)\}$$
$$X_2(t)=\{x_2(1),x_2(2),\cdots,x_2(n)\}$$
$$X_3(t)=\{x_3(1),x_3(2),\cdots,x_3(n)\}$$

三个序列如图 9—9 所示。从曲线变化趋势观察，曲线越接近，序列变化态势越接近，其关联度越大。

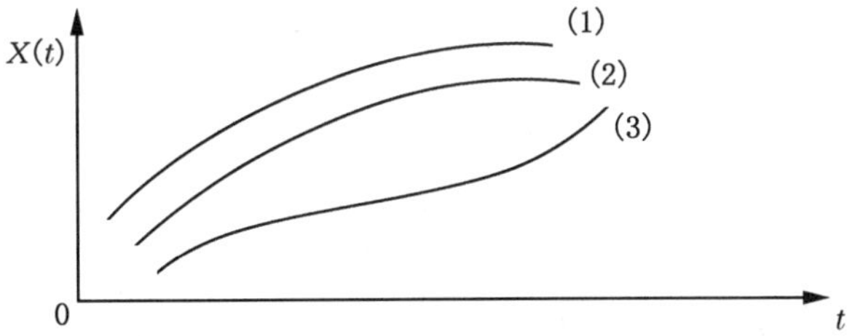

图 9—9　三个序列图的关系

根据图 9—9 可知，若序列(1)、(2)的关联度为 r_1，序列(1)、(3)的关联度为 r_2，则 $r_1>r_2$。

1. 关联系数

设母序列和子序列为：

$$X_0(t)=\{x_0(1),x_0(2),\cdots,x_0(n)\}$$
$$X_i(t)=\{x_i(1),x_i(2),\cdots,x_i(n)\}\quad(i=1,2,\cdots,N)$$

则称序列 $X_0(t)$ 与 $X_i(t)$ 在时刻 k 的关联系数为：

$$\xi_i(k)=\frac{\min_i\min_k|x_0(k)-x_i(k)|+\rho\max_i\max_k|x_0(k)-x_i(k)|}{|x_0(k)-x_i(k)|+\rho\max_i\max_k|x_0(k)-x_i(k)|}\tag{9.1}$$

其中，$|x_0(k)-x_i(k)|=\Delta_i(k)$ 称为时刻 k 点 $x_0(k)$ 与 $x_i(k)$ 的绝对差，$\min_i\min_k|x_0(k)-x_i(k)|=\Delta_{\min}$ 称为最小绝对差，$\max_i\max_k|x_0(k)-x_i(k)|=\Delta_{\max}$ 称为最大绝对差，$\rho\in[0,1]$ 称为分辨系数，一般取 $\rho=0.5$。容易看出，当 ρ 取定之后，有：

$$\frac{\rho}{1+\rho}\leqslant\xi_i(k)\leqslant 1$$

需要说明的是，在对原始数据计算关联度系数时，要先进行无量纲化和初值化处理。

2. 关联度

序列 $X_i(t)$ 各时刻关联系数的均值称为子序列 $X_i(t)$ 对母序列 $X_0(t)$ 的关联度，记为：

$$r_i=\frac{1}{N}\sum_{k=1}^{N}\xi_i(k)$$

9.2.3　灰色决策的应用

为了更好地理解模糊综合评价方法，下面给出一个实际例子。

【例 9.8】　某地区 1989—1993 年商业收入 $X_0(t)$ 和固定资产投资 $X_1(t)$、工业投资 $X_2(t)$、农业投资 $X_3(t)$、科技投入 $X_4(t)$、交通投资 $X_5(t)$ 的原始数据见表 9—2。试作出各种投资对商业收入的关联度分析。

表 9—2　某地区投资对商业收入的相关数据　单位:万元

	1989 年	1990 年	1991 年	1992 年	1993 年
$X_0(t)$	11.19	13.28	16.82	19.90	22.80
$X_1(t)$	308.6	316.0	295.0	346.0	367.0
$X_2(t)$	195.4	189.0	187.2	205.0	227.0
$X_3(t)$	24.6	21.0	12.2	15.1	14.6
$X_4(t)$	20.0	25.6	23.3	29.2	30.0
$X_5(t)$	19.0	19.0	22.3	23.5	27.6

【解】 第一步,对原始数据作初值化处理,结果如表 9—3 所示。

表 9—3　初值化处理后的某地区投资对商业收入的相关数据　单位:万元

	1989 年	1990 年	1991 年	1992 年	1993 年
$X_0(t)$	1.0	1.19	1.50	1.78	2.04
$X_1(t)$	1.0	1.02	0.96	1.12	1.19
$X_2(t)$	1.0	0.97	0.96	1.05	1.16
$X_3(t)$	1.0	0.85	0.50	0.61	0.59
$X_4(t)$	1.0	1.28	1.17	1.46	1.50
$X_5(t)$	1.0	1.0	1.17	1.24	1.45

第二步,求母序列 X_0 对各子序列 X_i 在各时刻的绝对差 $\Delta_i(k)(i=1,2,3,4,5;k=1,2,3,4,5)$,计算结果如表 9—4 所示。

表 9—4　某地区投资对商业收入的绝对差

	1989 年	1990 年	1991 年	1992 年	1993 年
$\Delta_1(k)$	0	0.17	0.54	0.66	0.85
$\Delta_2(k)$	0	0.22	0.54	0.63	0.88
$\Delta_3(k)$	0	0.34	1.00	0.17	1.45
$\Delta_4(k)$	0	0.09	0.33	0.32	0.54
$\Delta_5(k)$	0	0.19	0.33	0.54	0.59

于是得到最小绝对差 $\Delta_{min}=0$,最大绝对差 $\Delta_{max}=1.45$。

第三步,取分辨系数 $\rho=0.5$,计算各种投资与商业收入在各时刻的关联系数,计算结果如表 9—5 所示。

表 9—5　某地区投资对商业收入的关联系数

	1989 年	1990 年	1991 年	1992 年	1993 年
$\xi_1(k)$	1.0	0.81	0.57	0.52	0.46
$\xi_2(k)$	1.0	0.77	0.57	0.54	0.45
$\xi_3(k)$	1.0	0.68	0.42	0.81	0.33
$\xi_4(k)$	1.0	0.89	0.69	0.69	0.57
$\xi_5(k)$	1.0	0.79	0.69	0.57	0.55

第四步，求出各种投入对商业收入的关联度，$r_1=0.672$，$r_2=0.666$，$r_3=0.648$，$r_4=0.758$，$r_5=0.72$，于是关联度的排序为 $r_4>r_5>r_1>r_2>r_3$。

因此，影响商业收入的主要因素是科技投入，其次是交通投资。

9.3　灰色预测

灰色系统理论认为，随机量可以看作是在一定范围内变化的灰色量。对于贫信息的灰色系统，灰色变量所取数值十分有限，并且数据变化无规律。灰色系统理论对此作生成运算处理，处理后的数据变化有一定规律，与原始数据相比增强了确定性，从而，在生成数据基础上建立灰色系统模型。这里主要讨论累加生成运算（accumulated generating operation，AGO）和累减生成运算（inverse accumulated generating operation，IAGO）。

9.3.1　AGO 的基本概念

设有原始数据序列：

$$X^{(0)}(k)=\{x^{(0)}(1),x^{(0)}(2),\cdots,x^{(0)}(n)\}$$

对 $X^{(0)}(k)$ 作一次累加生成运算，计算公式为：

$$x^{(1)}(k)=\sum_{i=1}^{k}x^{(0)}(i) \tag{9.2}$$

得到一次累加生成序列：

$$X^{(1)}(k)=\{x^{(1)}(1),x^{(1)}(2),\cdots,x^{(1)}(n)\}$$

如果对 $X^{(0)}(k)$ 作 r 次累加，计算公式为：

$$x^{(r)}(k)=\sum_{i=1}^{k}x^{(r-1)}(i) \tag{9.3}$$

则可以计算 r 次累加生成序列：

$$X^{(r)}(k)=\{x^{(r)}(1),x^{(r)}(2),\cdots,x^{(r)}(n)\}$$

根据公式(9.3)，可以得到递推关系式：

$$x^{(r)}(k)=\sum_{i=1}^{k-1}x^{(r-1)}(i)+x^{(r-1)}(k)=x^{(r)}(k-1)+x^{(r-1)}(k) \tag{9.4}$$

【例 9.9】 某公司 1991—1996 年产品销售额（单位：万元）原始数列为：

$$X^{(0)}(k)=\{5.081,4.611,5.1177,9.3775,11.0574,11.0524\}$$

试求 $X^{(0)}(k)$的一次累加生成序列。

【解】 按公式(9.2),可以得到:

$X^{(1)}(k)=\{5.081,9.692,14.8097,24.1872,35.2446,46.297\}$

原始数列 $X^{(0)}(k)$的曲线见图 9—10,累加生成数列曲线见图 9—11。对比两曲线可知,经过累加生成后,原曲线的随机波动被弱化,生成数列曲线变得比较平稳。对生成数列用模拟曲线去逼近,可以提高逼近精度。

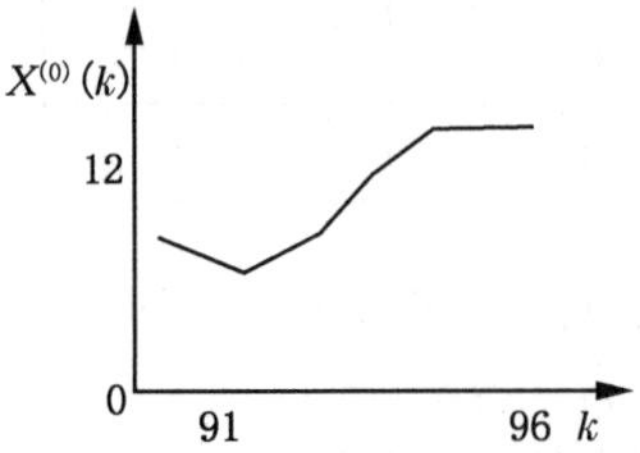

图 9—10　三个序列图的关系

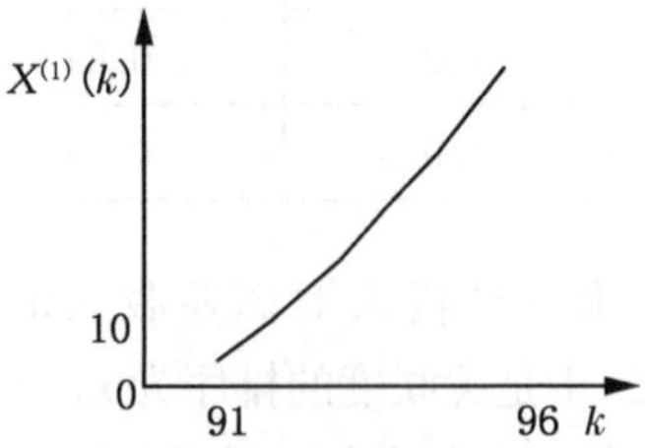

图 9—11　三个序列图的关系

9.3.2　IAGO 的基本概念

原始数列中,相邻的后项与前项相减所得数列称为一次累减数列。累减生成运算是累加生成的逆运算,可以将累加生成数列还原成原始数列。

设 $X^{(r)}(k)$为 r 次累加生成数列,对 $X^{(r)}(k)$作 r 次累减生成运算,记为:

$$\Delta^{(r)}(x^{(r)}(k))\quad(r=0,1,2,\cdots)$$

其中,$\Delta^{(0)}(x^{(0)}(k))$表示 0 次累减,即没有累减。于是,有基本关系式:

$$\Delta^{(0)}(x^{(r)}(k))=x^{(r)}(k)$$

$$\Delta^{(1)}(x^{(r)}(k))=\Delta^{(0)}(x^{(r)}(k))-\Delta^{(0)}(x^{(r)}(k-1))$$

$$\Delta^{(2)}(x^{(r)}(k))=\Delta^{(1)}(x^{(r)}(k))-\Delta^{(1)}(x^{(r)}(k-1))$$

…………

$$\Delta^{(r)}(x^{(r)}(k))=\Delta^{(r-1)}(x^{(r)}(k))-\Delta^{(r-1)}(x^{(r)}(k-1))$$

由基本关系式可以推导出如下关系:

$$\Delta^{(1)}(x^{(r)}(k))=\Delta^{(0)}(x^{(r)}(k))-\Delta^{(0)}(x^{(r)}(k-1))=x^{(r)}(k)-x^{(r)}(k-1)$$

$$=\sum_{i=1}^{k}x^{(r-1)}(i)-\sum_{i=1}^{k-1}x^{(r-1)}(i)$$

$$\Delta^{(2)}(x^{(r)}(k))=\Delta^{(1)}(x^{(r)}(k))-\Delta^{(1)}(x^{(r)}(k-1))=x^{(r-1)}(k)-x^{(r)}(k-1)$$

$$=\sum_{i=1}^{k}x^{(r-2)}(i)-\sum_{i=1}^{k-1}x^{(r-2)}(i)\tag{9.5}$$

$$=x^{(r-2)}(k)$$

…………

$$\Delta^{(r)}(x^{(r)}(k))=x^{(0)}(k)$$

由此可知,对 r 次累加生成数列作 r 次累减生成运算,就还原成了原始数列。

由递推关系式(9.4)得出:

$$x^{(r-1)}(k)=x^{(r)}(k)-x^{(r)}(k-1)\tag{9.6}$$

此处取 $x^{(r)}(0)=0$。这说明累加中包含累减,累加、累减相辅相成。还原累加生成数列经常用此式。

【例 9.10】 试将例 9.9 中的累加生成数列 $X^{(1)}(k)$ 还原成原始数列。

【解】 由公式(9.10)计算得到：

$x^{(0)}(1991)=x^{(1)}(1991)=5.081$

$x^{(0)}(1992)=x^{(1)}(1992)-x^{(1)}(1991)=4.611$

$x^{(0)}(1993)=x^{(1)}(1993)-x^{(1)}(1992)=5.1177$

$x^{(0)}(1994)=x^{(1)}(1994)-x^{(1)}(1993)=9.3775$

$x^{(0)}(1995)=x^{(1)}(1995)-x^{(1)}(1994)=11.0574$

$x^{(0)}(1996)=x^{(1)}(1996)-x^{(1)}(1995)=11.0524$

9.3.3　GM(1,1)模型

用灰色系统理论建立的模型是灰色模型(grey model)，简记为 GM 模型。一般的 GM 模型是一个 n 阶、h 个变量的微分方程模型，简记为 GM(n,h)模型。此处，我们只讨论 1 阶 1 个变量的情形，对无规律的原始数据经过生成处理后，建立生成数据的微分方程模型，用不同的数据生成建立不同模型来提高模型精度。模型采用三种方式检验，即残差检验、关联度检验和后验差检验。模型选择是基于关联度收敛原理。

下面，讨论 GM(1,1)模型的建模原理和计算步骤。

GM(1,1)是一阶微分方程模型，其基本形式为：

$$\frac{\mathrm{d}x}{\mathrm{d}t}+ax=u \tag{9.7}$$

其中，a、u 为待估参数。现在，将方程的$\frac{\mathrm{d}x}{\mathrm{d}t}$和 x 作离散处理。当 Δt 很小并取得小的 1 个单位时间间隔，t 取离散值 k，则有近似等式：

$$\frac{\mathrm{d}x}{\mathrm{d}t}\approx\frac{\Delta x}{\Delta t}=\frac{x(k+\Delta t)-x(k)}{\Delta t}=x(k+1)-x(k)=\Delta^{(1)}(x(k+1))$$

这表示，$\frac{\mathrm{d}x}{\mathrm{d}t}$是 $x(k+1)$ 与 $x(k)$ 这个二元组合的等效值，称 $x(k+1)$ 与 $x(k)$ 的二元组合为偶对，记为$(x(k+1),x(k))$，于是，在时刻 k，$\frac{\mathrm{d}x}{\mathrm{d}t}$与偶对$(x(k+1),x(k))$存在对应关系。

当 Δt 取很小的单位时间间隔，变量 $x(t)$ 从 $x(k)$ 变到 $x(k+1)$。由于 Δt 很小，并且$\frac{\mathrm{d}x}{\mathrm{d}t}$存在，$x(k)$ 变到 $x(k+1)$ 不会出现突变，因此，对于$\frac{\mathrm{d}x}{\mathrm{d}t}$，变量 $x(t)$ 的离散值可以近似地表示为偶对平均值 $x(t)=\frac{1}{2}(x(k+1)+x(k))$。

基于上述原理，下面导出 GM(1,1)模型。设有原始数列：

$$X^{(0)}(t)=\{x^{(0)}(1),x^{(0)}(2),\cdots,x^{(0)}(n)\}$$

作一次累加生成，得到：

$$X^{(1)}(t)=\{x^{(1)}(1),x^{(1)}(2),\cdots,x^{(1)}(n)\}$$

对式(9.7)作离散化处理，代入$\frac{\mathrm{d}x^{(1)}}{\mathrm{d}t}$，$x^{(1)}(t)$ 的近似表达式，得到：

$$\Delta^{(1)}(x^{(1)}(k+1))+a[\frac{1}{2}(x^{(1)}(k)+x^{(1)}(k+1))]=u$$

即：

$$x^{(0)}(k+1)=a[-\frac{1}{2}(x^{(1)}(k)+x^{(1)}(k+1))]+u$$

取 $k=1,2,\cdots,n-1$，便有下列等式组：

$$\begin{cases} x^{(0)}(2)=a[-\frac{1}{2}(x^{(1)}(1)+x^{(1)}(2))]+u \\ x^{(0)}(3)=a[-\frac{1}{2}(x^{(1)}(2)+x^{(1)}(3))]+u \\ \cdots\cdots\cdots \\ x^{(0)}(n)=a[-\frac{1}{2}(x^{(1)}(n-1)+x^{(1)}(n))]+u \end{cases}$$

则代入向量记号：

$$\boldsymbol{Y}_N=\begin{pmatrix} x^{(0)}(2) \\ x^{(0)}(3) \\ \vdots \\ x^{(0)}(n) \end{pmatrix},\boldsymbol{X}=\begin{pmatrix} -\frac{1}{2}(x^{(1)}(1)+x^{(1)}(2)) \\ -\frac{1}{2}(x^{(1)}(2)+x^{(1)}(3)) \\ \vdots \\ -\frac{1}{2}(x^{(1)}(n-1)+x^{(1)}(n)) \end{pmatrix},\boldsymbol{E}=\begin{pmatrix} 1 \\ 1 \\ \vdots \\ 1 \end{pmatrix}$$

等式组改写为：

$$\boldsymbol{Y}_N=a\boldsymbol{X}+u\boldsymbol{E}=(\boldsymbol{X},\boldsymbol{E})\begin{pmatrix} a \\ u \end{pmatrix}$$

如果 $\boldsymbol{B}=(\boldsymbol{X},\boldsymbol{E})$，$\hat{\boldsymbol{a}}=(a,u)^{\mathrm{T}}$，上式可改写为：

$$\boldsymbol{Y}_N=\boldsymbol{B}\hat{\boldsymbol{a}} \tag{9.8}$$

其中，$\boldsymbol{Y}_N$ 是 $n-1$ 维列向量，$\boldsymbol{B}$ 是$(n-1)\times 2$ 矩阵，$\hat{\boldsymbol{a}}$ 是二维列向量。式(9.8)是关于待估参数 a、u 的 $n-1$ 个方程组。用最小二乘法求解，待估向量

$$\hat{\boldsymbol{a}}=(\boldsymbol{B}^{\mathrm{T}}\boldsymbol{B})^{-1}\boldsymbol{B}^{\mathrm{T}}\boldsymbol{Y}_N \tag{9.9}$$

将 $\boldsymbol{d}=(a,u)^{\mathrm{T}}$ 估计值代入方程(9.7)，有：

$$\frac{\mathrm{d}x^{(1)}(t)}{\mathrm{d}t}+ax^{(1)}=u$$

解得：

$$\hat{x}^{(1)}(t)=ce^{-ak}+\frac{u}{a}$$

令初始值 $t=1$，常数 $c=(x^{(1)}(1)-\dfrac{u}{a})e^{a}$，则：

$$\hat{x}^{(1)}(t)=(x^{(1)}(1)-\frac{u}{a})e^{-a(t-1)}+\frac{u}{a}$$

当 $t=k+1$ 时，得到一次累加生成的时间响应函数：

$$\hat{x}^{(1)}(k+1)=(x^{(1)}(1)-\frac{u}{a})e^{-ak}+\frac{u}{a} \tag{9.10}$$

这是 GM(1,1)模型灰色预测的计算公式。

综上所述,GM(1,1)建模计算步骤如下：

步骤 1 对原始数据 $X^{(0)}(k)$作一次累加生成得 $X^{(1)}(k)$。

步骤 2 用最小二乘法估计参数 $\hat{\boldsymbol{a}}=(\boldsymbol{B}^{\mathrm{T}}\boldsymbol{B})^{-1}\boldsymbol{B}^{\mathrm{T}}\boldsymbol{Y}_N$。

步骤 3 求一阶线性微分方程$\frac{\mathrm{d}x^{(1)}(t)}{\mathrm{d}t}+ax^{(1)}=u$,可以进一步得到时间响应函数：

$$\hat{x}^{(1)}(k+1)=(x^{(1)}(1)-\frac{u}{a})e^{-ak}+\frac{u}{a}$$

步骤 4 模型检验。

步骤 5 利用模型进行预测。

9.3.4 灰色预测的应用

为了更好地理解 GM(1,1)模型,下面给出例 9.11。

【例 9.11】 某公司 1991—1995 年销售额(单位:百万元)数据为:

$$X^{(1)}(k)=\{x^{(0)}(1991),x^{(0)}(1992),x^{(0)}(1993),x^{(0)}(1994),x^{(0)}(1995)\}$$
$$=\{2.874,3.278,3.337,3.39,3.679\}$$

试建立 GM(1,1)销售额预测模型。

【解】 按照 GM(1,1)建模计算步骤:

第一步,对销售额原始数据列 $X^{(0)}(k)$作一次累加生成,得到:

$$X^{(1)}(k)=\{2.874,6.152,9.489,12.879,16.558\}$$

第二步,确定数据矩阵 $\boldsymbol{B},\boldsymbol{Y}_N$,用最小二乘法估计参数 $\hat{\boldsymbol{a}}$。由 $X^{(1)}(k)$可知:

$$\boldsymbol{B}=\begin{pmatrix}-\frac{1}{2}(x^{(1)}(1)+x^{(1)}(2)) & 1\\ -\frac{1}{2}(x^{(1)}(2)+x^{(1)}(3)) & 1\\ -\frac{1}{2}(x^{(1)}(3)+x^{(1)}(4)) & 1\\ -\frac{1}{2}(x^{(1)}(4)+x^{(1)}(5)) & 1\end{pmatrix}=\begin{pmatrix}-4.513 & 1\\ -7.82 & 1\\ -11.184 & 1\\ -14.7185 & 1\end{pmatrix}$$

$$\boldsymbol{Y}_N=(x^{(0)}(2),x^{(0)}(3),x^{(0)}(4),x^{(0)}(5))^{\mathrm{T}}=(3.278,3.337,3.39,3.679)^{\mathrm{T}}$$

将 $\boldsymbol{B},\boldsymbol{Y}_N$ 代入式(9.9),计算得:

$$\hat{\boldsymbol{a}}=\begin{pmatrix}a\\ u\end{pmatrix}=\begin{pmatrix}-0.03720\\ 3.06536\end{pmatrix}$$

第三步,建立销售额预测模型为:

$$\frac{\mathrm{d}x^{(1)}(t)}{\mathrm{d}t}-0.03720x^{(1)}(t)=3.06536$$

根据式(9.10),其时间响应函数为:

$\hat{x}^{(1)}(k+1)=(x^{(1)}(1)-\frac{u}{a})e^{-ak}+\frac{u}{a}=85.2665e^{0.0372k}-82.3925351$

第四步，模型检验。

(1)残差检验

用时间响应函数计算 $\hat{x}^{(1)}(k)$，根据式(9.6)，用公式 $x^{(0)}(k)=x^{(1)}(k)-x^{(1)}(k-1)$计算还原数据，并求出各时期残差值 $q(k)$和相对误差值 $e(k)$。计算结果如表 9—6 所示。

表 9—6　　各时期残差值 $q(k)$和相对误差值 $e(k)$

	$\hat{x}^{(1)}(k)$	$\hat{x}^{(0)}(k)$	$x^{(0)}(k)$	$q(k)$	$e(k)$(%)
2(1992)	6.11	3.236	3.278	0.042	1.402
3(1993)	9.46058	3.3545	3.337	−0.0175	−0.5259
4(1994)	12.94229	3.4817	3.39	−0.0917	−2.705
5(1995)	16.5559	3.6136	3.679	0.0654	1.775

由此看出，模型相对误差不超过 3%。

(2)关联度检验

用 $\hat{x}^{(1)}(k)$的导数所得数列 $\hat{x}^{(0)}(k)$和 $X^{(0)}(k)$作关联度分析。对时间响应函数 $\hat{x}^{(1)}(t)$求导，得还原模型：

$\hat{x}^{(0)}(k+1)=-3.1719138e^{-0.0372k}$

求出数列：

$\hat{x}^{(0)}(k)=\{\hat{x}^{(0)}(2),\hat{x}^{(0)}(3),\hat{x}^{(0)}(4),\hat{x}^{(0)}(5)\}$

$=\{3.056,2.944885,2.8369659,2.733\}$

原始数据：

$X^{(0)}(k)=\{x^{(0)}(2),x^{(0)}(3),x^{(0)}(4),x^{(0)}(5)\}=\{3.278,3.337,3.39,3.679\}$

取分辨系数 $\rho=0.5$，按式(9.1)分别求出关联系数 $\xi(2)=1$，$\xi(3)=0.679$，$\xi(4)=0.518$，$\xi(5)=0.333$。于是原始数据计算值数列对原始数列的关联度为：

$$r=\frac{1}{4}\sum_{k=2}^{5}\xi(k)=0.633$$

$r>0.5$，模型精度比较满意。

(3)后验差检验

原始数据：

$X^{(0)}(k)=\{x^{(0)}(1),x^{(0)}(2),x^{(0)}(3),x^{(0)}(4),x^{(0)}(5)\}$

$=\{2.874,3.278,3.337,3.39,3.679\}$

求出 $X^{(0)}(k)$的均值和方差：

$\bar{x}=3.3116$，$s_1^2=0.065754$

残差数据：

$q(k)=(q(2),q(3),q(4),q(5))=(0.042,-0.0175,-0.0917,0.0654)$

求出 $q(k)$的均值和方差：

$\bar{q}=0.00045, s_2^2=0.00368$

后验差比值：

$$C=\frac{s_2}{s_1}=\frac{\sqrt{0.00368}}{\sqrt{0.065754}}$$

后验差检验对模型精度要求有：一是后验差比 C 越小越好，一般要求 $C\leqslant 0.45$，最大不超过 0.65；二是小误差频率要大，即 $p=\{|q(k)-\bar{q}|<0.6745s_1\}$不得小于 0.7，按照 C 和 p 的大小，将模型精度分为四个等级，各等级的标准如表 9－7 所示。

表 9－7　　例 9.11 中各等级的标准

等级	后验差比 C	小误差频率 p
好	$C<0.35$	$p>0.95$
合格	$C<0.45$	$p>0.80$
勉强	$C<0.50$	$p>0.70$
不合格	$C\geqslant 0.65$	$p\leqslant 0.70$

由于 $s_1=\sqrt{0.065754}$，小误差频率 $p=\{|q(k)-\bar{q}|<0.1729589\}$。全部 $|q(k)-\bar{q}|<0.1729589$，$p=1, C<0.35, P>0.95$，后验差检验结果，本模型精度等级为好。

需要注意的是，三种模型检验方法可结合实际需要选择使用。

第五步，利用模型预测：

$k=5$

$$\hat{x}^{(1)}(6)=85.2665e^{0.0372\times 5}-82.3925351=20.30434$$

$$\hat{x}^{(0)}(6)=\hat{x}^{(1)}(6)-\hat{x}^{(1)}(5)=3.7484$$

表示该公司 1996 年销售额的预测值为 3.7484（百万元）。

需要指出的是，GM(1,1)模型经过检验，其精度不符合要求，还要建立残差 GM(1,1)模型或其他 GM 模型对原模型进行修正。关于修正 GM(1,1)模型的方法不再赘述，读者可参考有关专著。

习题

1. 设 $U=\{u_1,u_2,u_3,u_4\}$，$\underset{\sim}{A}=0.3/u_1+0.7/u_2+0.1/u_3+0.1/u_4$，$\underset{\sim}{B}=0.1/u_1+0.8/u_2+0/u_3+0.9/u_4$，$\underset{\sim}{C}=0.6/u_1+0.5/u_2+0.2/u_3+0.1/u_4$，计算 $\overline{\underset{\sim}{A}}$，$\underset{\sim}{A}\cup\underset{\sim}{B}$，$\underset{\sim}{A}\cap\underset{\sim}{B}$，$(\underset{\sim}{A}\cup\underset{\sim}{B})\cap\underset{\sim}{C}$。

2. 设 $U=R$，R 为实数集，对 $u\in R$，有：

$$\mu_{\underset{\sim}{A}}(u)=\exp\left[-\left(\frac{u-1}{2}\right)^2\right]$$

$$\mu_{\underset{\sim}{B}}(u)=\exp\left[-\left(\frac{u-2}{2}\right)^2\right]$$

试求 $\mu_{\underset{\sim}{A}\cup\underset{\sim}{B}}(u)$，$\mu_{\underset{\sim}{A}\cap\underset{\sim}{B}}(u)$，并画出图形。

3. 设$U=(u_1,u_2,u_3,u_4,u_5,u_6)$，$\underset{\sim}{A}=(0.8,0.4,0.6,0.7,0.9,1)$，利用分解定理写出模糊子集$\underset{\sim}{A}$的分解表达式。

4. 模糊矩阵：

$$\underset{\sim}{R}=\begin{pmatrix}0.3 & 0.4 & 0.1 & 0\\0.5 & 0.3 & 0.1 & 0.7\\1 & 0.1 & 0.6 & 0.7\end{pmatrix},\underset{\sim}{S}=\begin{bmatrix}0.6 & 0.1\\0.5 & 0.7\\0.2 & 1\\0 & 0.3\end{bmatrix}$$

计算$\underset{\sim}{R}\circ\underset{\sim}{S}$，$\underset{\sim}{R}\circ(\underset{\sim}{S}^C)$。

5. 设$U=\{u_1,u_2,u_3,u_4\}$为四种生产资料的集合，$V=\{u_1,u_2,u_3\}$为三种商品的集合，$W=\{w_1,w_2,w_3,w_4\}$为四种市场占有情况的集合。$U\sim V$上的模糊矩阵R表示各种生产资料分别在各种商品成本中所占比重，$V\sim W$上的模糊矩阵Q表示各种商品在不同市场占有比重，并且

$$\underset{\sim}{R}=\begin{bmatrix}0.50 & 0.35 & 0.21\\0.11 & 0.27 & 0.05\\0.06 & 0.22 & 0.67\\0.30 & 0.00 & 0.01\end{bmatrix},\underset{\sim}{Q}=\begin{pmatrix}0.30 & 0.10 & 0.26 & 0.17\\0.40 & 0.40 & 0.05 & 0.33\\0.23 & 0.50 & 0.10 & 0.07\end{pmatrix}$$

试求各种生产资料对市场的间接占有关系。

6. 科研成果评价问题。设评价指标集$U=\{$学术水平，社会价值，难易程度，综合性$\}$，评语集$V=\{$好，较好，一般，较差，差$\}$。已知某科研成果的综合评价矩阵$\underset{\sim}{R}$和评价指标权向量$\underset{\sim}{A}$为：

$$\underset{\sim}{R}=\begin{bmatrix}0.2 & 0.5 & 0.2 & 0.1 & 0\\0.4 & 0.2 & 0.4 & 0 & 0\\0.1 & 0.4 & 0.2 & 0.1 & 0.2\\0.3 & 0.2 & 0.4 & 0.1 & 0\end{bmatrix},\underset{\sim}{A}=(0.3,0.2,0.2,0.2)$$

分别选取合成算子$M(\wedge,\vee)$，$M(\cdot,+)$对该成果进行综合评判。如果各评语的评分依次取5、4、3、2、1分，取$k=1$，求出该成果的综合评价分值。

7. 设有序列

$$X_0(t)=\{1,1.1,2,2.25,3,4\}$$
$$X_1(t)=\{1,1.166,1.834,2,2.34,3\}$$
$$X_2(t)=\{1,1.125,1.075,1.375,1.625,1.75\}$$

试计算序列$X_1(t)$、$X_2(t)$对$X_0(t)$的关联度。

8. 设有原始数据序列

$$X^{(0)}(k)=\{2.28,2.98,3.39,4.24,6.86,8.64,11.85,12.15\}$$

试求$X^{(0)}(k)$的一次累加生成序列$X^{(1)}(k)$，并用累减生成运算还原为原始序列。

9. 某地区1991—1994年人口数据(万人)为：

$$X^{(0)}(k)=\{383.4,393.0,399.4,406.0\}$$

试建立GM(1,1)人口预测模型，并预测该地区1995年的人口。

附　录

附录一　复利现值系数表($P/F,i,n$)

表 A1—1　复利现值系数表(1%～10%)

利率 期限	1%	2%	3%	4%	5%	6%	7%	8%	9%	10%
1	0.9901	0.9804	0.9709	0.9615	0.9524	0.9434	0.9346	0.9259	0.9174	0.9091
2	0.9803	0.9612	0.9426	0.9246	0.9070	0.8900	0.8734	0.8573	0.8417	0.8264
3	0.9706	0.9423	0.9151	0.8890	0.8638	0.8396	0.8163	0.7938	0.7722	0.7513
4	0.9610	0.9238	0.8885	0.8548	0.8227	0.7921	0.7629	0.7350	0.7084	0.6830
5	0.9515	0.9057	0.8626	0.8219	0.7835	0.7473	0.7130	0.6806	0.6499	0.6209
6	0.9420	0.8880	0.8375	0.7903	0.7462	0.7050	0.6663	0.6302	0.5963	0.5645
7	0.9327	0.8706	0.8131	0.7599	0.7107	0.6651	0.6227	0.5835	0.5470	0.5132
8	0.9235	0.8535	0.7894	0.7307	0.6768	0.6274	0.5820	0.5403	0.5019	0.4665
9	0.9143	0.8368	0.7664	0.7026	0.6446	0.5919	0.5439	0.5002	0.4604	0.4241
10	0.9053	0.8203	0.7441	0.6756	0.6139	0.5584	0.5083	0.4632	0.4224	0.3855
11	0.8963	0.8043	0.7224	0.6496	0.5847	0.5268	0.4751	0.4289	0.3875	0.3505
12	0.8874	0.7885	0.7014	0.6246	0.5568	0.4970	0.4440	0.3971	0.3555	0.3186
13	0.8787	0.7730	0.6810	0.6006	0.5303	0.4688	0.4150	0.3677	0.3262	0.2897
14	0.8700	0.7579	0.6611	0.5775	0.5051	0.4423	0.3878	0.3405	0.2992	0.2633
15	0.8613	0.7430	0.6419	0.5553	0.4810	0.4173	0.3624	0.3152	0.2745	0.2394
16	0.8528	0.7284	0.6232	0.5339	0.4581	0.3936	0.3387	0.2919	0.2519	0.2176
17	0.8444	0.7142	0.6050	0.5134	0.4363	0.3714	0.3166	0.2703	0.2311	0.1978
18	0.8360	0.7002	0.5874	0.4936	0.4155	0.3503	0.2959	0.2502	0.2120	0.1798
19	0.8277	0.6864	0.5703	0.4746	0.3957	0.3305	0.2765	0.2317	0.1945	0.1635
20	0.8195	0.6730	0.5537	0.4564	0.3769	0.3118	0.2584	0.2145	0.1784	0.1486
21	0.8114	0.6598	0.5375	0.4388	0.3589	0.2942	0.2415	0.1987	0.1637	0.1351
22	0.8034	0.6468	0.5219	0.4220	0.3418	0.2775	0.2257	0.1839	0.1502	0.1228
23	0.7954	0.6342	0.5067	0.4057	0.3256	0.2618	0.2110	0.1703	0.1378	0.1117
24	0.7876	0.6217	0.4919	0.3901	0.3101	0.2470	0.1971	0.1577	0.1264	0.1015
25	0.7798	0.6095	0.4776	0.3751	0.2953	0.2330	0.1842	0.1460	0.1160	0.0923
26	0.7720	0.5976	0.4637	0.3607	0.2812	0.2198	0.1722	0.1352	0.1064	0.0839
27	0.7644	0.5859	0.4502	0.3468	0.2678	0.2074	0.1609	0.1252	0.0976	0.0763
28	0.7568	0.5744	0.4371	0.3335	0.2551	0.1956	0.1504	0.1159	0.0895	0.0693
29	0.7493	0.5631	0.4243	0.3207	0.2429	0.1846	0.1406	0.1073	0.0822	0.0630
30	0.7419	0.5521	0.4120	0.3083	0.2314	0.1741	0.1314	0.0994	0.0754	0.0573
31	0.7346	0.5412	0.4000	0.2965	0.2204	0.1643	0.1228	0.0920	0.0691	0.0521
32	0.7273	0.5306	0.3883	0.2851	0.2099	0.1550	0.1148	0.0852	0.0634	0.0474
33	0.7201	0.5202	0.3770	0.2741	0.1999	0.1462	0.1072	0.0789	0.0582	0.0431
34	0.7130	0.5100	0.3660	0.2636	0.1904	0.1379	0.1002	0.0730	0.0534	0.0391
35	0.7059	0.5000	0.3554	0.2534	0.1813	0.1301	0.0937	0.0676	0.0490	0.0356
36	0.6989	0.4902	0.3450	0.2437	0.1727	0.1227	0.0875	0.0626	0.0449	0.0323
37	0.6920	0.4806	0.3350	0.2343	0.1644	0.1158	0.0818	0.0580	0.0412	0.0294
38	0.6852	0.4712	0.3252	0.2253	0.1566	0.1092	0.0765	0.0537	0.0378	0.0267
39	0.6784	0.4619	0.3158	0.2166	0.1491	0.1031	0.0715	0.0497	0.0347	0.0243
40	0.6717	0.4529	0.3066	0.2083	0.1420	0.0972	0.0668	0.0460	0.0318	0.0221
41	0.6650	0.4440	0.2976	0.2002	0.1353	0.0917	0.0624	0.0426	0.0292	0.0201
42	0.6584	0.4353	0.2890	0.1926	0.1288	0.0865	0.0583	0.0395	0.0268	0.0183
43	0.6519	0.4268	0.2805	0.1852	0.1227	0.0816	0.0545	0.0365	0.0246	0.0166
44	0.6454	0.4184	0.2724	0.1780	0.1169	0.0770	0.0509	0.0338	0.0226	0.0151
45	0.6391	0.4102	0.2644	0.1712	0.1113	0.0727	0.0476	0.0313	0.0207	0.0137
46	0.6327	0.4022	0.2567	0.1646	0.1060	0.0685	0.0445	0.0290	0.0189	0.0125
47	0.6265	0.3943	0.2493	0.1582	0.1009	0.0647	0.0416	0.0269	0.0174	0.0113
48	0.6203	0.3865	0.2420	0.1522	0.0961	0.0610	0.0389	0.0249	0.0160	0.0103
49	0.6141	0.3790	0.2350	0.1463	0.0916	0.0575	0.0363	0.0230	0.0147	0.0094
50	0.6080	0.3715	0.2281	0.1407	0.0872	0.0543	0.0339	0.0213	0.0134	0.0085

表 A1－2 复利现值系数表(11%～15%)

期限＼利率	11%	12%	13%	14%	15%
1	0.9009	0.8929	0.8850	0.8772	0.8696
2	0.8116	0.7972	0.7831	0.7695	0.7561
3	0.7312	0.7118	0.6931	0.6750	0.6575
4	0.6587	0.6355	0.6133	0.5921	0.5718
5	0.5935	0.5674	0.5428	0.5194	0.4972
6	0.5346	0.5066	0.4803	0.4556	0.4323
7	0.4817	0.4523	0.4251	0.3996	0.3759
8	0.4339	0.4039	0.3762	0.3506	0.3269
9	0.3909	0.3606	0.3329	0.3075	0.2843
10	0.3522	0.3220	0.2946	0.2698	0.2472
11	0.3173	0.2875	0.2607	0.2366	0.2149
12	0.2858	0.2567	0.2307	0.2076	0.1869
13	0.2575	0.2292	0.2042	0.1821	0.1625
14	0.2320	0.2046	0.1807	0.1597	0.1413
15	0.2090	0.1827	0.1599	0.1401	0.1229
16	0.1883	0.1631	0.1415	0.1229	0.1069
17	0.1696	0.1456	0.1252	0.1078	0.0929
18	0.1528	0.1300	0.1108	0.0946	0.0808
19	0.1377	0.1161	0.0981	0.0829	0.0703
20	0.1240	0.1037	0.0868	0.0728	0.0611
21	0.1117	0.0926	0.0768	0.0638	0.0531
22	0.1007	0.0826	0.0680	0.0560	0.0462
23	0.0907	0.0738	0.0601	0.0491	0.0402
24	0.0817	0.0659	0.0532	0.0431	0.0349
25	0.0736	0.0588	0.0471	0.0378	0.0304
26	0.0663	0.0525	0.0417	0.0331	0.0264
27	0.0597	0.0469	0.0369	0.0291	0.0230
28	0.0538	0.0419	0.0326	0.0255	0.0200
29	0.0485	0.0374	0.0289	0.0224	0.0174
30	0.0437	0.0334	0.0256	0.0196	0.0151
31	0.0394	0.0298	0.0226	0.0172	0.0131
32	0.0355	0.0266	0.0200	0.0151	0.0114
33	0.0319	0.0238	0.0177	0.0132	0.0099
34	0.0288	0.0212	0.0157	0.0116	0.0086
35	0.0259	0.0189	0.0139	0.0102	0.0075
36	0.0234	0.0169	0.0123	0.0089	0.0065
37	0.0210	0.0151	0.0109	0.0078	0.0057
38	0.0190	0.0135	0.0096	0.0069	0.0049
39	0.0171	0.0120	0.0085	0.0060	0.0043
40	0.0154	0.0108	0.0075	0.0053	0.0037
41	0.0139	0.0096	0.0067	0.0047	0.0032
42	0.0125	0.0086	0.0059	0.0041	0.0028
43	0.0112	0.0076	0.0052	0.0036	0.0024
44	0.0101	0.0068	0.0046	0.0031	0.0021
45	0.0091	0.0061	0.0041	0.0027	0.0019
46	0.0082	0.0054	0.0036	0.0024	0.0016
47	0.0074	0.0049	0.0032	0.0021	0.0014
48	0.0067	0.0043	0.0028	0.0019	0.0012
49	0.0060	0.0039	0.0025	0.0016	0.0011
50	0.0054	0.0035	0.0022	0.0014	9.2280E(－4)

表 A1—3 复利现值系数表(16%~20%)

利率 期数	16%	17%	18%	19%	20%
1	0.8621	0.8547	0.8475	0.8403	0.8333
2	0.7432	0.7305	0.7182	0.7062	0.6944
3	0.6407	0.6244	0.6086	0.5934	0.5787
4	0.5523	0.5337	0.5158	0.4987	0.4823
5	0.4761	0.4561	0.4371	0.4190	0.4019
6	0.4104	0.3898	0.3704	0.3521	0.3349
7	0.3538	0.3332	0.3139	0.2959	0.2791
8	0.3050	0.2848	0.2660	0.2487	0.2326
9	0.2630	0.2434	0.2255	0.2090	0.1938
10	0.2267	0.2080	0.1911	0.1756	0.1615
11	0.1954	0.1778	0.1619	0.1476	0.1346
12	0.1685	0.1520	0.1372	0.1240	0.1122
13	0.1452	0.1299	0.1163	0.1042	0.0935
14	0.1252	0.1110	0.0985	0.0876	0.0779
15	0.1079	0.0949	0.0835	0.0736	0.0649
16	0.0930	0.0811	0.0708	0.0618	0.0541
17	0.0802	0.0693	0.0600	0.0520	0.0451
18	0.0691	0.0592	0.0508	0.0437	0.0376
19	0.0596	0.0506	0.0431	0.0367	0.0313
20	0.0514	0.0433	0.0365	0.0308	0.0261
21	0.0443	0.0370	0.0309	0.0259	0.0217
22	0.0382	0.0316	0.0262	0.0218	0.0181
23	0.0329	0.0270	0.0222	0.0183	0.0151
24	0.0284	0.0231	0.0188	0.0154	0.0126
25	0.0245	0.0197	0.0160	0.0129	0.0105
26	0.0211	0.0169	0.0152	0.0109	0.0087
27	0.0182	0.0144	0.0115	0.0091	0.0073
28	0.0157	0.0123	0.0097	0.0077	0.0061
29	0.0135	0.0105	0.0082	0.0064	0.0051
30	0.0116	0.0090	0.0070	0.0054	0.0042
31	0.0100	0.0077	0.0059	0.0046	0.0035
32	0.0087	0.0066	0.0050	0.0038	0.0029
33	0.0075	0.0056	0.0042	0.0032	0.0024
34	0.0064	0.0048	0.0036	0.0027	0.0020
35	0.0055	0.0041	0.0030	0.0023	0.0017
36	0.0048	0.0035	0.0026	0.0019	0.0014
37	0.0041	0.0030	0.0022	0.0016	0.0012
38	0.0036	0.0026	0.0019	0.0013	9.7974E(−4)
39	0.0031	0.0022	0.0016	0.0011	8.1645E(−4)
40	0.0026	0.0019	0.0013	9.5087E(−4)	6.8038E(−4)
41	0.0023	0.0016	0.0011	7.9905E(−4)	5.6698E(−4)
42	0.0020	0.0014	9.5710E(−4)	6.7147E(−4)	4.7248E(−4)
43	0.0017	0.0012	8.1110E(−4)	5.6426E(−4)	3.9374E(−4)
44	0.0015	9.9959E(−4)	6.8737E(−4)	4.7417E(−4)	3.2811E(−4)
45	0.0013	8.5435E(−4)	5.8252E(−4)	3.9846E(−4)	2.7343E(−4)
46	0.0011	7.3021E(−4)	4.9366E(−4)	3.3484E(−4)	2.2786E(−4)
47	9.3427E(−4)	6.2411E(−4)	4.1836E(−4)	2.8138E(−4)	1.8988E(−4)
48	8.0541E(−4)	5.3343E(−4)	3.5454E(−4)	2.3645E(−4)	1.5823E(−4)
49	6.9432E(−4)	4.5592E(−4)	3.0046E(−4)	1.9870E(−4)	1.3186E(−4)
50	5.9855E(−4)	3.8968E(−4)	2.5462E(−4)	1.6698E(−4)	1.0988E(−4)

表 A1—4　复利现值系数表(21%～25%)

利率 期数	21%	22%	23%	24%	25%
1	0.8264	0.8197	0.8130	0.8065	0.8000
2	0.6830	0.6719	0.6610	0.6504	0.6400
3	0.5645	0.5507	0.5374	0.5245	0.5120
4	0.4665	0.4514	0.4369	0.4230	0.4096
5	0.3855	0.3700	0.3552	0.3411	0.3277
6	0.3186	0.3033	0.2888	0.2751	0.2621
7	0.2633	0.2486	0.2348	0.2218	0.2097
8	0.2176	0.2038	0.1909	0.1789	0.1678
9	0.1799	0.1670	0.1552	0.1443	0.1342
10	0.1486	0.1369	0.1262	0.1164	0.1074
11	0.1228	0.1122	0.1026	0.0938	0.0859
12	0.1015	0.0920	0.0834	0.0757	0.0687
13	0.0839	0.0754	0.0678	0.0610	0.0550
14	0.0693	0.0618	0.0551	0.0492	0.0440
15	0.0573	0.0507	0.0448	0.0397	0.0352
16	0.0474	0.0415	0.0364	0.0320	0.0281
17	0.0391	0.0340	0.0296	0.0258	0.0225
18	0.0323	0.0279	0.0241	0.0208	0.0180
19	0.0267	0.0229	0.0196	0.0168	0.0144
20	0.0221	0.0187	0.0159	0.0135	0.0115
21	0.0183	0.0154	0.0129	0.0109	0.0092
22	0.0151	0.0126	0.0105	0.0088	0.0074
23	0.0125	0.0103	0.0086	0.0071	0.0059
24	0.0103	0.0085	0.0070	0.0057	0.0047
25	0.0085	0.0069	0.0057	0.0046	0.0038
26	0.0070	0.0057	0.0046	0.0037	0.0030
27	0.0058	0.0047	0.0037	0.0030	0.0024
28	0.0048	0.0038	0.0030	0.0024	0.0019
29	0.0040	0.0031	0.0025	0.0019	0.0015
30	0.0033	0.0026	0.0020	0.0016	0.0012
31	0.0027	0.0021	0.0016	0.0013	9.9035E(−4)
32	0.0022	0.0017	0.0013	0.0010	7.9228E(−4)
33	0.0019	0.0014	0.0011	8.2620E(−4)	6.3383E(−4)
34	0.0015	0.0012	8.7745E(−4)	6.6629E(−4)	5.0706E(−4)
35	0.0013	9.4931E(−4)	7.1338E(−4)	5.3733E(−4)	4.0565E(−4)
36	0.0010	7.7812E(−4)	5.7998E(−4)	4.3333E(−4)	3.2452E(−4)
37	8.6485E(−4)	6.3780E(−4)	4.7153E(−4)	3.4946E(−4)	2.5961E(−4)
38	7.1475E(−4)	5.2279E(−4)	3.8336E(−4)	2.8182E(−4)	2.0769E(−4)
39	5.9070E(−4)	4.2852E(−4)	3.1167E(−4)	2.2728E(−4)	1.6615E(−4)
40	4.8819E(−4)	3.5124E(−4)	2.5339E(−4)	1.8328E(−4)	1.3292E(−4)
41	4.0346E(−4)	2.8790E(−4)	2.0601E(−4)	1.4781E(−4)	1.0634E(−4)
42	3.3344E(−4)	2.3599E(−4)	1.6749E(−4)	1.1920E(−4)	8.5071E(−5)
43	2.7557E(−4)	1.9343E(−4)	1.3617E(−4)	9.6132E(−5)	6.8056E(−5)
44	2.2774E(−4)	1.5855E(−4)	1.1071E(−4)	7.7526E(−5)	5.4445E(−5)
45	1.8822E(−4)	1.2996E(−4)	9.0006E(−5)	6.2521E(−5)	4.3556E(−5)
46	1.5555E(−4)	1.0652E(−4)	7.3175E(−5)	5.0420E(−5)	3.4845E(−5)
47	1.2855E(−4)	8.7315E(−5)	5.9492E(−5)	4.0661E(−5)	2.7876E(−5)
48	1.0624E(−4)	7.1570E(−5)	4.8368E(−5)	3.2791E(−5)	2.2301E(−5)
49	8.7805E(−4)	5.8664E(−5)	3.9323E(−5)	2.6445E(−5)	1.7841E(−5)
50	7.2566E(−4)	4.8085E(−5)	3.1970E(−5)	2.1326E(−5)	1.4272E(−5)

表 A1—5 复利现值系数表(26%～30%)

利率 期数	26%	27%	28%	29%	30%
1	0.7937	0.7874	0.7813	0.7752	0.7692
2	0.6299	0.6200	0.6104	0.6009	0.5917
3	0.4999	0.4882	0.4768	0.4658	0.4552
4	0.3968	0.3844	0.3725	0.3611	0.3501
5	0.3149	0.3027	0.2910	0.2799	0.2693
6	0.2499	0.2383	0.2274	0.2170	0.2072
7	0.1983	0.1877	0.1776	0.1682	0.1594
8	0.1574	0.1478	0.1388	0.1304	0.1226
9	0.1249	0.1164	0.1084	0.1011	0.0943
10	0.0992	0.0916	0.0847	0.0784	0.0725
11	0.0787	0.0721	0.0662	0.0607	0.0558
12	0.0625	0.0568	0.0517	0.0471	0.0429
13	0.0496	0.0447	0.0404	0.0365	0.0330
14	0.0393	0.0352	0.0316	0.0283	0.0254
15	0.0312	0.0277	0.0247	0.0219	0.0195
16	0.0248	0.0218	0.0193	0.0170	0.0150
17	0.0197	0.0172	0.0150	0.0132	0.0116
18	0.0156	0.0135	0.0118	0.0102	0.0089
19	0.0124	0.0107	0.0092	0.0079	0.0068
20	0.0098	0.0084	0.0072	0.0061	0.0053
21	0.0078	0.0066	0.0056	0.0048	0.0040
22	0.0062	0.0052	0.0044	0.0037	0.0031
23	0.0049	0.0041	0.0034	0.0029	0.0024
24	0.0039	0.0032	0.0027	0.0022	0.0018
25	0.0031	0.0025	0.0021	0.0017	0.0014
26	0.0025	0.0020	0.0016	0.0013	0.0011
27	0.0019	0.0016	0.0013	0.0010	8.3855E(−4)
28	0.0015	0.0012	9.9568E(−4)	8.0073E(−4)	6.4504E(−4)
29	0.0012	9.7654E(−4)	7.7788E(−4)	6.2072E(−4)	4.9618E(−4)
30	9.7473E(−4)	7.6893E(−4)	6.0772E(−4)	4.8118E(−4)	3.8168E(−4)
31	7.7359E(−4)	6.0546E(−4)	4.7478E(−4)	3.7301E(−4)	2.9360E(−4)
32	6.1396E(−4)	4.7674E(−4)	3.7092E(−4)	2.8915E(−4)	2.2585E(−4)
33	4.8727E(−4)	3.7538E(−4)	2.8978E(−4)	2.2415E(−4)	1.7373E(−4)
34	3.8672E(−4)	2.9558E(−4)	2.2639E(−4)	1.7376E(−4)	1.3364E(−4)
35	3.0692E(−4)	2.3274E(−4)	1.7687E(−4)	1.3470E(−4)	1.0280E(−4)
36	2.4359E(−4)	1.8326E(−4)	1.3818E(−4)	1.0442E(−4)	7.9075E(−5)
37	1.9333E(−4)	1.4430E(−4)	1.0795E(−4)	8.0943E(−5)	6.0827E(−5)
38	1.5343E(−4)	1.1362E(−4)	8.4338E(−5)	6.2747E(−5)	4.6790E(−5)
39	1.2177E(−4)	8.9465E(−5)	6.5889E(−5)	4.8641E(−5)	3.5992E(−5)
40	9.6645E(−5)	7.0445E(−5)	5.1476E(−5)	3.7706E(−5)	2.7686E(−5)
41	7.6702E(−5)	5.5469E(−5)	4.0215E(−5)	2.9230E(−5)	2.1297E(−5)
42	6.0875E(−5)	4.3676E(−5)	3.1418E(−5)	2.2659E(−5)	1.6382E(−5)
43	4.8313E(−5)	3.4391E(−5)	2.4545E(−5)	1.7565E(−5)	1.2602E(−5)
44	3.8344E(−5)	2.7079E(−5)	1.9176E(−5)	1.3616E(−5)	9.6938E(−6)
45	3.0432E(−5)	2.1322E(−5)	1.4981E(−5)	1.0555E(−5)	7.4567E(−6)
46	2.4152E(−5)	1.6789E(−5)	1.1704E(−5)	8.1823E(−6)	5.7360E(−6)
47	1.9168E(−5)	1.3220E(−5)	9.1439E(−6)	6.3428E(−6)	4.4123E(−6)
48	1.5213E(−5)	1.0409E(−5)	7.1437E(−6)	4.9169E(−6)	3.3941E(−6)
49	1.2074E(−5)	8.1963E(−6)	5.5810E(−6)	3.8116E(−6)	2.6108E(−6)
50	9.5824E(−6)	6.4538E(−6)	4.3602E(−6)	2.9547E(−6)	2.0083E(−6)

表 A1－6 复利现值系数表(31%～35%)

期数＼利率	31%	32%	33%	34%	35%
1	0.7634	0.7576	0.7519	0.7463	0.7407
2	0.5827	0.5739	0.5653	0.5569	0.5487
3	0.4448	0.4348	0.4251	0.4156	0.4064
4	0.3396	0.3294	0.3196	0.3102	0.3011
5	0.2592	0.2495	0.2403	0.2315	0.2230
6	0.1979	0.1890	0.1807	0.1727	0.1652
7	0.1510	0.1432	0.1358	0.1289	0.1224
8	0.1153	0.1085	0.1021	0.0962	0.0906
9	0.0880	0.0822	0.0768	0.0718	0.0671
10	0.0672	0.0623	0.0577	0.0536	0.0497
11	0.0513	0.0472	0.0434	0.0400	0.0368
12	0.0392	0.0357	0.0326	0.0298	0.0273
13	0.0299	0.0271	0.0245	0.0223	0.0202
14	0.0228	0.0205	0.0185	0.0166	0.0150
15	0.0174	0.0155	0.0139	0.0124	0.0111
16	0.0133	0.0133	0.0104	0.0093	0.0082
17	0.0101	0.0101	0.0078	0.0069	0.0061
18	0.0077	0.0068	0.0059	0.0052	0.0045
19	0.0059	0.0051	0.0044	0.0038	0.0033
20	0.0045	0.0039	0.0033	0.0029	0.0025
21	0.0034	0.0029	0.0025	0.0021	0.0018
22	0.0026	0.0022	0.0019	0.0016	0.0014
23	0.0020	0.0017	0.0014	0.0012	0.0010
24	0.0015	0.0013	0.0011	8.9019E(−4)	7.4471E(−4)
25	0.0012	9.6750E(−4)	8.0114E(−4)	6.6432E(−4)	5.5164E(−4)
26	8.9320E(−4)	7.3296E(−4)	6.0236E(−4)	4.9576E(−4)	4.0862E(−4)
27	6.8183E(−4)	5.5527E(−4)	4.5290E(−4)	3.6997E(−4)	3.0268E(−4)
28	5.2048E(−4)	4.2066E(−4)	3.4052E(−4)	2.7610E(−4)	2.2421E(−4)
29	3.9731E(−4)	3.9731E(−4)	2.5604E(−4)	2.0604E(−4)	1.6608E(−4)
30	3.0329E(−4)	2.4142E(−4)	1.9250E(−4)	1.5376E(−4)	1.2302E(−4)
31	2.3152E(−4)	1.8290E(−4)	1.4474E(−4)	1.1475E(−4)	9.1128E(−5)
32	1.7673E(−4)	1.3856E(−4)	1.0883E(−4)	8.5634E(−5)	6.7502E(−5)
33	1.3491E(−4)	1.0497E(−4)	8.1827E(−5)	6.3906E(−5)	5.0002E(−5)
34	1.0299E(−4)	7.9522E(−5)	6.1524E(−5)	4.7691E(−5)	3.7038E(−5)
35	7.8615E(−5)	6.0244E(−5)	4.6259E(−5)	3.5590E(−5)	2.7436E(−5)
36	6.0011E(−5)	4.5639E(−5)	3.4781E(−5)	2.6560E(−5)	2.0323E(−5)
37	4.5810E(−5)	3.4575E(−5)	2.6151E(−5)	1.9821E(−5)	1.5054E(−5)
38	3.4970E(−5)	2.6193E(−5)	1.9662E(−5)	1.4792E(−5)	1.1151E(−5)
39	2.6694E(−5)	1.9843E(−5)	1.4784E(−5)	1.1039E(−5)	8.2601E(−6)
40	2.0377E(−5)	1.5033E(−5)	1.1116E(−5)	8.2377E(−6)	6.1186E(−6)
41	1.5555E(−5)	1.1389E(−5)	8.3576E(−6)	6.1476E(−6)	4.5323E(−6)
42	1.1874E(−5)	8.6277E(−6)	6.2839E(−6)	4.5877E(−6)	3.3572E(−6)
43	9.0643E(−6)	6.5361E(−6)	4.7248E(−6)	3.4237E(−6)	2.4868E(−6)
44	6.9193E(−6)	4.9516E(−6)	3.5524E(−6)	2.5550E(−6)	1.8421E(−6)
45	5.2819E(−6)	3.7512E(−6)	2.6710E(−6)	1.9067E(−6)	1.3645E(−6)
46	4.0320E(−6)	2.8418E(−6)	2.0083E(−6)	1.4229E(−6)	1.0108E(−6)
47	3.0779E(−6)	2.1529E(−6)	1.5100E(−6)	1.0619E(−6)	7.4871E(−7)
48	2.3495E(−6)	1.6310E(−6)	1.1353E(−6)	7.9245E(−7)	5.5460E(−7)
49	1.7935E(−6)	1.2356E(−6)	8.5363E(−7)	5.9138E(−7)	4.1081E(−7)
50	1.3691E(−6)	9.3606E(−7)	6.4183E(−7)	4.4133E(−7)	3.0431E(−7)

表 A1-7 复利现值系数表(36%~40%)

利率 期数	36%	37%	38%	39%	40%
1	0.7353	0.7299	0.7246	0.7194	0.7143
2	0.5407	0.5328	0.5251	0.5176	0.5102
3	0.3975	0.3889	0.3805	0.3724	0.3644
4	0.2923	0.2839	0.2757	0.2679	0.2603
5	0.2149	0.2072	0.1998	0.1927	0.1859
6	0.1580	0.1512	0.1448	0.1386	0.1328
7	0.1162	0.1104	0.1049	0.0997	0.0949
8	0.0854	0.0806	0.0760	0.0718	0.0678
9	0.0628	0.0588	0.0551	0.0516	0.0484
10	0.0462	0.0429	0.0399	0.0371	0.0346
11	0.0340	0.0313	0.0289	0.0267	0.0247
12	0.0250	0.0229	0.0210	0.0192	0.0176
13	0.0184	0.0167	0.0152	0.0138	0.0126
14	0.0135	0.0122	0.0110	0.0099	0.0090
15	0.0099	0.0089	0.0080	0.0072	0.0064
16	0.0073	0.0065	0.0058	0.0051	0.0046
17	0.0054	0.0047	0.0042	0.0037	0.0033
18	0.0039	0.0035	0.0030	0.0027	0.0023
19	0.0029	0.0025	0.0022	0.0019	0.0017
20	0.0021	0.0018	0.0016	0.0014	0.0012
21	0.0016	0.0013	0.0012	9.9241E(−4)	8.5371E(−4)
22	0.0012	9.8208E(−4)	8.3687E(−4)	7.1396E(−4)	6.0979E(−4)
23	8.4841E(−4)	7.1685E(−4)	6.0643E(−4)	5.1364E(−4)	4.3557E(−4)
24	6.2383E(−4)	5.2325E(−4)	4.3944E(−4)	3.6953E(−4)	3.1112E(−4)
25	4.5870E(−4)	3.8193E(−4)	3.1844E(−4)	2.6585E(−4)	2.2223E(−4)
26	3.3728E(−4)	2.7878E(−4)	2.3075E(−4)	1.9126E(−4)	1.5873E(−4)
27	2.4800E(−4)	2.0350E(−4)	1.6721E(−4)	1.3759E(−4)	1.1338E(−4)
28	1.8235E(−4)	1.4853E(−4)	1.2117E(−4)	9.8989E(−5)	8.0987E(−5)
29	1.3408E(−4)	1.0842E(−4)	8.7802E(−5)	7.1215E(−5)	5.7848E(−5)
30	9.8590E(−5)	7.9138E(−5)	6.3625E(−5)	5.1234E(−5)	4.1320E(−5)
31	7.2493E(−5)	5.7765E(−5)	4.6105E(−5)	3.6859E(−5)	2.9514E(−5)
32	5.3303E(−5)	4.2164E(−5)	3.3409E(−5)	2.6517E(−5)	2.1082E(−5)
33	3.9194E(−5)	3.0777E(−5)	2.4210E(−5)	1.9077E(−5)	1.5058E(−5)
34	2.8819E(−5)	2.2465E(−5)	1.7543E(−5)	1.3725E(−5)	1.0756E(−5)
35	2.1190E(−5)	1.6398E(−5)	1.2713E(−5)	9.8737E(−6)	7.6828E(−6)
36	1.5581E(−5)	1.1969E(−5)	9.2120E(−6)	7.1034E(−6)	5.4877E(−6)
37	1.1457E(−5)	8.7365E(−6)	6.6753E(−6)	5.1104E(−6)	3.9198E(−6)
38	8.4241E(−6)	6.3770E(−6)	4.8372E(−6)	3.6765E(−6)	2.7999E(−6)
39	6.1942E(−6)	4.6548E(−6)	3.5052E(−6)	2.6450E(−6)	1.9999E(−6)
40	4.5545E(−6)	3.3976E(−6)	2.5400E(−6)	1.9029E(−6)	1.4285E(−6)
41	3.3489E(−6)	2.4800E(−6)	1.8406E(−6)	1.3690E(−6)	1.0204E(−6)
42	2.4624E(−6)	1.8102E(−6)	1.3338E(−6)	9.8487E(−7)	7.2882E(−7)
43	1.8106E(−6)	1.3213E(−6)	9.6649E(−7)	7.0854E(−7)	5.2059E(−7)
44	1.3313E(−6)	9.6448E(−7)	7.0036E(−7)	5.0974E(−7)	3.7185E(−7)
45	9.7892E(−7)	7.0400E(−7)	5.0751E(−7)	3.6672E(−7)	2.6561E(−7)
46	7.1980E(−7)	5.1387E(−7)	3.6776E(−7)	2.6383E(−7)	1.8972E(−7)
47	5.2926E(−7)	3.7509E(−7)	2.6649E(−7)	1.8980E(−7)	1.3551E(−7)
48	3.8916E(−7)	2.7379E(−7)	1.9311E(−7)	1.3655E(−7)	9.6795E(−8)
49	2.8615E(−7)	1.9984E(−7)	1.3993E(−7)	9.8237E(−8)	6.9140E(−8)
50	2.1040E(−7)	1.4587E(−7)	1.0140E(−7)	7.0674E(−8)	4.9385E(−8)

附录二 复利终值系数表(*F*/*P*,*i*,*n*)

表 A2—1 复利终值系数表(1%～5%)

利率 期数	1%	2%	3%	4%	5%
1	1.0100	1.0200	1.0300	1.0400	1.0500
2	1.0201	1.0404	1.0609	1.0816	1.1025
3	1.0303	1.0612	1.0927	1.1249	1.1576
4	1.0406	1.0824	1.1255	1.1699	1.2155
5	1.0510	1.1041	1.1527	1.2167	1.2763
6	1.0615	1.1262	1.1941	1.2653	1.3401
7	1.0721	1.1487	1.2299	1.3159	1.4071
8	1.0829	1.1717	1.2668	1.3686	1.4775
9	1.0937	1.1951	1.3048	1.4233	1.5513
10	1.1046	1.2190	1.3439	1.4802	1.6289
11	1.1157	1.2434	1.3842	1.5395	1.7103
12	1.1268	1.2684	1.4258	1.6010	1.7959
13	1.1381	1.2936	1.4685	1.6651	1.8856
14	1.1495	1.3195	1.5126	1.7317	1.9799
15	1.1610	1.3459	1.5580	1.8009	2.0789
16	1.1726	1.3728	1.6047	1.8730	2.1829
17	1.1843	3.4002	1.6528	1.9479	2.2920
18	1.1961	1.4282	1.7024	2.0258	2.4066
19	1.2081	1.4568	1.7535	2.1068	2.5270
20	1.2202	1.4859	1.8061	2.1911	2.6533
21	1.2324	1.5157	1.8603	2.2788	2.7860
22	1.2447	1.5460	1.9161	2.3699	2.9253
23	1.2572	1.5769	1.9735	2.4647	3.0715
24	1.2697	1.6084	2.0328	2.5633	3.2251
25	1.2824	1.6406	2.0938	2.6658	3.3864
26	1.2953	1.6734	2.1566	2.7725	3.5557
27	1.3082	1.7069	2.2213	2.8834	3.7335
28	1.3213	1.7410	2.2879	2.9987	3.9201
29	1.3345	1.7758	2.3566	3.1187	4.1161
30	1.3478	1.8114	2.4273	3.2434	4.3219
31	1.3613	1.8476	2.5001	3.3731	4.5380
32	1.3749	1.8845	2.5751	3.5081	4.7649
33	1.3887	1.9222	2.6523	3.6484	5.0032
34	1.4026	1.9607	2.7319	3.7943	5.2533
35	1.4166	1.9999	2.8139	3.9461	5.5160
36	1.4308	2.0399	2.8983	4.1039	5.7918
37	1.4451	2.0807	2.9852	4.2681	6.0814
38	1.4595	2.1223	3.0748	4.4388	6.3855
39	1.4741	2.1647	3.1670	4.6164	6.7048
40	1.4889	2.2080	3.2620	4.8010	7.0400
41	1.5038	2.2522	3.3599	4.9931	7.3920
42	1.5188	2.2972	3.4607	5.1928	7.7616
43	1.5340	2.3432	3.5645	5.4005	8.1500
44	1.5493	2.3901	3.6715	5.6165	8.5572
45	1.5648	2.4379	3.7816	5.8412	8.9850
46	1.5805	2.4866	3.8950	6.0748	9.4343
47	1.5963	2.5363	4.0119	6.3178	9.9060
48	1.6122	2.5871	4.1323	6.5705	10.4013
49	1.6283	2.6388	4.2562	6.8333	10.9213
50	1.6446	2.6916	4.3839	7.1067	11.4674

表 A2-2 复利终值系数表(6%~10%)

利率 期数	6%	7%	8%	9%	10%
1	1.0600	1.0700	1.0800	1.0900	1.1000
2	1.1236	1.1449	1.1664	1.1881	1.2100
3	1.1910	1.2250	1.2597	1.2950	1.3310
4	1.2625	1.3108	1.3605	1.4116	1.4641
5	1.3382	1.4026	1.4693	1.5386	1.6105
6	1.4185	1.5007	1.5869	1.6771	1.7716
7	1.5036	1.6058	1.7138	1.8280	1.9487
8	1.5938	1.7182	1.8509	1.9926	2.1436
9	1.6895	1.8385	1.9990	2.1719	2.3579
10	1.7908	1.9672	2.1589	2.3674	2.5937
11	1.8983	2.1049	2.3316	2.5804	2.8531
12	2.0122	2.2522	2.5182	2.8127	3.1384
13	2.1329	2.4098	2.7196	3.0658	3.4522
14	2.2609	2.5785	2.9372	3.3417	3.7975
15	2.3966	2.7590	3.1722	3.6425	4.1772
16	2.5404	2.9522	3.4259	3.9703	4.5950
17	2.6928	3.1588	3.7000	4.3276	5.0545
18	2.8543	3.3799	3.9960	4.7171	5.5599
19	3.0256	3.6165	4.3157	5.1417	6.1159
20	3.2071	3.8697	4.6610	5.6044	6.7275
21	3.3996	4.1406	5.0338	6.1088	7.4002
22	3.6035	4.4304	5.4365	6.6586	8.1403
23	3.8198	4.7405	5.8715	7.2579	8.9543
24	4.0489	5.0724	6.3412	7.9111	9.8497
25	4.2919	5.4274	6.8485	8.6231	10.8347
26	4.5494	5.8074	7.3964	9.3992	11.9182
27	4.8223	6.2139	7.9881	10.2451	13.1100
28	5.1117	6.6488	8.6271	11.1671	14.4210
29	5.4184	7.1143	9.3173	12.1722	15.8631
30	5.7435	7.6123	10.0627	13.2677	17.4494
31	6.0881	8.1451	10.8677	14.4618	19.1943
32	6.4534	8.7153	11.7371	15.7633	21.1138
33	6.8406	9.3253	12.6760	17.1820	23.2252
34	7.2510	9.9781	13.6901	18.7284	25.5477
35	7.6861	10.6766	14.7853	20.4140	28.1024
36	8.1473	11.4239	15.9682	22.2512	30.9127
37	8.6361	12.2236	17.2456	24.2538	34.0039
38	9.1543	13.0793	18.6253	26.4367	37.4043
39	9.7035	13.9948	20.1153	28.8160	41.1448
40	10.2857	14.9745	21.7245	31.4094	45.2593
41	10.9029	16.0227	23.4625	34.2363	49.7852
42	11.5570	17.1443	25.3395	37.3175	54.7637
43	12.2505	18.3444	27.3666	40.6761	60.2401
44	12.9855	19.6285	29.5560	44.3370	66.2641
45	13.7646	21.0025	31.9204	48.3273	72.8905
46	14.5905	22.4726	34.4741	52.6767	80.1795
47	15.4659	24.0457	37.2320	57.4176	88.1975
48	16.3939	25.7289	40.2106	62.5852	97.0172
49	17.3775	27.5299	43.4274	68.2179	106.7190
50	18.4202	29.4570	46.9016	74.3575	117.3909

表 A2—3 复利终值系数表(11%～15%)

利率 期数	11%	12%	13%	14%	15%
1	1.1100	1.1200	1.1300	1.1400	1.1500
2	1.2321	1.2544	1.2769	1.2996	1.3225
3	1.3676	1.4049	1.4429	1.4815	1.5209
4	1.5181	1.5735	1.6305	1.6890	1.7490
5	1.6851	1.7623	1.8424	1.9254	2.0114
6	1.8704	1.9738	2.0820	2.1950	2.3131
7	2.0762	2.2107	2.3526	2.5023	2.6600
8	2.3045	2.4760	2.6584	2.8526	3.0590
9	2.5580	2.7731	3.0040	3.2519	3.5179
10	2.8394	3.1058	3.3946	3.7072	4.0456
11	3.1518	3.4785	3.8359	4.2262	4.6524
12	3.4985	3.8960	4.3345	4.8179	5.3503
13	3.8833	4.3635	4.8980	5.4924	6.1528
14	4.3104	4.8871	5.5348	6.2613	7.0757
15	4.7846	5.4736	6.2543	7.1379	8.1371
16	5.3109	6.1304	7.0673	8.1372	9.3576
17	5.8951	6.8660	7.9861	9.2765	10.7613
18	6.5436	7.6900	9.0243	10.5752	12.3755
19	7.2633	8.6128	10.1974	12.0557	14.2318
20	8.0623	9.6463	11.5231	13.7435	16.3665
21	8.9492	10.8038	13.0211	15.6676	18.8215
22	9.9336	12.1003	14.7138	17.8610	21.6447
23	11.0263	13.5523	16.6266	20.3616	24.8915
24	12.2392	15.1786	18.7881	23.2122	28.6252
25	13.5855	17.0001	21.2305	26.4619	32.9190
26	15.0799	19.0401	23.9905	30.1666	37.8568
27	16.7386	21.3249	27.1093	34.3899	43.5353
28	18.5799	23.8839	30.6335	39.2045	50.0656
29	20.6237	26.7499	34.6158	44.6931	57.5755
30	22.8923	29.9599	39.1159	50.9502	66.2118
31	25.4104	33.5551	44.2010	58.0832	76.1435
32	28.2056	37.5817	49.9471	66.2148	87.5651
33	31.3082	42.0915	56.4402	75.4849	100.6998
34	34.7521	47.1425	63.7774	86.0528	115.8048
35	38.5749	52.7996	72.0685	98.1002	133.1755
36	42.8181	59.1356	81.4374	111.8342	153.1519
37	47.5281	66.2318	92.0243	127.4910	176.1246
38	52.7562	74.1797	103.9874	145.3397	202.5433
39	58.5593	83.0812	117.5058	165.6873	232.9248
40	65.0009	93.0510	132.7816	188.8835	267.8635
41	72.1510	104.2171	150.0432	215.3272	308.0431
42	80.0876	116.2314	169.5488	245.4730	354.2495
43	88.8972	130.7299	191.5901	279.8392	407.3870
44	98.6759	146.4175	216.4968	319.0167	468.4950
45	109.5302	163.9876	244.6414	363.6791	538.7693
46	121.5786	183.6661	276.4448	414.5941	619.5847
47	134.9522	205.7061	312.3826	472.6373	712.5224
48	149.7970	230.3908	352.9923	538.8065	819.4007
49	166.2746	258.0377	398.8813	614.2395	942.3108
50	184.5648	289.0022	450.7359	700.2330	1 083.6574

表 A2—4 复利终值系数表(16%～20%)

利率 期数	16%	17%	18%	19%	20%
1	1.1600	1.1700	1.1800	1.1900	1.2000
2	1.3456	1.3689	1.3924	1.4161	1.4400
3	1.5609	1.6016	1.6430	1.6852	1.7280
4	1.8106	1.8739	1.9388	2.0053	2.0736
5	2.1003	2.1924	2.2878	2.3864	2.4883
6	2.4364	2.5652	2.6996	2.8398	2.9860
7	2.8262	3.0012	3.1855	3.3793	3.5832
8	3.2784	3.5115	3.7589	4.0214	4.2998
9	3.8030	4.1084	4.4355	4.7854	5.1598
10	4.4114	4.8068	5.2338	5.6947	6.1917
11	5.1173	5.6240	6.1759	6.7767	7.4301
12	5.9360	6.5801	7.2876	8.0642	8.9161
13	6.8858	7.6987	8.5994	9.5964	10.6993
14	7.9875	9.0075	10.1472	11.4198	12.8392
15	9.2655	10.5387	11.9737	13.5895	15.4070
16	10.7480	12.3303	14.1290	16.1715	18.4884
17	12.4677	14.4265	16.6722	19.2441	22.1861
18	14.4625	16.8790	19.6733	22.9005	26.6233
19	16.7765	19.7484	23.2144	27.2516	31.9480
20	19.4608	23.1056	27.3930	32.4294	38.3376
21	22.5745	27.0336	32.3238	38.5910	46.0051
22	26.1864	31.6293	38.1421	45.9233	55.2061
23	30.3762	37.0062	45.0076	54.6487	66.2474
24	35.2364	43.2973	53.1090	65.0320	79.4968
25	40.8742	50.6578	62.6686	77.3881	95.3962
26	47.4141	59.2697	73.9490	92.0918	114.4755
27	55.0004	69.3455	87.2598	109.5893	137.3706
28	63.8004	81.1342	102.9666	130.4112	164.8447
29	74.0085	94.9271	121.5005	155.1893	197.8136
30	85.8499	111.0647	143.3706	184.6753	237.3763
31	99.5859	129.9456	169.1774	219.7636	284.8516
32	115.5196	152.0364	199.6293	261.5187	341.8219
33	134.0027	177.8826	235.5625	311.2073	410.1863
34	155.4432	208.1226	277.9638	370.3366	492.2235
35	180.3141	243.5035	327.9973	440.7006	590.6682
36	209.1643	284.8991	387.0368	524.4337	708.8019
37	242.6306	333.3319	456.7034	624.0761	850.5623
38	281.4515	389.9983	538.9100	742.6506	1 020.6747
39	326.4838	456.2980	635.9139	883.7542	1 224.8096
40	378.7212	533.8687	750.3783	1 051.6675	1 469.7716
41	439.3165	624.6264	885.4464	1 251.4843	1 763.7259
42	509.6072	730.8129	1 044.8268	1 489.2664	2 116.4711
43	591.1443	855.0511	1 232.8956	1 772.2270	2 539.7653
44	685.7274	1 000.4098	1 454.8168	2 108.9501	3 047.7183
45	795.4438	1 170.4794	1 716.6839	2 509.6506	3 657.2620
46	922.7148	1 369.4609	2 025.6870	2 986.4842	4 388.7144
47	1 070.3492	1 602.2692	2 390.3106	3 553.9162	5 266.4573
48	1 241.6051	1 874.6550	2 820.5665	4 229.1603	6 319.7487
49	1 440.2619	2 193.3464	3 328.2685	5 032.7008	7 583.6985
50	1 670.7038	2 566.2153	3 927.3569	5 988.9139	9 100.4182

表 A2—5 复利终值系数表(21%～25%)

利率 期数	21%	22%	23%	24%	25%
1	1.2100	1.2200	1.2300	1.2400	1.2500
2	1.4641	1.4884	1.5129	1.5376	1.5625
3	1.7716	1.8158	1.8609	1.9066	1.9531
4	2.1436	2.2153	2.2889	2.3642	2.4414
5	2.5937	2.7027	2.8153	2.9316	3.0518
6	3.1384	3.2973	3.4628	3.6352	3.8147
7	3.7975	4.0227	4.2593	4.5077	4.7684
8	4.5950	4.9077	5.2389	5.5895	5.9605
9	5.5599	5.9874	6.4439	6.9310	7.4506
10	6.7275	7.3046	7.9259	8.5944	9.3132
11	8.1403	8.9117	9.7489	10.6571	11.6415
12	9.8497	10.8722	11.9912	13.2148	14.5519
13	11.9182	13.2641	14.7491	16.3863	18.1899
14	14.4210	16.1822	18.1414	20.3191	22.7374
15	17.4494	19.7423	22.3140	25.1956	28.4217
16	21.1138	24.0856	27.4462	31.2426	35.5271
17	25.5477	29.3844	33.7588	38.7408	44.4089
18	30.9127	35.8490	41.5233	48.0386	55.5112
19	37.4043	43.7358	51.0737	59.5679	69.3889
20	45.2593	53.3576	62.8206	73.8641	86.7362
21	54.7637	65.0963	77.2694	91.5915	108.4202
22	66.2641	79.4175	95.0413	113.5735	135.5253
23	80.1795	96.8893	116.9008	140.8312	169.4066
24	97.0172	118.2050	143.7880	174.6306	211.7582
25	117.3909	144.2101	176.8593	216.5420	264.6978
26	142.0429	175.9364	217.5369	268.5121	330.8722
27	171.8719	214.6424	267.5704	332.9550	413.5903
28	207.9651	261.8637	329.1115	412.8642	516.9879
29	251.6377	319.4737	404.8072	511.9516	646.2349
30	304.4816	389.7579	497.9129	634.8199	807.7936
31	368.4228	475.5046	612.4328	787.1767	1 009.7420
32	445.7916	580.1156	753.2924	976.0991	1 262.1774
33	539.4078	707.7411	926.5496	1 210.3629	1 577.7218
34	652.6834	863.4441	1 139.6560	1 500.8500	1 972.1523
35	789.7470	1 053.4018	1 401.7769	1 861.0540	2 465.1903
36	955.5938	1 285.1502	1 724.1856	2 307.7070	3 081.4879
37	1 156.2685	1 567.8833	2 120.7483	2 861.5567	3 851.8599
38	1 399.0849	1 912.8176	2 608.5204	3 548.3303	4 814.8249
39	1 692.8927	2 333.6375	3 208.4801	4 399.9295	6 018.5311
40	2 048.4002	2 847.0378	3 946.4305	5 455.9126	7 523.1638
41	2 478.5643	3 473.3861	4 854.1095	6 765.3317	9 403.9548
42	2 999.0628	4 237.5310	5 970.5547	8 389.0113	11 754.9435
43	3 628.8659	5 169.7878	7 343.7823	10 402.3740	14 693.6794
44	4 390.9278	6 307.1411	9 032.8522	12 898.9437	18 367.0992
45	5 313.0226	7 694.7122	11 110.4082	15 994.6902	22 958.8740
46	6 428.7574	9 387.5489	13 665.8021	19 833.4158	28 698.5926
47	7 778.7964	11 452.8096	16 808.9365	24 593.4356	35 873.2407
48	9 412.3437	13 972.4277	20 674.9920	30 495.8602	44 841.5509
49	11 388.9358	17 046.3619	25 430.2401	37 814.8666	56 051.9386
50	13 780.6123	20 796.5615	31 279.1953	46 890.4346	70 064.9232

表 A2—6 复利终值系数表(26%~30%)

期数 \ 利率	26%	27%	28%	29%	30%
1	1.2600	1.2700	1.2800	1.2900	1.3000
2	1.5876	1.6129	1.6834	1.6641	1.6900
3	2.0004	2.0484	2.0972	2.1467	2.1970
4	2.5205	2.6014	2.6844	2.7692	2.8561
5	3.1758	3.3038	3.4360	3.5723	3.7129
6	4.0015	4.1959	4.3980	4.6083	4.8268
7	5.0419	5.3288	5.6295	5.9447	6.2749
8	6.3528	6.7675	7.2058	7.6686	8.1573
9	8.0045	8.5947	9.2234	9.8925	10.6045
10	10.0857	10.9153	11.8059	12.7614	13.7858
11	12.7080	13.8625	15.1116	16.4622	17.9216
12	16.0120	17.6053	19.3428	21.2362	23.2981
13	20.1752	22.3588	24.7588	27.3947	30.2875
14	25.4207	28.3957	31.6913	35.3391	39.3738
15	32.0301	36.0625	40.5648	45.5875	51.1859
16	40.3579	45.7994	51.9230	58.8079	66.5417
17	50.8510	58.1652	66.4614	75.8621	86.5042
18	64.0722	73.8698	85.0706	97.8622	112.4554
19	80.7310	93.8147	108.8904	126.2422	146.1920
20	101.7211	119.1446	139.3797	162.8524	190.0496
21	128.1685	151.3137	178.4060	210.0796	247.0645
22	161.4624	192.1683	228.3596	271.0027	321.1839
23	203.4804	244.0538	292.3003	349.5935	417.5391
24	256.3853	309.0483	374.1444	450.9756	542.8008
25	323.0454	393.6344	478.9049	581.7585	705.6410
26	407.0373	499.9157	612.9982	750.4685	917.3333
27	512.8670	634.8929	784.6377	968.1044	1 192.5333
28	646.2124	806.3140	1 004.3363	1 248.8546	1 550.2933
29	814.2276	1 024.0187	1 285.5504	1 611.0225	2 015.3813
30	1 025.9267	1 300.5038	1 645.5046	2 078.2190	2 619.9956
31	1 292.6677	1 651.6398	2 106.2458	2 680.9025	3 405.9943
32	1 628.7613	2 097.5826	2 695.9947	3 458.3642	4 427.7926
33	2 052.2392	2 663.9299	3 450.8732	4 461.2898	5 756.1304
34	2 585.8215	3 383.1910	4 417.1177	5 755.0639	7 482.9696
35	3 258.1350	4 296.6525	5 653.9106	7 424.0324	9 727.8604
36	4 105.2501	5 456.7487	7 237.0056	9 577.0018	12 646.2186
37	5 172.6152	6 930.0709	9 263.3671	12 354.3324	16 440.0841
38	6 517.4951	8 801.1900	11 857.1099	15 937.0888	21 372.1094
39	8 212.0438	11 177.5113	15 177.1007	20 558.8445	27 783.7422
40	10 347.1753	14 195.4393	19 426.6889	26 520.9094	36 118.8648
41	13 037.4408	18 028.2080	24 866.1618	34 211.9731	46 954.5243
42	16 427.1754	22 895.8241	31 828.6871	44 133.4453	61 040.8815
43	20 698.2410	29 077.6966	40 740.7195	56 932.1445	79 353.1460
44	26 079.7837	36928.6747	52 148.1210	73 442.4664	103 159.0898
45	32 860.5275	46 899.4169	66 749.5949	94 740.7816	134 106.8167
46	41 404.2646	59 562.2594	85 439.4814	122 215.6083	174 338.8617
47	52 169.3734	75 644.0695	109 362.5362	157 658.1347	226 640.5202
48	65 733.4105	96 067.9683	139 984.0464	203 378.9938	294 632.6763
49	82 824.0972	122 006.3197	179 179.5794	262 358.9020	383 022.4792
50	104 358.3625	154 948.0260	229 349.8616	338 442.9836	497 929.2230

表 A2－7 复利终值系数表(31%～35%)

利率 / 期数	31%	32%	33%	34%	35%
1	1.3100	1.3200	1.3300	1.3400	1.3500
2	1.7161	1.7424	1.7689	1.7956	1.8225
3	2.2481	2.2999	2.3526	2.4061	2.4604
4	2.9450	3.0360	3.1290	3.2242	3.3215
5	3.8579	4.0075	4.1616	4.3204	4.4840
6	5.0539	5.2899	5.5349	5.7893	6.0534
7	6.6206	6.9826	7.3614	7.7577	8.1722
8	8.6730	9.2170	9.7907	10.3953	11.0324
9	11.3617	12.1665	13.0216	13.9297	14.8937
10	14.8838	16.0598	17.3187	18.6659	20.1066
11	19.4977	21.1989	23.0339	25.0113	27.1439
12	25.5420	27.9825	30.6351	33.5164	36.6442
13	33.4601	36.9370	40.7447	44.9120	49.4697
14	43.8327	48.7568	54.1905	60.1821	66.7841
15	57.4208	64.3590	72.0733	80.6440	90.1585
16	75.2213	84.9538	95.8575	108.0629	121.7139
17	98.5399	112.1390	127.4905	144.8043	164.3138
18	129.0872	148.0235	169.5624	194.0378	221.8236
19	169.1043	195.3911	225.5180	260.0107	299.4619
20	221.5266	257.9162	299.9389	348.4143	404.2736
21	290.1999	340.4494	398.9188	466.8752	545.7693
22	380.1618	449.3932	530.5620	625.6127	736.7886
23	498.0120	593.1990	705.6474	838.3210	994.6646
24	652.3957	783.0227	938.5110	1 123.3502	1 342.7973
25	854.6384	1 033.5900	1 248.2197	1 505.2892	1 812.7763
26	1 119.5763	1 364.3387	1 660.1322	2 017.0876	2 447.2480
27	1 466.6449	1 800.9271	2 207.9758	2 702.8974	3 303.7848
28	1 921.3048	2 377.2238	2 936.6078	3 621.8825	4 460.1095
29	2 516.9093	3 137.9354	3 905.6884	4 853.3225	6 021.1478
30	3 297.1512	4 142.0748	5 194.5655	6 503.4522	8 128.5495
31	4 319.2681	5 467.5387	6 908.7722	8 714.6259	10 973.5418
32	5 658.2413	7 217.1511	9 188.6670	11 677.5987	14 814.2815
33	7 412.2960	9 526.6395	12 220.9271	15 647.9823	19 999.2800
34	9 710.1078	12 575.1641	16 253.8330	20 968.2963	26 999.0280
35	12 720.2412	16 599.2166	21 617.5979	28 097.5170	36 448.6878
36	16 663.5160	21 910.9659	28 751.4052	37 650.6728	49 205.7285
37	21 829.2060	28 922.4750	38 239.3689	50 451.9015	66 427.7335
38	28 596.2599	38 177.6670	50 858.3606	67 705.5481	89 677.4402
39	37 461.1004	50 394.5205	67 641.6196	90 591.4344	121 064.5442
40	49 074.0415	66 520.7670	89 963.3541	121 392.5221	163 437.1347
41	64 286.9944	87 807.4125	119 651.2609	162 665.9796	220 640.1318
42	84 215.9627	115 905.7845	159 136.1770	217 972.4127	297 864.1780
43	110 322.9111	152 995.6355	211 651.1154	292 083.0330	402 116.6402
44	144 523.0136	201 954.2388	281 495.9835	391 391.2642	542 857.4643
45	189 325.1478	266 579.5953	374 389.6581	524 464.2940	732 857.5768
46	248 015.9436	351 885.0658	497 938.2452	702 782.1540	989 357.7287
47	324 900.8861	464 488.2868	662 257.8662	941 728.0864	1 335 632.9338
48	425 620.1608	614 124.5386	880 802.9620	1 261 915.6358	1 803 104.4606
49	557 562.4107	809 324.3909	1 171 467.9394	1 690 966.9519	2 434 191.0218
50	730 406.7580	1 068 308.1960	1 558 052.3594	2 265 895.7156	3 286 157.8794

表 A2－8 复利终值系数表(36%～40%)

利率 期数	36%	37%	38%	39%	40%
1	1.3600	1.3700	1.3800	1.3900	1.4000
2	1.8496	1.8769	1.9044	1.9321	1.9600
3	2.5155	2.5714	2.6281	2.6856	2.7440
4	3.4210	3.5228	3.6267	3.7330	3.8416
5	4.6526	4.8262	5.0049	5.1889	5.3782
6	6.3275	6.6119	6.9068	7.2125	7.5295
7	8.6054	9.0582	9.5313	10.0254	10.5414
8	11.7034	12.4098	13.1532	13.9354	14.7579
9	15.9166	17.0014	18.1515	19.3702	20.6610
10	21.6466	23.2919	25.0490	26.9245	28.9255
11	29.4393	31.9100	34.5677	37.4251	40.4957
12	40.0375	43.7166	47.7034	52.0209	56.6939
13	54.4510	59.8918	65.8306	72.3090	79.3915
14	74.0535	82.0517	90.8463	100.5095	111.1201
15	100.7126	112.4109	125.3679	139.7082	155.5681
16	136.9691	154.0030	173.0077	194.1944	217.7953
17	186.2779	210.9841	238.7506	269.9303	304.9135
18	253.3380	289.0482	329.4758	375.2031	426.8789
19	344.5396	395.9960	454.6766	521.5323	597.6304
20	468.5740	542.5145	627.4538	724.9299	836.6826
21	637.2606	743.2449	865.8862	1 007.6525	1 171.3556
22	866.6744	1 018.2454	1 194.9229	1 400.6370	1 639.8978
23	1 178.6772	1 394.9963	1 648.9937	1 946.8855	2 295.8569
24	1 603.0010	1 911.1449	2 275.6113	2 706.1708	3 214.1997
25	2 180.0813	2 618.2685	3 761.5774	3 761.5774	4 499.7958
26	2 964.9107	3 587.0278	4 333.6741	5 228.5926	6 299.8314
27	4 032.2786	4 914.2281	5 980.4702	7 267.7438	8 819.7640
28	5 483.8988	6 732.4925	8 253.0489	10 102.1638	12 347.6696
29	7 458.1024	9 223.5150	11 389.2075	14 042.0077	17 286.7374
30	10 143.0192	12 636.2153	15 717.1064	19 518.3907	24 201.4323
31	13 794.5062	17 311.6149	21 689.6068	27 130.5631	33 882.0053
32	18 760.5285	23 716.9124	29 931.6574	37 711.4827	47 434.8074
33	25 514.3187	32 492.1700	41 305.6871	52 418.9610	66 408.7304
34	34 699.4735	44 514.2728	57 001.8483	72 862.3558	92 972.2226
35	47 191.2839	60 984.5538	78 662.5506	101 278.6745	130 161.1116
36	64 180.1461	83 548.8387	108 554.3198	140 777.3576	182 225.5562
37	87 284.9987	114 461.9090	149 804.9613	195 680.5270	255 115.7786
38	118 707.5982	156 812.8153	206 730.8466	271 995.9326	357 162.0901
39	161 442.3336	214 833.5570	285 288.5684	378 074.3463	500 026.9261
40	219 561.5736	294 321.9731	393 698.2244	525 523.3413	700 037.6966
41	298 603.7402	403 221.1031	543 303.5496	730 477.4445	980 052.7752
42	406 101 0866	552 412.9113	749 758.8985	1 015 363.6478	1 372 073.8853
43	552 297.4778	756 805.6884	1 034 667.2800	1 411 355.4704	1 920 903.4394
44	751 124.5698	1 036 823.7932	1 427 840.8462	1 961 784.1039	2 689 264.8152
45	1 029 529.4149	1 420 448.5966	1 970 420.3678	2 726 879.9044	3 764 970.7413
46	1 389 280.0043	1 946 014.5774	2 719 180.1075	3 790 363.0672	5 270 959.0378
47	1 889 420.8509	2 666 039.9710	3 752 468.5484	5 268 604.6634	7 379 342.6530
48	2 569 612.2960	3 652 474.7603	5 178 406.5968	7 323 360.4821	10 331 079.7142
49	3 494 672.7225	5 003 890.4215	7 146 201.1035	10 179 471.0701	14 463 511.5998
50	4 752 754.9027	6 855 329.8775	9 861 757.5229	14 149 464.7874	20 248 916.239

表 A2—9 复利终值系数表(41%～45%)

利率 期数	41%	42%	43%	44%	45%
1	1.4100	1.4200	1.4300	1.4400	1.4500
2	1.9881	2.0164	2.0449	2.0736	2.1025
3	2.8032	2.8633	2.9242	2.9860	3.0486
4	3.9525	4.0659	4.1816	4.2998	4.4205
5	5.5731	5.7735	5.9797	6.1917	6.4097
6	7.8580	8.1984	8.5510	8.9161	9.2941
7	11.0798	8.5510	12.2279	12.8392	13.4765
8	15.6226	16.5313	17.4859	18.4884	19.5409
9	22.0278	23.4744	25.0049	26.6233	28.3342
10	31.0593	33.3337	35.7569	38.3376	41.0847
11	43.7396	47.3338	51.1324	55.2061	59.5728
12	61.7489	67.2141	73.1194	79.4968	86.3806
13	87.0660	95.4440	104.5607	114.4755	125.2518
14	122.7630	135.5304	149.5218	164.8447	181.6151
15	173.0959	192.4532	213.8162	237.3763	263.3419
16	244.0652	273.2836	305.7571	341.8219	381.8458
17	344.1319	388.0627	437.2327	492.2235	553.6764
18	485.2260	551.0490	625.2428	708.8019	802.8308
19	684.1686	782.4895	894.0972	1 020.6747	1 164.1047
20	964.6777	1 111.1351	1 278.5589	1 469.7716	1 687.9518
21	1 360.1956	1 577.8119	1 828.3393	2 116.4711	2 447.5301
22	1 917.8758	2 240.4929	2 614.5252	3 047.7183	3 548.9187
23	2 704.2049	3 181.5000	3 738.7710	4 388.7144	5 145.9321
24	3 812.9289	4 517.7299	5 346.4425	6 319.7847	7 461.6015
25	5 376.2297	6 415.1765	7 645.4128	9 100.4382	10 819.3222
26	7 580.4839	9 109.5506	10 932.9402	13 104.6309	15 688.0173
27	10 688.4823	12 935.5619	15 634.1045	18 870.6686	22 747.6250
28	15 070.7600	18 368.4979	22 356.7695	27 173.7627	32 984.0563
29	21 249.7716	26 083.2670	31 970.1804	39 130.2183	47 826.8816
30	29 962.1780	37 038.2392	45 717.3579	56 347.5144	69 348.9783
31	42 246.6710	52 594.2996	65 375.8218	81 140.4207	100 556.0185
32	59 567.8061	74 683.9054	93 487.4252	116 842.2058	145 806.2269
33	83 990.6066	106 051.1457	133 687.0181	168 252.7762	211 419.0289
34	118 426.7552	150 592.6269	191 172.4358	242 283.9979	306 557.5920
35	166 981.7249	213 841.5302	273 376.5833	348 888.9569	444 508.5083
36	235 444.2321	303 654.9728	390 928.5141	502 400.0980	644 537.3371
37	331 976.3673	431 190.0614	559 027.7751	723 456.1411	934 579.1388
38	468 086.6778	612 289.8872	799 409.7184	1 041 776.8432	1 355 139.7513
39	660 002.2158	869 451.6399	1 143 155.8973	1 500 158.6542	1 964 952.6393
40	930 603.1242	1 234 621.3286	1 634 712.9332	2 160 228.4620	2 849 181.3270
41	1 312 150.4052	1 753 162.2866	2 337 639.4945	3 110 728.9853	4 131 312.9242
42	1 850 132.0713	2 489 490.4470	3 342 824.4771	4 479 449.7388	5 990 403.7400
43	2 608 686.2205	3 535 076.4348	4 780 239.0022	6 450 407.6239	8 686 085.4230
44	3 678 247.5709	5 019 808.5374	6 835 741.7732	9 288 586.9784	12 594 823.8634
45	5 186 329.0750	7 128 128.1231	9 775 110.7357	13 375 565.2489	18 262 494.6019
46	7 312 623.9957	10 121 941.9348	13 978 408.3520	19 260 813.9585	26 480 617.1729
47	10 310 940.8339	14 373 157.5474	19 989 123.9434	27 735 572.1001	38 396 894.9007
48	14 538 426.5758	20 409 883.7173	28 584 447.2390	39 939 223.8242	55 675 497.6060
49	20 499 181.4719	28 982 034.8786	40 875 759.5516	57 512 482.3069	80 729 471.5287
50	28 903 845.8754	41 154 489.5276	58 452 336.1591	82 817 974.5219	117 057 733.7166

表 A2－10 复利终值系数表(46%～50%)

期数 \ 利率	46%	47%	48%	49%	50%
1	1.4600	1.4700	1.4800	1.4900	1.5000
2	2.1316	2.1609	2.1904	2.2201	2.2500
3	3.1121	3.1765	3.2418	3.3079	3.3750
4	4.5437	4.6695	4.7979	4.9288	5.5625
5	6.6338	6.8641	7.1008	7.3440	7.5938
6	9.6854	10.0903	10.5092	10.9425	11.3906
7	14.1407	14.8327	15.5537	16.3044	17.0859
8	20.6454	21.8041	23.0194	24.2935	25.6289
9	30.1423	32.0521	34.0687	36.1973	38.4434
10	44.0077	47.1165	50.4217	53.9340	57.6650
11	64.2512	69.2613	74.6241	80.3617	86.4976
12	93.8068	101.8141	110.4436	119.7389	129.7463
13	136.9579	149.6668	163.4565	178.4109	194.6195
14	199.9586	220.0101	241.9157	265.8323	291.9293
15	291.9395	323.4149	358.0352	396.0901	437.8939
16	426.2316	475.4199	529.8921	590.1743	656.8408
17	622.2982	698.8673	784.2403	879.3597	985.2613
18	908.5554	1 027.3349	1 160.6757	1 310.2460	1 477.8919
19	1 326.4909	1 510.1822	1 717.8000	1 952.2665	2 216.8378
20	1 936.6766	2 219.9679	2 542.3440	2 908.8771	3 325.2567
21	2 824.5479	3 263.3528	3 762.6691	4 334.2268	4 987.8850
22	4 128.2199	4 797.1286	5 568.7502	6 457.9980	7 481.8276
23	6 027.2011	7 051.7791	8 241.7503	9 622.4170	11 222.7415
24	8 799.7136	10 366.1153	12 197.7905	14 337.4013	16 834.1122
25	12 847.5819	15 238.1895	18 052.7299	21 362.7280	25 251.1683
26	18 757.4696	22 400.1385	26 718.0403	31 830.4647	37 876.7524
27	27 385.9056	32 928.2386	39 542.6996	47 427.3924	56 815.1287
28	39 983.4221	48 404.4593	58 523.1954	70 666.8146	85 222.6930
29	58 375.7963	71 154.5551	86 614.3292	105 293.5538	127 834.0395
30	85 228.6626	104 597.1960	128 189.2073	156 887.3952	191 751.0592
31	124 433.8474	153 757.8782	189 720.0268	233 762.2188	287 626.5888
32	181 673.4172	226 024.0809	280 785.6396	348 305.7060	431 439.8833
33	265 243.1891	332 255.3989	415 562.7466	518 975.5019	647 159.8249
34	387 255.0561	488 415.4364	615 032.8650	773 273.4979	970 739.7374
35	565 382.3818	717 970.6916	910 248.6402	1 152 177.5118	1 456 109.6060
36	825 472.8775	1 055 416.9166	1 347 167.9875	1 716 744.4926	2 184 164.4091
37	1 205 190.4011	1 551 462.8674	1 993 808.6215	2 557 949.2940	3 276 246.6136
38	1 759 577.9856	2 280 650.4151	2 950 836.7598	3 811 344.4481	4 914 369.9204
39	2 568 983.8590	3 352 556.1102	4 367 238.4045	5 678 903.2277	7 371 554.8806
40	3 750 716.4342	4 928 257.4821	6 463 512.8387	8 461 565.8093	11 057 332.3209
41	5 476 045.9939	7 244 538.4986	9 565 999.0012	12 607 733.0558	16 585 998.4814
42	7 995 027.1511	10 649 471.5930	14 157 678.5218	18 785 522.2531	24 878 997.7221
43	11 672 739.6405	15 654 723.2417	20 953 364.2123	27 990 428.1572	37 318 496.5832
44	17 042 199.8752	23 012 443.1652	31 010 979.0342	41 705 737.9542	55 977 744.8747
45	24 881 611.8177	33 828 291.4529	45 896 248.9706	62 141 549.5517	83 966 617.3121
46	36 327 153.2539	49 727 588.4357	67 926 448.4765	92 590 908.8321	125 949 925.9681
47	53 037 643.7507	73 099 555.0007	100 531 143.7453	137 960 454.1598	188 924 888.9522
48	77 434 959.8762	107 456 345.8511	148 786 092.7430	205 561 076.6982	283 387 333.4283
49	113 055 041.4189	157 960 828.4011	220 203 417.2597	306 286 004.2803	425 081 000.1424
50	165 060 360.4716	232 202 417.7496	325 901 057.5443	456 050 366.3776	637 621 500.2135

附录三 年金现值系数表($P/A,i,n$)

表 A3-1 年金现值系数表(1%~5%)

期间 \ 利率	1%	2%	3%	4%	5%
1	0.9901	0.9804	0.9709	0.9615	0.9524
2	1.9704	1.9416	1.9135	1.8861	1.8594
3	2.9410	2.8839	2.8286	2.7751	2.7232
4	3.9020	3.8077	3.7171	3.6299	3.5460
5	4.8534	4.7135	4.5797	4.4518	4.3295
6	5.7955	5.6014	5.4172	5.2421	5.0757
7	6.7282	6.4720	6.2303	6.0021	5.7864
8	7.6517	7.3255	7.0197	6.7327	6.4632
9	8.5660	8.1622	7.7861	7.4353	7.1078
10	9.4713	8.9826	8.5302	8.1109	7.7217
11	10.3676	9.7868	9.2526	8.7605	8.3064
12	11.2551	10.5753	9.9540	9.3851	8.8633
13	12.1337	11.3484	10.6350	9.9856	9.3936
14	13.0037	12.1062	11.2961	10.5631	9.8986
15	13.8651	12.8493	11.9379	11.1184	10.3797
16	14.7179	13.5777	12.5611	11.6523	10.8378
17	15.5623	14.2919	13.1661	12.1657	11.2740
18	16.3983	14.9920	13.7535	12.6593	11.6896
19	17.2260	15.6785	14.3238	13.1340	12.0853
20	18.0456	16.3514	14.8775	13.5903	12.4622
21	18.8570	17.0112	15.4150	14.0292	12.8212
22	19.6604	17.6580	15.9369	14.4511	13.1630
23	20.4558	18.2922	16.4436	14.8568	13.4886
24	21.2434	18.9139	16.9355	15.2470	13.7986
25	22.0232	19.5235	17.4131	15.6221	14.0939
26	22.7952	20.1210	17.8768	15.9828	14.3752
27	23.5596	20.7069	18.3270	16.3296	14.6430
28	24.3164	21.2813	18.7641	16.6631	14.8981
29	25.0658	21.8444	19.1885	16.9837	15.1411
30	25.8077	22.3965	19.6004	17.2920	15.3725
31	26.5423	22.9377	20.0004	17.5885	15.5928
32	27.2696	23.4683	20.3888	17.8736	15.8027
33	27.9897	23.9886	20.7658	18.1476	16.0025
34	28.7027	24.4986	21.1318	18.4112	16.1929
35	29.4086	24.9986	21.4872	18.6646	16.3742
36	30.1076	25.4888	21.8323	18.9083	16.5469
37	30.7995	25.9695	22.1672	19.1426	16.7113
38	31.4847	26.4406	22.4925	19.3679	16.8679
39	32.1630	26.9026	22.8082	19.5845	17.0170
40	32.8347	27.3555	23.1148	19.7928	17.1591
41	33.4997	27.7995	23.4124	19.9931	17.2944
42	34.1581	28.2348	23.7014	20.1856	17.4232
43	34.8100	28.6616	23.9819	20.3708	17.5459
44	35.4555	29.0800	24.2543	20.5488	17.6628
45	36.0945	29.4902	24.5187	20.7200	17.7741
46	36.7272	29.8923	24.7754	20.8847	17.8801
47	37.3537	30.2866	25.0247	21.0429	17.9810
48	37.9740	30.6731	25.2667	21.1951	18.0772
49	38.5881	31.0521	25.5017	21.3414	18.1687
50	39.1961	31.4236	25.7298	21.4822	18.2559

表 A3-2 年金现值系数表(6%~10%)

利率 期数	6%	7%	8%	9%	10%
1	0.9434	0.9346	0.9259	0.9174	0.9091
2	1.8334	1.8080	1.7833	1.7591	1.7355
3	2.6730	2.6243	2.5771	2.5313	2.4869
4	3.4651	3.3872	3.3121	3.2397	3.1699
5	4.2124	4.1002	3.9927	3.8897	3.7908
6	4.9173	4.7665	4.6228	4.4859	4.3553
7	5.5824	5.3893	5.2064	5.0330	4.8684
8	6.2098	5.9713	5.7466	5.5348	5.3349
9	6.8017	6.5152	6.2469	5.9952	5.7590
10	7.3601	7.0236	6.7101	6.4176	6.1446
11	7.8869	7.4987	7.1390	6.8052	6.4951
12	8.3838	7.9427	7.5361	7.1607	6.8137
13	8.8527	8.3577	7.9038	7.4869	7.1034
14	9.2950	8.7455	8.2442	7.7862	7.3667
15	9.7122	9.1079	8.5595	8.0607	7.6061
16	10.1059	9.4466	8.8514	8.3126	7.8237
17	10.4773	9.7632	9.1216	8.5436	8.0216
18	10.8276	10.0591	9.3719	8.7556	8.2014
19	11.1581	10.3356	9.6036	8.9501	8.3649
20	11.4699	10.5940	9.8181	9.1285	8.5136
21	11.7641	10.8355	10.0168	9.2922	8.6487
22	12.0416	11.0612	10.2007	9.4424	8.7715
23	12.3034	11.2722	10.3711	9.5802	8.8832
24	12.5504	11.4693	10.5288	9.7066	8.9847
25	12.7834	11.6536	10.6748	9.8226	9.0770
26	13.0032	11.8258	10.8100	9.9290	9.1609
27	13.2105	11.9867	10.9352	10.0266	9.2372
28	13.4062	12.1371	11.0511	10.1161	9.3066
29	13.5907	12.2777	11.1584	10.1983	9.3696
30	13.7648	12.4090	11.2578	10.2737	9.4269
31	13.9291	12.5318	11.3498	10.3428	9.4790
32	14.0840	12.6466	11.4350	10.4062	9.5264
33	14.2302	12.7538	11.5139	10.4644	9.5694
34	14.3681	12.8540	11.5869	10.5178	9.6086
35	14.4982	12.9477	11.6546	10.5668	9.6442
36	14.6210	13.0352	11.7172	10.6118	9.6765
37	14.7368	13.1170	11.7752	10.6530	9.7059
38	14.8460	13.1935	11.8289	10.6908	9.7327
39	14.9491	13.2649	11.8786	10.7255	9.7570
40	15.0463	13.3317	11.9246	10.7574	9.7791
41	15.1380	13.3941	11.9672	10.7866	9.7991
42	15.2245	13.4524	12.0067	10.8133	9.8174
43	15.3062	13.5070	12.0432	10.8380	9.8340
44	15.3832	13.5579	12.0771	10.8605	9.8491
45	15.4558	13.6055	12.1084	10.8812	9.8628
46	15.5244	13.6500	12.1374	10.9002	9.8753
47	15.5890	13.6916	12.1643	10.9176	9.8866
48	15.6500	13.7305	12.1892	10.9336	9.8969
49	15.7076	13.7668	12.2122	10.9482	9.9063
50	15.7619	13.8007	12.2335	10.9617	9.9148

表 A3-3 年金现值系数表(11%～15%)

期数＼利率	11%	12%	13%	14%	15%
1	0.9009	0.8929	0.8850	0.8772	0.8696
2	1.7125	1.6901	1.6681	1.6466	1.6257
3	2.4437	2.4018	2.3612	2.3216	2.2832
4	3.1024	3.0373	2.9745	2.9137	2.8550
5	3.6958	3.6048	3.5172	3.4331	3.3522
6	4.2305	4.1114	3.9975	3.8887	3.7845
7	4.7122	4.5638	4.4226	4.2883	4.1604
8	5.1461	4.9676	4.7988	4.6389	4.4873
9	5.5370	5.3282	5.1317	4.9464	4.7716
10	5.8892	5.6502	5.4262	5.2161	5.0188
11	6.2065	5.9377	5.6869	5.4527	5.2337
12	6.4924	6.1944	5.9176	5.6603	5.4206
13	6.7499	6.4235	6.1218	5.8424	5.5831
14	6.9819	6.6282	6.3025	6.0021	5.7245
15	7.1909	6.8109	6.4624	6.1422	5.8474
16	7.3792	6.9740	6.6039	6.2651	5.9542
17	7.5488	7.1196	6.7291	6.3729	6.0472
18	7.7016	7.2497	6.8399	6.4674	6.1280
19	7.8393	7.3657	6.9380	6.5504	6.1982
20	7.9633	7.4694	7.0248	6.6231	6.2593
21	8.0751	7.5620	7.1016	6.6870	6.3125
22	8.1757	7.6446	7.1695	6.7429	6.3587
23	8.2664	7.7184	7.2297	6.7921	6.3988
24	8.3481	7.7843	7.2829	6.8351	6.4338
25	8.4217	7.8431	7.3300	6.8729	6.4641
26	8.4881	7.8957	7.3717	6.9061	6.4906
27	8.5478	7.9426	7.4086	6.9352	6.5135
28	8.6016	7.9844	7.4412	6.9607	6.5335
29	8.6501	8.0218	7.4701	6.9830	6.5509
30	8.6938	8.0552	7.4957	7.0027	6.5660
31	8.7331	8.0850	7.5183	7.0199	6.5791
32	8.7686	8.1116	7.5382	7.0350	6.5905
33	8.8005	8.1354	7.5560	7.0482	6.6005
34	8.8293	8.1566	7.5717	7.0599	6.6091
35	8.8552	8.1755	7.5856	7.0700	6.6166
36	8.8786	8.1924	7.5979	7.0790	6.6231
37	8.8996	8.2075	7.6087	7.0868	6.6288
38	8.9186	8.2210	7.6183	7.0937	6.6338
39	8.9357	8.2330	7.6268	7.0997	6.6380
40	8.9511	8.2438	7.6344	7.1050	6.6418
41	8.9649	8.2534	7.6410	7.1097	6.6450
42	8.9774	8.2619	7.6469	7.1138	6.6478
43	8.9886	8.2696	7.6522	7.1173	6.6503
44	8.9988	8.2764	7.6568	7.1205	6.6524
45	9.0079	8.2825	7.6609	7.1232	6.6543
46	9.0161	8.2880	7.6645	7.1256	6.6559
47	9.0235	8.2928	7.6677	7.1277	6.6573
48	9.0302	8.2972	7.6705	7.1296	6.6585
49	9.0362	8.3010	7.6730	7.1312	6.6596
50	9.0417	8.3045	7.6752	7.1327	6.6605

表 A3—4 年金现值系数表(16%～20%)

利率 期数	16%	17%	18%	19%	20%
1	0.8621	0.8547	0.8475	0.8403	0.8333
2	1.6052	1.5852	1.5656	1.5465	1.5278
3	2.2459	2.2096	2.1743	2.1399	2.1065
4	2.7982	2.7432	2.6901	2.6386	2.5887
5	3.2743	3.1993	3.1272	3.0576	2.9906
6	3.6847	3.5892	3.4976	3.4098	3.3255
7	4.0386	3.9224	3.8115	3.7057	3.6046
8	4.3436	4.2072	4.0776	3.9544	3.8372
9	4.6065	4.4506	4.3030	4.1633	4.0310
10	4.8332	4.6586	4.4941	4.3389	4.1925
11	5.0286	4.8364	4.6560	4.4865	4.3271
12	5.1971	4.9884	4.7932	4.6105	4.4392
13	5.3423	5.1183	4.9095	4.7147	4.5327
14	5.4675	5.2293	5.0081	4.8023	4.6106
15	5.5755	5.3242	5.0916	4.8759	4.6755
16	5.6685	5.4053	5.1624	4.9377	4.7296
17	5.7487	5.4746	5.2223	4.9897	4.7746
18	5.8178	5.5339	5.2732	5.0333	4.8122
19	5.8775	5.5845	5.3162	5.0700	4.8435
20	5.9288	5.6278	5.3527	5.1009	4.8696
21	5.9731	5.6647	5.3837	5.1268	4.8913
22	6.0113	5.6964	5.4099	5.1486	4.9094
23	6.0442	5.7234	5.4321	5.1668	4.9245
24	6.0726	5.7465	5.4509	5.1822	4.9371
25	6.0971	5.7662	5.4669	5.1951	4.9475
26	6.1182	5.7831	5.4804	5.2060	4.9563
27	6.1364	5.7975	5.4919	5.2151	4.9636
28	6.1520	5.8099	5.5016	5.2228	4.9697
29	6.1656	5.8204	5.5098	5.2292	4.9747
30	6.1772	5.8294	5.5168	5.2347	4.9789
31	6.1872	5.8371	5.5227	5.2392	4.9824
32	6.1958	5.8437	5.5277	5.2430	4.9854
33	6.2034	5.8493	5.5320	5.2462	4.9878
34	6.2098	5.8541	5.5356	5.2489	4.9898
35	6.2153	5.8582	5.5386	5.2512	4.9915
36	6.2201	5.8617	5.5412	5.2531	4.9929
37	6.2242	5.8647	5.5434	5.2547	4.9941
38	6.2278	5.8673	5.5452	5.2561	4.9951
39	6.2309	5.8695	5.5468	5.2572	4.9959
40	6.2335	5.8713	5.5482	5.2582	4.9966
41	6.2358	5.8729	5.5493	5.2590	4.9972
42	6.2377	5.8743	5.5502	5.2596	4.9976
43	6.2394	5.8755	5.5510	5.2602	4.9980
44	6.2409	5.8765	5.5517	5.2607	4.9984
45	6.2421	5.8773	5.5523	5.2611	4.9986
46	6.2432	5.8781	5.5528	5.2614	4.9989
47	6.2442	5.8787	5.5532	5.2617	4.9991
48	6.2450	5.8792	5.5536	5.2619	4.9992
49	6.2457	5.8797	5.5539	5.2621	4.9993
50	6.2463	5.8801	5.5541	5.2623	4.9995

表 A3—5　年金现值系数表(21%～25%)

期数＼利率	21%	22%	23%	24%	25%
1	0.8264	0.8197	0.8130	0.8065	0.8000
2	1.5095	1.4915	1.4740	1.4568	1.4400
3	2.0739	2.0422	2.0114	1.9813	1.9520
4	2.5404	2.4936	2.4483	2.4043	2.3616
5	2.9260	2.8636	2.8035	2.7454	2.6893
6	3.2446	3.1669	3.0923	3.0205	2.9514
7	3.5079	3.4155	3.3270	3.2423	3.1611
8	3.7256	3.6193	3.5179	3.4212	3.3289
9	3.9054	3.7863	3.6731	3.5655	3.4631
10	4.0541	3.9232	3.7993	3.6819	3.5705
11	4.1769	4.0354	3.9018	3.7757	3.6564
12	4.2784	4.1274	3.9852	3.8514	3.7251
13	4.3624	4.2028	4.0530	3.9124	3.7801
14	4.4317	4.2646	4.1082	3.9616	3.8241
15	4.4890	4.3152	4.1530	4.0013	3.8593
16	4.5364	4.3567	4.1894	4.0333	3.8874
17	4.5755	4.3908	4.2190	4.0591	3.9099
18	4.6079	4.4187	4.2431	4.0799	3.9279
19	4.6346	4.4415	4.2627	4.0967	3.9424
20	4.6566	4.4603	4.2786	4.1103	3.9539
21	4.6750	4.4756	4.2916	4.1212	3.9631
22	4.6900	4.4882	4.3021	4.1300	3.9705
23	4.7025	4.4985	4.3106	4.1371	3.9764
24	4.7128	4.5070	4.3176	4.1428	3.9811
25	4.7213	4.5139	4.3232	4.1474	3.9849
26	4.7284	4.5196	4.3278	4.1511	3.9879
27	4.7342	4.5243	4.3316	4.1542	3.9903
28	4.7390	4.5281	4.3346	4.1566	3.9923
29	4.7430	4.5312	4.3371	4.1585	3.9938
30	4.7463	4.5338	4.3391	4.1601	3.9950
31	4.7490	4.5359	4.3407	4.1614	3.9960
32	4.7512	4.5376	4.3421	4.1624	3.9968
33	4.7531	4.5390	4.3431	4.1632	3.9975
34	4.7546	4.5402	4.3440	4.1639	3.9980
35	4.7559	4.5411	4.3447	4.1644	3.9984
36	4.7569	4.5419	4.3453	4.1649	3.9987
37	4.7578	4.5426	4.3458	4.1652	3.9990
38	4.7585	4.5431	4.3462	4.1655	3.9992
39	4.7590	4.5435	4.3465	4.1657	3.9993
40	4.7596	4.5439	4.3467	4.1659	3.9995
41	4.7600	4.5441	4.3469	4.1661	3.9996
42	4.7603	4.5444	4.3471	4.1662	3.9997
43	4.7606	4.5446	4.3472	4.1663	3.9997
44	4.7608	4.5447	4.3473	4.1663	3.9998
45	4.7610	4.5448	4.3474	4.1664	3.9998
46	4.7612	4.5450	4.3475	4.1665	3.9999
47	4.7613	4.5451	4.3476	4.1665	3.9999
48	4.7614	4.5451	4.3476	4.1665	3.9999
49	4.7615	4.5452	4.3477	4.1666	3.9999
50	4.7616	4.5452	4.3477	4.1666	3.9999

表 A3－6 年金现值系数表(26%～30%)

利率 期数	26%	27%	28%	29%	30%
1	0.7937	0.7874	0.7813	0.7752	0.7692
2	1.4235	1.4074	1.3916	1.3761	1.3609
3	1.9234	1.8956	1.8684	1.8420	1.8161
4	2.3202	2.2800	2.2410	2.2031	2.1662
5	2.6351	2.5827	2.5320	2.4830	2.4356
6	2.8850	2.8210	2.7594	2.7000	2.6427
7	3.0833	3.0087	2.9370	2.8682	2.8021
8	3.2407	3.1564	3.0758	2.9986	2.9247
9	3.3657	3.2728	3.1842	3.0997	3.0190
10	3.4648	3.3644	3.2689	3.1780	3.0915
11	3.5435	3.4365	3.3351	3.2388	3.1473
12	3.6059	3.4933	3.3868	3.2859	3.1903
13	3.6555	3.5381	3.4272	3.3224	3.2233
14	3.6949	3.5733	3.4587	3.3507	3.2487
15	3.7261	3.6010	3.4834	3.3726	3.2682
16	3.7509	3.6228	3.5026	3.3896	3.2832
17	3.7705	3.6400	3.5177	3.4028	3.2948
18	3.7861	3.6536	3.5294	3.4130	3.3037
19	3.7985	3.6642	3.5386	3.4210	3.3105
20	3.8083	3.6726	3.5458	3.4271	3.3158
21	3.8161	3.6792	3.5514	3.4318	3.3198
22	3.8223	3.6844	3.5558	3.4356	3.3230
23	3.8273	3.6885	3.5592	3.4384	3.3254
24	3.8312	3.6918	3.5619	3.4406	3.3272
25	3.8342	3.6943	3.5640	3.4423	3.3286
26	3.8367	3.6963	3.5656	3.4437	3.3297
27	3.8387	3.6979	3.5669	3.4447	3.3306
28	3.8402	3.6991	3.5679	3.4455	3.3312
29	3.8414	3.7001	3.5687	3.4461	3.3317
30	3.8424	3.7009	3.5693	3.4466	3.3321
31	3.8432	3.7015	3.5697	3.4470	3.3324
32	3.8438	3.7019	3.5701	3.4473	3.3326
33	3.8443	3.7023	3.5704	3.4475	3.3328
34	3.8447	3.7026	3.5706	3.4477	3.3329
35	3.8450	3.7028	3.5708	3.4478	3.3330
36	3.8452	3.7030	3.5709	3.4479	3.3331
37	3.8454	3.7032	3.5710	3.4480	3.3331
38	3.8456	3.7033	3.5711	3.4481	3.3332
39	3.8457	3.7034	3.5712	3.4481	3.3332
40	3.8458	3.7034	3.5712	3.4481	3.3332
41	3.8459	3.7035	3.5713	3.4482	3.3333
42	3.8459	3.7035	3.5713	3.4482	3.3333
43	3.8460	3.7036	3.5713	3.4482	3.3333
44	3.8460	3.7036	3.5714	3.4482	3.3333
45	3.8460	3.7036	3.5714	3.4482	3.3333
46	3.8461	3.7036	3.5714	3.4482	3.3333
47	3.8461	3.7037	3.5714	3.4483	3.3333
48	3.8461	3.7037	3.5714	3.4483	3.3333
49	3.8461	3.7037	3.5714	3.4483	3.3333
50	3.8461	3.7037	3.5714	3.4483	3.3333

表 A3－7 年金现值系数表(31%～35%)

利率 期数	31%	32%	33%	34%	35%
1	0.7634	0.7576	0.7519	0.7463	0.7407
2	1.3461	1.3315	1.3172	1.3032	1.2894
3	1.7909	1.7663	1.7423	1.7188	1.6959
4	2.1305	2.0957	2.0618	2.0290	1.9969
5	2.3897	2.3452	2.3021	2.2604	2.2200
6	2.5875	2.5342	2.4828	2.4331	2.3852
7	2.7386	2.6775	2.6187	2.5620	2.5075
8	2.8539	2.7860	2.7208	2.6582	2.5982
9	2.9419	2.8681	2.7976	2.7300	2.6653
10	3.0091	2.9304	2.8553	2.7836	2.7150
11	3.0604	2.9776	2.8987	2.8236	2.7519
12	3.0995	3.0133	2.9313	2.8534	2.7792
13	3.1294	3.0404	2.9559	2.8757	2.7994
14	3.1522	3.0609	2.9744	2.8923	2.8144
15	3.1696	3.0764	2.9883	2.9047	2.8255
16	3.1829	3.0882	2.9987	2.9140	2.8337
17	3.1931	3.0971	3.0065	2.9209	2.8398
18	3.2008	3.1039	3.0124	2.9260	2.8443
19	3.2067	3.1090	3.0169	2.9299	2.8476
20	3.2112	3.1129	3.0202	2.9327	2.8501
21	3.2147	3.1158	3.0227	2.9349	2.8519
22	3.2173	3.1180	3.0246	2.9365	2.8533
23	3.2193	3.1197	3.0260	2.9377	2.8543
24	3.2209	3.1210	3.0271	2.9386	2.8550
25	3.2220	3.1220	3.0279	2.9392	2.8556
26	3.2229	3.1227	3.0285	2.9397	2.8560
27	3.2236	3.1233	3.0289	2.9401	2.8563
28	3.2241	3.1237	3.0293	2.9404	2.8565
29	3.2245	3.1240	3.0295	2.9406	2.8567
30	3.2248	3.1242	3.0297	2.9407	2.8568
31	3.2251	3.1244	3.0299	2.9408	2.8569
32	3.2252	3.1246	3.0300	2.9409	2.8569
33	3.2254	3.1247	3.0301	2.9410	2.8570
34	3.2255	3.1248	3.0301	2.9410	2.8570
35	3.2256	3.1248	3.0302	2.9411	2.8571
36	3.2256	3.1249	3.0302	2.9411	2.8571
37	3.2257	3.1249	3.0302	2.9411	2.8571
38	3.2257	3.1249	3.0302	2.9411	2.8571
39	3.2257	3.1249	3.0303	2.9411	2.8571
40	3.2257	3.1250	3.0303	2.9412	2.8571
41	3.2258	3.1250	3.0303	2.9412	2.8571
42	3.2258	3.1250	3.0303	2.9412	2.8571
43	3.2258	3.1250	3.0303	2.9412	2.8571
44	3.2258	3.1250	3.0303	2.9412	2.8571
45	3.2258	3.1250	3.0303	2.9412	2.8571
46	3.2258	3.1250	3.0303	2.9412	2.8571
47	3.2258	3.1250	3.0303	2.9412	2.8571
48	3.2258	3.1250	3.0303	2.9412	2.8571
49	3.2258	3.1250	3.0303	2.9412	2.8571
50	3.2258	3.1250	3.0303	2.9412	2.8571

表 A3－8 年金现值信息表(36%～40%)

利率 期数	36%	37%	38%	39%	40%
1	0.7353	0.7299	0.7246	0.7194	0.7143
2	1.2760	1.2627	1.2497	1.2370	1.2245
3	1.6735	1.6516	1.6302	1.6093	1.5889
4	1.9658	1.9355	1.9060	1.8772	1.8492
5	2.1808	2.1427	2.1058	2.0699	2.0352
6	2.3388	2.2939	2.2506	2.2086	2.1680
7	2.4550	2.4043	2.3555	2.3083	2.2628
8	2.5404	2.4849	2.4315	2.3801	2.3306
9	2.6033	2.5437	2.4866	2.4317	2.3790
10	2.6495	2.5867	2.5265	2.4689	2.4136
11	2.6834	2.6180	2.5555	2.4956	2.4383
12	2.7084	2.6409	2.5764	2.5148	2.4559
13	2.7268	2.6576	2.5916	2.5286	2.4685
14	2.7403	2.6698	2.6026	2.5386	2.4775
15	2.7502	2.6787	2.6106	2.5457	2.4839
16	2.7575	2.6852	2.6164	2.5509	2.4885
17	2.7629	2.6899	2.6206	2.5546	2.4918
18	2.7668	2.6934	2.6236	2.5573	2.4941
19	2.7697	2.6959	2.6258	2.5592	2.4958
20	2.7718	2.6977	2.6274	2.5606	2.4970
21	2.7734	2.6991	2.6286	2.5616	2.4979
22	2.7746	2.7000	2.6294	2.5623	2.4985
23	2.7754	2.7008	2.6300	2.5628	2.4989
24	2.7760	2.7013	2.6304	2.5632	2.4992
25	2.7765	2.7017	2.6307	2.5634	2.4994
26	2.7768	2.7019	2.6310	2.5636	2.4996
27	2.7771	2.7022	2.6311	2.5637	2.4997
28	2.7773	2.7023	2.6313	2.5638	2.4998
29	2.7774	2.7024	2.6313	2.5639	2.4999
30	2.7775	2.7025	2.6314	2.5640	2.4999
31	2.7776	2.7025	2.6315	2.5640	2.4999
32	2.7776	2.7026	2.6315	2.5640	2.4999
33	2.7777	2.7026	2.6315	2.5641	2.5000
34	2.7777	2.7026	2.6315	2.5641	2.5000
35	2.7777	2.7027	2.6315	2.5641	2.5000
36	2.7777	2.7027	2.6316	2.5641	2.5000
37	2.7777	2.7027	2.6316	2.5641	2.5000
38	2.7778	2.7027	2.6316	2.5641	2.5000
39	2.7778	2.7027	2.6316	2.5641	2.5000
40	2.7778	2.7027	2.6316	2.5641	2.5000
41	2.7778	2.7027	2.6316	2.5641	2.5000
42	2.7778	2.7027	2.6316	2.5641	2.5000
43	2.7778	2.7027	2.6316	2.5641	2.5000
44	2.7778	2.7027	2.6316	2.5641	2.5000
45	2.7778	2.7027	2.6316	2.5641	2.5000
46	2.7778	2.7027	2.6316	2.5641	2.5000
47	2.7778	2.7027	2.6316	2.5641	2.5000
48	2.7778	2.7027	2.6316	2.5641	2.5000
49	2.7778	2.7027	2.6316	2.5641	2.5000
50	2.7778	2.7027	2.6316	2.5641	2.5000

表 A3—9 年金现值系数表(41%～45%)

利率 期数	41%	42%	43%	44%	45%
1	0. 7092	0. 7042	0. 6993	0. 6944	0. 6897
2	1. 2122	1. 2002	1. 1883	1. 1767	1. 1652
3	1. 5689	1. 5494	1. 5303	1. 5116	1. 4933
4	1. 8219	1. 7954	1. 7694	1. 7442	1. 7195
5	2. 0014	1. 9686	1. 9367	1. 9057	1. 8755
6	2. 1286	2. 0905	2. 0536	2. 0178	1. 9831
7	2. 2189	2. 1764	2. 1354	2. 0957	2. 0573
8	2. 2829	2. 2369	2. 1926	2. 1498	2. 1085
9	2. 3283	2. 2795	2. 2326	2. 1874	2. 1438
10	2. 3605	2. 3095	2. 2605	2. 2134	2. 1681
11	2. 3833	2. 3307	2. 2801	2. 2316	2. 1849
12	2. 3995	2. 3455	2. 2938	2. 2441	2. 1965
13	2. 4110	2. 3560	2. 3033	2. 2529	2. 2045
14	2. 4192	2. 3634	2. 3100	2. 2589	2. 2100
15	2. 4249	2. 3686	2. 3147	2. 2632	2. 2138
16	2. 4290	2. 3722	2. 3180	2. 2661	2. 2164
17	2. 4319	2. 3748	2. 3203	2. 2681	2. 2182
18	2. 4340	2. 3766	2. 3219	2. 2695	2. 2195
19	2. 4355	2. 3779	2. 3230	2. 2705	2. 2203
20	2. 4365	2. 3788	2. 3238	2. 2712	2. 2209
21	2. 4372	2. 3794	2. 3243	2. 2717	2. 2213
22	2. 4377	2. 3799	2. 3247	2. 2720	2. 2216
23	2. 4381	2. 3802	2. 3250	2. 2722	2. 2218
24	2. 4384	2. 3804	2. 3251	2. 2724	2. 2219
25	2. 4386	2. 3806	2. 3253	2. 2725	2. 2220
26	2. 4387	2. 3807	2. 3254	2. 2726	2. 2221
27	2. 4388	2. 3808	2. 3254	2. 2726	2. 2221
28	2. 4389	2. 3808	2. 3255	2. 2726	2. 2222
29	2. 4389	2. 3809	2. 3255	2. 2727	2. 2222
30	2. 4389	2. 3809	2. 3255	2. 2727	2. 2222
31	2. 4390	2. 3809	2. 3255	2. 2727	2. 2222
32	2. 4390	2. 3809	2. 3256	2. 2727	2. 2222
33	2. 4390	2. 3809	2. 3256	2. 2727	2. 2222
34	2. 4390	2. 3809	2. 3256	2. 2727	2. 2222
35	2. 4390	2. 3809	2. 3256	2. 2727	2. 2222
36	2. 4390	2. 3809	2. 3256	2. 2727	2. 2222
37	2. 4390	2. 3809	2. 3256	2. 2727	2. 2222
38	2. 4390	2. 3809	2. 3256	2. 2727	2. 2222
39	2. 4390	2. 3809	2. 3256	2. 2727	2. 2222
40	2. 4390	2. 3810	2. 3256	2. 2727	2. 2222
41	2. 4390	2. 3810	2. 3256	2. 2727	2. 2222
42	2. 4390	2. 3810	2. 3256	2. 2727	2. 2222
43	2. 4390	2. 3810	2. 3256	2. 2727	2. 2222
44	2. 4390	2. 3810	2. 3256	2. 2727	2. 2222
45	2. 4390	2. 3810	2. 3256	2. 2727	2. 2222
46	2. 4390	2. 3810	2. 3256	2. 2727	2. 2222
47	2. 4390	2. 3810	2. 3256	2. 2727	2. 2222
48	2. 4390	2. 3810	2. 3256	2. 2727	2. 2222
49	2. 4390	2. 3810	2. 3256	2. 2727	2. 2222
50	2. 4390	2. 3810	2. 3256	2. 2727	2. 2222

表 A3—10 年金现值系数表(46%～50%)

利率 / 期数	46%	47%	48%	49%	50%
1	0.6849	0.6803	0.6757	0.6711	0.6667
2	1.1541	1.1430	1.1322	1.1216	1.1111
3	1.4754	1.4579	1.4407	1.4239	1.4074
4	1.6955	1.6720	1.6491	1.6268	1.6049
5	1.8462	1.8177	1.7899	1.7629	1.7366
6	1.9495	1.9168	1.8851	1.8543	1.8244
7	2.0202	1.9842	1.9494	1.9156	1.8829
8	2.0686	2.0301	1.9928	1.9568	1.9220
9	2.1018	2.0613	2.0222	1.9844	1.9480
10	2.1245	2.0825	2.0420	2.0030	1.9653
11	2.1401	2.0969	2.0554	2.0154	1.9769
12	2.1507	2.1068	2.0645	2.0237	1.9846
13	2.1580	2.1134	2.0706	2.0294	1.9897
14	2.1630	2.1180	2.0747	2.0331	1.9931
15	2.1665	2.1211	2.0775	2.0357	1.9954
16	2.1688	2.1232	2.0794	2.0374	1.9970
17	2.1704	2.1246	2.0807	2.0385	1.9980
18	2.1715	2.1256	2.0815	2.0393	1.9986
19	2.1723	2.1263	2.0821	2.0398	1.9991
20	2.1728	2.1267	2.0825	2.0401	1.9994
21	2.1731	2.1270	2.0828	2.0403	1.9996
22	2.1734	2.1272	2.0830	2.0405	1.9997
23	2.1736	2.1274	2.0831	2.0406	1.9998
24	2.1737	2.1275	2.0832	2.0407	1.9999
25	2.1737	2.1275	2.0832	2.0407	1.9999
26	2.1738	2.1276	2.0833	2.0408	1.9999
27	2.1738	2.1276	2.0833	2.0408	2.0000
28	2.1739	2.1276	2.0833	2.0408	2.0000
29	2.1739	2.1276	2.0833	2.0408	2.0000
30	2.1739	2.1276	2.0833	2.0408	2.0000
31	2.1739	2.1276	2.0833	2.0408	2.0000
32	2.1739	2.1277	2.0833	2.0408	2.0000
33	2.1739	2.1277	2.0833	2.0408	2.0000
34	2.1739	2.1277	2.0833	2.0408	2.0000
35	2.1739	2.1277	2.0833	2.0408	2.0000
36	2.1739	2.1277	2.0833	2.0408	2.0000
37	2.1739	2.1277	2.0833	2.0408	2.0000
38	2.1739	2.1277	2.0833	2.0408	2.0000
39	2.1739	2.1277	2.0833	2.0408	2.0000
40	2.1739	2.1277	2.0833	2.0408	2.0000
41	2.1739	2.1277	2.0833	2.0408	2.0000
42	2.1739	2.1277	2.0833	2.0408	2.0000
43	2.1739	2.1277	2.0833	2.0408	2.0000
44	2.1739	2.1277	2.0833	2.0408	2.0000
45	2.1739	2.1277	2.0833	2.0408	2.0000
46	2.1739	2.1277	2.0833	2.0408	2.0000
47	2.1739	2.1277	2.0833	2.0408	2.0000
48	2.1739	2.1277	2.0833	2.0408	2.0000
49	2.1739	2.1277	2.0833	2.0408	2.0000
50	2.1739	2.1277	2.0833	2.0408	2.0000

附录四　年金终值系数表($F/A,i,n$)

表 A4—1　年金终值系数表(1%～5%)

利率 期数	1%	2%	3%	4%	5%
1	1.0000	1.0000	1.0000	1.0000	1.0000
2	2.0100	2.0200	2.0300	2.0400	2.0500
3	3.0301	3.0604	3.0909	3.1216	3.1525
4	4.0604	4.1216	4.1836	4.2465	4.3101
5	5.1010	5.2040	5.3091	5.4163	5.5256
6	6.1520	6.3081	6.4684	6.6330	6.8019
7	7.2135	7.4343	7.6625	7.8983	8.1420
8	8.2856	8.5830	8.8923	9.2142	9.5491
9	9.3685	9.7546	10.1591	10.5828	11.0266
10	10.4622	10.9497	11.4639	12.0061	12.5779
11	11.5668	12.1687	12.8078	13.4864	14.2068
12	12.6825	13.4121	14.1920	15.0258	15.9171
13	13.8093	14.6803	15.6178	16.6268	17.7130
14	14.9474	15.9739	17.0863	18.2919	19.5986
15	16.0969	17.2934	18.5989	20.0236	21.5786
16	17.2579	18.6393	20.1569	21.8245	23.6575
17	18.4304	20.0121	21.7616	23.6975	25.8404
18	19.6147	21.4123	23.4144	25.6454	28.1324
19	20.8109	22.8406	25.1169	27.6712	30.5390
20	22.0190	24.2974	26.8704	29.7781	33.0660
21	23.2392	25.7833	28.6765	31.9692	35.7193
22	24.4716	27.2990	30.5368	34.2480	38.5052
23	25.7163	28.8450	32.4529	36.6179	41.4305
24	26.9735	30.4219	34.4265	39.0826	44.5020
25	28.2432	32.0303	36.4593	41.6459	47.7271
26	29.5256	33.6709	38.5530	44.3117	51.1135
27	30.8209	35.3443	40.7096	47.0842	54.6691
28	32.1291	37.0512	42.9309	49.9676	58.4026
29	33.4504	38.7933	45.3289	52.9663	62.3227
30	34.7849	40.5681	47.5754	56.0849	66.4388
31	36.1327	42.3794	50.0027	59.3283	70.7608
32	37.4941	44.2270	52.5028	62.7015	75.2988
33	38.8690	46.1116	55.0778	66.2095	80.0638
34	40.2577	48.0338	57.7302	69.8579	85.0670
35	41.6603	49.9945	60.4621	73.6522	90.3203
36	43.0769	51.9944	63.2759	77.5983	95.8363
37	44.5076	54.0343	66.1742	81.7022	101.6281
38	45.9527	56.1149	69.1594	85.9703	107.7095
39	47.4123	58.2372	72.2342	90.4091	114.0950
40	48.8864	60.4020	75.4013	95.0255	120.7998
41	50.3752	62.6100	78.6633	99.8265	127.8398
42	51.8790	64.8622	82.0232	104.8196	135.2318
43	53.3978	67.1595	85.4839	110.0124	142.9933
44	54.9318	69.5027	89.0484	115.4129	151.1430
45	54.4811	71.8927	92.7199	121.0294	159.7002
46	58.0459	74.3306	96.5015	126.8706	168.6852
47	59.6263	76.8172	100.3965	132.9454	178.1194
48	61.2226	79.3535	104.4084	139.2632	188.0254
49	62.8348	81.9406	108.5406	145.8337	198.4267
50	64.4632	84.5794	112.7969	152.6671	209.3480

表 A4—2 年金终值系数表(6%～10%)

利率 期数	6%	7%	8%	9%	10%
1	1.0000	1.0000	1.0000	1.0000	1.0000
2	2.0600	2.0700	2.0800	2.0900	2.1000
3	3.1836	3.2149	3.2464	3.2781	3.3100
4	4.3746	4.4399	4.5061	4.5731	4.6410
5	5.6371	5.7507	5.8666	5.9847	6.1051
6	6.9753	7.1533	7.3359	7.5233	7.7156
7	8.3938	8.6540	8.9228	9.2004	9.4872
8	9.8975	10.2598	10.6366	11.0285	11.4359
9	11.4913	11.9780	12.4876	13.0210	13.5795
10	13.1808	13.8164	14.4866	15.1929	15.9374
11	14.9716	15.7836	16.6455	17.5603	18.5312
12	16.8699	17.8884	18.9771	20.1407	21.3843
13	18.8821	20.1406	21.4953	22.9534	24.5227
14	21.0151	22.5505	24.2149	26.0192	27.9750
15	23.2760	25.1290	27.1521	29.3609	31.7725
16	25.6725	27.8881	30.3243	33.0034	35.9497
17	28.2129	30.8402	33.7502	36.9737	40.5447
18	30.9057	33.9990	37.4502	41.3013	45.5992
19	33.7600	37.3790	41.4463	46.0185	51.1591
20	36.7856	40.9955	45.7620	51.1601	57.2750
21	39.9927	44.8652	50.4229	56.7645	64.0025
22	43.3923	49.0057	55.4568	62.8733	71.4027
23	46.9958	53.4361	60.8933	69.5319	79.5430
24	50.8156	58.1767	66.6748	76.7898	88.4873
25	54.8645	63.2490	73.1059	84.7009	98.3471
26	59.1564	68.6765	79.9544	93.3240	109.1818
27	63.7058	74.4838	87.3508	102.7231	121.0999
28	68.5281	80.6977	95.3388	112.9682	134.2099
29	73.6398	87.3465	103.9659	123.1354	148.6309
30	79.0582	94.4608	113.2832	136.3075	164.4940
31	84.8017	102.0730	123.3459	149.5752	181.9434
32	90.8898	110.2182	134.2135	164.0370	201.1378
33	97.3432	118.9334	145.9506	179.8003	222.2515
34	104.1838	128.2588	158.6267	196.9823	245.4767
35	111.4348	138.2369	172.3168	215.7108	271.0244
36	119.1209	148.9135	187.1021	236.1247	299.1268
37	127.2681	160.3374	203.0703	258.3759	330.0395
38	135.9042	172.5610	220.3159	282.6298	364.0434
39	145.0585	185.6403	238.9412	309.0665	401.4478
40	154.7620	199.6351	259.0565	337.8824	442.5926
41	165.0477	214.6096	280.7810	369.2919	487.8518
42	175.9505	230.6322	304.2435	403.5281	537.6370
43	187.5076	247.7765	329.5830	440.8457	592.4007
44	199.7580	266.1209	356.9496	481.5218	652.6408
45	212.7435	285.7493	386.5056	525.8587	718.9048
46	226.5081	306.7518	418.4261	574.1860	791.7953
47	241.0986	329.2244	452.9002	626.8628	871.9749
48	256.5645	353.2701	490.1322	684.2804	960.1723
49	272.9584	378.9990	530.3427	746.8656	1 057.1896
50	290.3359	406.5289	573.7702	815.0836	1 163.9085

表 A4—3 年金终值系数表(11%～15%)

利率 期数	11%	12%	13%	14%	15%
1	1.0000	1.0000	1.0000	1.0000	1.0000
2	2.1100	2.1200	2.1300	2.1400	2.1500
3	3.3421	3.3744	3.4069	3.4396	3.4725
4	4.7097	4.7793	4.8498	4.9211	4.9934
5	6.2778	6.3528	6.4803	6.6101	6.7424
6	7.9129	8.1152	8.3227	8.5355	8.7537
7	9.7833	10.0890	10.4047	10.7305	11.0668
8	11.8594	12.2997	12.7573	13.2328	13.7268
9	14.1640	14.7757	15.4157	16.0853	16.7858
10	16.7220	17.5487	18.4197	19.3373	20.3037
11	19.5614	20.6546	21.8143	23.0445	24.3493
12	22.7132	24.1331	25.6502	27.2707	29.0017
13	26.2116	28.0291	29.9847	32.0887	34.3519
14	30.0949	32.3926	34.8827	37.5811	40.5047
15	34.4054	37.2797	40.4175	43.8424	47.5804
16	39.1899	42.7533	46.6717	50.9804	55.7175
17	44.5008	48.8837	53.7391	59.1176	65.0751
18	50.3959	55.7497	61.7251	68.3941	75.8364
19	56.9395	63.4397	70.7494	78.9692	88.2118
20	64.2028	72.0524	80.9468	91.0249	102.4436
21	72.2651	81.6987	92.4699	104.7684	118.8101
22	81.2143	92.5026	105.4910	120.4360	137.6316
23	91.1479	104.6029	120.2048	138.2970	159.2764
24	102.1742	118.1552	136.8315	158.6586	184.1678
25	114.4133	133.3339	155.6196	181.8708	212.7930
26	127.9988	150.3339	176.8501	208.3327	245.7120
27	143.0786	169.3740	200.8406	238.4993	283.5688
28	159.8173	190.6989	227.9499	272.8892	327.1041
29	178.3972	214.5828	258.5834	312.0937	377.1697
30	199.0209	241.3327	293.1992	356.7868	434.7451
31	221.9132	271.2926	332.3151	407.7370	500.9569
32	247.3236	304.8477	376.5161	465.8202	577.1005
33	275.5292	342.4294	426.4632	532.0350	664.6655
34	306.8374	384.5210	482.9034	607.5199	765.3654
35	341.5896	431.6635	546.6808	693.5727	881.1702
36	380.1644	484.4631	618.7493	791.6729	1 014.3457
37	422.9825	543.5987	700.1867	903.5071	1 167.4975
38	470.5106	609.8305	792.2110	1 030.9881	1 343.6222
39	523.2667	684.0102	896.1984	1 176.3378	1 546.1655
40	581.8261	767.0914	1 013.7042	1 342.0251	1 779.0903
41	646.8269	860.1424	1 146.4858	1 530.9086	2 046.9539
42	718.9779	964.3595	1 296.5289	1 746.2358	2 354.9969
43	799.0655	1 081.0826	1 466.0777	1 991.7088	2 709.2465
44	887.9627	1 211.8125	1 657.6678	2 271.5481	3 116.6334
45	986.6386	1 358.2300	1 874.1646	2 590.5648	3 585.1285
46	1 096.1688	1 522.2176	2 118.8060	2 954.2439	4 123.8977
47	1 217.7474	1 705.8838	2 395.2508	3 368.8380	4 743.4824
48	1 352.6996	1 911.5898	2 707.6334	3 841.4753	5 456.0047
49	1 502.4965	2 141.9806	3 060.6258	4 380.2819	6 275.4055
50	1 668.7712	2400.0182	3 459.5071	4 994.5213	7 217.7163

表 A4—4 年金终值系数表(16%～20%)

利率/期数	16%	17%	18%	19%	20%
1	1.0000	1.0000	1.0000	1.0000	1.0000
2	2.1600	2.1700	2.1800	2.1900	2.2000
3	3.5056	3.5389	3.5724	3.6061	3.6400
4	5.0665	5.1405	5.2154	5.2913	5.3680
5	6.8771	7.0144	7.1542	7.2966	7.4416
6	8.9774	9.2068	9.4420	9.6830	9.9299
7	11.4139	11.7720	12.1415	12.5227	12.9159
8	14.2401	14.7733	15.3270	15.9020	16.4991
9	17.5185	18.2847	19.0859	19.9234	20.7989
10	21.3215	22.3931	23.5213	24.7089	25.9587
11	25.7329	27.1999	28.7551	30.4035	32.1504
12	30.8502	32.8239	34.9311	37.1802	39.5805
13	36.7862	39.4040	42.2187	45.2445	48.4966
14	43.6720	47.1027	50.8180	54.8409	59.1959
15	51.6595	56.1101	60.9653	66.2607	72.0351
16	60.9250	66.6488	72.9390	79.8502	87.4421
17	71.6730	78.9792	87.0680	96.0218	105.9306
18	84.1407	93.4056	103.7403	115.2659	128.1167
19	98.6032	110.2846	123.4135	138.1664	154.7400
20	115.3797	130.0329	146.6280	165.4180	186.6880
21	134.8405	153.1385	174.0210	197.8474	225.0256
22	157.4150	180.1721	206.3448	236.4385	271.0307
23	183.6014	211.8013	244.4868	282.3618	326.2369
24	213.9776	248.8076	289.4945	337.0105	392.4842
25	249.2140	292.1049	342.6035	402.0425	471.9811
26	290.0883	342.7627	405.2721	479.4306	567.3773
27	337.5024	402.0323	479.2211	571.5224	681.8528
28	392.5028	471.3778	566.4809	681.1116	819.2233
29	456.3032	552.5121	669.4475	811.5228	984.0680
30	530.3117	647.4391	790.9480	966.7122	1 181.8816
31	616.1616	758.5038	934.3186	1 151.3875	1 415.2579
32	715.7475	888.4494	1 103.4960	1 371.1511	1 704.1095
33	831.2671	1 040.4858	1 303.1253	1 632.6698	2 045.9314
34	965.2698	1 218.3684	1 538.6878	1 943.8771	2 456.1176
35	1 120.7130	1 426.4910	1 816.6516	2 314.2137	2 948.3411
36	1 301.0270	1 669.9945	2 144.6489	2 754.9143	3 539.0094
37	1 510.1914	1 954.8936	2 531.6857	3 279.3481	4 247.8113
38	1 752.8220	2 288.2255	2 988.3891	3 903.4242	5 098.3735
39	2 034.2735	2 678.2238	3 527.2992	4 646.0748	6 119.0482
40	2 360.7572	3 134.5218	4 163.2130	5 529.8290	7 343.8578
41	2 739.4784	3 668.3906	4 913.5914	6 581.4965	8 813.6294
42	3 178 7949	4 293.0169	5 799.0378	7 832.9808	10 577.3553
43	3 688.4021	5 023.8298	6 843.8646	9 322.2472	12 693.8264
44	4 279.5465	5 878.8809	8 076.7603	11 094.4741	15 233.5916
45	4 965.2739	6 879.2907	9 531.5771	13 203.4242	18 281.3099
46	5 760.7177	8 049.7701	11 248.2610	15 713.0748	21 938.5719
47	6 683.4326	9 419.2310	13 273.9479	18 699.5591	26 327.2863
48	7 753.7818	11 021.5002	15 664.2586	22 253.4753	31 593.7436
49	8 995.3869	12 896.1553	18 484.8251	26 482.6356	37 913.4923
50	10 435.6488	15 089.5017	21 813.0937	31 515.3363	45 497.1908

表 A4－5 年金终值系数表(21%～25%)

利率 期数	21%	22%	23%	24%	25%
1	1.0000	1.0000	1.0000	1.0000	1.0000
2	2.2100	2.2200	2.2300	2.2400	2.2500
3	3.6741	3.7084	3.7429	3.7776	3.8125
4	5.4457	5.5242	5.5604	5.6842	5.7656
5	7.5892	7.7396	7.8926	8.0484	8.2070
6	10.1830	10.4423	10.7079	10.9801	11.2588
7	13.3214	13.7396	14.1708	14.6153	15.0735
8	17.1189	17.7623	18.4300	19.1229	19.8419
9	21.7139	22.6700	23.6690	24.7125	25.8023
10	27.2738	28.6574	30.1128	31.6434	33.2529
11	34.0013	35.9620	38.0388	40.2379	42.5661
12	42.1416	44.8737	47.7877	50.8950	54.2077
13	51.9913	55.7459	59.7788	64.1097	68.7596
14	63.9095	69.0100	74.5280	80.4961	86.9495
15	78.3305	85.1922	92.6694	100.8151	109.6868
16	95.7799	104.9345	114.9834	126.0108	138.1085
17	116.8937	129.0201	142.4295	157.2534	173.6357
18	142.4413	158.4045	176.1883	195.9942	218.0446
19	173.3540	194.2535	217.7116	244.0328	273.5558
20	210.7584	237.9893	268.7853	303.6006	342.9447
21	256.0176	291.3469	331.6059	377.4648	429.6809
22	310.7813	356.4432	408.8753	469.0563	538.1011
23	377.0454	435.8607	503.9166	582.6298	673.6264
24	457.2249	532.7501	620.8174	723.4610	843.0329
25	554.2422	650.9551	764.6054	898.0916	1 054.7912
26	671.6330	795.1653	941.4647	1 114.6336	1 319.4890
27	813.6759	971.1016	1 159.0016	1 383.1427	1 650.3612
28	985.5479	1 185.7440	1 426.5719	1 716.1007	2 063.9515
29	1 193.5129	1 447.6077	1 755.6835	2 128.9648	2 580.9394
30	1 445.1507	1 767.0813	2 160.4907	2 640.9164	3 227.1743
31	1 749.6323	2 156.8392	2 658.4036	3 275.7363	4 034.9678
32	2 118.0551	2 632.3439	3 270.8364	4 062.9130	5 044.7098
33	2 563.8467	3 212.4595	4 024.1287	5 039.0122	6 306.8872
34	3 103.2545	3 920.2006	4 950.6783	6 249.3751	7 884.6091
35	3 755.9379	4 783.6447	6 090.3344	7 750.2251	9 856.7613
36	4 545.6848	5 837.0466	7 492.1113	9 611.2791	12 321.9516
37	5 501.2787	7 122.1968	9 216.2969	11 918.9861	15 403.4396
38	6 657.5472	8 690.0801	11 337.0451	14 780.5428	19 255.2994
39	8 056.6321	10 602.8978	13 945.5655	18 328.8731	24 070.1243
40	9 749.5248	12 936.5353	17 154.0456	22 728.8026	30 088.6554
41	11 797.9251	15 783.5730	21 100.4761	28 184.7152	37 611.8192
42	14 276.4893	19 256.9591	25 954.5856	34 950.0469	47 015.7740
43	17 275.5521	23 494.4901	31 925.1403	43 339.0581	58 770.7175
44	20 904.4180	28 664.2779	39 268.9225	53 741.4321	73 464.3969
45	25 295.3458	34 971.4191	48 301.7747	66 640.3758	91 831.4962
46	30 608.3684	42 666.1312	59 412.1829	82 635.0660	114 790.3702
47	37 037.1257	52 053.6801	73 077.9850	102 468.4818	143 488.9627
48	44 815.9222	63 506.4897	89 886.9215	127 061.9174	179 362.2034
49	54 228.2658	77 478.9175	110 561.9135	157 557.7776	224 203.7543
50	65 617.2016	94 525.2793	135 992.1536	195 372.6442	280 255.6929

表 A4－6 年金终值系数表(26%～30%)

利率 期数	26%	27%	28%	29%	30%
1	1.0000	1.0000	1.0000	1.0000	1.0000
2	2.2600	2.2700	2.2800	2.2900	2.3000
3	3.8476	3.8829	3.9184	3.9541	3.9900
4	5.8480	5.9313	6.0156	6.1008	6.1870
5	8.3684	8.5327	8.6999	8.8700	9.0431
6	11.5442	11.8366	12.1359	12.4423	12.7560
7	15.5458	16.0324	16.5339	17.0506	17.5828
8	20.5876	21.3612	22.1634	22.9953	23.8577
9	26.9404	28.1287	29.3692	30.6639	32.0150
10	34.9449	36.7235	38.5926	40.5564	42.6195
11	45.0306	47.6388	50.3985	53.3178	56.4053
12	57.7386	61.5013	65.5100	69.7800	74.3270
13	73.7506	79.1066	84.8529	91.0161	97.6250
14	93.9258	101.4654	109.6117	118.4108	127.9125
15	119.3465	129.8611	141.3029	153.7500	167.2863
16	151.3766	165.9236	181.8677	199.3374	218.4722
17	191.7345	211.7230	233.7907	258.1453	285.0139
18	242.5855	269.8882	300.2521	334.0074	371.5180
19	306.6577	343.7580	385.3227	431.8696	483.9734
20	387.3887	437.5726	494.2131	558.1118	630.1655
21	489.1098	556.7173	633.5927	720.9642	820.2151
22	617.2783	708.0309	811.9987	931.0438	1 067.2796
23	778.7707	900.1993	1 040.3583	1 202.0465	1 388.4635
24	982.2511	1 144.2531	1 332.6586	1 551.6400	1 806.0026
25	1 238.6363	1 454.2014	1 706.8031	2 002.6156	2 348.8033
26	1 561.6818	1 847.8358	2 185.7079	2 584.3741	3 054.4443
27	1 968.7191	2 347.7515	2 798.7061	3 334.8426	3 971.7776
28	2 481.5860	2 982.6444	3 583.3438	4 302.9470	5 164.3109
29	3 127.7984	3 788.9583	4 587.6801	5 551.8016	6 714.6042
30	3 942.0260	4 812.9771	5 873.2306	7 162.8241	8 279.9855
31	4 967.9527	6 113.4809	7 518.7351	9 241.0431	11 349.9811
32	6 260.6204	7 765.1207	9 624.9810	11 921.9456	14 755.9755
33	7 889.3817	9 862.7033	12 320.9756	15 380.3098	19 183.7681
34	9 941.6210	12 526.6332	15 771.8488	19 841.6000	24 939.8985
35	12 527.4424	15 909.8242	20 188.9665	25 596.6636	32 422.8681
36	15 785.5775	20 206.4767	25 842.8771	33 020.6960	42 150.7285
37	19 890.8276	25 663.2254	33 079.8826	42 597.6978	54 796.9471
38	25 063.4428	32 593 2963	42 343.2498	54 952.0302	71 237.0312
39	31 580.9379	41 394.4862	54 200.3597	70 889.1190	92 609.1045
40	39 792.9817	52 571.9976	69 377.4604	91 447.9635	120 392.8827
41	50 140.1569	66 767.4369	88 804.1494	117 968.8729	156 511.7475
42	63 177.5978	84 795.6449	113 670.3112	152 180.8460	203 466.2718
43	79 604.7732	107 691.4690	145 498.9983	196 314.2913	264 507.1533
44	100 303.0142	136 769.1656	186 239.7178	253 246.4358	343 860.2993
45	126 382.7979	173 697.8403	238 387.8388	326 688.9022	447 019.3890
46	159 243.3254	220 597.2572	305 137.4337	421 429.6838	581 126.2058
47	200 647.5900	280 159.5166	390 576.9151	543 645.2922	755 465.0675
48	252 816.9634	355 803.5861	499 939.4514	701 303.4269	982 105.5877
49	318 550.3739	451 871.5544	639 923.4978	904 682.4207	1 276 738.2640
50	401 374.4711	573 877.8741	819 103.0771	1 167 041.3227	1 659 760.7433

表 A4—7 年金终值系数表(31%～35%)

期数 \ 利率	31%	32%	33%	34%	35%
1	1.0000	1.0000	1.0000	1.0000	1.0000
2	2.3100	2.3200	2.3300	2.3400	2.3500
3	4.0261	4.0624	4.0989	4.1356	4.1725
4	6.2742	6.3624	6.4515	6.5417	6.6329
5	9.2192	9.3983	9.5805	9.7659	9.9544
6	13.0771	13.4058	13.7421	14.0863	14.4384
7	18.1311	18.6956	19.2770	19.8756	20.4919
8	24.7517	25.6782	26.6384	27.6333	28.6640
9	33.4247	34.8953	36.4291	38.0287	39.6964
10	44.7864	47.0618	49.4507	51.9584	54.5902
11	59.6701	63.1215	66.7695	70.6243	74.6967
12	79.1679	84.3204	89.8034	95.6365	101.8406
13	104.7099	112.3030	120.4385	129.1529	138.4848
14	138.1700	149.2399	161.1833	174.0649	187.9544
15	161.2024	197.9967	215.3737	234.2470	254.7385
16	239.4235	262.3557	287.4471	314.8910	344.8970
17	314.6448	347.3095	383.3046	422.9539	466.6109
18	413.1847	459.4485	510.7951	567.7583	630.9247
19	542.2719	607.7207	680.3575	761.7961	852.7483
20	711.3762	802.8631	905.8755	1 021.8068	1 152.2103
21	932.9028	1 060.7793	1 205.8144	1 370.2210	1 556.4838
22	1 223.1027	1 401.2287	1 604.7332	1 837.0962	2 102.2532
23	1 603.2645	1 850.6219	2 135.2951	2 462.7089	2 839.0418
24	2 101.2765	2 443.8209	2 840.9425	3 301.0300	3 833.7064
25	2 753.6722	3 226.8436	3 779.4536	4 424.3801	5 176.5037
26	3 608.3106	4 260.4336	5 027.6732	5 929.6694	6 989.2800
27	4 727.8868	5 624.7723	6 687.8054	7 946.7570	9 436.5280
28	6 194.5318	7 425.6994	8 895.7812	10 649.6543	12 740.3128
29	8 115.8366	9 802.9233	11 832.3890	14 271.5368	17 200.4222
30	10 632.7460	12 940.8587	15 738.0774	19 124.8593	23 221.5700
31	13 929.8972	17 082.9335	20 932.6429	25 628.3115	31 350.1195
32	18 249.1653	22 550.4722	27 841.4150	34 342.9374	42 323.6613
33	23 907.4066	29 707.6233	37 030.0820	46 020.5362	57 137.9428
34	31 319.7027	39 294.2628	49 251.0091	61 668.5185	77 137.2228
35	41 029.8105	51 869.4269	65 504.8420	82 636.8147	104 136.2507
36	53 750.0517	68 468.6435	87 122.4399	110 734.3317	140 584.9385
37	70 413.5677	90 379.6094	115 873.8451	148 385.0045	189 790.6670
38	92 242.7737	119 302.0844	154 113.2139	198 836.9061	256 218.4004
39	120 839.0336	157 479.7515	204 971.5745	266 442.4541	345 895.8406
40	158 300.1340	207 874.2719	272 613.1941	357 033.8885	466 960.3848
41	207 374.1756	274 395.0390	362 576.5482	478 426.4106	630 397.5195
42	271 661.1700	362 202.4514	482 227.8091	641 092.3902	851 037.6513
43	355 877.1327	478 108.2359	641 363.9861	859 064.8029	1 148 901.8293
44	466 200.0438	631 103.8714	853 015.1015	1 151 147.8359	1 551 018.4695
45	610 723.0574	833 058.1102	1 134 511.0850	1 542 539.1001	2 093 875.9338
46	800 048.2052	1 099 637.7055	1 508 900.7431	2 067 003.3942	2 826 733.5107
47	1 048 064.1488	1 451 522.7712	2 006 838.9883	2 769 785.5482	3 816 091.2394
48	1 372 965.0349	1 916 011.0580	2 669 096.8545	3 711 513.6346	5 151 724.1732
49	1 798 585.1957	2 529 135.5966	3 549 899.8165	4 973 429.2703	6 954 828.6337
50	2 356 147.6064	3 338 459.9875	4 721 367.7559	6 664 396.2223	9 389 019.6555

表 A4－8 年金终值系数表(36%～40%)

期数＼利率	36%	37%	38%	39%	40%
1	1.0000	1.0000	1.0000	1.0000	1.0000
2	2.3600	2.3700	2.3800	2.3900	2.4000
3	4.2096	4.2469	4.2844	4.3221	4.3600
4	6.7251	6.8183	6.9125	7.0077	7.1040
5	10.1461	10.3410	10.5392	10.7407	10.9456
6	14.7987	15.1672	15.5441	15.9296	16.3238
7	21.1262	21.7790	22.4509	23.1421	23.8534
8	29.7316	30.8373	31.9822	33.1676	34.3947
9	41.4350	43.2471	45.1354	47.1030	49.1526
10	57.3516	60.2485	63.2869	66.4731	69.1366
11	78.9982	83.5404	88.3359	93.3977	98.7391
12	108.4375	115.4503	122.9036	130.8227	139.2348
13	148.7498	159.1670	170.6070	182.8436	195.9287
14	202.9260	219.0588	236.4376	255.1526	275.3002
15	276.9793	301.1106	327.2839	355.6621	386.4202
16	377.6919	413.5215	452.6518	495.3704	541.9883
17	514.6610	567.5245	625.6595	689.5648	759.7837
18	700.9389	778.5085	864.4101	959.4951	1 064.6971
19	954.2769	1 067.5567	1 193.8859	1 334.6982	1 491.5760
20	1 298.8166	1 463.5527	1 648.5625	1 856.2305	2 089.2064
21	1 767.3906	2 006.0672	2 276.0162	2 581.1604	2 925.8889
22	2 404.6512	2 749.3120	3 141.9025	3 588.8129	4 097.2445
23	3 271.3256	3 767.5575	4 336.8254	4 989.4499	5 737.1423
24	4 450.0029	5 162.5537	5 985.8191	6 936.3354	8 032.9993
25	6 053.0039	7 073.6986	8 261.4304	9 642.5062	11 247.1990
26	8 233.0853	9 691.9671	11 401.7739	13 756.8227	16 575.8721
27	11 197.9960	13 278.9949	15 735.4480	19 123.0099	23 207.2736
28	15 230.2745	18 193.2230	21 715.9182	26 582.0101	32 491.2357
29	20 714.1734	24 925.7160	29 968.9671	36 950.0203	45 488.7826
30	28 172.2758	34 149.2304	41 358.1746	51 361.5545	63 685.3483
31	38 315.2951	46 785.4456	57 075.2810	69 562.9823	84 702.5132
32	52 109.8013	64 097.0605	78 764.8878	96 693.5454	118 584.5185
33	70 870.3298	87 813.9728	108 696.5451	134 405.0282	166 019.3260
34	96 384.6485	120 306.1428	150 002.2322	186 823.9891	232 428.0563
35	131 084.1219	164 820.4156	207 004.0805	259 686.3449	325 400.2789
36	178 275.4058	225 804.9694	285 666.6311	360 965.0194	455 561.3904
37	242 455.5519	309 353.8081	394 220.9509	501 742.3770	637 786.9466
38	329 740.5506	423 815.7171	544 025.9122	697 422.9040	892 902.7252
39	448 448.1488	580 628.5324	750 756.7589	969 418.8366	1 250 064.8153
40	609 890.4824	795 462.0894	1 036 045.3272	1 347 493.1829	1 750 091.7414
41	829 452.0560	1 089 784.0624	1 429 743.5516	1 873 016.5243	2 450 129.4381
42	1 128 055.7962	1 493 005.1656	1 973 047.1012	2 603 493.9687	3 430 182.2133
43	1 534 156.8828	2 045 418.0768	2 722 805.9996	3 618 857.6165	4 802 256.0986
44	2 086 454.3606	2 802 223.7653	3 757 473.2795	5 030 213.0870	6 723 159.5381
45	2 837 578.9304	3 839 047.5584	5 185 314.1257	6 991 997.1909	9 412 424.3532
46	3 859 108.3453	5 259 496.1551	7 155 734.4935	9 718 877.0953	13 177 395.0946
47	5 248 388.3496	7 205 510.7324	9 874 914.6010	13 509 240.1625	18 448 354.1324
48	7 137 809.1555	9 871 550.7034	13 627 383.1494	18 777 844.8258	25 827 696.7854
49	9 707 421.4515	13 524 025.4637	18 805 789.7462	26 101 205.3080	36 158 776.4996
50	13 202 094.1740	18 527 915.8853	25 951 990.8498	36 280 676.3781	50 622 288.0994

表 A4—9 年金终值系数表(41%～45%)

期数＼利率	41%	42%	43%	44%	45%
1	1.0000	1.0000	1.0000	1.0000	1.0000
2	2.4100	2.4200	2.4300	2.4400	2.4500
3	4.3981	4.4364	4.4749	4.5136	4.5525
4	7.2013	7.2997	7.3991	7.4996	7.6011
5	11.1539	11.3656	11.5807	11.7994	12.0216
6	16.7269	17.1391	17.5604	17.9911	18.4314
7	24.5850	25.3375	26.1114	26.9072	27.7255
8	35.6648	36.9793	38.3393	39.7464	41.2019
9	51.2874	53.5106	55.8252	58.2348	60.7428
10	73.3153	76.9850	80.8301	84.8582	89.0771
11	104.3745	110.3187	116.5870	123.1958	130.1618
12	148.1681	157.6525	167.7195	178.4019	189.7346
13	209.9170	224.8666	240.8388	257.8988	276.1151
14	296.9830	320.3106	345.3995	372.3742	401.3670
15	419.7460	455.8410	494.9213	537.2189	582.9821
16	592.8419	648.2942	708.7375	774.5952	846.3240
17	836.9070	921.5778	1 014.4947	1 116.4171	1 228.1699
18	1 181.0389	1 309.6404	1 451.7274	1 608.6406	1 781.8463
19	1 666.2649	1 860.6894	2 076.9701	2 317.4425	2 584.6771
20	2 350.4334	2 643.1789	2 971.0673	3 338.1172	3 748.7818
21	3 315.1112	3 754.3141	4 249.6262	4 807.8888	5 436.7336
22	4 675.3068	5 332.1260	6 077.9655	6 924.3598	7 884.2638
23	6 593.1826	7 572.6189	8 692.4906	9 972.0781	11 433.1824
24	9 297.3875	10 754.1189	12 431.2616	14 360.7925	16 579.1145
25	13 110.3164	15 271.8488	17 777.7041	20 680.5412	24 040.7161
26	18 486.5461	21 687.0253	25 423.1168	29 780.9794	34 860.0383
27	26 067.0300	30 796.5759	36 356.0571	42 885.6103	50 548.0556
28	36 755.5122	43 732.1378	51 990.1616	61 756.2789	73 295.6806
29	51 826.2723	62 100.6357	74 346.9311	88 930.0416	106 279.7368
30	73 076.0438	88 183.9027	106 317.1115	128 060.2599	154 106.6184
31	103 038.2218	125 222.1419	152 034.4694	184 407.7742	223 455.5967
32	145 284.8929	177 816.4415	217 410.2912	265 548.1949	324 011.6152
33	204 852.6989	252 500.3469	310 897.7165	382 390.4007	469 817.8421
34	288 843.3055	358 551.4925	444 584.7345	550 643.1770	681 236.8710
35	407 270.0607	509 144.1195	635 757.1704	792 927.1748	987 794.4630
36	574 251.7856	722 985.6496	909 133.7536	1 141 816.1318	1 432 302.9713
37	809 696.0177	1 026 640.6225	1 300 062.2677	1 644 216.2298	2 076 840.3084
38	1 141 672.3850	1 457 830.6839	1 859 090.0428	2 367 672.3709	3 011 419.4472
39	1 609 759.0628	2 070 120.5711	2 658 499.7613	3 409 449.2140	4 366 559.1985
40	2 269 761.2786	2 939 572.2110	3 801 655.6586	4 909 607.8682	6 331 511.8378
41	3 200 364.4028	4 174 193.5396	5 436 368.5918	7 069 836.3302	9 180 693.1648
42	4 512 514.8080	5 927 355.8263	7 774 008.0863	10 180 565.3155	13 312 006.0890
43	6 362 646.8793	8 416 846.2733	11 116 832.5634	14 660 015.0543	19 302 409.8290
44	8 971 333.0997	11 951 922.7081	15 897 071.5656	21 110 422.6782	27 988 495.2521
45	12 649 580.6706	16 971 731.2455	22 732 813.3388	30 399 009.6566	40 583 319.1155
46	17 835 909.7456	24 099 859.3686	32 507 924.0745	43 774 574.9056	58 845 813.7175
47	25 148 633.7413	34 221 801.3034	46 486 332.4266	63 035 388.8641	85 326 430.8904
48	35 459 574.5752	48 594 958.8508	66 475 456.3700	90 770 960.9643	123 723 325.7910
49	49 998 001.1511	69 004 842.5681	95 059 903.6091	130 710 184.7885	179 398 823.3970
50	70 497 182.6230	97 986 877.4468	135 935 663.1610	188 222 667.0955	260 128 294.9257

表 A4—10 年金终值系数表(46%~50%)

期数\利率	46%	47%	48%	49%	50%
1	1.0000	1.0000	1.0000	1.0000	1.0000
2	2.4600	2.4700	2.4800	2.4900	2.5000
3	4.5916	4.6309	4.6704	4.7101	4.7500
4	7.7037	7.8074	7.9122	8.0180	8.1250
5	12.2475	12.4769	12.7100	12.9469	13.1875
6	18.8813	19.3411	19.8109	20.2909	20.7813
7	28.5667	29.4314	30.3201	31.2334	32.1719
8	42.7073	44.2641	45.8737	47.5378	49.2578
9	63.3527	66.0682	68.8931	71.8313	74.8867
10	93.4950	98.1203	102.9618	108.0286	113.3301
11	137.5027	145.2368	153.3835	161.9626	170.9951
12	201.7539	214.4981	228.0075	242.3243	257.4927
13	295.5607	316.3122	338.4511	362.0631	387.2390
14	432.5186	465.9790	501.9077	540.4741	581.8585
15	632.4771	685.9891	743.8233	806.3064	873.7878
16	924.4166	1 009.4040	1 101.8585	1 202.3965	1 311.6817
17	1 350.6483	1 484.8239	1 631.7506	1 792.5708	1 968.5225
18	1 972.9465	2 183.6912	2 415.9910	2 671.9305	2 953.7838
19	2 881.5019	3 211.0261	3 576.6666	3 982.1765	4 431.6756
20	4 207.9927	4 721.2083	5 294.4666	5 934.4430	6 648.5135
21	6 144.6694	6 941.1762	7 836.8106	8 843.3201	9 973.7702
22	8 972.2173	10 204.5290	11 599.4796	13 177.5469	14 961.6553
23	13 100.4372	15 001.6577	17 168.2299	19 635.5449	22 443.4829
24	19 127.6383	22 053.4368	25 409.9802	29 257.9619	33 666.2244
25	27 927.3519	32 419.5520	37 607.7707	43 595.3632	50 500.3366
26	40 774.9338	47 657.7414	55 660.5006	64 958.0912	75 751.5049
27	59 532.4034	70 057.8800	82 378.5409	96 788.5559	113 628.2573
28	86 918.3090	102 986.0836	121 921.2405	144 215.9482	170 443.3860
29	126 901.7311	151 390.5428	180 444.4359	214 882.7628	255 666.0790
30	185 277.5273	222 545.0980	267 058.7652	320 176.3167	383 500.1185
31	270 506.1900	327 142.2940	395 247.9724	477 063.7118	575 251.1777
32	394 940.0373	480 900.1722	584 967.9992	710 825.9306	862 877.7665
33	576 613.4545	706 924.2531	865 753.6388	1 059 131.6366	1 294 317.6498
34	841 856.6436	1 039 179.6520	1 281 316.3854	1 578 107.1385	1 941 477.4747
35	1 229 111.6996	1 527 595.0884	1 896 349.2504	2 351 380.6364	2 912 217.2121
36	1 794 504.0815	2 245 565.7801	2 806 597.8906	3 503 558.1483	4 368 326.8181
37	2 619 976.9589	3 300 982.6967	4 153 765.8781	5 220 302.6409	6 552 491.2272
38	3 825 167.3601	4 852 445.5641	6 147 574.4996	7 778 251.9349	9 828 737.8408
39	5 584 745.3457	7 133 095.9792	9 098 411.2594	11 589 596.3831	14 743 107.7613
40	8 153 729.2047	10 485 652.0895	13 465 649.6639	17 268 499.6108	22 114 662.6419
41	11 904 445.6389	15 413 909.5716	19 929 162.5026	25 730 065.4200	33 171 994.9628
42	17 380 491.6328	22 658 448.0702	29 495 161.5039	38 337 798.4758	49 757 993.4442
43	25 375 518.7838	33 307 919.6631	43 652 840.0257	57 123 320.7290	74 636 991.1663
44	37 048 258.4244	48 962 642.9048	64 606 204.2381	85 113 748.8862	111 955 487.7495
45	54 090 458.2996	71 975 086.0702	95 617 183.2724	126 819 486.8405	167 933 232.6243
46	78 972 070.1174	105 803 377.5231	141 513 432.2431	188 961 036.3923	251 899 849.9364
47	115 299 223.3714	155 530 965.9590	209 439 880.7198	281 551 945.2245	377 849 775.9046
48	168 336 867.1223	228 630 520.9598	309 971 024.4653	419 512 399.3845	566 774 664.8569
49	245 771 826.9985	336 086 866.8109	458 757 117.2087	625 073 476.0830	850 161 998.2854
50	358 826 868.4178	494 047 695.2120	678 960 534.4689	931 359 480.3636	1 275 242 998.4281

附录五 资金回收系数表(*A*/*P*,*i*,*n*)

表 A5—1 资金回收系数表(*A*/*P*,*i*,*n*)

期数	1%	2%	3%	4%	5%	6%	7%	8%	9%	10%	11%	12%	13%	14%	15%
1	1.0100	1.0200	1.0300	1.0400	1.0500	1.0600	1.0700	1.0800	1.0900	1.1000	1.1100	1.1200	1.1300	1.1400	1.1500
2	0.5705	0.5150	0.5226	0.5302	0.5378	0.5454	0.5531	0.5608	0.5685	0.5762	0.5839	0.5917	0.5995	0.6073	0.6151
3	0.3400	0.3468	0.3535	0.3603	0.3672	0.3741	0.3811	0.3880	0.3951	0.4021	0.4092	0.4163	0.4235	0.4307	0.4380
4	0.2563	0.2626	0.2690	0.2755	0.2820	0.2886	0.2952	0.3019	0.3087	0.3155	0.3223	0.3292	0.3362	0.3432	0.3503
5	0.2060	0.2122	0.2184	0.2246	0.2310	0.2374	0.2439	0.2505	0.2571	0.2638	0.2706	0.2774	0.2843	0.2913	0.2983
6	0.1725	0.1785	0.1846	0.1908	0.1970	0.2034	0.2098	0.2163	0.2229	0.2296	0.2364	0.2432	0.2502	0.2572	0.2642
7	0.1486	0.1545	0.1605	0.1666	0.1728	0.1791	0.1856	0.1921	0.1987	0.2054	0.2122	0.2191	0.2261	0.2332	0.2404
8	0.1307	0.1365	0.1425	0.1485	0.1547	0.1610	0.1675	0.1740	0.1807	0.1874	0.1943	0.2013	0.2084	0.2156	0.2229
9	0.1167	0.1225	0.1284	0.1345	0.1407	0.1470	0.1535	0.1601	0.1668	0.1736	0.1806	0.1877	0.1949	0.2022	0.2096
10	0.1056	0.1113	0.1172	0.1233	0.1295	0.1359	0.1424	0.1490	0.1558	0.1627	0.1698	0.1770	0.1843	0.1917	0.1993
11	0.0965	0.1022	0.1081	0.1141	0.1204	0.1268	0.1334	0.1401	0.1469	0.1540	0.1611	0.1684	0.1758	0.1834	0.1911
12	0.0888	0.0946	0.1005	0.1066	0.1128	0.1193	0.1259	0.1327	0.1397	0.1468	0.1540	0.1614	0.1690	0.1767	0.1845
13	0.0824	0.0881	0.0940	0.1001	0.1065	0.1130	0.1197	0.1265	0.1336	0.1408	0.1482	0.1557	0.1634	0.1712	0.1791
14	0.0769	0.0826	0.0885	0.0947	0.1010	0.1076	0.1143	0.1213	0.1284	0.1357	0.1432	0.1509	0.1587	0.1666	0.1747
15	0.0721	0.0778	0.0838	0.0899	0.0963	0.1030	0.1098	0.1168	0.1241	0.1315	0.1391	0.1468	0.1547	0.1628	0.1710
16	0.0679	0.0737	0.0796	0.0858	0.0923	0.0990	0.1059	0.1130	0.1203	0.1278	0.1355	0.1434	0.1514	0.1596	0.1679
17	0.0643	0.0700	0.0760	0.0822	0.0887	0.0954	0.1024	0.1096	0.1170	0.1247	0.1325	0.1405	0.1486	0.1569	0.1654
18	0.0610	0.0667	0.0727	0.0790	0.0855	0.0924	0.0994	0.1067	0.1142	0.1219	0.1298	0.1379	0.1462	0.1546	0.1632
19	0.0581	0.0638	0.0698	0.0761	0.0827	0.0896	0.0968	0.1041	0.1117	0.1195	0.1276	0.1358	0.1441	0.1527	0.1613
20	0.0554	0.0612	0.0672	0.0736	0.0802	0.0872	0.0944	0.1019	0.1095	0.1175	0.1256	0.1339	0.1424	0.1510	0.1598
21	0.0530	0.0588	0.0649	0.0713	0.0780	0.0850	0.0923	0.0998	0.1076	0.1156	01238	0.1322	0.1408	0.1495	0.1584
22	0.0509	0.0566	0.0627	0.0692	0.0760	0.0830	0.0904	0.0980	0.1059	0.1140	0.1223	0.1308	0.1395	0.1483	0.1573
23	0.0489	0.0547	0.0608	0.0673	0.0741	0.0813	0.0887	0.0964	0.1044	0.1126	0.1210	0.1296	0.1383	0.1472	0.1563
24	0.0471	0.0529	0.0590	0.0656	0.0725	0.0797	0.0872	0.0950	0.1030	0.1113	0.1198	0.1285	0.1373	0.1463	0.1554
25	0.0454	0.0512	0.0574	0.0640	0.0710	0.0782	0.0858	0.0937	0.1018	0.1102	0.1187	0.1275	0.1364	0.1455	0.1547
26	0.0439	0.0497	0.0559	0.0626	0.0696	0.0769	0.0846	0.0925	0.1007	0.1092	0.1178	0.1267	0.1357	0.1448	0.1541
27	0.0424	0.0483	0.0546	0.0612	0.0683	0.0757	0.0834	0.0914	0.0997	0.1083	0.1170	0.1259	0.1350	0.1442	0.1535
28	0.0411	0.0470	0.0533	0.0600	0.0671	0.0746	0.0824	0.0905	0.0989	0.1075	0.1163	0.1252	0.1344	0.1437	0.1531
29	0.0399	0.0458	0.0521	0.0589	0.0660	0.0736	0.0814	0.0896	0.0981	0.1067	0.1156	0.1247	0.1339	0.1432	0.1527
30	0.0387	0.0446	0.0510	0.0578	0.0651	0.0726	0.0806	0.0888	0.0973	0.1061	0.1150	0.1241	0.1334	0.1428	0.1523

参考文献

[1] 赵新泉，李政兴，刘勘. 管理决策分析[M]. 北京：科学出版社，2014.

[2] 郭立夫，李北伟. 决策理论与方法[M]. 北京：高等教育出版社，2006.

[3] 陶长琪. 决策理论与方法[M]. 北京：中国人民大学出版社，2006.

[4] 张照贵，鲁万波. 管理决策模型、方法与应用[M]. 成都：西南财经大学出版社，2011.

[5] 郭亚军. 综合评价理论、方法及应用[M]. 北京：科学出版社，2007.

[6] 岳超源. 决策理论与方法[M]. 北京：科学出版社，2003.

[7] 刘思峰，杨英杰，吴利丰. 灰色系统理论及其应用[M]. 第 7 版. 北京：科学出版社，2014.

[8] 罗党，王洁方. 灰色决策理论与方法[M]. 北京：科学出版社，2012.

[9] 徐玖平，吴巍. 多属性决策的理论与方法[M]. 北京：清华大学出版社，2006.

[10] 吴天. 管理运筹学[M]. 大连：东北财经大学出版社，2009.

[11] 杨尧忠，罗源新. 领导科学简明教程[M]. 武汉：华中师范大学出版社，1988.

[12] 牟秉华. 中国社会经济统计百科全书[M]. 武汉：湖北教育出版社，1994.

[13] 吴恩银. 校长决策论[M]. 北京：国家行政学院出版社，2013.

[14] 吴光宗，戴桂康. 现代科学技术革命与当代社会[M]. 北京：北京航空航天大学出版社，1995.

[15] 吴光宗，戴桂康. 现代科学技术革命与当代社会[M]. 北京：北京航空航天大学出版社，1991.

[16] 马璐，吕品，郭仪，张光明. 物流决策与优化[M]. 武汉：华中科技大学出版社，2019.

[17] 游天嘉. 管理学双色[M]. 上海：上海交通大学出版社，2018.

[18] 杨林泉. 系统工程方法与应用[M]. 北京：冶金工业出版社，2018.

[19] 陆克斌，王娅莉，金成林. 管理学原理与实践[M]. 北京：国防工业出版社，2014.

[20] 新玉言. 艺术领导力[M]. 北京：国家行政学院出版社，2013.

[21] 秦玉权，丁蕊. 管理技能与应用[M]. 北京：北京理工大学出版社，2019.

[22] 罗锐韧，张作华. 经理的管理方法与技巧[M]. 北京：中国物资出版社，1999.

[23] 杨爱华，梁朝辉，吴小林. 企业管理概论[M]. 成都：电子科技大学出版社，2019.

[24] 文大强. 管理学原理与实务[M]. 北京：机械工业出版社，2018.

[25] 郑承志. 管理学基础[M]. 第 3 版. 合肥：中国科学技术大学出版社，2020.

[26] 陈友玲. 市场调查预测与决策[M]. 北京：机械工业出版社，2018.

[27] 李万涛，孙李红. 运筹学[M]. 北京：中国铁道出版社，2018.

[28] 中国轻工业机械总公司，沈阳经营管理研究培训中心. 学点企业现代化经营管理

知识[M]. 北京:中国轻工业出版社,1983.

[29] 杨印生. 经济系统定量分析方法[M]. 长春:吉林科学技术出版社,2001.

[30] 王桂华,李玉华. 管理会计[M]. 北京:北京理工大学出版社,2019.

[31] 朱红波,叶维璇. 管理会计[M]. 北京:北京理工大学出版社,2019.

[32] 陈位纲. 市场统计学[M]. 北京:中国商业出版社,1994.

[33] 张世英,张文泉. 技术经济预测与决策[M]. 天津:天津大学出版社,1994.

[34] 张云华. 创新创业基础[M]. 上海:上海交通大学出版社,2019.

[35] 冯文权,傅征. 经济预测与决策技术[M]. 第 6 版. 武汉:武汉大学出版社,2018.

[36] 梁积江,李媛媛. 企业资本运营管理[M]. 北京:企业管理出版社,2019.

[37] 刘梓修,郑培根. 决策方法及其应用[M]. 南昌:江西科学技术出版社,1997.

[38] 朱建平. 经济预测与决策[M]. 第 2 版. 厦门:厦门大学出版社,2019.

[39] 万解秋. 博学 · 大学管理类教材现代投资学原理[M]. 第 2 版. 上海:复旦大学出版社,2019.

[40] 张艳,王伟舟. 经济学[M]. 北京:北京理工大学出版社,2018.

[41] 邢俊,安运杰. 管理运筹学[M]. 成都:西南交通大学出版社,2011.

[42] 杨林泉. 预测与决策方法应用[M]. 北京:冶金工业出版社,2011.

[43] 计明军,褚艳玲,李亚军,陈康. 预测与决策方法[M]. 大连:大连海事大学出版社,2018.

[44] 徐辉,张延飞. 管理运筹学[M]. 上海:同济大学出版社,2013.

[45] 徐国祥. 统计预测和决策[M]. 上海:上海财经大学出版社,1998.

[46] 王晓秋,张际萍,古有平. 财务管理学[M]. 上海:立信会计出版社,2016.

[47] 林齐宁. 决策分析[M]. 北京:北京邮电大学出版社,2003.

[48] 彭勇行. 管理决策分析[M]. 武汉:武汉测绘科技大学出版社,1993.